Emergenz eines Internationalen Bildungsregimes?

Waxmann Verlag GmbH
Steinfurter Straße 555, 48159 Münster
info@waxmann.com

New Frontiers in Comparative Education

herausgegeben von
S. Karin Amos

Band 1

Waxmann 2011
Münster / New York / München / Berlin

Marcelo Parreira do Amaral

Emergenz eines Internationalen Bildungsregimes?

International Educational Governance
und Regimetheorie

Waxmann 2011
Münster / New York / München / Berlin

Bibliografische Informationen der Deutschen Nationalbibliothek

Die Deutsche Nationalbibliothek verzeichnet diese Publikation in
der Deutschen Nationalbibliografie; detaillierte bibliografische
Daten sind im Internet über http://dnb.d-nb.de abrufbar.

New Frontiers in Comparative Education, Bd. 1

ISSN 2192-5771
ISBN 978-3-8309-2535-4

© Waxmann Verlag GmbH, Münster 2011

www.waxmann.com
info@waxmann.com

Umschlaggestaltung: Christian Averbeck, Münster
Umschlagfoto: © visdia – Fotolia.com
Gedruckt auf alterungsbeständigem Papier,
säurefrei gemäß ISO 9706

Für meine Eltern, Freunde und Mentoren

VORWORT ZUR REIHE:
NEW FRONTIERS IN COMPARATIVE EDUCATION

Die Vergleichende Erziehungswissenschaft sieht sich – ebenso wie die Erziehungswissenschaft im Allgemeinen, einschließlich der Allgemeinen Erziehungswissenschaft, zu welcher die Vergleichende in Deutschland organisatorisch und inhaltlich traditionell in enger Beziehung steht – vor eine Reihe neuer Herausforderungen gestellt, die in der Reihe *New Frontiers in Comparative Education* exemplarisch adressiert werden. Die Metapher der Frontier, der Grenze, ist dabei nicht zufällig gewählt. Kaum ein anderer Begriff bringt so pointiert die Frage nach der Entstehung und Veränderung von Räumen – materiellen wie ideellen, realen wie imaginären – zum Ausdruck. Dabei erschöpft sich die Betrachtung nicht im „spatial turn" der Erziehungswissenschaft, denn es geht zwar auch darum zu erkunden, was Begriffe wie „neue Bildungsarenen" oder „gemeinsamer Europäischer Bildungsraum" bedeuten, aber ebenso um die Dynamiken von Verflüssigungs- und Festigungsbewegungen, die Grenzen entstehen lassen und verändern. Dies betrifft die disziplinären Grenzen ebenso wie die Beziehungen der (Vergleichenden) Erziehungswissenschaft zu anderen gesellschaftlichen Bereichen.

Wenn in der Subdisziplin oder dem Feld (je nach Betrachtungsweise) der Vergleichenden Erziehungswissenschaft diese Veränderungen besonders deutlich werden, so deshalb, weil sich ihr Gegenstandsbereich, das „Internationale", in einem fundamentalen Wandel befindet. Über weite Strecken ihrer Geschichte hat die Vergleichende Erziehungswissenschaft den Nationalstaat als Analyseeinheit privilegiert; sie war in ihren politischen und wissenschaftlichen Dimensionen an der Nahtstelle oder „Grenze" zwischen „innen" und „außen" angesiedelt unter dem Primat der von Wolfgang Mitter pointiert formulierten „nationalen Bildungssouveränität". Schlagworte wie Globalisierung, Inter- bzw. Transnationalisierung sprechen an, dass diese scheinbar so klaren und eindeutigen Relationen zwischen Staaten und ihren Bildungssystemen problematisch geworden sind. Wissenschaftler wie die Kollegen am Center for Globalization Studies an der University of Bristol sprechen daher von Rescaling und meinen damit, dass die bildungsrelevanten Bezugseinheiten unter dem Vordringen der globalen bzw. transnationalen Ebene neu justiert werden. Dies bedeutet nicht, dass der Nationalstaat als Bezugsgröße seine Bedeutung verlöre, sondern dass die Relationen und Interdependenzen zwischen den einzelnen Ebenen komplexer und komplizierter werden, weil es sich nicht um einen Durchgriff der höheren Ebene auf die „niedere", etwa von der transnationalen auf die nationale handelt, sondern um komplizierte Wechselbeziehungen, die ebenso umgekehrt von der regionalen oder nationalen auf die supra- oder transnationale wirken können. Die Unterscheidung zwischen den Ebenen ist also nicht hierarchisch, sondern systematisch zu verstehen. Diese komplexen Beziehungen sind eng verbunden mit neuen Formen politischer Gestaltung von Bildung und Erziehung, die zurzeit unter dem nicht unproblematischen Begriff der educational governance diskutiert werden und für die Marcelo Parreira do Amaral, mit dessen Dissertation die

Schriftenreihe eröffnet wird, den Begriff des Internationalen Bildungsregimes veranschlagt.

Ist die im ersten Band adressierte zentrale Herausforderung für die Vergleichende Erziehungswissenschaft, eine der *new frontiers*, in den Konsequenzen von politischen Rescaling-Prozessen begründet, so hat der zweite Band mit dem Titel *Vergleichende Erziehungswissenschaft – Grundlegende Zugänge und aktuelle Forschungsfelder* das Anliegen, theoretische und methodologische Vergewisserungen mit der Präsentation neuer Forschungsdiskussionen zu verbinden. Bei der Auswahl wurde bewusst auch auf außereuropäische, hier besonders auf süd- und lateinamerikanische Beiträge zurückgegriffen, um damit den Facettenreichtum der internationalen Entwicklungen in der Vergleichenden Erziehungswissenschaft einem deutschsprachigen Fachpublikum zugänglich zu machen. Der Band bezieht ausdrücklich Studierende mit ein, weil er keine differenzierten Kenntnisse der Vergleichenden Erziehungswissenschaft voraussetzt.

Der dritte der bislang geplanten Bände mit dem Titel *Beschleunigung und Verdichtung: spätmoderne gesellschaftliche Erziehungsverhältnisse* nimmt neben der in der Globalisierungsdiskussion impliziten Frage ,räumlicher' Grenzen die zeitliche Dimension mit auf und betrachtet die Veränderungen aus der Perspektive eines Epochenwandels von der klassischen Moderne zur Spätmoderne. Ähnlich wie am Beispiel der räumlichen Veränderungen, so verdeutlicht auch die Epochenfrage eine Suchbewegung in der wissenschaftlichen Diskussion, die sich beispielsweise im Begriffspaar Post- bzw. Spätmoderne niederschlägt. Die Präferenz für den Begriff der Spätmoderne ist darin begründet, dass hier dem Aspekt der Kontinuität besser Ausdruck verliehen wird: Der Wandel von der Moderne zur Spätmoderne wird im Sinne Alexis de Tocquevilles nicht als revolutionär, sondern als evolutionär verstanden, nicht als radikaler Bruch, sondern als Radikalisierung bestimmter in der westlichen Moderne angelegter Tendenzen, die durch globale Interaktionsverdichtungen neu akzentuiert und kontextuiert werden. Im Zentrum steht eine vergleichende Betrachtung der Folgen dieser Veränderungen für Konzeption und Organisation von Bildung und Erziehung.

Tübingen, im Juni 2011   Prof. Dr. S. Karin Amos

INHALT

VORWORT

Eine der bedeutendsten „New Frontiers" in der Vergleichenden Erziehungswissenschaft sind die politischen Rescaling-Prozesse und ihre Auswirkungen auf die Gestaltung und Organisation von Bildung und Erziehung. Damit ist ein äußerst komplexer und facettenreicher Sachverhalt angesprochen, mit dem sich Marcelo Parreira do Amaral in der hier vorliegenden Veröffentlichung seiner Dissertationsschrift: „Emergenz eines Internationalen Bildungsregimes? Eine Untersuchung zur Educational Governance zu Beginn des einundzwanzigsten Jahrhunderts" auseinandersetzt.

Ein wesentliches Verdienst der Arbeit liegt in der fundierten und äußerst gründlichen Auseinandersetzung mit maßgeblichen Entwicklungen und Theorieangeboten anderer Disziplinen, die mit den Begriffen des „Regimes" und der „Governance" angesprochen ist. Es handelt sich dabei vor allem um einschlägige Diskussionen in der Politikwissenschaft, insbesondere dem Bereich der Internationalen Beziehungen, und die Auseinandersetzung mit dem soziologischen Neo-Institutionalismus. Während die soziologischen Bezüge in der Vergleichenden Erziehungswissenschaft vielfach Aufnahme finden, ist vor allem die deutschsprachige Disziplin in der Diskussion von und Auseinandersetzung mit der Politikwissenschaft eher zurückhaltend. Wie sehr die Disziplin von einer solchen Auseinandersetzung profitieren kann, vermag die luzide Analyse von Marcelo Parreira do Amaral deutlich herauszuarbeiten. Dabei zeigt er, dass es zu kurz greift, die politische Gestaltung von Bildung und Erziehung lediglich als Infrastrukturproblem zu bestimmen; vielmehr handelt es sich im Sinne der Rescaling-Prozesse um komplexe und komplizierte Wechselwirkungen zwischen unterschiedlichen Ebenen. Er überschreitet in seiner Denkbewegung die Grenzen der Privilegierung des Nationalstaats als primären Bezugspunkt – ohne dessen Bedeutung zu leugnen; vielmehr berücksichtigt und anerkennt er die „über-nationale" Ebene als unmittelbar policy-relevanten Raum, der nicht der nationalstaatlichen Bildungsgestaltung nachgeordnet ist. Folgerichtig leitet er seine Fragen von hier ab und bricht sie für die unterschiedlichen Bereiche: organisatorisch, programmatisch, legitimatorisch usw. herunter.

Seine profunde und detaillierte Analyse führt zu der These, dass eine Beschränkung auf die internationale Dimension, die es in modernen nationalstaatlich verfassten Gesellschaften immer schon gegeben hat, weil die Dialektik zwischen „innen" und „außen", zwischen der Fokussierung auf das Eigene unter Rückgriff auf das Fremde konstitutiv für die Moderne sind, nicht hinreicht, um die gegenwärtigen Prozesse verstehen und erklären zu können. Das „Neue" hängt eng mit der Institutionalisierung, Entwicklung und den Interaktionsmustern der Internationalen Organisationen zusammen, deren Handlungen zwar keinem klar ausgearbeiteten Masterplan folgen, die aber dennoch weder unkoordiniert noch unstrukturiert verlaufen. An dieser Stelle kann Marcelo Parreira do Amaral den Governancebegriff mit dem Regimebegriff verbinden und die Fruchtbarkeit der Regime-Theorie für die Vergleichende Erziehungswissenschaft verdeutlichen.

Er plausibilisiert, dass sich mit guten Argumenten von einem im Entstehen befindlichen Internationalen Bildungsregime sprechen lässt, dessen Struktur und Beschaffenheit er in seiner Untersuchung herausarbeitet und damit die primär theorieorientierte Arbeit für weitere, empirische Analysen zugänglich macht. Damit leistet er einen wesentlichen Beitrag zur Theoriebildung in der Vergleichenden Erziehungswissenschaft, der gleichzeitig anschlussfähig an eine Vielzahl empirischer Studien ist und mithin ein breites Forschungsfeld eröffnet. Gleichzeitig illustriert die Arbeit implizit die Verflüssigung von Grenzen zwischen wissenschaftlichen Disziplinen. Es wird deutlich, dass sich Fragen wie die hier behandelte gar nicht mehr aus der Perspektive einer Disziplin bearbeiten lassen, sondern sich erst in der Kombination unterschiedlicher Zugänge erschließen. Die vorliegende Publikation ist mithin ein gutes Beispiel für die Fruchtbarkeit von Interdisziplinarität, wenn sie die Anforderungen fundierter und einschlägiger Sachkenntnis in allen für die Thematik relevanten Bereichen erfüllt.

Wie lohnend eine solch eingehende Auseinandersetzung mit Theorieentwicklungen in anderen Disziplinen für die eigene sein kann, verdeutlicht die Arbeit von Marcelo Parreira do Amaral, der ich die breite Leserschaft des Fachpublikums wünsche, die sie verdient.

Tübingen, im Juni 2011   Prof. Dr. S. Karin Amos

1.   EINLEITUNG

1.1   Vorbemerkung

Dieses Kapitel verfolgt das Ziel, eine grundlegende Beschreibung der in dieser Arbeit aufgenommenen Problematik anzubieten; darüber hinaus soll die der Arbeit zugrunde liegende Fragestellung dargestellt und begründet werden. Im Abschnitt 1.3 wird in ausgewählten Feldern ein Überblick über den aktuellen Stand erziehungs- und politikwissenschaftlicher Forschung gegeben, die für die vorliegende Arbeit von Relevanz sind. Einen Überblick auf die folgenden Kapitel wird am Ende der Einleitung gegeben.

1.2   Problembeschreibung und Fragestellung der Arbeit

Die deutsche Nachkriegszeit ist auch die Zeit der Bildungsreform(en). Periodisch wieder auftretende Ereignisse – in denen nicht selten apokalyptische Untertöne anklingen – haben dafür gesorgt, dass Bildung und Bildungspolitik stets ins gesellschaftliche Bewusstsein geholt wurden. Zunächst die *Re-education*-Politik der Alliierten und die deutsche Auseinandersetzung mit ihr; unmittelbar danach der international wirksame ‚Sputnik-Schock' am Ende der 1950er Jahre und die „Deutsche Bildungskatastrophe"; im Anschluss daran der große Aufbruch in die Bildungsexpansion und -reformen der 1960er und 1970er Jahre. Nach einer gewissen Stagnation in den 1980er Jahren wurde Bildung und Bildungspolitik insbesondere ab Mitte der 1990er Jahre wieder ruckartig in die öffentliche Diskussion gebracht. Es war vor allem Bundespräsident Roman Herzog, der in seinen 1997 gehaltenen Reden auf die Notwendigkeit aufmerksam machte, „Bildung […] in unserem Land zum ‚Megathema' werden" zu lassen (Herzog, 1997, S. 13) – so Herzog in der bekannt gewordenen ‚Ruck-Rede'aber auch in der Rede ‚Aufbruch in die Bildungspolitik' (siehe auch: Rutz, 1997). Reform der Bildungssysteme gehört zu den Dauerthemen moderner Gesellschaften; Bildungsreformen sollen oftmals nicht nur Bildungssysteme, sondern die Gesellschaft als Ganzes verbessern (vgl. zu den USA Tyack/Cuban, 1995).

Darüber hinaus haben in den vergangenen Jahren die Ergebnisse von internationalen Vergleichsstudien (um nur zwei zu nennen: TIMSS 1995-2008, PISA 2000-2009) die Defizite des Bildungssystems immer wieder vor die Augen einer breiteren Öffentlichkeit geführt. Besonders die Rezeption der PISA Studie 2000 hat für einen ‚Ruck' in der Bildungspolitik gesorgt. Der ‚PISA-Schock' hat in Deutschland wie kaum in einem anderen Land so heftige Reaktionen ausgelöst und dabei signifikante Veränderungen in den öffentlichen, bildungspolitischen und wissenschaftlichen Diskursen über Bildung, Bildungspolitik und -reform hervorgebracht (vgl. Radtke, 2003; Ertl, 2006b). In allen genannten Beispielen ist der internationale Bezug zumindest implizit enthalten. So diskutierten bereits die Reformer wie beispielsweise Georg Picht (1965) und Ralf Dahrendorf (1968) immer vor dem Hintergrund breiterer internationaler Diskussionen um (Wirtschafts-)Entwicklung sowie um Menschen- und Bürgerrechte.

Dennoch unterscheiden sich die Diskussionen der letzten Dekade von denen jener Jahre deutlich.

In allen bildungspolitischen Diskussionen der letzten 10 bis 15 Jahre wird explizit auf weltumspannende Phänomene Bezug genommen. Die wichtigsten theoretischen Perspektiven in den Sozialwissenschaften nehmen explizit Bezug auf die globale Ebene: Weltkultur ('World-Polity') (Meyer et al., 1997), 'Weltsystem' (Wallerstein, 1986, 1998, 2004), 'Weltgesellschaft' (Luhmann, 1990; Stichweh, 2000; Greve/Heintz, 2005). Diese Phänomene werden zusammenfassend mit den sich überlappenden Begriffen 'Globalisierung' und 'Internationalisierung' oder 'Supranationalisierung' bezeichnet. Seit einigen Jahren wird außerdem vermehrt auf die Konzepte der 'Wissensgesellschaft' bzw. der 'Wissensökonomie' zurückgegriffen, um die Rolle von Bildung und Erziehung in modernen Gesellschaften zu thematisieren.[1]

Unabhängig von der terminologischen und konzeptionellen Kontextualisierung der jeweiligen Definition von Globalisierung und Internationalisierung spielt Bildung eine enorm wichtige Rolle, sei es in ihrer Bedeutung für die (Aus-)Bildung der nachwachsenden Generationen, die sich mit veränderten Anforderungen konfrontiert sehen; sei es als neu entdecktes Feld der Wertproduktion in den (post-)modernen Dienstleistungsgesellschaften; oder auch als wichtigster Produktionsfaktor selbst. Bildung wird eine scheinbar grenzenlose Relevanz beigemessen. Bildung und Erziehung wurden in der Nachkriegszeit in die Thematik der (wirtschaftlichen) 'Entwicklung' und 'Menschenrechte' einbezogen und zählen seitdem als wichtiger Faktor in nationalen wie internationalen Politiken zur Modernisierung sowie zur sozialen und wirtschaftlichen Entwicklung der Nationalstaaten (Chabbott, 2003; Chabbott/Ramirez, 2000). Darüber hinaus verweisen gegenwärtig zahlreiche Publikationen auf die Notwendigkeit von Bildungsreformen angesichts der Herausforderungen der Globalisierung, oft mit explizitem Bezug auf die globale Wirtschaft, so z.B. das Weißbuch der Europäischen Kommission „Lehren und Lernen. Auf dem Weg zur kognitiven Gesellschaft" (1995), der Bericht der 'Gruppe von Lissabon' (1997), der UNESCO-Bericht zur Bildung im 21. Jahrhundert (Delors-Bericht, 1996), oder auch die Papiere der European Roundtable of Industrialists (nur 1997).[2] Bildung wurde so zum Gegenstand inter- und transnationaler Diskussionen. Bildungspolitik wurde in den vergangenen Jahren als Politikfeld globaler Politik entdeckt (vgl. z.B. Jakobi et al., 2009; Leibfried/Martens, 2008; Martens/Wolf, 2006; Martens/Weymann, 2008) und zum Gegenstand unzähliger Akteure der Politik, sowohl auf der nationalen als auch auf der internationalen Ebene.

Zu der Thematisierung von Bildung im Weltmaßstab kamen Diskussionen über die Rolle inter- oder transnationaler Akteure in der Bildungspolitik hinzu. Diese Institutionen tragen maßgeblich zur Herausbildung globaler Diskurse im Bildungsbereich bei

---

1   Auf diese theoretischen und konzeptionellen Konstrukte sowie auf ihre Implikationen für den Bildungsbereich wird im Kapitel 3 ausführlich eingegangen.

2   Siehe auch die Papiere des amerikanischen 'think-tanks' Achieve, Inc. in Zusammenarbeit mit der National Governors Association, z.B.: „Action Agenda for Improving America's High Schools." (2005), Online unter: http://www.nga.org/Files/pdf/0502ACTIONAGENDA.pdf; siehe auch die Aktivitäten der Vereinigung Bayrische Wirtschaft e.V. zum Thema Bildung, Online unter: http://www.vbw-bayern.de/agv/vbw-Themen-Bildung--14834.htm [Zuletzt 19. 12. 10].

oder – wie die weiter unten auszuführende Annahme – zu einem Internationalen Bildungsregime. Diese Akteure sind in den vergangenen Dekaden sehr aktiv in diesem Politikbereich geworden. Bildung und Erziehung figurieren als eine der wichtigsten Aufgabenfelder von Internationalen Organisationen (IOs) wie, um nur die zentralen zu nennen, die UNESCO, die Weltbank, die OECD, die EU u.a. m. In der intensivierten Aktivität von IOs sehen einige Kritiker eine weitere Aushöhlung des Nationalstaats, und somit würden IOs zur Untergrabung der nationalstaatlichen Souveränität beitragen. Eine weitere Implikation – wenn nicht erklärtes Ziel – dieser IOs ist die weltweite Verbreitung von universalisierten Vorstellungen über Bildung und Erziehung (eine Bildungsideologie), von institutionellen und organisationalen Strukturen sowie von Programmen und Praktiken im Bildungsbereich. IOs werden aus dieser Perspektive als ‚standard-setters‘ und ‚policy prescriptors‘ gesehen (Reinalda/Verbeek, 1998; McNelly, 1995; siehe Kap. 5, Abschnitt 2.1) und somit als Schlüsselakteure im Mehrebenensystem der Global Governance (de Sernaclens, 2001; Held et al., 1999, S. 62ff.). Dabei wird mit dem soeben genannten Konzept der ‚Governance‘ der Versuch unternommen, den mit globalisierenden Prozessen einhergehenden Veränderungen von nationalstaatlicher Politik Rechnung zu tragen. IOs schaffen mit ihrer Bildungsarbeit neue Felder der Bildungspolitik, „neue Arenen der Bildungsgovernance" (Martens et al., 2007). Diese internationalen Prozesse, die sich nicht nur im Bildungsbereich abspielen, werden von einigen Autoren als Teil eines größeren Zusammenhangs gesehen: *zum einen* grundsätzlich als ein Prozess der weltweiten Verbreitung von im Westen entstandenen Prinzipien als Teil einer ‚World Polity‘ (Meyer et al., 1997; vgl. Kap. 4, Abschnitt 2.2), *zum anderen* als die Herausbildung globaler (Sozial-)Politik (Morales-Gómez, 1999; Slaughter, 2004a+b; Deacon, 2007).[3]

Versucht man die verschiedenen Fäden der oben genannten Entwicklungen zusammenzuführen, so wird deutlich, dass es in den letzten Jahren zu einem deutlichen Wandel der politischen Gestaltung von Bildung und Erziehung gekommen ist. Bildungspolitik galt traditionell als Innenpolitik (domestic policy), in Deutschland dazu als ‚Länderpolitik‘ (Hepp, 2006), die im Rahmen des deutschen Bildungsföderalismus formuliert und implementiert wird (Wolf, 2006; Massing, 2002a+b). Bildungspolitik betrifft dabei alle Strukturen, Prozesse und Inhalte, die die gesamtgesellschaftliche verbindliche Regelung von Bildungsprozessen und -institutionen beinhalten (vgl. Wolf, 2006). Die in der englischen Sprache mögliche Unterscheidung von drei Dimensionen des Politikbegriffes kann hilfreich sein in der Veranschaulichung dieses Wandels: Es geht um Veränderungen in der institutionellen Dimension (‚*polity*‘), in der inhaltlichen Dimension (‚*policy*‘) sowie in der prozessualen Dimension (‚*politics*‘) (vgl. Reuter, 2002). In der *institutionellen Dimension* sind Fragen nach Handlungszuständigkeiten und -kompetenzen, die meistens auf territorial definierten Ebenen (National-

---

3   Die Idee einer globalen Sozialpolitik ist nicht neu; wie Kaufmann (2003) unter dem Begriff ‚Wohlfahrtinternationalismus‘ beschreibt, war sie bereits um 1930 geboren. Zu den aktuellen Diskussionen siehe zum Thema ‚Kriminalität‘: (Andreas/Nadelmann, 2006); zu ‚Gesundheit‘ (Deacon, 2007, Kap. 4); Zum Thema ‚Bildung‘: (Puryear, 1999); zu Bildung am Beispiel des Lebenslangen Lernens: (Jakobi, 2006); allgemein zu ‚global social policy‘ siehe: Slaughter, 2004a; Deacon, 2007; Leisering, 2007.

staat, Bundesland oder Bundesstaat) geregelt sind, sowie Fragen nach den Durchsetzungsregeln von Entscheidungen angesprochen. Auf dieser Dimension wird die Einheit ,Nationalstaat' problematisiert, dabei sind neue Einheiten entstanden, welche Bildungspolitik maßgeblich beeinflussen (supranationale/regionale Organisationen wie beispielsweise die EU) – dies hat weit reichende Konsequenzen für nationale Bildungspolitik: blieb früher der Einfluss dieser Akteure auf die sog. ,Entwicklungsländer' beschränkt, so üben sie mittlerweile erheblichen Einfluss auch auf die Industriestaaten aus (vgl. McNeely, 1995); Bildungspolitik wird in ,neuen Arenen' behandelt, denen verschiedene Ressourcen zur Durchsetzung von Entscheidungen zur Verfügung stehen (vgl. Mitter, 2006; Dale/Robertson, 2002; Martens et al., 2007; Ioannidou, 2007). In der *inhaltlichen Dimension* werden bildungspolitische Programme und Reformen verhandelt, dabei geht es um Ziele und Aufgaben derselben; hierzu verweisen viele Autoren auf eine internationale Konvergenz der Bildungspolitik mit bestimmten ,Policy'-Optionen – Dezentralisierung/Zentralisierung, evidenzbasierte Forschung oder Schlüsselkompetenzen und Standards sind Beispiele hierfür (vgl. Wiseman/ Baker, 2005; Gvirtz/Beech, 2007; Spring, 2004; Ka-Ho, 2004). Mit anderen Worten werden die Inhalte der Bildungspolitik stets vor dem Hintergrund von Effektivitäts- und Effizienzerwartungen diskutiert. Die *prozessuale Dimension* verzeichnet ebenfalls signifikante Veränderungen. Auf dieser Ebene „geht es um Erscheinungsformen der Politik wie Interessen und Konflikte und ihre Merkmale, z.B. Macht, Ressourcen oder Kompromiss." (Reuter, 2002, S. 170). Mit dem Begriff der ,Eucational Governance' werden Fragen nach den neuen Governance-Formen im Bildungsbereich diskutiert, die staatliche hierarchische Steuerung als eine Form unter anderen sieht und andere Formen der Handlungskoordination (Verhandlung, Wettbewerb etc.) sowie andere, auch private, Akteure hinzuzieht (vgl. Altrichter et al., 2007; Maroy, 2008; Soguel/Jaccard, 2008). Die Forderung nach einer ,evidenzbasierten' Bildungspolitik deutet ebenfalls auf eine wichtige Veränderung auf dieser Ebene hin (DIPF, 2007).

Im Rahmen der Debatten um Globalisierung, Internationalisierung und Supranationalisierung der Bildung und der Bildungspolitik und ihre Implikationen für den Nationalstaat wird oft die These vertreten, dass mit diesen Prozessen bedeutsame Veränderungen des konventionellen Interventions- und Wohlfahrtsstaates einhergehen. Die These eines vermeintlichen Anachronismus des Nationalstaates wurde im Laufe der Diskussionen um Globalisierung in verschiedenen Varianten und mit unterschiedlicher Stärke vertreten (nur Evans, 1997). Versucht man die aktuellen bildungspolitischen Diskussionen dazu in einem ,Rechts'-,Links'-Kontinuum des politischen Spektrums einzuordnen, so geht man auf der rechten Seite von einem Verlust oder von einer starken Veränderung von Souveränität aus (Lutz, 2000; Leibfried/Zürn, 2006; Hurrelmann et al., 2008), während auf der linken Seite des Kontinuums eher Fragen nach der Demokratiefähigkeit transnationaler Governance diskutiert werden (Wolf, 2000; Wolf/Take/ Brozus, 2004; Hirsch, 1995, Kap. 5).

Diese wichtigen – und in disziplinären Kategorien eher – rechts- und politikwissenschaftlichen Diskussionen dienen der vorliegenden Arbeit als Orientierung und Grundlage; im Fokus des Interesses stehen jedoch – aus erziehungswissenschaftlicher Perspektive – die Implikationen der Herausbildung einer internationalen Ebene der Bildungspolitik für den Bildungsbereich. Während die oben genannten Forschungen diese Veränderungen auf ihre Wirkungen auf den Nationalstaat hin untersuchen, d.h. durch die Beschreibung und Erklärung des Wandels von Staatlichkeit im Bildungsbereich soll der Wandel von Staatlichkeit selbst begriffen werden, stehen hier die pädagogischen und erziehungswissenschaftlichen Folgen dieser Veränderungen im Mittelpunkt des Interesses.

Ein kurzer Blick auf die Bildungsgeschichte reicht aus, um die tief greifenden – und keineswegs nur politischen – Veränderungen zu sehen, die mit der ‚Verstaatlichung der Bildung' im 19. Jahrhundert einhergingen. So haben sich die Zeitgenossen dieses Prozesses intensiv mit den pädagogischen, professionellen und schulpolitischen Implikationen der zu der Zeit neuen Beziehung zwischen Staat und Schule auseinandergesetzt (vgl. Berg, 1980; Herrlitz et al., 2009, Kap. 2-6). Eine historische Rekonstruktion kann das Selbstverständliche dieser Beziehung herausnehmen und so als Negativfolie für die gegenwärtige Diskussion dienen (vgl. Kap. 2).

In dieser Arbeit stehen daher zwei Fragenkomplexe im Vordergrund:

> Welche Wirkungen haben diese Veränderungen in der Formulierung von Bildungspolitik für Bildung und Erziehung im engeren Sinn, d.h.: Welche Implikationen haben sie auf der Ebene der Organisation, auf der Ebene der Programmatiken, der Legitimation öffentlicher Bildung und Erziehung sowie auf der Ebene der Interaktion in Bildungsinstitutionen?

> Wie lassen sich die neuen Konstellationen in der Bildungspolitik konzeptualisieren, sodass die internationale Ebene zwar als eigenständig gedacht, die Beziehung zur nationalen Ebene jedoch nicht als Nullsummenspiel begriffen wird?

Die Beantwortung dieser relativ schlichten Fragen entpuppt sich schnell als komplexes Unterfangen. Nicht nur ist die Zahl der an diesen Prozessen beteiligten Akteure groß, auch die darin zum Tragen kommenden Instrumente und Mechanismen der Agenda-Setting, der Formulierung, der Diffusion (und Einflussnahme) sowie der Implementierung sind zahlreich und nicht immer sofort als solche erkennbar. Diese inter- und transnationale Einflussnahme trifft auf länderspezifische institutionelle Filter, d.h. auf nationale, sub-nationale und lokale Strukturen und Systeme, und nicht zuletzt erhöht dies die Komplexität beträchtlich.

Vor diesem Hintergrund verfolgt die vorliegende Arbeit zwei Zielsetzungen: *Zum einen* geht es um die Erörterungen der Implikationen der gegenwärtigen Veränderungen in Bildung und Bildungspolitik aus pädagogischer und erziehungswissenschaftlicher Sicht; *zum anderen* soll in theoretisch-systematisierender Absicht der Versuch unternommen werden, ein theoretisches Instrumentarium zu entwickeln, mit dem sich dieses komplexe Gemenge unterschiedlicher Akteure, normativer Vorstellungen, und Instrumente/Mechanismen der internationalen Bildungspolitik analysieren lässt. Benötigt wird ein theoretisches Instrument, mit dem der globale, institutionelle Charakter dieser Veränderungen erfasst werden kann und zugleich der Blick für konkrete Akteure und konkrete Mechanismen und Instrumente nicht versperrt wird, etwa wie es durch Anonymisierung und Verlagerung auf eine hoch abstrakte ‚Weltgesellschaft', auf ‚Globalisierung' usw. oftmals geschieht. Globalisierung und Internationalisierung werden allzu oft als Erklärungsvariable eingeführt; diese Prozesse sind jedoch viel zu komplex und differenziert als dass sie als einzige Ursache identifiziert werden könnten (vgl. Dale/Robertson, 2003). Auf der anderen Seite wäre eine zu starke Fokussierung auf nationale Pfadabhängigkeiten ebenfalls problematisch, denn so würden die aus der Dynamik von globalen Einflüssen und nationalen Adaptionen und Appropriationen resultierenden Elemente und Handlungen leicht aus dem Blickfeld geraten. Das ansonsten so hilfreiche Konzept der Pfadabhängigkeit würde auf diese Weise ebenfalls den Blick für die Veränderungen versperren und so den Vorwurf des Konservatismus bestätigen (Beyer, 2006).

Im folgenden Abschnitt wird auf den gegenwärtigen Stand der Forschung in ausgewählten Feldern eingegangen, die für die vorliegende Arbeit von Relevanz sind: Es geht um einen Überblick über bildungspolitische Analysen in der Erziehungs- und Politikwissenschaft, um einschlägige Konzepte der International Vergleichenden Erziehungswissenschaft sowie um Beiträge der Governance-Forschung. Ein Fazit sowie ein Überblick über die Arbeit schließen das Kapitel.

1.3   Stand der Forschung

Das vorliegende Forschungsvorhaben ist an der Schnittstelle von International Vergleichenden Erziehungswissenschaft (IVE) und politikwissenschaftlichen Internationalen Beziehungen (IB) angesiedelt.[4] Das Thema Bildungspolitik ist für moderne Gesellschaften konstitutiv und wird sowohl in der Erziehungs- als auch in der Politikwissenschaft behandelt.[5] Lediglich die Vorzeichen, unter denen Bildungspolitik diskutiert wird, verändern sich von Zeit zu Zeit. Im Laufe des ganzen 19. Jahrhunderts stand das Verhältnis von Bildung und Erziehung zum Staat im Vordergrund (vgl. Berg, 1980; Vogel, 1982); in der Nachkriegszeit wurden bildungspolitische Diskussionen im Zeichen der Expansion geführt und dabei spielten ‚Chancengleichheit‘, ‚Emanzipation‘, ‚Gerechtigkeit‘, ‚Bildung als Bürgerrecht‘ als Leitbegriffe eine wichtige Rolle (vgl. Becker, 1962; Dahrendorf, 1968). Dagegen wird Bildungspolitik gegenwärtig innerhalb des ‚ökonomischen Paradigmas‘ mit Blick auf Kosten, Effizienz, Leistung und Verwertbarkeit diskutiert (Böttcher, 2005, 2006; Böttcher et al., 2009; Pechar, 2006; Harris, 2007; Graßl, 2008; Radtke, 2009). Darüber hinaus wird die

---

4   Historisch ist das Verhältnis zwischen Pädagogik und Politik ein Dauerthema erziehungswissenschaftlicher Fragestellungen, diese lassen sich beispielsweise auf Immanuel Kant (vgl. Koch/Schönherr, 2005), Friedrich Schleiermacher (vgl. Pleger, 1988) zurückführen, um nur zwei Beispiele der neueren Geschichte zu erwähnen.

5   Interessanterweise hat sich Bildungspolitik weder in der Erziehungswissenschaft noch in der Politikwissenschaft als eigenständige Forschungsrichtung etablieren können – wie das z.B. bei der ‚Bildungsökonomie‘ der Fall ist (vgl. Edding, 1963; Sweetland, 1996; Weiß, 2002; Pechar, 2006). In der Erziehungswissenschaft wird Bildungspolitik als Querschnittsthema u.a. in der Allgemeinen Erziehungswissenschaft/Pädagogik, Schul- und Sozialpädagogik sowie in der Erwachsenenbildung behandelt (vgl. Fuchs/Reuter, 2000; Anweiler et al., 1992; Massing, 2002a+b; Wolf, 2006). In der Politikwissenschaft wurde das Thema lange Zeit ignoriert (vgl. Hepp/Weinacht, 1996). Bildungspolitik wird unter anderem als inhaltlicher Schwerpunkt der Politikfeldforschung oder -analyse (public policy analysis) behandelt, also als Politikfeld oder Staatstätigkeit (vgl. Dye, 1972; Héritier, 1993; Faust/Lauth, 2003; Traeger, 2005; Wolf, 2006).

Thematisierung von Bildungspolitik im Rahmen des Nationalstaats (als Kerneinheit der Analysen) problematisiert (Mitter, 2006; Parreira do Amaral, 2006, 2007a+b) und mit Blick auf die zunehmende ‚Internationalisierung' diskutiert (Keiner, 2005; Martens/Wolf, 2006; Martens et al., 2004, 2007; Sackmann/Weymann, 2003; Mundy, 2005).

Im Folgenden wird auf ausgewählte erziehungs- bzw. politikwissenschaftliche Forschungsfelder einzugehen sein. *Zum einen* werden Konzepte und Ansätze der International Vergleichenden Erziehungswissenschaft präsentiert und exemplarisch die wichtigsten Beiträge dieser Forschungsrichtung referiert. Zudem wird nach ihrer Relevanz für die hiesige Arbeit gefragt. Es handelt sich um Konzepte, die den internationalen Einfluss auf nationalstaatliche Bildungspolitik zu erfassen suchen und diesen auf unterschiedliche Art und Weise erklären. *Erstens*, werden in der International Vergleichenden Erziehungswissenschaft Konzepte wie das ‚lending' oder ‚borrowing' sowie ‚transfer' diskutiert, die das Übertragen von Bildungspolitiken von einem auf einen anderen nationalen Kontext untersuchen. Diese Entwicklungen führen nicht selten, so das gängige Argument in diesem Feld, zu internationalen Konvergenzen, womit das Stichwort ‚Isomorphie' angesprochen wird. Die internationale ‚policy research' soll daher ebenfalls angesprochen werden. *Zweitens*, mit Blick auf die beteiligten inter- und transnationalen Akteure und das durch diese Aktivitäten konstituierte Handlungsfeld wird auch über den ‚edukativen Multilateralismus' zu sprechen sein. *Drittens*, wird die These vertreten, dass sich dieser internationale Einfluss auf nationale – historische und kulturelle – Pfadabhängigkeiten bricht. Die Konzepte ‚Externalisierung' und ‚Interrelations-Gefüge' führen eine dialektische Perspektive in diese Diskussion ein, nicht nur Konvergenzen, sondern auch zahlreiche Divergenzen sollen so erklärt werden.

Zum anderen wird im Rahmen der Politikwissenschaft auf Forschungsarbeiten zu den Veränderungen des Nationalstaats eingegangen. Bildungspolitik als staatsnaher Bereich wurde im Rahmen verschiedener Untersuchungen auf die Frage überprüft, ob sich diese ‚internationalisiert.' Des Weiteren soll ein Blick auf ausgewählte Arbeiten der Governance-Forschung geworfen werden. Im Kontext dieser Forschungsrichtung entwickelte sich in den letzten Jahren eine rege Diskussion zum Thema ‚Educational Governance.'

1.3.1   ‚Lending', ‚Borrowing' und ‚Transfer' und die Konvergenz von Bildungspolitik

Die oben genannten Termini bezeichnen Konzepte, die entwickelt wurden um Prozesse der Diffusion von Ideen über Bildung bzw. von Bildungspolitik(en) zu studieren.[6] Innerhalb der IVE können historisch zwei Positionen zum ‚educational transfer' ausgemacht werden: Marc Antoine Jullien ([1817] 1962) glaubte nicht nur, dass es mög-

---

6   Siehe den Beitrag von Jason Beech über die Kontinuitäten und Diskontinuitäten in der Auslegung und Diskussion von ‚educational transfer' innerhalb der International Vergleichenden Erziehungswissenschaft (vgl. Beech, 2006).

lich sei, bildungspolitische Ideen von einem Land zum anderen zu transferieren, sondern auch, dass es erstrebenswert war. Auch wenn Transfer nur implizit in Julliens Skizze behandelt wird, ist Transfer und ‚borrowing‘ ein zentraler Topos seiner Konzeption, so hat Stewart Fraser (1964, S. 37) festgestellt: „improvements [waren] capable of being transported from one country to another“ und sie würden „give birth to the idea of borrowing from one another what [...] is good and useful“ (ebd., S. 46). Auch der französische Bildungsreisende Victor Cousin war ein großer früher Verfechter von ‚educational borrowing‘; er schlug ein dreischrittiges Verfahren vor, mit dem man (1) die lokalen Probleme und Bedürfnisse eines bestimmten Systems identifiziert; (2) nach anderen Systemen sucht, die diese Probleme hatten und diese lösen konnten; und (3) die passenden Lösungen aus diesem System in das eigene überträgt (vgl. Steiner-Khamsi, 2002, S. 58). Die gegensätzliche Position war skeptischer bezüglich ‚educational transfer‘, für sie war dies weder wünschenswert noch möglich, so lassen sich beispielsweise die Arbeiten von Michael Sadler (1979) lesen. In seinem Vortrag „How Far Can We Learn Something of Practical Value from the Study of Foreign Systems of Education?“ aus dem Jahr 1900 fragte Sadler, ob sozio-historische Unterschiede es überhaupt zuließen, bildungspolitische Ideen zu transferieren. Das folgende, mitt-lerweile weit verbreitete Zitat kennzeichnet seine Position:

> „We cannot wander at pleasure among the education systems of the world, like a child strolling through a garden and pick off a flower from one bush and some leaves from another, and then expect that if we stick what we have gathered into the soil at home, we shall have a living plant.“ (S. 49)

Bis heute finden sich in der IVE in allen einführenden Texten Hinweise zu diesem Thema;[7] Robert Cowen identifiziert ‚transfer‘ sogar als eine der „unit ideas‘ der IVE (Cowen, 2002, S. 276f.). Dabei wurden unterschiedliche Konzepte geprägt, welche die unterschiedlichen Richtungen der Verbreitung zum Ausdruck bringen. ‚Educational borrowing‘ oder ‚lending‘ (‚Borgen‘ oder ‚Entleihen‘, ‚Ausleihen‘) beziehen sich auf das Übertragen (komplett oder auch nur Teilen) von Modellen, Reformen, Politiken usw. Diese Übertragung kann intentional (‚voluntary borrowing‘) seitens der Regierungen erfolgen; das sind Fälle, in denen staatliche Instanzen gezielt nach internationalen ‚best practices‘ suchen (vgl. Steiner-Khamsi, 2003b), oder durch internationale Agenturen vonstatten gehen (‚imposed borrowing‘). Beispielsweise hat die Weltbank bestimmte Reformen – z.B. Dezentralisierung von Governance – im Bildungsbereich als Bedingung von Kreditvergaben gemacht (Steiner-Khamsi/Stolpe, 2004). Gita Steiner-Khamsi und Ines Stolpe (2005) haben auch einen dritten Typus, den der ‚no borrowing‘ identifiziert; in diesem ‚transfer vacuum‘ wird eine ‚best-practice‘ trotz positiver Ergebnisse nicht transferiert oder durch Import ersetzt, was Fragen nach den politischen und ökonomischen Gründen aufwirft (ebd., S. 31f.).

Diese Konzepte werden eng mit dem Rahmen des Nationalstaats gedacht, daher ist die Gefahr der Dekontextualisierung, d.h. die Betrachtung von Bildungspolitik unabhängig

---

7   Vgl. die Zitationen in Steiner-Khamsi, 2003a, S. 155, Fußnote 1. Andere Bezeichnungen wie ‚cross-national attraction‘ werden ebenfalls verwendet (vgl. Ochs/Phillips, 2002; Ertl, 2006a; Phillips, 1997).

von ihrem politischen, ökonomischen und kulturellen Kontext, der häufigst genannte Kritikpunkt an dieser Praxis (vgl. Steiner-Khamsi, 2002, 2003a); theoretische und methodologische Mängel werden jedoch ebenfalls problematisiert. In der wissenschaftlichen Literatur zu ‚policy borrowing and lending' konstatierte Steiner-Khamsi einen Wechsel der Forschungsfragen von ‚Was kann gelernt werden?' hin zu Fragen wie ‚Warum hat Transfer stattgefunden?', ‚Wie wurde es implementiert?' oder auch ‚Wer waren die Akteure in diesem Prozess?' (2003a, S. 164; siehe auch: 2004). Das Ergebnis dieser Fragestellungen förderte die Einsicht zutage, dass ‚policy borrowing' oftmals als Legitimationsstrategie genutzt wird. Steiner-Khamsi zufolge "educational transfer is used to legitimize contested reforms" (ebd., 2003a, S. 156), auch Halpin/Troyna kommen zum Schluss dass: „policy borrowing […] rarely has much to do with the success, however defined, of the institutional realization of particular policies in their countries of origin; rather, it has much more to do with legitimating other related policies."(1995, S. 304) Dennoch, stellen ‚borrowing' und ‚lending' immer noch häufig anzutreffende Konzepte in der IVE Literatur dar, wenngleich unter veränderten Vorzeichen: Die ursprüngliche Vorstellung, dass Bildung und Erziehung – und daher auch Bildungspolitiken – in nationalen Kontexten eingebettet sind (d.h. in Nationalstaaten, die in sich geschlossen und autonom sind),[8] wich in letzter Zeit einer diffuseren, und daher stärkeren Einflusskraft, der Globalisierung, was zu einer ‚epidemischen Ausbreitung' von Bildungspolitiken führe (vgl. Levin, 1998; Mundy, 2005).

Implizit in den Arbeiten über ‚borrowing', ‚lending' und ‚transfer' von Bildungspolitik war immer die Annahme, dass die zunehmende Diffusion von internationalen Ideen über Bildung zu einer Konvergenz[9] der Bildungssysteme weltweit führe (vgl. Steiner-Khamsi, 2003a). Das folgende Zitat kann in gewisser Weise zusammenfassend für einen Großteil der Literatur gelesen werden:

> „In keinem anderen gesellschaftlich relevanten Politikbereich, weder in der Wirtschaft-, noch in der Sozial-, noch der Umweltpolitik, so heißt es in einem Überblick über unterschiedliche Felder vergleichender policy research, ist ein derart hoher Grad an globaler Standardisierung der Strukturen, Modellen und Reformsemantik festzustellen wie in Bildungspolitik und politikrelevanter Bildungsforschung." (Schriewer, 1992, S. 20, Herv. i. Orig.)

---

8   Diese Vorstellung prägt einen Großteil der IVE-Literatur des zwanzigsten Jahrhunderts. So identifiziert Hans (1958) drei Faktoren, die nationalstaatliche Bildung und Erziehung prägen: Naturfaktor („racial", linguistische, geographische und ökonomische), Religion (konfessionelle Traditionen) und säkulare Faktoren (kulturelle und politische Traditionen). Auch Kandels und Schneiders Arbeiten sind von dem ‚Nationalcharakter' der Bildungssysteme geprägt (vgl. Kandel, 1933; Schneider, 1947).

9   Das Thema ‚Konvergenz' begleitet die vergleichende Bildungsforschung seit Langem. Detlef Glowka hat bereits Anfang der 1970er Jahre auf den Wert der Konvergenztheorie für die IVE hingewiesen. Dabei ging es insbesondere um die Konvergenz von ‚kapitalistischen und sozialistischen Systemen' im Kontext des Kalten Krieges (Glowka, 1971). Die Annahme der Konvergenz wird aber auch in anderen Theorien vertreten, vor allem in den Weltsystemtheorien (world systems und world polity).

An dieser Stelle sollen nur einige Studien genannt werden: Inkeles/Sirowy (1983) sind in einer Untersuchung zu verschiedenen Dimensionen von nationalen Bildungssystemen (rechtlicher und organisatorischer Rahmen, Finanzierung usw.) zum Schluss gekommen, dass „it is clear that the tendency for national education systems to converge on common structures and practices is pervasive and deep." (S. 326) Diese Trends betreffen alle Ebenen und beeinflussen alle wesentlichen Aspekte der Bildungssysteme, so die Autoren. Auch Guthrie/Pierce (1990) sehen die Entwicklung eines „emerging international model", das im externen – insbesondere wirtschaftlichen – Druck einen kräftigen Motor findet. Die Forschung im Rahmen des neoinstitutionalistischen Ansatzes – welcher die Angleichung bestimmter Politiken als die Diffusion von universalisierten Skripten der World Polity sieht (vgl. Meyer et al., 1997) – hat wiederholt Trends von Konvergenz bestätigen können: Ramirez/Boli-Bennett (1982) untersuchten die Institutionalisierung von Bildungssystemen und fanden ein globales Muster in der Errichtung von staatlichen Pflichtschulsystemen, aber auch in ihrer Verankerung in nationalen Verfassungen (Boli-Bennett, 1979), in der Einrichtung von nationalen Bildungsministerien (Boli/Ramirez, 1992) und in der Standardisierung eines „world primary curriculum" (Meyer/Kamens/Benavot, 1992).

Die neueren – insbesondere politikwissenschaftlichen – Forschungen im Rahmen der ‚convergence studies' sind für die hiesige Fragestellung ebenfalls hilfreich. ‚Policy convergence' fokussiert die Effekte eines Veränderungsprozesses, in dessen Verlauf sich die Inhalte der Politik international angleichen. Für viele Autoren ist ‚policy convergence' ein angemessenes Konzept, mit dem die Entwicklung internationaler (Bildungs-)Politik der letzten Jahrzehnte analysiert werden kann, denn es hebt die Effekte eines Angleichungsprozesses der Politikinhalte hervor, die innerhalb eines bestimmten Zeitraums zustande kommen.

Internationale Konvergenz beinhaltet danach eine zunehmende Ähnlichkeit der Inhalte der Politik bestimmter politischen Einheiten innerhalb eines bestimmten Zeitfensters (vgl. Dolowitz/Marsh, 1996, 2000; Bennett, 1991). Das Konzept wird oftmals mit sich teils überlappender, teils sich widersprechender Terminologie verwendet – ‚convergence', ‚transfer', ‚learning', ‚diffusion' und ‚isomorphism' sind einige der Begriffe, mit denen die Prozesse studiert werden, in denen die Politiken (policies), Institutionen und Ideen eines Systems auf andere übertragen werden.[10] Nach Bennett kann ‚policy convergence' verschiedenes bedeuten: Konvergenz kann sich in der Angleichung der Politikziele, -inhalte, der Instrumente der Politik, der erzielten Ergebnisse oder des Politikstils ausdrücken (1991, S. 218).

Holzinger/Knill (2005) haben unterschiedliche potentielle Ursachen der Angleichung von Politiken ausgemacht. Die folgende Tabelle fasst diese Konvergenzmechanismen zusammen:

---

10 Zur politikwissenschaftlichen Literatur über Konvergenz siehe unter anderen: Heichel/Pape/Sommerer, 2005; Rose, 1991; Bennett, 1991; Holzinger/Knill, 2005; Dolowitz/Marsh, 1996, 2000. Siehe auch die Beiträge im Sonderheft 38 der Politischen Vierteljahresschrift zu Transfer, Diffusion und Konvergenz von Politiken (Holzingen/Jörgens/Knill, 2007).

Tabelle 1: Mechanismen der Konvergenz von Politiken (aus: Holzinger/Knill, 2005, S. 780)

Mechanism	Stimulus	Response
Imposition	Political demand or pressure	Submission
International harmonization	Legal obligation through international law	Compliance
Regulatory competition	Competitive pressure	Mutual adjustment
Transnational communication • lesson-drawing • transnational problem-solving • emulation • international policy promotion	Problem pressure Parallel problem pressure Desire for conformity Legitimacy pressure	Transfer of model found elsewhere Adoption of commonly developed model Copying of widely used model Adoption of recommended model
Independent problem-solving	Parallel problem pressure	Independent similar response

Zwei Studien aus dem Bereich der Hochschulforschung sollen die Anwendung dieses konzeptuellen Rahmens illustrieren. Rakic (2001) untersucht den Grad der Konvergenz in der Hochschulpolitik der letzten zwanzig Jahre in Deutschland, Belgien und Holland. Er geht insbesondere auf die Bereiche Dezentralisierung, private Finanzierung und Marketisierung ein. Mithilfe des Konzepts der institutionellen Isomorphie nach DiMaggio/Powell (1983) findet er in allen untersuchten Ländern Anzeichen von Konvergenz, die durch Imitation noch verstärkt werden (Rakic, 2001, S. 236). Johanna Witte hat eine groß angelegte Studie zu Politikveränderungen im Rahmen des Bologna-Prozesses vorgelegt. Sie fokussiert auf die Angleichung von strukturellen Merkmalen – die Einführung von BA- und MA-Studiengängen – in vier Ländern, Deutschland, Holland, England und Frankreich zwischen 1998 und 2004. Sie entwickelt einen Rahmen für die Bewertung des Grades an Konvergenz und untersucht dies anhand von sieben Dimensionen. Während sie eine konvergierende Tendenz in Richtung des britischen Systems feststellt, findet die Autorin ebenfalls zahlreiche Divergenzen (vgl. Witte, 2006, S. 456ff.).

Die oben diskutierten Konzepte sind für die hiesige Arbeit aus verschiedenen Gründen von Interesse. *Erstens*, fokussiert die neuere Forschung zu ‚borrowing‘, ‚lending‘, ‚transfer‘ usw. die Übertragungsprozesse von bestimmten bildungspolitischen Reformprogrammen und -modellen und fragt nach den (politischen, ökonomischen) Gründen für die Übernahme, nach den verschiedenen Phasen der Implementation sowie nach den beteiligten Akteuren. Zweitens, macht dieser Forschungsstrang auf die unterschiedlichen wirksamen Mechanismen von isomorphischen Prozessen sowie auf die verschiedenen Antworten auf die Stimuli aufmerksam. Die Forschung zu ‚policy convergence‘ bietet daher wichtige Einsichten in Prozesse, die für die Analyse der internationalen Bildungspolitik hilfreich sein können. Insbesondere die Mechanismen der Konvergenz zeigen, dass internationaler Einfluss auf nationalstaatliche Bildungssysteme auf unterschiedlichen Wegen zustande kommen kann.

An dieser Stelle sind allerdings auch einige kritischen Anmerkungen zu diesem Forschungsstrang notwendig: Das Gros der Literatur zu ‚borrowing‘ und verwandten Konzepten hat jedoch ihren Fokus auf den Nationalstaat. Der ‚Transfer‘ bzw. Übertragung einer bildungspolitischen Maßnahme oder eines Programms findet von einem Nationalstaat zu einem anderen statt. Die Beziehung zwischen der nationalen und internationalen Ebene wird dabei als ein Nullsummenspiel angenommen. Oftmals werden die Wirkungen der Einflüsse aus der inter- oder supranationalen Ebene relativiert mit dem Verweis auf die strategische Nutzung des ‚Auslands als Argument‘ (Zymek) seitens der nationalen Akteure, die eigenen politischen und ökonomischen Überlegungen folgend nur auf der diskursiven Ebene (z. B. als Legitimationsstrategie eigener Reformen, für die Sicherung von Kreditvergabe durch Übernahme der Rhetorik Internationaler Organisationen etc.) internationale Einflüsse übernehmen. Diese „Externalisierungen auf Weltsituationen" (Schriewer)[11] werden dann analytisch mit den Unterscheidungen zwischen *„policy talk, policy action* und *policy implementation"* (Steiner-Khamsi, 2003b, S. 151f.) erfasst und auf ihre Diskrepanzen und lokalen Rekontextualisierungsprozessen hingewiesen.

Vor dem Hintergrund der obigen Diskussion verfolgt die vorliegende Arbeit das Ziel, den Fokus auf den Nationalstaat zu erweitern, ihn um weitere Analyseeinheiten zu ergänzen. Es wird des Weiteren davon ausgegangen, dass die Beziehung zwischen den Ebenen (internationale, nationale, sub-nationale) nicht einfach hierarchisch zu modellieren ist, vielmehr ist von einer komplexen Interdependenz der Akteure in einem Mehrebenensystem auszugehen.

1.3.2 ‚Educational Multilateralism‘ und Bildungspolitik

Das Konzept der ‚*multilateral education‘* entspringt der neueren politikwissenschaftlichen Forschung zu den internationalen Beziehungen, die neben den traditionellen politischen Akteuren im Bildungsbereich – Nationalstaaten – auch andere Akteure sehen, vor allem Internationale Organisationen (IOs). Das Konzept wird seit einiger Zeit vermehrt auch in der IVE diskutiert. Edukativer Multilateralismus umfasst – als Forschungsbereich – daher die Untersuchung des Entstehungsprozesses sowie die Funktionsweisen des Systems der ‚multilateral education‘. Die kanadische Wissenschaftlerin Karen Mundy hat die Entstehungsgeschichte der ‚multilateral education‘ in drei Phasen des breiter gefassten Multilateralismus nach dem Zweiten Weltkrieg periodisiert: 1)",embedded liberalism (1945-1970s)", 2) „contested compensatory liberalism (1970s and early 1980s)" und 3) „neoliberal multilateralism (1980s and 1990s)" (Mundy, 2006, S. 181) sowie eine einsetzende vierte Phase, in der es möglicherweise zu einer Wiederkehr des redistributiven Multilateralismus kommt (ebd., S. 192ff.).

Bildung war bereits in der ersten Phase Kernbestandteil von multilateralen Programmen. Im Kontext der Etablierung Keynesianischer Wohlfahrtspolitik wurde der Bei-

---

11   Siehe auch Abschnitt 1.3.3

trag von Bildung zu einer stabilen und liberalen Wirtschaftsordnung schnell gesehen und von Regierungs- und Nichtregierungsakteuren als nationalstaatliche Verantwortung und Menschenrecht befürwortet und gefördert. Die Expansion des edukativen Multilateralismus – gemessen an aufgewendeten Finanzmitteln – war signifikant, dennoch war ein Großteil der internationalen Programme bilateral und an geopolitische und wirtschaftliche Zielsetzungen der Regierungen gekoppelt; was die Inhalte angeht, so waren diese „in practice a highly Euro-centric model of formal, graded schooling" (ebd., S. 185). Zusammenfassend, schreibt Mundy, trug der edukative Multilateralismus eher zur Umgehung als zur Lösung von Fragen der Gerechtigkeit und Umverteilung von Reichtum bei (ebd., S. 186). Ab den späten 1960er Jahren, in der zweiten Phase, wurden diese Strategien herausgefordert. Vor allem Länder aus der sog. Dritten Welt sind für eine Neuordnung der internationalen wirtschaftlichen und politischen Beziehungen eingetreten. Diese Forderungen nach Redistribution waren höchst kontrovers und konnten nur wenig Erfolg verzeichnen. Insbesondere ab den frühen 1970er Jahren haben IOs einige Forderungen in ihre Programme aufgenommen (vgl. Jones, 1988, 1992; Mundy, 1999, 2002). Der redistributive Multilateralismus war stark eingeschränkt und setzte den Forderungen der benachteiligten Länder enge Grenzen. In der dritten Phase geriet der edukative Multilateralismus in den Strudel der strukturellen Anpassungspolitik. Ab den späten 1970er Jahren wurde eine neue Weltordnung vertreten – innerhalb des IWF, der G7 und der OECD – innerhalb deren finanzielle Unterstützung für Bildung international rapide sank (Mundy, 2006, S. 188f.). Hinzu kamen Formen des edukativen Multilateralismus, die, wie Mundy schreibt, einen „„defensive""[12] oder „„disciplinary"" Charakter hatten; die Aktivitäten der OECD, der EU sowie der WTO nennt Mundy an dieser Stelle als Beispiele für den ‚defensiven' Multilateralismus im Bildungsbereich (vgl. 2007, S. 27f.). Im beginnenden neuen Millennium scheint der redistributive Charakter des edukativen Multilateralismus wieder an Bedeutung zu gewinnen. Insbesondere die steigende Zahl von Nichtregierungsorganisationen in diesem Bereich hat zu einem neuen internationalen Konsens geführt, in dem Konzeptionen von Bildung als Produktivitäts- und Gerechtigkeitsfaktor vermengt wird. Wie Mundy schreibt, ist dieser Konsens „suggestive of a kind of global ‚third way'" (2006, S. 192).

Die Forschung zum edukativen Multilateralismus fokussiert die Akteure – vornehmlich internationale Regierungs- sowie Nichtregierungsorganisationen – und verortet diese im Kontext eines weiter gefassten Multilateralismus innerhalb der internationalen Beziehungen, berücksichtigt dabei die Verbindung von Bildungspolitik zu anderen Politikbereichen wie Wirtschafts- und Sozialpolitik. Zentral für die Forschung im Rahmen des ‚educational multilateralism' ist auch der aus diesen Aktivitäten hervorgehende Diskurs, in dem – zumindest zeitweise – ein Konsens über Ziele und Mittel der internationalen Bildungspolitik hergestellt wird. Relativ unbeleuchtet bleiben allerdings die Diffusionsprozesse von der internationalen auf die nationale/lokale Ebene.

---

12   Vgl. Mundy, 2006, S. 191: „These forms of multilateralism can be described as ‚defensive,' insofar as they were developed to equip the advanced countries of the north with educational defenses suitable for heightened competition and economic globalization."

Das Konzept ist aus den genannten Gründen für die hiesige Arbeit interessant; muss meiner Meinung nach jedoch mit Überlegungen zum Prozess der Adoption bzw. der Adaption und Appropriation der im Rahmen des edukativen Multilateralismus vertretenen Bildungspolitiken seitens der nationalen Regierungen artikuliert werden.

1.3.3 ,Externalisierung' und ,Interrelations-Gefüge': Internationalisierte Bildungspolitik und Intra-nationale Variation

In der IVE finden sich zahlreiche Forschungen zum Thema „Internationalisierung von Bildung und Pädagogik'" welche die Konvergenzthese vertreten. Jürgen Schriewer kritisiert diese Forschungsrichtung, weil sie hinter längst getroffene Unterscheidungen tritt und „vielmehr auch einer Erkenntnishaltung Vorschub [leistet], die mehr darauf abhebt, die mit dem Konzept der ,Internationalisierung' unterstellte Verdichtung weltumspannender Verflechtungszusammenhänge affirmativ zu bestätigen, als sie in ihrer Komplexität aufzuhellen" (Schriewer, 1992, S. 6; siehe auch: Schriewer, 1988). Seine Kritik hebt darauf ab, eine in gewisser Weise dialektische Perspektive einzuführen, welche Weltsystemmodelle einer von variierenden nationalen Entwicklungspfaden gekennzeichnete Sicht gegenüberstellt; d.h. die gleichzeitige Sicht auf Internationalisierung und auf *intra*-nationale Variation.

Das Konzept Interrelations-Gefüge will gerade Interdependenzzusammenhänge erfassen, die „intra-national ebenso konsistente wie inter-national signifikant unterschiedlichen Gefüge von Interrelationen" (ebd., S. 25) vorweisen. Berücksichtigt man „die Ergebnisse vergleichender Forschung" (ebd., S. 20), so treten anstelle von Konvergenz eine Reihe von „spannungsreichen Gleichzeitigkeiten", so Schriewer weiter,
- von *supra-nationalen* Integrations- und *sub-nationalen* Diversifikationsbestrebungen,
- von *Internationalization* und *Indigenization*,
- von ,*evolutionären Universalien*' und *historisch-kulturellen Konfigurationen*,
- von *weltumspannenden* Diffusions- und *kulturrelativen Rezeptionsprozessen*,
- von *abstraktem Modell-Universalismus* und *abweichungsgenerierendem Strukturaufbau* oder
- von globaler Durchsetzung standardisierter Bildungsmodelle *irrespektive unterschiedlicher Rahmenbedingungen* und überraschender Vielfalt sozial-kultureller Interrelations-Gefüge *ungeachtet universalistischer Theorieannahmen*" (Schriewer, 1994, S. 449f., Herv. i. Orig.).

Die Theorie selbstreferentieller Systeme von Niklas Luhmann bildet die Grundlage für Schriewers ,Externalisierungsthese', die sich für die theoretische Erfassung solcher ,spannungsreicher Gleichzeitigkeiten' anbietet. Mit den Konzepten ,Selbstreferenz', 'Reflexivität' und ,Reflexionstheorie' entwickelt Schriewer einen theoretischen Erklärungsrahmen für ,Internationalisierungsprozesse' bei gleichzeitiger soziohistorischer Variation. Dieser Rahmen zielt „darauf ab, sinnhaft gestaltete sozialkulturelle Prozesse derart zu fassen, dass diese Wirklichkeit als sich selbst beobachtende, sich selbst beschreibende und über Selbstbeschreibungen sich selbst organisierende soziale Wirklichkeit nachvollziehbar wird" (Schriewer, 1994, S. 453). Diese operativ geschlossenen und durch Selbstreferentialität gekennzeichneten Systeme bedürfen jedoch der

Unterbrechung ihrer zirkulären Interdependenz, diese Unterbrechungen bezeichnet Schriewer als „Externalisierungen". Sie geschehen durch eine „selektiv praktizierte – Öffnung [des Systems] für Umweltbezüge, und das heißt: über die Wahl externer Bezugspunkte und die Anreicherung mit von ihnen her beziehbarem ‚Zusatzsinn'." (Schriewer, 1987, S. 648). In Anlehnung an Luhmann/Schorr (1979) hat der Autor verschiedene Muster von Externalisierung identifiziert: „als Bezug auf *Wissenschaftlichkeit*, auf *Werte*, auf *Organisation*" (ebd., Herv. i. Orig.). Diese Externalisierungsformen decken den Bedarf des Systems an Reflexion und stabilisieren dieses zugleich (vgl. Schriewer, 1987, S. 649).

Die Beschreibung und Adoption einer externen – in diesem Fall internationaler – Perspektive dient aber auch der „Spezifizierung von Reformoptionen" (ebd.). Als „Surrogat des Vergleichs" dienen „Externalisierungen auf Welt" der ‚Versachlichung' von interessegeleiteten, wertgebundenen Reformoptionen (ebd., S. 650). Diese Form des Vergleichs zielt nicht auf Analyse, sondern folgt einer anderen Logik: „die in der Bezugnahme auf Weltsituationen mitgeführte Intention auf Zusatzsinn" (ebd., S. 655).

Beide Konzepte – Interrelations-Gefüge und Externalisierung – bieten hilfreiche Anregungen für die vorliegende Arbeit. Insbesondere der Fokus auf die interne Verarbeitung internationaler Einflüsse und Einflussnahme auf unterschiedliche Intentionen und Motivationen für die Adoption, Adaption und Appropriation internationaler Einflüsse sowie die Einsicht auf Gleichzeitigkeiten bieten sich hier als Orientierung für die Analyse des Internationalen Bildungsregimes an. Dabei darf m. E. die Einsicht von gleichzeitiger Internationalisierung und Indigenisierung den Blick für die aus der Dynamik dieser beiden Kräfte entstehende ‚dysfunktionale Hybride' (Münch, 2009a, S. 9) nicht versperren. Weder die einseitige Berücksichtigung nationaler Pfadabhängigkeiten noch die affirmative Beschäftigung mit weltumspannenden Prozessen führt die Diskussion weiter, vielmehr können sich beide Positionen fruchtbar ergänzen.

1.3.4 Politikwissenschaftliche Forschung zur Internationalisierung der Bildungspolitik und die Transformation des Nationalstaates

Die insbesondere der Politik- und Rechtswissenschaften zuzuordnenden Untersuchungen im Rahmen des DFG-Sonderforschungsbereichs 597 – Staatlichkeit im Wandel – an der Universität Bremen thematisieren die internationale Dimension von Bildungspolitik im Rahmen ihrer Untersuchungen zum Wandel von Staatlichkeit, die sie in vier Dimensionen des Nationalstaates, von ihnen „Demokratischer Rechts- und Interventionsstaat" (DRIS) genannt, untersuchen (SFB 597, 2003, Forschungsprogramm, S. 14). Sie stellen die Herausbildung neuer Arenen der Bildungsgovernance fest, die insbesondere durch den Zuwachs an Governance-Kapazität von IOs und die Entstehung von Bildungsmärkten seit den 1990er Jahren zustande kam.

Die Untersuchung dieser neuen Bildungsarenen[13] (Martens et al., 2007) wird entlang von drei Kernfragen entfaltet: *erstens*, wer die neuen Akteure sind und welche Aktivitäten sie im Bildungsbereich verfolgen; *zweitens,* fragen sie nach den Gründen, weshalb diese neuen Arenen entstehen konnten; und schließlich *drittens* welche Implikationen für den Nationalstaat auszumachen sind. Das Hauptziel der Untersuchung liegt auf Punkt drei: die politikwissenschaftliche Analyse der Veränderungen im Feld der Bildungspolitik (ebd. S. 4). Die Ergebnisse des Teilprojekts C4 – Internationalisierung von Bildungspolitik (vgl. Sackmann/Weymann, 2003) zeigen die Herausbildung einer internationalen Ebene der Bildungspolitik, jedoch nur einen kleinen Anteil von internationalen Bildungsanbietern (vgl. Weymann/Martens, 2007).

Diese Forschungsperspektive sieht im Nationalstaat selbst die Antwort auf die Frage nach dem warum der Verlagerung von Bildungspolitik auf die internationale Ebene: „Nationalstaaten können zunehmend weniger ihre Probleme unabhängig voneinander lösen. Aus diesem Grund wenden sie sich an internationale Organisationen und nutzen sie, um international anwendbare Lösungen für nationale Probleme zu entwickeln." (Martens/Weymann, 2008, S. 243) Die aus dieser Kompetenzübertragung an IOs entstehende *Konvergenzdynamik* verändert die nationalen Pfadabhängigkeiten und führt im Endergebnis zu einer „globalen Konvergenz von Bildungspolitik" (ebd., S. 244). Zur Zeit beschäftigt sich das Teilprojekt mit der Beschreibung und Erklärung dieser Konvergenzprozesse in den Untersuchungsländern sowie mit ihren Implikationen des *„globalen Isomorphismus"* (Martens/Weymann, 2008, S. 267, Herv. i. Orig.) für den Nationalstaat (vgl. Weymann/Martens, 2007): „Im welchem Umfang sich Staaten hier wirklich internationalem Druck anpassen und in welchem Umfang ihre Entwicklungen weiter pfadabhängig bleiben, kann zum jetzigen Zeitpunkt nicht abschließend geklärt werden. *Aber dass diese Anpassungszwänge international koordiniert ausgeübt werden, das steht außer Frage."* (ebd., Herv. MPA)

Die Einsichten dieser Forschungsrichtung stellen wichtige Orientierungspunkte für die hiesige Arbeit dar. Diese in disziplinären Kategorien eher – rechts- und politikwissenschaftlichen Diskussionen dienen daher dem vorliegenden Projekt – das sich als genuin interdisziplinäre Bemühung versteht – als Orientierung und Grundlage; im Fokus des Interesses müssen hier jedoch nicht die Implikationen dieses Prozesse für die Staatlichkeit, sondern – aus erziehungswissenschaftlicher Perspektive – die Implikationen für den Bildungsbereich stehen.

Kritisch ist zu sehen, dass auch wenn eine mehr oder weniger eigenständige internationale Ebene der Bildungspolitik angenommen wird (die neuen Arenen mit ihren unterschiedlichen ‚governance instruments'), die politikwissenschaftliche Diskussion jedoch den Fokus auf den Nationalstaat und seinen „transfomation capacities" sowie „guiding principles" und „veto players/points" beibehält (Nagel et al., 2010). Die Transformationen der Bildungspolitik werden daher immer als ein „two-level game" modelliert (Leuze et al., 2008), dabei entscheidet die jeweilige nationale Bereitwillig-

---

13 Die Untersuchung beschäftigt sich mit Bildungspolitik in Deutschland, Großbritannien, Schweiz und Neuseeland.

keit und Fähigkeit auf die internationalen Impulse zu antworten (Nagel et al., 2010, S. 17).

1.3.5 Governance-Forschung im Bildungsbereich

Der Begriff Governance[14] hat sich in vielen sozialwissenschaftlichen Disziplinen als „interdisziplinärer Verbundbegriff" oder „Brückenbegriff" durchgesetzt (vgl. Schuppert, 2006, S. 373). Dabei gibt es nicht die eine Definition des Konzepts; Governance wird vielmehr zur Beschreibung neuer Formen des Regierens verwendet (vgl. Benz, 2004b). Governance verklammert die verschiedenen Fachdiskussionen zu Formen der kollektiven Entscheidungsfindung und -durchsetzung in der Politik-, Rechts- und Verwaltungswissenschaft, in der Soziologie und seit einiger Zeit auch in der Erziehungswissenschaft; dabei wird auf eine bedeutsame Akzentverschiebung hingewiesen, die interdisziplinär relevant ist: „nämlich von der Akteurszentriertheit zur Betonung von Regelungsstrukturen" (ebd., S. 374).[15] Vor diesem Hintergrund bezeichnet Governance nach Renate Mayntz (2004, S. 66)

> „das Gesamt aller nebeneinander bestehenden Formen der kollektiven Regelung gesellschaftlicher Sachverhalte: von der institutionalisierten zivilgesellschaftlichen Selbstregelung über verschiedene Formen des Zusammenwirkens staatlicher und privater Akteure bis hin zu hoheitlichem Handeln staatlicher Akteure".

In der Beschreibung sowie Analyse von (Bildungs-)Politik setzt sich Governance mittlerweile ebenfalls als Schlüsselkonzept durch (Chhotray/Stoker, 2009). Die Hinwendung zum Begriff Governance und den damit bezeichneten Phänomenen ging mit wichtigen Veränderungen im Bildungsbereich einher. Die Governance-Forschung im Bildungsbereich lässt sich unter drei thematischen Gesichtspunkten ordnen: Sie betreffen insbesondere die Steuerungsmodi, neue Formen der Erbringung und Distribution von Bildungsdienstleistungen sowie das Aufkommen neuer – vornehmlich inter- und transnationaler – Akteure in der Gestaltung der Bildungspolitik (vgl. dazu Kap. 4, Abschnitt 4.1).

In der (englischsprachigen) International Vergleichenden Erziehungswissenschaft ist Governance schon seit mehreren Jahren Forschungsgegenstand (Raab, 1994; Pierson, 1998; Arnott/Raab, 2000); in die Teildisziplinen Schulpädagogik (Heinrich, 2007; Fend, 2008), Sozialpädagogik (Weber/Maurer, 2006; Kessl, 2006) und Erwachsenenbildung (Hartz/Schrader, 2008; Ioannidou, 2007, 2009) fand das Thema erst später Eingang. Gegenwärtig wird jedoch Governance insgesamt in der Bildungs- und Hochschulforschung intensiv diskutiert (Bartsch, 2009; siehe auch Bauer, 1999; Nagel, 2006). Aus der Perspektive der Erziehungswissenschaft interessiert vor allem, wie sich

---

14 Das Konzept Governance wird ausführlich in Kapitel 4 diskutiert und soll daher an dieser Stelle nur in Hinblick auf die Forschungsergebnisse im Bildungsbereich angesprochen werden. Zu den Annahmen und Kategorien des Konzepts siehe Abschnitt 4.1.

15 Renate Mayntz (2009) diskutiert das Konzept Governance als Weiterentwicklung der Steuerungstheorie und weist auf die subtilen, aber wichtigen Unterschiede zwischen den Termini hin (siehe insb. Kap. 3).

neue Governance-Strukturen auf die Steuerung nationaler Bildungssysteme auswirken, d.h., welche Konsequenzen sie für pädagogische bzw. erziehungswissenschaftliche Fragestellungen zeitigen. Hier werden z.B. Fragen nach den Rahmenbedingungen für die Gestaltung öffentlich organisierter Bildungs- und Hilfesysteme erörtert. Dabei geht es darum, auf den verschiedenen Analyseebenen – lokal, national oder international – die komplexen Strukturen kollektiver Handlung und Handlungskoordination erfassen zu können.

Die deutschsprachige Fachdiskussion wird unter dem Titel ‚Educational Governance' geführt, dabei sind insbesondere die Beiträge einer Gruppe von Wissenschaftlern um Thomas Brüsemeister und Herbert Altrichter hervorzuheben. Die Beiträge der ‚Educational Governance' haben sich fast ausschließlich mit dem Bereich Schule beschäftigt. Sie haben die Kategorien der Governance-Forschung auf den Bildungsbereich übertragen – darunter: Akteure und Akteurskonstellation, Interdependenz, Mehrebenensystem, verschiedene Formen der Koordination (Hierarchie, Markt, etc.), Governance-Regime (vgl. Kussau/Brüsemeister, 2007b, S. 26-44; siehe auch: Brüsemeister, 2007a) – und diese in ihren Forschungen angewendet (vgl. beispielsweise Altrichter/Heinrich, 2007, S. 56f.; für eine Fallstudie zur Systemsteuerung in Österreich; siehe auch Büeler (2007) zum schweizerischen Luzern). Das Verhältnis zwischen Schule und Politik ist durchaus konfliktär, doch müssen beide kooperieren. Diesen ‚kooperative Antagonismus' untersucht die Educational Governance-Forschung und beschreibt verschiedene Formen der Beziehung zwischen Staat und Schule, die die Verschiebung von ‚unilateraler Steuerung hin zu Handlungskoordination' bestätigen. Martin Heinrich (2007) diskutiert die Rolle von Governance in der Schulentwicklung; er diskutiert den ‚Paradigmenwechsel' in der School-Governance – von den Autonomiediskussionen der 1990er Jahre hin zur aktuellen evaluationsbasierten Steuerung. Die Beiträge im von Roman Langer herausgegebenen Band (2008) untersuchen die unterschiedlichen Rationalitäten die dem Steuerungshandeln der verschiedenen Akteure (Ministerien, Schulleitung, etc.) zugrunde liegen, und kommen zu unterschiedlichen Erklärungsmodellen von Steuerungshandeln.

Neben Forschungsarbeiten zum Bereich Schule sind zu anderen (Teil-)Bereichen des Bildungssystems zahlreiche Publikationen erschienen, die das Thema ‚Steuerung' und ‚Governance' diskutieren (u.a.: Hartz/Schrader, 2008; Weber/Maurer, 2006; Kessl, 2006; Ioannidou, 2007, 2009). Einen grundlegenden Beitrag für die Analyse von Bildungspolitik hat kürzlich Josef Schrader (2008) mit einem Modell zur Steuerung im Bildungssystem am Beispiel der Weiterbildung geliefert. Schrader verwendet zwar den Terminus ‚Governance' nicht direkt, sein Beitrag lässt sich jedoch in diesem Forschungskontext verorten. Das Modell wurde aus einer Synthese von Modellen und theoretischen Entwürfen aus sozialwissenschaftlichen Disziplinen entwickelt, wie Bildungsökonomie, Systemtheorie, Neo-Institutionalismus, Akteurzentrierter Institutionalismus und Governance (vgl. Schrader, 2008, S. 33-42). Dieses Rahmenmodell soll „Dimensionen und Beziehungen [...] ordnen, die bei der Analyse von Steuerung in der Weiterbildung beachtet werden sollten" (ebd., S. 43). Es geht also um eine Modellierung, die „eine angemessene Vorstellung von den Akteuren, Handlungsebenen und Interventionsformen zu entwickeln" (ebd., S. 59) hilft, mit deren Hilfe sich Fragen der Steuerung theoretisch wie empirisch bearbeiten lassen.

In der internationalen Forschungsliteratur zum Thema Governance im Bildungssystem sind mittlerweile zahlreiche wichtige Arbeiten zum Einfluss der „neuen" Akteure zu finden, diese sind maßgeblich die EU, die OECD, die UNESCO, die Weltbank, der IWF und die WTO (McNeely, 1995; Samoff, 1999; Chabbott, 2003; Mundy, 1999, 2002; Jones, 1999; Jones/Coleman, 2005; Martens et al., 2007; Martens/Wolf, 2006; aus genuin erziehungswissenschaftlicher Perspektive Amos/Radtke, 2007). Es sind zudem Forschungsbeiträge zu einzelnen Bereichen entstanden, die die veränderten Bedingungen im globalisierten Kontext diskutieren. Die Auswirkungen des Globalisierungs- und Europäisierungsprozesses auf organisationale Strukturen, Forschungs- und Lehrtraditionen im universitären Bereich werden in Lawn/Keiner (2006) thematisiert. Eine vergleichende Studie zu den Governance-Regime im tertiären Sektor in vier europäischen Ländern haben de Boer/Enders/Schimank (2008) vorgelegt.

Die Ergebnisse der Governance-Forschung im Hochschulbildungsbereich zeigen eine verstärkte Orientierung an angewandter Forschung verbunden mit der Erwartung finanzieller Vorteile durch die Kommerzialisierung/Vermarktung universitärer Forschungsergebnisse nach dem US-amerikanischen Modell (Etzkowitz et al., 1998; Bertrams, 2007). Besonders intensiv diskutiert wird ebenfalls der enorme Zuwachs der Nachfrage an Hochschulbildung, sowohl im öffentlichen als auch im privaten Bereich (Müller-Bölling/Zürn, 2007). Im Verhältnis zur langen universitären Tradition hat die Hochschulbildung breiter Bevölkerungsteile eine kurze Geschichte, erfuhr jedoch im Laufe der zweiten Hälfte des zwanzigsten Jahrhunderts eine enorme Expansion (Schofer/Meyer, 2005). Diese Entwicklung wurde durch die stets wachsende Nachfrage nach Bildungszertifikaten in der ‚knowledge economy' der sog. Wissensgesellschaft angetrieben (Chen/Dahlman, 2006; Weltbank, 1999, 2003). In vielen Weltregionen hat der private Sektor insbesondere im tertiären Bereich das Gros dieser Expansion aufgenommen und in vielen Ländern absorbieren private Institutionen bis zu 90% der Studierenden (PROPHE, 2008). Eng verbunden ist die Erbringungsfrage mit den neuen Kommunikations- und Informationstechnologien (z.B. virtuelle Universitäten wie die Michigan Virtual University mit rund 23000 Studierenden (MVU, 2008)); insgesamt werden grenzüberschreitende Erbringungsarten oft als einzige gangbare Alternative gesehen, den Bedarf zu decken (vgl. OECD/Weltbank, 2007, S. 65ff.; Bashir, 2007; Field, 2008, S. 11).

Von der Forschung zu Governance im Bildungsbereich können viele Einsichten gewonnen werden, die für die vorliegende Arbeit von Bedeutung sind. So stellen die Kategorien der Educational Governance-Forschung wichtige Hilfen dar, mit denen das Feld der Internationalen Bildungspolitik analysiert werden kann: Bildungspolitik wird in einem Mehrebenensystem formuliert und implementiert, in dem viele Akteure und Akteurskonstellation mit unterschiedlichen Verhandlungs- und Steuerungskapazitäten und unterschiedlichen Handlungslogiken folgend tätig sind. Auch die Instrumente der Koordination von Bildungspolitik nehmen verschiedene Formen an. Diese analytische Stärke der ‚Governance'-Perspektive macht sie jedoch tendenziell blind für Machtverhältnisse; oftmals legen die Analysen zu den verschiedenen Ebenen ein harmonischeres Bild des Prozesses nahe, als dies tatsächlich der Fall ist, sind doch die Akteure auf den unterschiedlichen Ebenen nicht mit gleichen Kompetenzen und Mandaten ausgestattet. Ein weiteres Merkmal dieser Forschungsarbeiten ist die fast ausschließliche Konzentration auf den ‚technischen' Aspekt von Bildungspolitik, d.h. der Fokus auf Fragen der Steuerung von Bildungssystemen.[16] Schließlich, die Educational-Governance-Forschung hat bereits wichtige Beiträge gemacht, sie hat die internationale Dimension allerdings bislang nicht systematisch berücksichtigt.

1.4   Fazit

Aus der Diskussion von ausgewählten erziehungs- sowie politikwissenschaftlichen Forschungen weiter oben lässt sich Folgendes für die vorliegende Arbeit festhalten:

- Bildungspolitik soll in einer Mehrebenen-Perspektive betrachtet werden. Die Beziehung der verschiedenen Ebenen ist dabei nicht als Nullsummenspiel zu konzipieren. Die beteiligten Ebenen und die darin tätigen Akteure stehen vielmehr in einer komplexen Interdependenz; den Akteuren stehen verschiedene Instrumente zur Einflussnahme zur Verfügung; sie haben unterschiedliche Verhandlungs- und Steuerungskapazitäten. Hierzu werden die Einsichten aus der Governance-Forschung herangezogen.

- Während der Nationalstaat weiterhin ein wichtiger bildungspolitischer Akteur bleibt, ist er bei weitem nicht der einzige; der Fokus muss auf andere Analyseeinheiten erweitert werden – sowohl jenseits des Nationalstaats als auch auf der subnationalen Ebene. Hierzu soll die Theorie Internationaler Regime auf ihre Fruchtbarkeit als Heuristik geprüft werden. In einer institutionalistischen Lesart werden die Mitglieder des Regimes konzipiert als selbst durch universalisierte Skripte konstituiert und in einem Geflecht kognitiv-kultureller Muster eingebettet.

- Konvergenz bzw. Divergenz soll nicht ausschließlich auf der konkreten Ebene der empirisch vorfindbaren bildungspolitischen Reformen und Programme untersucht werden. Vielmehr gilt es, die ihnen zugrunde liegenden Rationalitätsprinzipien zu analysieren, da diese quasi als ‚tertium comparationis' den internationalen Vergleich ermöglichen. An dieser Stelle werden die Einsichten aus der neo-institutionalistischen Forschung, insbesondere des World-Polity-Ansatzes genutzt. Dadurch lassen sich globale, rationalisierte und universalisierte Skripte beschreiben sowie ihre weltweite Diffusion verstehen und modellieren.

Eine häufige Erklärung für die Veränderungen in den nationalen Bildungssystemen sieht in der aktuellen Bildungspolitik die Reaktion des Staates auf veränderte Anforderungen (vgl. Kussau/Brüsemeister, 2007b, S. 17; Daun, 2005, S. 93). Während die sich vervielfachenden und verändernden Anforderungen an Bildungssysteme sicherlich ein Kernbestandteil der Erklärungen sind, scheint die Frage berechtigt, ob und inwieweit diese „Reaktion" von der Angebotsseite bedingt ist; d.h., es ist zu prüfen, wie das Angebot an Erklärungen/Lösungen/Reformprogrammen seitens der internationalen Ak-

---

16   Auf diese Unzulänglichkeit wird inzwischen bereits reagiert, indem in erziehungswissenschaftlichen Analysen das Governance-Konzept mit dem verwandten Konzept der Gouvernementalität kombiniert wird, um ihn so für Machtfragen zu öffnen (siehe: Amos, 2010).

teure die nationalen Präferenzen orientieren (siehe hierzu: Finnemore, 1996), wozu das Konzept ‚Internationales Regime‘ genutzt werden soll.

In den aktuellen erziehungswissenschaftlichen Diskussionen wird der Regimebegriff scheinbar gerade wegen seiner Ambivalenz benutzt. Er wird in sehr unterschiedlichen Zusammenhängen benutzt, mit eher technischen Bedeutungen, wie im Fall einer bestimmten Form der Steuerung, das „Governance-Regime“ (vgl. Kussau/Brüsemeister, 2007b, S. 41ff.), oder mit eher pejorativen Untertönen bei der Forschungspolitik (z.B. das „Regime der Drittmittel und Kennziffern“ vgl. Münch, 2007, S. 73ff.). Weitere Verwendungen sind in folgenden Beiträgen zu finden: Masschelein/Simons, 2005; Kehm/Lanzendorf, 2005; Radtke, 2006, 2003, S. 287; Kallo/Rinne, 2006, S. 9).[17]

Die Frage steht daher im Vordergrund: *Lässt sich die politikwissenschaftliche Regimetheorie als Heuristik für die Analyse der gegenwärtigen internationalen Bildungspolitik nutzen?* Die vorliegende Arbeit unternimmt also den Versuch, mithilfe des politikwissenschaftlichen Konzepts ‚Internationales Regime‘ ein heuristisches Instrument für die Analysen von Bildungspolitik zu Beginn des 21. Jahrhunderts zu entwickeln. Mit anderen Worten: durch die Adaption eines Konzeptes aus den Internationalen Beziehungen soll nicht versucht werden, die Komplexität in diesem Politikfeld durch ein alles erklärendes Konzept in den Griff zu bekommen, sondern vielmehr durch die Konzeption einer Heuristik, welche die vielfältigen Bestandteile ordnet und mithilfe weiterer Konzepte (hier aus der Governance-Forschung entnommen) empirischen Analysen zu orientieren hilft.

Diese Schritte werden jedoch stets aus der Motivation heraus unternommen, die Implikationen des als Ausgangshypothese formulierten Internationalen Bildungsregimes für pädagogische bzw. erziehungswissenschaftliche Sachverhalte zu erkunden. Eine solche Theoretisierung erweist sich dabei als unabdingbare Grundlagenarbeit für empirische Forschungen.

1.5 Überblick der Arbeit

Die vorliegende Arbeit gliedert sich in sieben Kapitel. Nach dieser Einleitung wird im folgenden Kapitel – *Kapitel 2* Bildungssystem und Nationalstaat – die Beziehung zwischen Nationalstaat und dem modernen Bildungssystem rekapituliert. Im Prozess der ‚Verstaatlichung der Bildung‘ im neunzehnten Jahrhundert wurden Diskussionen um die inhaltliche und zieldefinitorische Ausgestaltung des Schulsystems ausgetragen, die für das Verständnis des Ausmaßes der damaligen Veränderungen von großer Relevanz sind. Es waren Diskussionen um die pädagogischen, professionellen und (schul-)politischen Implikationen dieses Prozesses. Zwei Zeitabschnitte dieser

---

17 In der amerikanischen Forschung zu Bildungspolitik wird der Regimebegriff ebenfalls verwendet. Dort geht es vor dem Hintergrund der stark ausgeprägten Dezentralisierung des Bildungsbereichs um die „informal arrangements that surround and complement the formal workings of governmental authority“ (Stone, 1989, S. 3), insbesondere in urbanen Zentren, daher die Bezeichnung ‚Urban Regimes‘ oder ‚Urban Regime Theory.‘ Siehe hierzu: Stone, 1989, 1998, 2005; Shipps, 2006, 2008 sowie die Literatur darin.

Entwicklung werden dabei thematisiert: erstens, die Phase der Institutionalisierung von Bildung als staatlicher Aufgabe, also die ‚Verstaatlichung von Bildung' oder die Phase der ‚Systemfindung' ab Anfang des 19. Jahrhunderts; zweitens, geht es um die Phase der Bildungsexpansion in den 1960er und 1970er Jahren der zwanzigsten Jahrhunderts. Das jeweilige Verständnis von Bildung in diesen Phasen sollen hier ebenfalls rekapituliert werden. Die Ausführungen zu den Auseinandersetzungen um Schule zwischen Staat und Kirche können den Blick für die aktuellen Veränderungen schärfen.

Kapitel 3 – Bildung im Nationalstaat in der postnationalen Konstellation: Die Internationale Dimension von Bildungspolitik – In diesem Kapitel werden einige der gegenwärtigen Verschiebungen beschrieben und kontextualisiert. Das Kapitel ruft zunächst die zentralen Kennzeichen moderner nationalstaatlicher Bildungssysteme ins Gedächtnis, die sich im Zuge der im Kapitel 2 diskutierten Entwicklung im modernen Nationalstaat durchgesetzt haben; dabei geht es um eine bestimmte Form der Organisation von Bildung und Erziehung. In einem weiteren Schritt werden die aktuellen Entwicklungen thematisiert, vor deren Hintergrund Veränderungen in der Beziehung zwischen Staat und Bildungswesen sichtbar werden sollen. Dabei soll auch auf weltumspannende soziale, ökonomische und politische Entwicklungen und Veränderungen entlang der Begriffe ‚Globalisierung', ‚Internationalisierung' und ‚Supranationalisierung' eingegangen werden. Diese globalen Entwicklungen haben für den Bildungsbereich wichtige Implikationen, auf die ebenfalls eingegangen werden soll. In einem letzten Abschnitt werden die verschiedene Stränge zusammengeführt und unter der Rubrik ‚Internationalisierte Bildungspolitik und Internationales Bildungsregime' als Ausgangspunkt der Arbeit expliziert.

Die theoretischen Grundlagen dieser Arbeit – zum Kontext sowie zur analytischen Perspektive – werden im *Kapitel 4* dargelegt. Es wird dabei nach theoretischen Ansätzen gesucht, mit denen die im Kapitel 3 diskutierten Prozesse verstanden werden können. Es geht darum, einige terminologische Erläuterungen vorzunehmen, die für diese Arbeit von grundlegender Bedeutung sind. Die vorliegende Arbeit verortet sich im theoretischen Rahmen des soziologischen Neoinstitutionalismus und des World-Polity-Ansatzes. Sie übernimmt Konzepte und Kategorien der Governance-Forschung, nutzt diese aber auch als analytische Perspektive, mit der die Regimetheorie kombiniert werden kann. Es werden zunächst theoretische Erklärungen für die Entstehung nationalstaatlicher Schulsysteme rekapituliert. Danach wird auf den Soziologischen Neoinstitutionalismus eingegangen. In einem letzten Schritt werden die wichtigsten Kategorien der Governance-Forschung präsentiert, die im Hintergrund der weiteren Überlegungen zum Internationalen Bildungsregime von Relevanz sind.

Die Ausführungen im *Kapitel 5* präsentieren und diskutieren die politikwissenschaftlichen Überlegungen zu internationalen Institutionen sowie ihre Beziehung zueinander. Zum einen wird es um Internationale Organisationen gehen; zum anderen gibt das Kapitel Auskunft über die politikwissenschaftliche Regimeforschung. Dabei wird auf die Definition von Regime, auf die unterschiedlichen Phasen und Theorien der Regimeforschung sowie auf die Prozesse ihrer Entstehung und auf ihre Wirkungen eingegangen. Abschließend geht es auch um erste theoretische Überlegungen zur Weiterführung dieser Konzepte im Kontext der hier zu bearbeitenden Fragestellung, d.h. der internatio-

nalen Bildungspolitik. Diese Überlegungen werden dann im folgenden Kapitel fortgeführt.

Im *Kapitel 6* – Regimetheorie und die Analyse der internationalen Bildungspolitik:
Internationales Bildungsregime? – sollen die regimetheoretischen Überlegungen der
Politikwissenschaft auf die Analyse der internationalen Bildungspolitik übertragen
sowie die Prämissen dieser Übertragung expliziert werden. Die verschiedenen Abschnitte geben Auskunft über die konstitutive Komponente der Definition. Dabei soll
der Typus des internationalen Bildungsregimes spezifiziert werden, weiterhin sollen
auch der Prozess seiner Entstehung und die darin wirksamen gesellschaftlichen Kräfte
bestimmt werden sowie ihre bedingenden internen und externen Faktoren. Die Frage,
ob sich dieses theoretische Instrumentarium auch in der Erziehungswissenschaft als
Heuristik für die Analyse der gegenwärtigen internationalen Bildungspolitik nutzen
lässt, soll hier beantwortet werden.

Kapitel 7 – Diskussion: Hinweise auf die Emergenz eines Internationalen Bildungsregimes und ihre potentiellen Folgen – stellt die pädagogischen und erziehungswissenschaftlichen Folgen der Veränderungen, die mit der Formation eines Internationalen
Bildungsregimes einhergehen in den Mittelpunkt des Interesses. Da die vorliegende
Studie zunächst einen theoretischen Beitrag leisten will – d.h. es wird hier nach einem
theoretischen Instrumentarium gesucht, mit dem sich ein komplexes Gemenge unterschiedlicher Akteure, normativer Vorstellungen, und Instrumente/Mechanismen der
internationalen Bildungspolitik analysieren lässt – muss sie sich auf einige Hinweise
zu den Implikationen der gegenwärtigen Veränderungen in Bildung und Bildungspolitik aus pädagogischer und erziehungswissenschaftlicher Sicht beschränken, ohne auf
eine breite empirische Basis zurückgreifen zu können. Im Kapitel 7 werden daher
unter Rückgriff auf die vorliegende Literatur zum Thema einige der potentiell eintretenden Folgen diskutiert. Daran anschließend wird Bilanz gezogen und auf den Beitrag
des hier entwickelten theoretischen Instruments für Analysen der internationalen Bildungspolitik eingegangen.

2. BILDUNGSSYSTEM UND NATIONALSTAAT

2.1 Vorbemerkung

In diesem Kapitel wird die Beziehung zwischen Nationalstaat und dem modernen Bildungssystem rekapituliert, d.h. die historische Entwicklung soweit diskutiert, wie das Verständnis des Vorrangs der Nationalstaaten in bildungspolitischen Belangen möglich wird. Mit ‚modernem Bildungssystem' ist der Umstand gemeint, dass diese Institutionen öffentliche, vom Staat kontrollierte und finanzierte Einrichtungen sind. Das deutsche Bildungswesen umfasst unterschiedliche Institutionen, von allgemein bildenden, über Hochschulen bis hin zu Einrichtungen der beruflichen sowie der Fort- und Weiterbildung (vgl. BLK für Bildungsplanung, 1974, S. 2). In seiner Theorie der Schule beschrieb Helmut Fend „das komplexe Gebilde ‚Schulsystem' als Ergebnis vieler mehr oder weniger rationaler Planungsprozesse, die auf das Ziel der Organisation von Lernprozessen für große Massen von Schülern ausgerichtet sind" (1980, S. 55). Dabei hat sich in den letzten zweihundert Jahren der Nationalstaat als Hauptakteur im Bildungsbereich etabliert, was zur Entstehung von ‚nationalstaatlichen Bildungssystemen' in allen modernen Staaten geführt hat. Die Rationale für die Schaffung nationalstaatlicher Pflichtschulsysteme variierte jedoch von Land zu Land, zu diesem Schluss kommen Benavot/Resnik (2006). Sie argumentieren: „In short, although the establishment of compulsory school laws increasingly accompanied nation-state formation, the meanings and intentions of such legal provisions reflected diverse configurations of local political, economic, and cultural conditions." (ebd., S. 13) Damit wird auch gesagt, dass die jeweilige Form, die die staatlich verantwortete Bildung annimmt, sehr von der spezifischen Akteurskonstellation abhängt. Mit anderen Worten heißt das: der Staat erfindet „Schule" nicht neu und alleine, sondern muss bei der Ausgestaltung auf unterschiedliche Interessen- und Kräfteverhältnisse Rücksicht nehmen, die sich in der spezifischen Ausprägung des Erziehungssystems niederschlagen. Die Diskussion weiter unten nimmt Bezug auf Preußen bzw. Deutschland, in gewisser Weise lassen sich jedoch international ähnliche Prozesse beobachten.

In einem von Detlef Müller (1987) als ‚Epoche der Systemfindung' bezeichneten Verstaatlichungsprozess wurden Diskussionen um die inhaltliche und zieldefinitorische Ausgestaltung des Schulsystems ausgetragen, die für das Verständnis des Ausmaßes der damaligen Veränderungen von großer Relevanz sind. „Wem gehört die Schule?" oder „Wem erzieht man den Menschen?" sind Fragen, deren Antworten in den Kern der Diskussionen des 19. Jahrhunderts führen. Nämlich Diskussionen um die pädagogischen, professionellen und (schul-)politischen Implikationen der ‚Verstaatlichung' der Bildung. Die Ausführungen zu den Auseinandersetzungen um Schule zwischen Staat und Kirche können den Blick für die aktuellen Veränderungen schärfen. Die historische Rekonstruktion zielt nicht auf Vollständigkeit und ist keineswegs erschöpfend; es soll vielmehr exemplarisch gezeigt werden, dass das historisch jeweils gültige Verständnis der Beziehung zwischen Staat und Bildungssystem sowohl institutionell-organisatorische Aspekte als auch pädagogisch-zieldefinitorische Verständnisse von Bildung, Bildungsprozessen und von der Funktion von Bildung in der Gesellschaft prägt. Zwei Schneisen werden in die geschichtliche Entwicklung geschlagen: *erstens*, die Phase der Institutionalisierung von Bildung als staatlicher Aufgabe, also die ‚Verstaatlichung von Bildung' oder die Phase der ‚Systemfindung' ab Anfang des 19. Jahrhunderts; *zweitens*, geht es um die Phase der Bildungsexpansion in den 1960er und 1970er Jahren der zwanzigsten Jahrhunderts. Das Verständnis von Bildung in diesen Phasen wird jeweils von den sozio-politischen Entwicklungen der Zeit beeinflusst und soll daher hier kurz ins Gedächtnis gerufen werden.

Vor dem Hintergrund dieser historischen Perspektive können dann die aktuellen Veränderungen in der Beziehung zwischen Staat, Wirtschaft und Bildungssystem insbesondere der letzten Jahrzehnte in eine andere Optik gerückt werden, die diese nicht nur in Hinblick auf ihre politisch-organisatorische Implikationen befragt, sondern auch ihre pädagogischen Folgen in den Blick nimmt. Gegenwärtig werden die aktuellen Veränderungen oftmals einseitig analysiert auf die Frage nach der Fähigkeit des Staates souverän sein Bildungswesen zu steuern. Für die Erziehungswissenschaft ist darüber hinaus gehend von größter Relevanz zu fragen, welche pädagogischen Konsequenzen aus diesen Veränderungen entstehen.

2.2 Historischer Rückblick: Bildung und Erziehung als staatliche Aufgabe

Das alteuropäische Verhältnis zwischen Staat und Erziehungswesen wird zwischen dem 18. und dem Ende des 19. Jahrhunderts entscheidend verändert. Am Ende dieser Periode ist die Beziehung Staat – Schulsystem eine intrinsische. Ramirez/Boli (1982, S. 29) schreiben dazu: „The link between state and education is complete and taken for granted". Der in der Bildungsgeschichte als ‚wildwüchsig' und ‚vielgestaltig' beschriebene Haufen von Schulformen des ausgehenden 18. Jahrhunderts wird neu organisiert, differenziert und an ein sich neu formierendes staatliches System integriert.[18] In diesem Jahrhundert löste der Staat sein bereits im 18. Jahrhundert angekündigtes Ziel ein: wie Karl-Ernst Jeismann schreibt, der Staat „wurde zum Schulherrn" (1987a, S. 4). Bis dahin waren vornehmlich andere Akteure für Erziehungsfragen zuständig: die Kirche hatte sich in Sache Curriculum traditionell als alleinige Verantwortliche verstanden; die Organisation und Trägerschaft war zwischen verschiedenen Patronaten, Stiftern und Magistraten verteilt; die finanzielle Grundlage und letztlich auch die Verantwortlichkeit lag in einer vorwiegend nach Ständen organisierten Gesellschaft

---

18 Dieser Prozess wurde auch als ‚Universalisierung des Partikularen' gedeutet, denn die ständischen und sozialen Unterschiede wurden dadurch überformt. Siehe die interessanten historischen Anmerkungen von Bernd Zymek zur aktuell diskutierten ‚Deregulierung' der Bildungssysteme (Zymek, 2001). Ihrerseits diskutieren Drewek/Tenorth (2001) diese Entwicklungen in Hinblick auf die ‚Dynamik und Reflexion' des Systems.

noch bei den Eltern. Dieser Veränderungsprozess muss daher vor dem Hintergrund anderer (makroskopischer) Veränderungen gesehen werden:[19]

> „Die fortschreitende Ausbildung des absolutistischen Wohlfahrts- und Verwaltungsstaates sowie die wachsende Bedeutung, die das Jahrhundert der Aufklärung der Erziehung für das Glück des einzelnen wie für die Blüte des Staates zuschrieb, ließen diese Distanz zwischen Unterrichtswesen und Staat mehr und mehr obsolet erscheinen. Die Realität der Erziehung widersprach in Organisation und Inhalten am Ende des 18. Jahrhunderts der Räson des Staates ebenso wie den allgemeinen pädagogischen Maximen. Dies und die Erwartungen, daß dem Staat durch die Reform des Erziehungswesens gleichermaßen politische Loyalität und wirtschaftliche Stärke zuwachsen würde, drängte auf die Entstehung eines staatlichen Unterrichtswesens" (Jeismann, 1987b, S. 105).

Im Rückblick lassen die Diskussionen einen kontinuierlichen Prozess entdecken: das Ringen um die Liberalisierung und Demokratisierung der öffentlichen Bildung. Dieser Prozess erlitt hin und wieder Rückschläge, konnte jedoch nicht mehr aufgehalten werden, auch wenn sich die anfängliche Programmatik von ökonomischen und politischen Zwängen auf der einen und Klassen- und Machtinteressen auf der anderen Seite verändert bzw. korrumpiert hat (Herrlitz et al., 2009; Berg, 1980). Darüber hinaus zog der Prozess der ‚Verstaatlichung der Bildung' wichtige pädagogische Implikationen nach sich. Dies soll anhand einiger Beispiele aus Preußen und anderen deutschen Ländern exemplarisch diskutiert werden. Grund für diese Auswahl ist die hervorragende Forschungslage für diesen Raum, insbesondere für das 19. Jahrhundert. Es geht hierbei nicht darum, das Thema erschöpfend zu behandeln, sondern darum einige Schlaglichter dieser Entwicklungen aufzuzeigen.

Der preußische Staat erließ bereits am Ende des 18. Jahrhunderts die allgemeine Schulpflicht. Doch weder war er zu dieser Zeit in der Lage, diese normativen Vorgaben durchzusetzen, noch waren Schulen überall vorhanden. Rechtlich legte das „Allgemeine Landrecht für die preußischen Staaten" von 1794 fest: „Schulen und Universitäten sind Veranstaltungen des Staates, welche den Unterricht der Jugend in den nützlichen Kenntnissen und Wissenschaften zur Absicht haben." (zitiert nach Jeismann, 1987b, S. 110). Jedoch, erst nach den Niederlagen gegen die französischen Truppen 1806/07 bildete sich ein breiter – politischer und pädagogischer – Konsens,[20] durch Bildung und Erziehung dem Staat wieder zur Blüte zu verhelfen. Fichtes berühmte ‚Reden an die Deutsche Nation' sind im Zusammenhang mit dem Begriff der ‚Nationalerziehung' als Programm für die Staatserneuerung zu sehen (Fichte, 1978 [1808]; Stübig, 2006). Die um Freiherr von Stein organisierte ‚Revolution von oben' stellt daher ein Reformprogramm für eine grundlegende Erneuerung des sozialen Lebens in Preußen dar, in der „Bildungsreform eine zentrale Rolle in der gesamten Re-

---

19 Zu den politischen, wirtschaftlichen und gesellschaftlichen Bedingungen dieses Veränderungsprozesses siehe einleitend: Herrlitz et al., 2009, Kap 1; siehe auch: Jeismann, 1987a; Berg, 1973; von Friedeburg, 1989.

20 Zumindest in ihren Programmatiken deckten sich die liberale ‚Freisetzungspolitik' der leitenden Reformer auf der einen und die neuhumanistische Konzeption von Bildung auf der anderen Seite (vgl. Herrlitz et al., 2009, S. 29-32).

formbewegung" (Herrlitz et al., 2009, S. 29) einnahm. Erst diese Neuordnung des Staates als Verwaltungsstaat verhalf der Rechtsgrundlage von 1794 zu Wirksamkeit, schließlich gab es davor „noch keine Verwaltung als den verlängerten Arm der Politik, die etwa Sanktionen verhängen könnte, wo ihre Anregungen und Maßnahmen nicht befolgt werden" (Berg, 1980, xi), existierte, blieben rechtliche Reglements ohne praktische Wirkung. Zusammenfassend: die Konstruktion eines ‚einheitlichen' Schulsystems verläuft in Preußen – trotz des Scheiterns der zentralstaatlichen gesetzgeberischen und planerischen Initiative – durch die alltägliche Verwaltungspraxis (vgl. Jeismann, 1987a; Berg, 1980; Heinemann, 1980). Auch wenn die Implementierung der rechtlichen Vorgaben die Kluft zwischen Programm und Realität deutlich zeigt, die normative Wirkung dieser Gesetzgebung deutet auf die symbolische Wichtigkeit und Erwünschtheit der Formalisierung der Sozialisation der nachwachsenden Generationen hin.

Die Spannung zwischen der Eigengesetzlichkeit pädagogisch-institutioneller Formen auf der einen Seite und staatlicher Steuerung auf der anderen zeigte sich je nach Schulform unterschiedlich. Während die Reglementierung des ‚niederen Schulwesens' rigid gehalten wurde, herrschte im ‚mittleren und höheren Schulwesen' weit mehr Spielraum. Christa Berg resümiert dies wie folgt:

> „Wo im niederen Schulwesen rigide reglementiert wird, um auf Disziplinierung, Loyalisierung und Integrierung abgestelltes Elementarwissen zu verbreiten, und zwar in genau jenem Umfang und jener Intensität, die dem Staatsinteresse opportun scheint, ohne daß auch ein entsprechend starkes materielles Engagement entsprochen hätte, herrscht im mittleren und höheren Schulwesen ein vergleichsweise größerer Freiraum inhaltlicher und organisatorischer Ausgestaltung." (Berg, 1980, S. ix-x)

Die Frage, welche Implikationen für die inhaltliche und zieldefinitorische Ausgestaltung der Schule die ‚Verstaatlichung der Schule' mit sich bringt, stellte sich jedoch unabhängig vom Schultyp, d.h. die „generelle Problematik des Verhältnisses von ‚Staat und Schule' oder ‚Staatsschule'" (ebd., S. x) betraf alle Schulformen und wurden intensiv diskutiert. *Auf der einen Seite* erkannte der Staat vor dem Hintergrund der sich verändernden Standesgesellschaft die Bedeutung der Schule für politische, ökonomische und sozialintegrierende Zwecke mit dem Ergebnis an, dass ein starkes Interesse an einer „staatlich reglementierte[n] Schule" aufkam (ebd.). *Auf der anderen Seite* standen die Pädagogen und Schulmänner, die, in einer etwas paradoxen Situation, den Staat als Garant und Hüter für ihre Arbeit brauchten,[21] zugleich jedoch aus Angst vor Vereinnahmung und Indienstnahme nicht allzu feste Bindungen akzeptieren wollten. Dennoch war es im Interesse der Pädagogik, sich von der Kirche zu lösen. Und so schwankten sie zunächst zwischen beiden Größen, um dann vollständig in die Hände des Staates zu geraten, so zumindest die Interpretation der Zeitgenossen und die De-

---

21 Dass sich auch die Lehrerschaft, allen voran die Volksschullehrer, an den Reformen aktiv beteiligten, zeigt dass die Reformen auch durch Interessen und Initiativen ‚von unten' vorangetrieben wurden (Berg, 1980, S. 122-133; Herrlitz et al., 2009, S. 55-59).

batten um die ‚Staatspädagogik‘ (vgl. z.B. Vogel, 1982; Herrmann, 1993; Benner/Hellekamps, 2004).[22]

Die pädagogische Bedeutung des Institutionalisierungsprozesses des öffentlichen Schulsystems wurde anhand von sechs Strukturmerkmalen präzisiert; diese Merkmale haben sich natürlich nicht zeitgleich und nicht im Gleichschritt entwickelt, erreichten jedoch am Ende des 19. Jahrhunderts einen Höhepunkt im Institutionalisierungsprozess. Im Vergleich der Lernprozesse ‚moderner‘ und ‚einfacher‘ Gesellschaften fanden Herrlitz et al. (1984) hinreichende Unterschiede (1) in der „raumzeitlichen Verselbständigung des Lernens“, d.h. gelernt wird nicht nur in unmittelbaren Mit- und Nachahmungssituationen für den gegenwärtigen Nutzen und Gebrauch, sondern abstrakt für die ‚Zukunft‘ (S. 57); (2) in der Form seiner Vermittlung, die sich "symbolisch" über Zeichensysteme „als systematisch organisierte Daueraktivität“ vollzieht (S. 57f.); (3) in der jeweiligen „Zeitbindung“ ihrer Zielsetzungen – ‚Nah- oder Fernziele‘, was Implikationen für die Motivierung des Lernens nach sich zieht (S. 58); (4) in der seiner „Anleitung“, die nicht länger beiläufig stattfindet, sondern durch professionell ausgebildetes und hauptamtliches Personal angeleitet und kontrolliert wird (S. 59); (5) im Typ des sozialen Handlungssystems, das in modernen Gesellschaften formal organisiert ist (ebd.) und schließlich (6) in der Verpflichtung des Lernens als öffentlich-rechtliche Aufgabe, woraus sich eine Schulpflicht ableitet (S. 60).

Wie bereits diese ‚erste‘ Institutionalisierung eines öffentlichen Schulsystems pädagogische Folgen mit sich brachte, so hat auch seine staatliche Monopolisierung ebenfalls Implikationen gezeigt. Einige Beispiele sollen an dieser Stelle genügen, um die pädagogischen, organisatorisch-professionellen und (schul-)politischen Implikationen der ‚Verstaatlichung der Bildung‘ aufzuzeigen: *erstens* geht es um den Kern pädagogischer Arbeit, den Unterricht; *zweitens* geht es um die Frage der pädagogischen Profession, hier insbesondere der Lehrberuf; *drittens* geht es um die bis heute rekurrierende Diskussion um die Autonomie der Pädagogik/Erziehungswissenschaft.

An der allgemein bildenden Schule lässt sich die Veränderung beobachten, die die Integration von Bildung und Erziehung an den spätabsolutistischen Staat für den Kontrollapparat (Schulverwaltung, -inspektion) und die Methodik des Unterrichts mit sich brachte, also die äußere und innere Organisation der Schule betreffend. Im Allgemeinen lässt sich sagen, dass es trotz regionaler und zeitlicher Unterschiede zu einer ähnlichen Zentralisierung der Schulverwaltung durch Verordnungen, Edikte und Erlasse in Preußen, Bayern und Österreich schon zu Beginn des 19. Jahrhunderts gekommen ist (Jeismann, 1987b, S. 110ff.). Diese setzten Standards für den Aufbau und die Organisation des öffentlichen Schulwesens fest, für den Lehrerberuf und die Lehrerbildung

---

22 Siehe auch die Regionalstudie von Hans-Martin Moderow (2007) am Beispiel der Volksschule in Sachsen. Moderow resümiert, dass die Ursprünge der Volksschule in Sachsen auf die Reformationszeit zurückgehen. Dank des kirchlichen Ausbaus lag bereits zu Beginn des 19. Jahrhunderts ein dichtes Netz von Schulen vor; diese scheinbare Übereinkunft und ‚Harmonie‘ zwischen Kirche und Staat im Bildungsbereich wird erst Mitte des 19. Jahrhunderts zerbrechen, die Volksschule geht jedoch erst gegen 1870 in die Hand des Staates über (vgl. Moderow, 2007, S. 459ff.). An dieser Studie lässt sich ebenfalls die gegenseitige Beobachtung der deutschen Länder untereinander, aber auch international beobachten.

(vgl. Tenorth, 1987, S. 250ff.) sowie für die Fachaufsicht der Schulen (vgl. z.B. Caruso, 2003, S. 92-158). Mit der Einführung der Schulpflicht veränderte sich auch der Aufbau des Schulwesens. Die vielen Schultypen, die den verschiedenen Gesellschaftsgruppen zur Verfügung standen, wurden in ein System integriert, auch die übliche Form der Erziehung/Unterricht durch Hauslehrer verlor rasch an Bedeutung. In Bezug auf die Organisation und den Aufbau des Schulwesens kennzeichnete sich das Bildungsangebot im Allgemeinen durch eine ausgeprägte ‚Multifunktionalität', insbesondere der Gymnasien und Realschulen, eine Klientel, die mit unterschiedlichen Zielsetzungen und Motivationen eine Schule besuchte (vgl. Müller, 1987, S. 48ff.), dies wurde mit der Systembildung aufgehoben. Ab Mitte des 19. Jahrhunderts setzten sich das Prinzip der Jahrgangsklassen sowie eine einheitliche Bezeichnung für alle Typen des Schulsystems durch.[23] Trotz dieses Homogenisierungseffekts war die Einführung einer Verkehrssprache der staatlichen Schule zur Quelle neuer Ungleichheiten für diejenigen geworden, die anderen ethnischen oder kulturellen Traditionen angehörten (Wenning, 1996, S. 128ff.; siehe auch Gogolin, 1994).[24] Die hierarchisch organisierten Abschlüsse fügten sich in ein Berechtigungssystem ein, das den Zugang zu weiterführenden Schultypen sowie zum Beschäftigungssystem regulierte und wiederum eine Schichtung produzierte (vgl. Müller, 1987, S. 78; siehe auch Schöneberg, 1981, S. 265).

Zu den relevanten pädagogisch-didaktischen Implikationen zählt die *Veränderung der Unterrichtsform*. Traditionell war Einzelunterweisung die gängige Form des ‚Schulehaltens'. Der ‚Massenunterricht' des 18. Jahrhunderts sah noch keine systematische Teilung in Jahrgangsklassen vor, dort üblich war der wechsel- oder gegenseitige Unterricht sowie das Helfer- bzw. Monitorsystem (vgl. Schöneberg, 1981, S. 239ff.). Doch mit der umfassenden Integration der Schule in den Staatsapparat verschob sich die Art der ‚Führung' des Klassenzimmers in Richtung Gruppenunterweisung und Frontalunterricht, was eine straffere methodische Disziplinierung erleichterte.[25] Setzte noch die Einzelunterweisung auf das Kontrollieren, auf die Prüfung der Richtigkeit des auswendig Gelernten; konzentrierte sich diese Lehrform auf die „treuliche Überlieferung des Hergebrachten"; war diese Form unempfindlich für An- und Abwesenheit –

---

23 Die Generalisierung von der Entwicklung von ‚einheitlichen Institutionen' und ‚Begriffsverwendung' ist in der bildungsgeschichtlichen Forschung üblich, sie verdeckt jedoch, dass es während des ganzen 19. Jahrhunderts in der Praxis noch erhebliche Unterschiede je nach Region oder Konfession gegeben hat. Siehe hierzu die Kritik Heinemanns (1980) an dieser Forschungspraxis. Sieht man jedoch dies als nicht abgeschlossen, sondern als Prozess, der erst in den ersten Jahrzehnten des 20. Jahrhunderts abgeschlossen sein wird, so wird auch der – zeitgenössische – programmatische Charakter dieser Aussagen deutlich.

24 Zu den Auswirkungen der ‚Fiktion' der nationalstaatlichen Homogenität auf die Schule siehe: Hauff, 1993.

25 Michel Foucault leistete in Überwachen und Strafen (1994) eine ausführliche Analyse disziplinierender Praktiken, die zwischen dem 16. und 18. Jahrhundert in verschiedenen Institutionen (Gefängnis, Fabrik, Schule) entstanden sind. Schul- und Unterrichtspraktiken lassen sich demnach als Disziplinen verstehen: „Diese Methoden, welche die peinliche Kontrolle der Körpertätigkeiten und die dauerhafte Unterwerfung ihrer Kräfte ermöglichen und sie gelehrig/nützlich machen, kann man die ‚Disziplinen' nennen." (Foucault, 1994, S. 175).

„wer nicht gekommen ist, braucht nicht abgefragt zu werden" – so spielten im „Zusammenunterricht" andere Aspekte eine Rolle. Der Zusammenunterricht setzt vielmehr ‚aufmerksame Anteilnahme' am Unterricht voraus; hier wird das Lernziel in der Kommunikation durch ‚Verinnerlichung' erreicht, welche die Konstruktion einer anderen Form des Subjekts beabsichtigt: das ‚kognitiv-reflektierende Subjekt'. „Das bedeutet den Einbezug der eigenen Person und der eigenen Gedanken ins Lernen, also den Einsatz der individuellen Denkkräfte in einen Prozeß, der im weitesten Sinne einer Veränderung der Verhältnisse zugute kommen soll." (Petrat, 1979, S. 158). Durch Jahrgangsklassen orientierte sich der zu lernende Stoff an der Gruppe, am Lehrer und am Kalender und nicht länger am Individuum (Schöneberg, 1981, S. 267). Die Problematik der ‚Gängelung' wurde dadurch noch verschärft, dass durch die Betonung der staatsbürgerlichen Erziehung und des Gemeinschaftslebens weg von individuellen kognitiven Lernprozessen führte, dies alles trotz des großen Einflusses von Pestalozzis Methode (vgl. Schöneberg, 1981, S. 272f.).

Gerhardt Petrat (1979) zeigt den Übergang von ‚Schulehalten' zum ‚Unterricht' sehr deutlich in seiner Untersuchung. Er zeigt aber auch, dass dieser Prozess nicht ohne Widerstand abgelaufen ist (vgl. S. 133-159). Petrat folgert daraus, dass die Einführung neuer Formen des Unterrichts nicht aus schulinternen Erwägungen heraus, sondern aus sozialpolitischen Gründen erfolgt ist. Auch Marcelo Carusos (2003) Untersuchung zur Volksschule in Bayern zeichnet die Entwicklung der curricularen und methodischen Umsteuerung durch den Staat nach. Nicht nur ändern sich die Formen des Unterrichts, seine (materielle) Bedingungen, die Konzeption der Adressaten und die Techniken verändern sich auch im Laufe dieses Prozesses.

Die Integration des Schulwesens in den Staat zog ebenfalls Implikationen für die professionellen Pädagogen nach sich, für die Organisation der Lehrerbildung (Professionalisierung), aber auch für die Lehrplanarbeit. Die Lehrberufe wurden mit dem beginnenden 19. Jahrhundert allmählich professionalisiert; davon zeugen die Einführung des Examens *pro facultate docendi* für die höheren Schulen (1810) und die Einführung von Prüfungen für die Einstellung von Lehrern in den niederen Schulen ab 1826 (Tenorth, 1988, S. 102f.). Diesen Prozess begleitend kann eine allmähliche Verlängerung der Lehrausbildungszeit sowie deren Formalisierung beobachtet werden.[26] An der Änderung der Berufsbezeichnung von ‚Schulmann' zu ‚Oberlehrer' lassen sich bereits wichtige Veränderungen ablesen. Unter ‚Schulmann' verstand man im 19. Jahrhundert einen an humanistischer, wissenschaftlich fundierter Bildung orientierten Lehrer; ‚Oberlehrer' dagegen lautete die Amtsbezeichnung der akademisch gebildeten Lehrer an allgemeinen und Fach-Mittelschulen ab 1892 (vgl. Müller-Rolli, 1989, S. 291); der Beamtenstatus setzte sich in dieser Berufsgruppe als der Standard durch. Diese Wandlung war das Ergebnis bedeutsamer Veränderungen in der Rekrutierung, relativer Status, Qualifikationsanforderungen und pädagogische Ausbildung, Berufsrolle sowie im Arbeitsmarkt des Lehrberufes (vgl. Titze, 1977).

---

26 Siehe zur staatlich geförderten Professionalisierung des Lehrers: Petrat, 1979, S. 200-210.

In Hinblick auf die Lehrplanarbeit – auch wenn diese sich nicht im gleichen Maße professionalisiert – lässt sich im 19. Jahrhundert allgemein eine „neue Qualität in der gesellschaftlichen Wertschätzung von Wissen in seiner allgemeinen, kontrollierten Verbreitung" (Tenorth, 1988, S. 103) feststellen, nicht zuletzt führt dies zu einer erhöhten „Aufmerksamkeit für Lehrpläne, Lernziele und Schulen" (ebd.). Lehrplanarbeit bedeutet der Prozess, in dem Wissen für den Lehrplan ausgewählt, gewichtet und verteilt wird: „Was schließlich auf dem Lehrplan steht, hängt davon ab, wer wie in wessen Auftrag und zu welchen Zwecken einen Lehrplan erarbeitet" (Haft/Hopmann, 1988, S. 21).

Als Folge der preußischen Bildungspolitik des ausgehenden 18. und beginnenden 19. Jahrhundert wird die Lehrplanarbeit konfrontiert mit „zentralstaatliche[n] Normvorgaben, wie sie sich in den Abiturreglements (1788, 1812, 1824) oder den Lehrplänen (1816, 1832, 1837) als ‚Richtschnur für die Unterrichtsverfassung' [...] in den Provinzen dokumentieren." (Tenorth, 1988, S. 105). Dennoch, während der ersten Jahrhunderthälfte genießen die an der Lehrplanarbeit beteiligten ‚Schulmänner' eine gewisse pädagogisch-professionelle Autonomie gegenüber der zentralen Schulverwaltung sowie gegenüber ihren Klienten. Es waren immer noch die Schulmänner, die das Wissen für den Unterricht auslegten, obgleich sowohl staatliche wie auch wissenschaftliche Rahmenbedingungen beachtet werden mussten. In der zweiten Hälfte des Jahrhunderts nahm diese Autonomie ab – Heinz-Elmar Tenorth liest dies an der Beteiligung von Schulen und Provinzialinstanzen an Schulkonferenzen zwischen 1873 und 1900 ab (vgl. Tenorth, 1988, S. 113). In diesem von Tenorth als Politisierung interpretierten Prozess verlagerte sich die Lehrplanarbeit von pädagogisch-professionellen hin zu politisch-administrativen Kontexten (1988, S. 113ff.) und wurde zum Gegenstand interessenpolitischer Konflikte, d.h. sie wurde politisch überformt und folgte daher nicht primär der Sachlogik pädagogischer Arbeit. Des Weiteren hat sich aus der Reaktion der Schulmänner gegen diese Politisierung eine Entwicklung in Gang gesetzt, die zur Separierung der Rollen von in der Lehrplanarbeit tätigen Akteuren und von diese Arbeit analysierenden und kommentierenden Beobachtern geführt hat: „Lehrplanreflexion wird damit eigenen Prämissen unterworfen, solchen, die für eine Reflexions-Praxis gelten [...], und sie entfernt sich damit zusehends von den Prämissen nicht nur der Lehrplanpraxis, sondern auch der Lehrerarbeit, als Praxis der Konkretisierung von Lehrplänen." (Tenorth, 1988, S. 125; vgl. auch die zusammenfassenden Ausführungen in Haft/Hopmann, 1988).

Mit den oben genannten Entwicklungen verbunden und inspiriert durch die Kritik an der ‚Staatspädagogik' und ihre ‚administrative Verstörung der Schule'[27] entstand ein bis heute relevantes Thema erziehungswissenschaftlicher Reflexion: die Frage nach der Autonomie der Pädagogik. Dabei meint Autonomie hier zweierlei: Es geht auf der einen Seite um epistemologische[28] und auf der anderen um gesellschaftliche Autono-

---

27 So Horst Rumpfs Titel in einer späteren Diskussion zur staatlich ‚verwalteten Schule' (vgl. Rumpf, 1966).

28 Siehe allgemein zur Autonomie und Heteronomie in der ‚Disziplin' Erziehungswissenschaft: Helm et al., 1990. Aktuellere Beispiele bietet die Diskussion um die Rolle der Erziehungswissenschaft in den

mie (vgl. Tenorth, 1989, S. 413f.). Mit diesen beiden Dimensionen verbunden sind einerseits Fragen nach der Unabhängigkeit der wissenschaftlichen Pädagogik, was ihre Methoden und Theorien angeht,[29] andererseits geht es um die – gesellschaftliche – Freiheit von Schulen und Lehrern von fachfremder Aufsicht, mithin um ihre Beziehung zu Staat und Verwaltung, Kirche und andere Korporationen (vgl. ebd., S. 414). So schrieb bereits Herman Nohl: Ohne Autonomie ist Pädagogik „doch hilflos dem Druck der anderen Mächte ausgeliefert [...], die sie alle für sich in Dienst nehmen wollen." Diese relative Selbstständigkeit „sichert überhaupt erst die Bestimmtheit des Gegenstandes einer Theorie." (1961, S. 124)

Zwar waren die Bildungsreformer des 19. Jahrhunderts nicht grundsätzlich gegen eine Rolle des Staates in der Organisation von Bildungsprozessen – die aktive Beteiligung Humboldts, Schleiermachers und anderer liberaler Denker[30] ist hierfür ein Hinweis (vgl. Berg, 1980) – die Wirkungen der staatlichen Organisation von Erziehung wurden jedoch bereits von den Zeitgenossen als negativ bewertet: u.a. die Abwertung der erziehenden Kräfte von Sitten und Traditionen; die Funktionstrennung zwischen familiären und öffentlichen Bildungsprozessen; die Verknüpfung von Lernprozessen mit einem System von Berechtigungen; die Überbetonung der gesellschaftlichen Funktion von Bildung (z.B. Statuserwerb).

Diese sicherlich knappen und wenig differenzierenden Ausführungen werden der komplexen Geschichte der ‚Verstaatlichung der Schule' keinesfalls gerecht. Sie zeigen jedoch, dass mit diesen Entwicklungen keineswegs nur politische oder organisatorische Veränderungen um die Schule eingetreten sind; auch wichtige Veränderungen in der pädagogischen Arbeit waren die Folge dieses Prozesses. Das Verständnis von ‚Bildung' veränderte sich ebenfalls im Laufe dieses Prozesses, der folgende Abschnitt geht kurz darauf ein.

Diskussionen um das Verhältnis Religion – Pädagogik – z.B. Einführung eines neuen Schulfachs LER (Lebensgestaltung – Ethik – Religion) in Brandenburg, die Kopftuchdebatte, das Kruzifix-Urteil des Bundesverfassungsgerichts usw. Zwar wird der Erziehungswissenschaft eine Expertenrolle zugestanden, eine eigenständige bildungstheoretisch begründete Position lässt sich, wie Benner/ Tenorth diskutieren, nicht erkennen (vgl. Benner/Tenorth, 1996; siehe auch: Leschinsky/Schnabel, 1996; Nipkow, 1996).

29 In diesem Kontext sind Wilhelm Diltheys Bemühungen um die Begründung der wissenschaftlichen Pädagogik als Geisteswissenschaft, die sich insbesondere von den Naturwissenschaften abgrenzt, zu verorten (vgl. Löwisch, 2002).

30 Humboldt und Schleiermacher haben die Beziehung zwischen Staat/Politik und Pädagogik jedoch nicht als eine hierarchische gedacht. In seiner Abhandlung „Ideen zu einem Versuch die Grenzen der Wirksamkeit des Staats zu bestimmen" (1792) unterscheidet Humboldt zwischen ‚öffentlicher' und ‚staatlicher' Organisation der Erziehung und wies dabei jegliche staatspädagogischen Ansprüche (z.B. die Bestimmung von Lehr- und Lerninhalten) zurück, hielt dabei dennoch an seiner Idee der Nationalerziehung (vgl. Benner/Hellekamps, 2004, S. 959f.) fest. Ähnliches lässt sich bei Schleiermacher nachlesen. Die ältere Generation erzieht die jüngere für den Staat; Staat und Politik sind für ihn jedoch gegenüber Erziehung und Pädagogik nicht übergeordnete Instanzen, sondern „koordinierte ethische Disziplinen" (Pleger, 1988, S. 71). „Schleiermachers pädagogische Maxime, für den Staat zu erziehen, ist verbunden mit seiner Ablehnung, für den jeweils bestehenden Staat zu erziehen" (ebd., S. 72).

2.2.1 Das veränderte Verständnis von Bildung und Erziehung als Folge ihrer ‚Verstaatlichung'

Im deutschen Sprachraum wird seit der Mitte des achtzehnten Jahrhunderts der Begriff ‚Bildung' verwendet, wenn es um „den Prozess der Formung des Menschen", aber auch wenn es um „die Bestimmung, das Ziel und den Zweck menschlichen Daseins" geht (Benner/Brüggen, 2004, S. 174).[31] Diese deutsche Tradition – in der bereits eine ‚inflationäre' Verwendung und eigentümliche Bedeutung des Bildungsbegriffs festgestellt wird – wird auf die Zeit der Wende vom 18. zum 19. Jahrhundert datiert, die Zeit der ‚pädagogischen Aufklärung' in Deutschland. „In dieser Zeit erfährt der Begriff der Bildung nicht nur ‚eine einzigartige philosophisch-ästhetische und pädagogische Überhöhung und ideologische Aufladung', hier werden auch schon die bis heute kontroversen Deutungen seines Gehalts und seines Anspruchs vorgetragen." (Tenorth, 1986, S. 10) Bildung ist das zentrale Kennzeichen einer Bewegung, welche die Autonomie des Individuums vor Augen hat. Mit anderen Worten dient Bildung der Aufhebung von Entfremdung (Kant), dabei kannte sie sie hier, wie Tenorth schreibt, noch keine Klassen- oder Schichtunterschiede: Bildung stand den ‚niedrigsten Menschen' (Pestalozzi) oder den ‚gemeinsten Tagelöhner' (Humboldt) frei (vgl. Tenorth, 1986, S. 10f.). Dieser als ‚klassisch' bezeichnete Begriff sieht Bildung als einen Wert an sich und trennt dieselbe von utilitaristischen Vorstellungen von Nützlichkeit. Auch wenn sich die Programmatiken der Neuhumanisten und der (Bildungs-)Reformer des 19. Jahrhunderts zu decken scheinen, gewinnen im Laufe der Zeit die Interessen des Staates, der Kirche und der konservativen Gruppen die Oberhand (vgl. Berg, 1980; siehe auch Abschnitt 2.). Bildung wird so an die Erwartungen, Bedürfnisse und Interessen der herrschenden Klasse angepasst: loyale und tüchtige Bürger. Dabei führte dies „zu einer folgenreichen Hierarchisierung von Lehrplänen, Schularten und Bildungsgängen" (ebd., S. 13), was den „ursprünglich aufklärerische[n] und egalitäre[n] Anspruch" widerruft und Bildung in ein politisiertes und ideologisch aufgeladenes Licht rückt. Bildung wird zum „Besitz" (Weber) – die klassische Vorstellung – überlebt dann nur noch in ihrer Wendung nach innen, also indem Bildung als „Persönlichkeitsideal stilisiert und zum Kern der Individualität erklärt" wird (ebd.).

Wie im vorangegangenen Abschnitt thematisiert wurde, verändert die ‚Verstaatlichung der Bildung' das Verständnis von Bildung, Bildungsprozessen und Institutionen grundlegend. Bildung ist seitdem „in starkem Maße [...] mit den Funktionsproblemen neuzeitlicher Gesellschaften" verbunden: die Leistung von Bildungsinstitutionen für die Reproduktion und Integration der Gesellschaft. Dieses Verständnis „bestimmt daher die Wirklichkeit funktional differenzierter Gesellschaften" (Tenorth, 1986, S. 16).

---

31 Selbstverständlich ist der mit dem Begriff bezeichnete Sachverhalt älter und kann weit in die Vergangenheit zurückverfolgt werden. Für einen Überblick: einführend Hörner, 2008; historisch Benner/Brüggen, 2004; Ballauff/Schaller, 1969-1973; kulturtheoretisch Führmann, 2002; zur ‚Allgemeinbildung' Tenorth, 1986, 1994. Zur Entwicklung des Begriffs bis Hegel siehe: Lichtenstein, 1966. Zur Bedeutung und Thematisierungsformen von ‚Bildung' sowie zu ihrer Beziehung zur Erziehungswissenschaft siehe: Tenorth, 1997, 1998.

Mit Bezug auf die Diskussionen weiter oben lassen sich bereits zwei wesentliche Punkte festhalten: *Zum einem* ist der Nationalstaat im Laufe dieses Prozesses der ,Verstaatlichung der Bildung' zum zentralen Akteur im Bildungsbereich geworden. Nicht länger war die Bildung und Sozialisation der nachwachsenden Generation eine Sache zwischen Familien und lokalen Institutionen (vgl. Meyer/Rowan, 1978, S. 78f.) Dies gilt auch wenn die Kirche noch weit in das 20. Jahrhundert hinein faktisch eine wichtige Rolle spielte, doch stellte bereits die Weimarer Verfassung das gesamte Schulwesen unter Aufsicht des Staates (Weimarer Reichsverfassung, 1919, §144; siehe auch Blankertz, 1982, S. 231ff.). *Zum anderen* wird ein universalistisches Verständnis von Bildung institutionalisiert, das Schulen als allgemeine, öffentliche und öffentlich kontrollierte, meist staatlich finanzierte, säkulare Einrichtungen definierte, die Kinder unabhängig von wirtschaftlicher und gesellschaftlicher oder konfessioneller Stellung aufnehmen. Zudem sind diese Schulen nach dem Muster einer Bürokratie im Weberschen Sinne organisiert, d.h. sie sind durch hierarchische Weisungsstrukturen organisiert, mit klar voneinander abgegrenzten professionellen Rollen usw. gekennzeichnet. Für die Steuerung des nationalstaatlichen Bildungssystems wurden nach und nach zentralstaatliche Behörden (z.B. Bildungsministerien o. ä.) geschaffen. Diese Merkmale von Bildungseinrichtungen werden im Kapitel 3 (Abschnitt 2) detaillierter erneut aufgegriffen.

2.2.2   Bildung im modernen Nationalstaat: die Expansion des Bildungssystems

Auch im modernen Nationalstaat blieb Bildung und Erziehung als staatliche Aufgabe meist in der Verfassung des jeweiligen Landes verankert. Für die Bundesrepublik Deutschland legt Artikel 7 des Grundgesetzes fest (Deutscher Bundestag, 1949):

> „(1) Das gesamte Schulwesen steht unter der Aufsicht des Staates [...] (4) Das Recht zur Errichtung von privaten Schulen wird gewährleistet. Private Schulen als Ersatz für öffentliche Schulen bedürfen der Genehmigung des Staates und unterstehen den Landesgesetzen. [...]"

Erkennbar wird die staatliche Aufsicht und Bereitstellung von Bildung und Erziehung vor allem an der allgemeinen Schulpflicht, der staatlichen Zertifizierung des Lehrberufs, der staatlich kontrollierten Zulassung von Lehrbüchern und der staatlichen Anerkennung von Abschlussprüfungen. Außerdem ist die Integration der Bildungspolitik in die nationalstaatliche Infrastruktur charakteristisch für alle modernen, funktional differenzierten Gesellschaften.[32]

Aus den vorangehenden Abschnitten wurde das Interesse seitens des Staates – am Beispiel Preußen – an die Bildung und Erziehung seiner Bürgerinnen und Bürger deutlich. Im nächsten Abschnitt soll es dagegen um die Bildungsexpansion der 1960er und

---

32 Dies gilt auch wenn diese Integration national unterschiedlich vollzogen wird. In Deutschland wird Bildungspolitik traditionell nicht zur Sozialpolitik gezählt; neuere Arbeiten rücken jedoch die Bedeutung von Bildung und Erziehung als zentrales Element des modernen Wohlfahrtstaates in den Vordergrund (vgl. Opielka, 2005; Graßl, 2008).

1970er Jahre sowie um ihre Implikationen für das Verständnis von Bildung und Erziehung gehen.

2.2.2.1 Bildungsexpansion der 1960er und 1970er Jahre

Nach dem Ende des Zweiten Weltkriegs stand eigentlich der Weg frei für eine umfassende Neuordnung der Bildungs- und Erziehungsverhältnisse in Deutschland. Die Vorstellungen der Deutschen darüber, wie das Erziehungswesen inhaltlich und organisatorisch ausgestaltet werden sollte, deckten sich jedoch keineswegs mit denen der alliierten Besatzungsmächte. Und so entwickelten sich unterschiedliche Systeme in den einzelnen Besatzungszonen und später in der Bundesrepublik und in der DDR.[33] Erst nach dem Fall der Berliner Mauer zeigten sich wieder Anzeichen einer Angleichung des gesamtdeutschen Bildungswesens.

Grundlage für eine gemeinsame Neugestaltung des Bildungs- und Erziehungswesens in den Besatzungszonen bot die am 25. Juni 1945 erlassene Direktive 54, die eine liberale und demokratische Schulform forderte: „Die Schulen sollen ein zusammenhängendes Unterrichtssystem bilden, das allen Kindern dient. Zweizügige Systeme und Überschneidungen von Schulen sollen beseitigt werden. Volksschule und höhere Schule sollen zwei aufeinanderfolgende Ebenen und nicht zwei verschiedenartige Unterrichtstypen oder -werte darstellen."[34] An diese Forderung, die „als ein Plädoyer für ‚Einheitsschulen'" betrachtet wurde, entzündeten sich zahlreiche Kontroversen, die letztlich zum Scheitern der bildungspolitischen Reformen der Alliierten führten. Die Wiederanknüpfung an das Muster der Weimarer Republik leitete dann endgültig eine Phase der ‚Restauration' ein (Arnold/Marz, 1979, S. 16f.).

Zwei wesentliche Perspektiven auf Bildungsreform dominierten die Diskussionen der 1960er und 1970er Jahre, eine wirtschaftspolitische und eine gesellschaftspolitische (vgl. Hadjar/Becker, 2006, S. 11ff.):[35] *Zum einen* rückte der sog. „Sputnik-Schock" (1957) den Reform- und Modernisierungsbedarf des bundesdeutschen Bildungswesens abrupt ins Bewusstsein. International wurde über die Mängel der Bildungssysteme diskutiert. Zentrale Fragen bezogen sich darauf, ob die Fachkraftreserven (Techniker und

---

33 Die folgenden Ausführungen konzentrieren sich auf die Entwicklung in der Bundesrepublik Deutschland. Für einen Überblick in die Bildungsgeschichte und -entwicklung in der DDR siehe: Führ/Furck, 1998; zur Bildungspolitik: Hearnden, 1973; Arnold/Marz, 1979; Anweiler et al., 1992. Darüber hinaus kann konstatiert werden, dass es – trotz einiger Rückschläge in ärmeren Regionen – weltweit zu einer rasanten Bildungsexpansion nach dem zweiten Weltkrieg gekommen ist (vgl. Hüfner et al., 1987, S. 24; Weltbank, 1980).

34 Omgus-Telegramm an die Militärregierungen der vier Länder der amerikanischen Besatzungszone vom 10. 1. 1947, zitiert nach: Arnold/Marz, 1979, S.16f. Für eine Dokumentation bildungspolitischer Texte und Stellungnahmen zur Bildungsreform seit 1945 siehe: Froese, 1969.

35 Tippelt/van Cleve (1995) stellen drei Dimensionen der Bildungsexpansion der 1960er und 1970er Jahre heraus. Die erste wird mit dem Terminus ‚institutionaler Individualismus' bezeichnet und betrifft die Rechte des Individuums und die Gleichheit der Chancen unabhängig vom sozialen Status; die zweite bezieht sich auf eine „aktive staatliche Bildungspolitik" und zielt auf die Förderung des Wirtschaftswachstums und Verbesserung der sozialen Infrastruktur; die dritte Dimension umfasst die zunehmende Inklusion von Menschen in das formale Bildungssystem, was quantitative und qualitative Veränderungen hervorruft (vgl. Tippelt/van Cleve, 1995, S. 9ff.).

Ingenieure) ausreichten und ob die künftigen Eliten (Abiturienten) ausreichend gefördert würden. *Zum anderen* wurden die Unterschiede in Bildungszugang und -chancen – nach Region, Geschlecht und Sozialschichten – thematisiert; daraus ergaben sich Forderungen nach Gleichheit der Chancen sowie nach einer allgemeinen Anhebung des Bildungsniveaus (vgl. Hadjar/Becker, 2006). Mit Stichworten wie ‚Mobilisierung der Bildungsreserven', ‚Schließung der Abiturientenlücke', ‚Herausforderung durch die „wissenschaftlich-technische Revolution"' oder ‚Gleichheit der Bildungschancen' wurde Reformdruck aufgebaut (vgl. Picht, 1965; Dahrendorf, 1968, 1972;). Die Motive der Bildungsreformen waren also sowohl die wahrgenommenen Herausforderungen aus Veränderungen in der Arbeitswelt (technologische und ökonomische Faktoren) als auch die sich durchsetzenden Normen der Chancengleichheit und der wohlfahrtsstaatlichen Aufgaben moderner Nationalstaaten. So formulierte der Bildungspolitiker Ludwig von Friedeburg: „Das Modernisierungspostulat, auf verbesserte Leistungsfähigkeit und vermehrte Begabtenförderung zielend, ließ sich wirksam mit dem Bürgerrecht auf Bildung, mit der Forderung nach Chancengleichheit und Demokratisierung im Bildungswesen verknüpfen" (von Friedeburg, 1993, S. 249.) Diese Diskussionen führten zu einer rapiden Expansion des Bildungssystems und auch zu einem strukturellen Wandel. Ergebnis dieses Expansionsschubs war eine gestiegene Beteiligung der Bevölkerung, längere Bildungskarrieren und der Zuwachs höherer Bildungsabschlüsse. Gemäß den Empfehlungen der OECD verlängerte sich seit den 1960er Jahre die Pflichtschulzeit für alle Alterskohorten (OECD, 1962, 1983; Leschinsky/Mayer, 1999, S. 35); immer mehr Menschen konnten mittlere bzw. höhere Abschlüsse erwerben, denn insbesondere die sekundären und tertiären Bereiche haben expandiert (Geißler, 2002, S. 334): die Zahl der erworbenen Hochschulberechtigungen verzehnfachte sich zwischen 1950 und 1980 (von 3% auf 30% eines Jahrgangs) (vgl. Tenorth, 2008, S. 294f.; siehe auch: Meulemann, 1992); auch im Hochschulbereich wird ein ähnlicher Anstieg beobachtet (von ca. 5% in 1960 auf ca. 32% in 1991) (vgl. Windolf, 1997, S. 171).[36] Zu den Erklärungen der Expansion können dabei sowohl endogene (z.B. Veränderung der Bildungsaspirationen; Eigendynamik der Expansion) als auch exogene Faktoren (z.B. demographische Entwicklung, Nachfrage des Arbeitsmarkts) gezählt werden (Becker, 2000, S. 448).

Bildung und Erziehung seit den 1960er Jahren – Die Expansion des Bildungswesens seit den 1960er Jahren hat neben der quantitativen Entwicklung von Bildungsinstitutionen auch qualitative Veränderungen nach sich gezogen. Der Einbezug von Bildung/Erziehung in industriegesellschaftliche und wohlfahrtsstaatliche Lösungen für die Probleme funktional differenzierter Gesellschaften führte zu zwei verschiedenen Konzeptionen von Bildung: eine bildungsökonomische und eine emanzipatorische Konzeption. Diese Konzeptionen sind historisch keineswegs neu; sie lassen sich *auf*

---

36 Interessanterweise hatte diese Expansion kaum einen Einfluss auf die herkunftsbezogenen Bildungschancen der unteren sozialen Schichten. Trotz größerer Beteiligung blieben die Ungleichheiten zwischen den sozialen Gruppen bestehen. Bildungschancen hängen darüber hinaus von regionalen Unterschieden ab; Frauen haben jedoch insgesamt von der Expansion profitiert (vgl. Klemm, 1996; Ditton, 2008); auch internationale Studien konnten dies zeigen (vgl. Jencks et al., 1973; Blossfeld/Shavit, 1993a+b; Goldthorpe, 1996).

der einen Seite auf die Bildungskonzeption der Philanthropen (z.B. Campe, Basedow, von Rochow u.a.) zurückführen, die der Erziehung die praktische Aufgabe zuschrieben, der Lebensbewältigung zu dienen sowie sowohl der Gesellschaft als auch dem Individuum nützlich zu sein (Bildung und Erziehung zur Brauchbarkeit) (vgl. nur Schmitt, 2003). *Auf der anderen Seite* haben bereits die Aufklärer und Neuhumanisten einer zweckfreien Bildung, die ein Wert in sich ist, eine emanzipatorische Wirkung zugewiesen. Bildung sollte zum „Ausgang des Menschen aus seiner selbst verschuldeten Unmündigkeit" führen (Kant, [1784] 1983, S. 53); sie sollte der „höchsten und proportionierlichsten" Entfaltung menschlicher Kräfte zu einem Ganzen dienen (Humboldt, [1792] 1980, S. 64).

Zentraler Bestandteil der bildungsökonomischen Konzeption ist der Humankapital-Ansatz. Dieser Ansatz wurde Anfang der 1960er Jahre von amerikanischen Ökonomen entwickelt – eine wichtige Rolle spielten dabei Gary S. Becker (1964), Theodore W. Schultz (1963), aber auch Milton Friedman ([1962] 1984) – und fokussiert individuelles Wissen, Kompetenzen und Attribute.[37] Die Grundannahme ist also, dass die in Bildungsprozessen erworbenen Kenntnisse, Fähigkeiten, Fertigkeiten und Einstellungen, die Arbeitsproduktivität von Individuen erhöhen und zu höherem Einkommen führen; daher müssen sie als Investition und nicht nur als Ausgabe gesehen werden. Seit den 1960er Jahre versuchen Wissenschaftler empirische Konzepte und Methoden zu entwickeln, welche den Zusammenhang zwischen Bildung und Wirtschaftswachstum belegen und die ‚rates-of-return' von Bildungsinvestitionen messen (vgl. Weiß, 2002, 2003; Weiß/Timmermann, 2008; Psacharopoulos, 1985, 1987, 1994). Pädagogische bzw. erziehungswissenschaftliche Konzeptionen griffen diese Einsichten auf und für eine – kurze – Zeit blühte auch in Deutschland die Bildungsökonomie auf (Edding, 1963; von Recum, 1969) um dann, nachdem weder theoretische noch empirische Klärungen erbracht werden konnten (vgl. Bodenhöfer/Riedel, 1998), relativ schnell wieder zu verschwinden.[38]

Neben dieser bildungsökonomischen Konzeption von Bildung entwickelte sich gleichzeitig ein Verständnis von Bildung/Erziehung als (Bürger- und Menschen-)Recht. Diese Konzeption zielt nicht ausschließlich auf Verwertbarkeit, sondern will die nachwachsende Generation zur persönlichen Urteilskraft, Verantwortungsbereitschaft, Handlungsfähigkeit, Selbstbestimmung und Mündigkeit erziehen. Hierbei spielen sowohl anthropologische – der vernunftbegabte Mensch – als auch gesellschaftspolitische – Menschenrechte, Demokratie – Aspekte eine Rolle. Eine emanzipatorische Pädagogik hat sich in dieser Zeit etablieren können – dabei teilten die eigenständigen Positionen ihren Rekurs auf die Frankfurter Schule, vor allem auf die sozialphilosophischen und wissenschaftstheoretischen Arbeiten Jürgen Habermas, Theodor W. Adorno und Max Horkheimer (vgl. Klafki, 1976; Mollenhauer, 1969, 1972; Blankertz, 1971).

---

37 So die Definition in einer neueren Publikation der OECD (2001, S. 18): Danach bedeutet Humankapital „The knowledge, skills, competencies and attributes embodied in individuals that facilitate the creation of personal, social and economic well-being." Siehe auch: Sweetland, 1996.

38 Eine neue Phase der ‚Euphorie' bildungsökonomischen Denkens würde erst wieder in den 1980er Jahren aufkommen (vgl. von Recum/Weiß, 2000; Weiß, 2003; von Recum, 2006a+b).

2.3   Fazit

Aus den obigen Ausführungen wird die enge Beziehung zwischen Bildungssystem und Nationalstaat sichtbar. Die historischen Ausführungen im Abschnitt 2 haben dargelegt, dass der Prozess der ‚Verstaatlichung der Bildung' nicht nur politisch-organisatorische Implikationen hatte, sondern darüber hinaus auch pädagogische/erziehungswissenschaftliche Konsequenzen nach sich zog, wie an den ausgewählten Beispielen deutlich wurde. Auch die enorme Expansion des Bildungssystems seit den 1960er Jahren hat Implikationen für die Konzeption von Bildung und Erziehung in der Gesellschaft gezeitigt. Politisierung zieht sich also als roter Faden durch die Geschichte der nationalstaatlichen Bildungssysteme; oftmals sind es politische und nicht pädagogische Hintergründe und Argumente, die zu Reformen und weit reichenden Veränderungen im Bildungsbereich geführt haben und noch führen. Was bedeutet es dann, wenn der diese Politik kontrollierende Staat sich verändert und die Ökonomie zur orientierenden Größe wird?

Es sei an dieser Stelle daher festgehalten, dass in modernen Gesellschaften sowohl die Norm von Bildung als Menschen- und Bürgerrecht als auch die Überzeugung, Bildung müsse zum Wirtschaftswachstum beitragen, tief verwurzelt ist. Ungeachtet des allgegenwärtigen Diskurses um das lebenslange Lernen, stehen diese beiden Größen nicht selten in einer spannungsreichen Beziehung, denn die Ressourcen sind knapp und die „Bereitschaft, weiterhin expansive Prozesse im Bildungssystem zuzulassen und zu fördern, stößt an Grenzen, wenn es um die Bereitstellung der Ressourcen ‚Zeit' und ‚Geld' geht" (Klemm, 1996, S. 438).

Obwohl während dieser Zeit der Nationalstaat zum zentralen Akteur und zur wichtigsten Bezugseinheit wird, ist zugleich eine kontinuierliche Beobachtung des ‚Auslands' festzustellen – dies lässt sich aus der Literatur zur Geschichte der Vergleichenden Erziehungswissenschaft und ihren ‚Bildungsreisenden' lernen. Dennoch blieb die internationale Dimension jenseits des Fokus der Bildungspolitikerinnen und -politiker; auch wenn in den 1960er Jahre wesentliche Impulse von dieser Ebene ausgegangen sind – das Ausland wurde meistens als ‚Argument' in den nationalen bildungspolitischen Diskussionen verwendet (Zymek, 1975).

Im nächsten Kapitel wird detailliert auf die Diskussion über die Beziehung zwischen dem Nationalstaat, Bildungssystem und Bildungspolitik sowie auf die gegenwärtig sich vollziehenden Veränderungen, die auf diese Beziehung einwirken, eingegangen.

3. Bildung im Nationalstaat in der Postnationalen Konstellation: Die internationale Dimension von Bildungspolitik

3.1 Vorbemerkung

Der Nationalstaat dient traditionell als Kerneinheit in Analysen der Bildungspolitik. Dies hängt mit der allseits geteilten Annahme zusammen, dass öffentliche Schulen die Regelform darstellen; damit zusammenhängend wird die Aufsicht unabhängig des Grades an Zentralisierung/Dezentralisierung dem Staat übergeben, auch für den nicht-öffentlichen Teil der Schulsysteme. Im Zuge der im vorangegangenen Kapitel diskutierten Entwicklung hat sich im modernen Nationalstaat eine bestimmte Form der Organisation von Bildung und Erziehung durchgesetzt, auf die im folgenden Abschnitt eingegangen wird. Es geht daher im Folgenden zunächst um die zentralen Kennzeichen moderner nationalstaatlicher Bildungssysteme. In einem weiteren Schritt werden die aktuellen Entwicklungen thematisiert, vor deren Hintergrund Veränderungen in der Beziehung zwischen Staat und Bildungswesen sichtbar werden sollen. Dabei soll auch auf weltumspannende soziale, ökonomische und politische Entwicklungen und Veränderungen entlang der Begriffe ‚Globalisierung', ‚Internationalisierung' und ‚Supranationalisierung' eingegangen werden. Diese globalen Entwicklungen haben für den Bildungsbereich wichtige Implikationen, die ebenfalls thematisiert werden sollen. In einem letzten Abschnitt werden diese verschiedene Stränge zusammengeführt und unter der Rubrik ‚Internationalisierte Bildungspolitik und Internationales Bildungsregime' als Ausgangspunkt der Arbeit expliziert.

3.2 Kennzeichen Moderner Nationalstaatlicher Schulsysteme

Irrespektive der theoretischen Erklärung zur Entstehung nationalstaatlicher Bildungs- und Erziehungssysteme lässt sich feststellen, dass moderne Bildungssysteme in einer engen Beziehung zum Nationalstaat stehen. Die im Kapitel 2 – wenn nur in Ansätzen – durchgenommene historische Rekonstruktion hat zeigen können, dass im Laufe des 19. Jahrhunderts die Schule eng an eine „neu verstandene Staatlichkeit" gebunden wurde. Dieses neue Verständnis von Staatlichkeit überwand den bloßen Herrschaftsgedanken und setzte auf die Übereinstimmung der Einzelnen mit der Staatsform, was einen Mindestgrad an Bildung bei der Bevölkerung als Ganzes voraussetzte. Die damit einhergehenden neuen Erwartungen an die Staatsbürger sollten in Bildungseinrichtungen gelernt werden (vgl. Berg, 1973).

Bildungsorganisationen werden – so die allgemeine Vorstellung – innerhalb eines nationalstaatlichen Kontextes so geplant, organisiert und geführt, dass sie den spezifischen Bedürfnissen und Zielen einer bestimmten Nation dienen. Deutsche Schulen, in dieser Sicht, bilden deutsche Individuen mit den gewünschten technischen Fähigkeiten, mit den entsprechenden linguistischen und kulturellen Kompetenzen und Bewusstseinsformen aus, damit sie in der Lage sind, Deutschland als Nation in der Zukunft voranzubringen und zu führen (vgl. Baker/LeTendre, 2005, S. 1ff.).

In einem rezenten Beitrag brachte Wolfgang Mitter diesen Sachverhalt auf eine einprägsame und scharfsinnige Formel: „Diese grundlegende Frage [die Zentralität des Staates in der Bildungspolitik, MPA] lässt sich daher auf den Begriff der Bildungssouveränität beziehen, der einen Teilbereich von ‚Souveränität' erfasst." (2006, S. 5) Mitter rekonstruiert historisch diese ‚Bildungssouveränität' anhand der Unterscheidung zwischen Bildung in vormodernen und in modernen Gesellschaften, wobei „von ‚Bildungssouveränität' in vormodernen Gesellschaften zu sprechen" sich als „irreführend" herausstellt, denn erst der moderne Nationalstaat wird Anspruch auf das „Bildungsmonopol" erheben und durchsetzen (Mitter, 2006, S. 6f.). In modernen Gesellschaften verdichtet sich die „Vielfalt" an Formen „zu drei Hauptvarianten, die nicht nur die betroffenen Staaten, sondern auch andere Staaten oder Regionen erfasst haben" (ebd., S. 7): die „mitteleuropäische", die „französische " und die „britische" Variante (ebd., S. 9) stellen verschiedene Formen der staatlichen Schulträgerschaft dar, die ihrerseits „die übergeordnete Kategorie ‚Bildungssouveränität' konkretisieren." (ebd., S. 11)

Obwohl diese enge Beziehung zum Nationalstaat bis heute ein zentrales Charakteristikum des Bildungssystems in den meisten Ländern ist, wird sie oft vernachlässigt. Einige Merkmale können diese Beziehung veranschaulichen:[39] *Erstens*, drückt sich dies in Form von Gesetzgebung zum Besuch einer staatlichen (oder staatlich anerkannten) Bildungsinstitution aus (vgl. Coombs, 1969, S. 17ff.). In vielen Ländern ging eine solche Gesetzgebung der Infrastruktur und der Fähigkeit, diese durchzusetzen um fast ein Jahrhundert voraus (z.B. Preußen); in anderen Ländern wurde die Schulpflicht nie eingeführt und stattdessen eine Unterrichtspflicht verhängt (z.B. USA oder Australien). Neoinstitutionalistisch orientierten Forschungen zufolge hat sich im Laufe des letzten Jahrhunderts die Zeit zwischen Etablierung des Nationalstaates als Organisationsform und der Verabschiedung von Bildungsgesetzen ständig verkürzt (Ramirez/Boli-Bennett, 1982).

Zweitens ist der Staat die maßgebliche Quelle der Finanzierung von Bildungsinstitution – insbesondere im Pflichtschulbereich; z.B. Deutschland gibt ca. 4,9% seines Bruttoinlandsprodukts für Bildung aus (der Durchschnitt aller OECD-Länder liegt bei 5,8%).[40] Trotz aller Klagen von Unterfinanzierung haben sich die Ausgaben für Bildung im letzten Jahrhundert ständig erhöht. *Drittens* unabhängig davon auf welcher Ebene die Verantwortung für und Kontrolle über das Bildungssystem platziert ist – in Deutschland dezentral auf Länderebene (vgl. Avenarius, 2005, S. 6.) – gibt es große bürokratische Apparate für die Verwaltung von Bildung und Erziehung. Meistens wer-

---

39 Die folgenden Ausführungen nehmen einige Punkte vorweg, die detailliert im Kapitel 4.2 diskutiert werden.

40 Diese Zahlen sind dem OECD-Bericht ‚Education at a Glance' 2008 entnommen (Indicator B2), Online unter: http://www.oecd.org/document/9/0,3343,en_2649_39263238_41266761_1_1_1_1,00.html#1 [zuletzt 20. 10. 10]. Zum Vergleich: Deutschland gibt ca. 1% des BIP für Militärausgaben aus.

den in Bildungsministerien oder ähnlichen Behörden Entscheidungen über Form, Organisation und Inhalt von Bildungsgängen getroffen, die penibel dokumentiert und von den untergeordneten Ebenen implementiert werden. In Bildungsorganisationen wird daher in hierarchischen Weisungsstrukturen gearbeitet. *Viertens* wird die Qualifizierung und Zertifizierung des Lehrpersonals, der Schüler und Schülerinnen sowie die Zulassung von Schulbüchern staatlich organisiert und kontrolliert (vgl. Müller, 1977; Leppek, 2002).

Diese Merkmale von nationalstaatlichen Bildungssystemen fanden auch in der internen Struktur von modernen Bildungsorganisationen Niederschlag. Diese sind formale Organisationen für die Sozialisation von Massen, sie sind in großen Bürokratien organisiert (Meyer/Brown, 1978) und werden in politischen Systemen verwaltet. Grund hierfür ist die übliche Annahme, dass zentrale, bürokratische Kontrolle und Koordination rationalere Formen der Organisation darstellen (Brian/Rowan, 1977).

Meyer/Scott/Deal (1983) haben eine Erklärung für die Entstehung von formalen Bildungsorganisationen vorgelegt, die sie entgegen der obigen Annahme nicht als Antwort auf technische Herausforderungen ihrer Umwelt sieht. D.h. Schulen sind nicht entstanden um die (technische) Arbeit (Unterricht) rationaler zu gestalten, vielmehr sind sie

> „institutional structures that define given types of roles and programs as rational and legitimate. […] Educational organizations arose to bring the process of education under a socially standardized set of institutional categories, not necessarily to rationalize the ‚production processes' involved in carrying out this work" (S. 46).

Sie können daher als Institutionen bezeichnet werden (siehe auch: Meyer/Rowan, 1977). Die interne Struktur von Bildungsorganisationen zeigt, dass sie keine engen und dichten Verbindungen entwickelt haben, die für die interne Kontrolle und Koordination der Inhalte und Methoden dessen, was vermutlich ihre Hauptarbeit ist: der Unterricht (Meyer/Rowan, 1978, S. 79). Dieses Merkmal von Bildungsorganisation wurde als ‚loose coupling' bzw. ‚decoupling' bezeichnet (Weick, [1976] 2009), d.h. ihre Strukturen werden von den technischen (Arbeits-)Aktivitäten (Unterricht), und diese wiederum von ihren Effekten (Lernen) entkoppelt. Was tatsächlich hinter der geschlossenen Tür des Klassenzimmers passiert, wird nicht im Einzelnen kontrolliert, sie unterstehen, wie Meyer/Rowan schreiben, einer ‚logic of confidence': „Interaction in schools […] is characterized both by the assumption of good faith and the actualities of decoupling. […] Parties bring to each other the taken-for-granted, good faith assumption that the other is, in fact, carrying out his or her defined activity." (1978, S. 101). Evaluationen der tatsächlichen Arbeit der Lehrpersonen (Unterricht) sowie von dessen Ergebnis (das Lernen der Schüler) sind selten und haben oft keine Konsequenzen. Die einzigen strikten Kontrollen sind die der ‚rituellen Klassifikationen', d.h. wer als Lehrkraft tätig sein darf und wie; wie Schülerinnen und Schüler in bestimmten Klassen unterteilt werden; welche Inhalte zu welchem Zeitpunkt unterrichtet werden usw. ist stark standardisiert und institutionalisiert in rechtlichen und normativen Regeln (Meyer/Rowan, 1983, S. 84f.).

Im Rahmen der aktuellen Entwicklungen kann jedoch beobachtet werden, dass während die ,rituellen Klassifikationen' weiterhin eine zentrale Rolle spielen – vielmehr versucht wird, diese zu optimieren – es darüber hinaus verschiedene Ansätze gibt, die charakteristische ,lose Kopplung' in Bildungsorganisationen in eine ,strikte Kopplung' zu transformieren. Diese Versuche wurden bereits in den 1960/1970er Jahren diskutiert, doch erlangten sie erst ab den 1980ern, in Deutschland ab den späten 1990er Jahren gesellschaftsweite Resonanz. Seit 2000 wird Bildungspolitik immer vor dem Hintergrund dieser – akademischen und politischen – Diskussionen um ,Effektivität und Effizienz' behandelt; es geht scheinbar darum, eine neue ,Performanz-Kultur' zu etablieren (vgl. Radtke, 2003).

3.3   Aktuelle Entwicklungen

Bildung und Erziehung werden in modernen Nationalstaaten also als Mittel zur Lösung ökonomischer, sozialer oder politischer Probleme benutzt[41] (siehe auch Proske, 2001). Zu unterschiedlichen Zeiten wurde auf Herausforderungen unterschiedlicher Natur mit Bildungsreformen geantwortet. In den USA des ausgehenden 19. Jahrhunderts sollte Bildung und Erziehung die sozialen Probleme lösen, die sich aus beschleunigter Urbanisierung und umfangreicher Migrationswellen ergaben (Stichwort: ,common schools' und ,Amerikanisierung'). Mitte des zwanzigsten Jahrhunderts waren es sicherheitspolitische[42] und in den achtziger Jahren desselben Jahrhunderts auch wirtschaftliche (National Commission on Excellence in Education, 1983) Gründe, die zu weit reichenden Kontroversen und Bildungsreformen in den USA[43] und darüber hinaus führten (siehe Weiß, 1991).

In der Bundesrepublik wurden die bereits durch parteipolitische Auseinandersetzungen sich verschärfenden bildungspolitischen Diskussionen der 1970er Jahren maßgeblich durch den OECD-Report „Bildungswesen: Mangelhaft. BRD-Bildungspolitik im OECD-Länderexamen" (OECD, 1973) beeinflusst.[44] Der Bericht fordert einen ,Erneuerungsprozeß', in dem „Bildungsfragen [nicht] auf ,rein' pädagogischer Grundlage entschieden [...]", sondern durch „[...] politische Entscheidungen, die nur im Zu-

---

41   Auch wenn die in dieser Arbeit favorisierte Erklärung für die Entstehung von nationalstaatlichen Bildungssystemen sich gegen zu stark funktionalistische Argumente positioniert, lässt sich feststellen, dass diese Institution, wenn sie einmal am Platz ist, bestimmte Funktionen für die Gesamtgesellschaft erfüllt, in der sie eingebettet ist.

42   Wie bereits der Titel einer wichtigen Gesetzgebung des Jahres 1958 – National Defense Education Act (NDEA) – zum Ausdruck bringt, wird Bildung und Erziehung als Instrument nationaler Sicherheit gesehen (Ravitch, 1983, insb. Kap. 7; Barksdale Clowdse, 1981). Wenig später erreichte die ,Schockwelle' des Sputnik Deutschland, wo auch wirtschaftliche Bedenken eine Rolle gespielt haben (vgl. nur Picht, 1964).

43   Vgl. zur in den USA vieldiskutierten ,Manufactured Crisis': Berliner/Biddle, 1995; allgemein zum ,attack on public education' das zum Klassiker aufgestiegene Buch von Myron Lieberman ,Public Education. An Autopsy' (1993); siehe auch Chubb/Moe, 1990; Bowles/Gintis, 1976; Cole, 1988.

44   Siehe die Analysen und Kritiken des OECD-Berichts in: Lührig, H. H. (Hg.) (1973): „Wirtschaftsriese – Bildungszwerg". Der Diskussionshintergrund zum Bildungsgesamtplan 1973: Analysen des OECD-Reports. Reinbek bei Hamburg: Rowohlt.

sammenhang mit den sozialen Erfordernissen [der BRD] gefällt werden können."
(OECD, 1973, S. 113). Nur selbstverantwortlich denkende und zur Kooperation berei-
te Bürger können den Weiterbestand des wirtschaftlichen Fortschritts der vorausge-
gangenen Jahren sichern und nur die Schule sei in der Lage, diese Bürger hervorzu-
bringen (op. cit. ebd., S. 114). Dieser Argumentationstopos lebt weiter und kommt in
nahezu allen bildungspolitischen Diskussionen zum Ausdruck. In Deutschland sind
seit einigen Jahren wieder ‚Standortdebatten' zu finden, in denen Schwächen des Bildungssystems (sowie mangelnde Innovationsfähigkeit) als die Achillesferse des Wirt-
schaftssystems angesehen werden. Dabei wird Bildung und Erziehung ein zentraler
Platz bei der Lösung der – meist wirtschaftlichen – Herausforderungen eingeräumt
(exemplarisch SOFI, 1995; FES, 1999; BDA, 2006). Dies macht deutlich, dass Bildung und Erziehung immer noch als probates Mittel für die Lösung gesellschaftlicher
aber auch politischer Probleme gelten (siehe auch Brown/Lauder, 1992, 1997).

Von der Annahme einer nationalstaatlichen Bildungssouveränität ausgehend, haben
verschiedene Autoren die gegenwärtigen Entwicklungen im Bildungswesen beobachtet, und kommen zum Schluss, dass diese ‚Souveränität' in einem Veränderungsprozess begriffen ist. Mitter beschreibt dies als einen grundlegenden Paradigmenwechsel
(vgl. Mitter, 2006; Mitter, in Parreira do Amaral, 2007b). Dieser darf allerdings nicht
mit einem „‘Läuten der Totenglocke' verwechselt werden" (Mitter, 2006, S. 18); der
Nationalstaat ist noch weit davon entfernt, sich aus der Ausübung seiner staatlichen
Hoheitsgewalt zu verabschieden.

Die Beobachtung, dass sich grundlegende Veränderungen in der Beziehung zwischen
Nationalstaat und Bildungssystem vollzogen haben, bleibt dennoch davon unberührt.
Es geht jedoch nicht um ein Nullsummenspiel, in dem die Kompetenzen, die auf inter-
nationaler Ebene wahrgenommen werden, der nationalen Ebene entzogen werden.
Sowohl der Nationalstaat als auch größere regionale Einheiten werden relevanter für
die Analyse von Bildungspolitik: Europäische Union (EU), North American Free Tra-
de Area (NAFTA), Mercado Común del Sur (MERCOSUR), Association of Southeast
Asian Nations (ASEAN) usw. (vgl. Dale/Robertson, 2002). Im Zusammenhang mit
diesen regionalen Einheiten müssen wiederum Internationale Organisationen (vgl.
Kap. 5) gesehen werden, da sie bedeutsame Rollen in der Bildungspolitik übernehmen.

Bildung und Erziehung wurden historisch zu einem zentralen Bestandteil des Sozial-
vertrags des westfälischen Staates und seiner Bürger (vgl. z.B.: de Swaan, 1993). Im
Zentrum der gegenwärtigen Diskussionen um ‚Globalisierung', ‚Internationalisierung'
und ‚Supranationalisierung' stehen Verschiebungen in den Bedingungen – und in der
Logik – eben dieses Vertrages. Wenn Territorium, Souveränität und die damit einhergehende Handlungsfähigkeit des Nationalstaates in Frage gestellt werden, so verändern sich auch die Bedingungen, unter denen Bildung und Erziehung als ‚Kerninstitu-
tion' desselben operieren und ihre Legitimation als Staatsaktivität herleiten. Bildung
und Erziehung waren daher in den letzten Jahren eine wichtige Dimension in der Re-
konfigurierung moderner Gesellschaften. Auf der einen Seite als wichtiger Teil nationalstaatlicher Strategien zur Wahrung bzw. Anhebung wirtschaftlicher Wettbewerbsfähigkeit, auf der anderen Seite aber wurden Bildung und Erziehung auch in Debatten
um die Menschenrechte einbezogen. Irgendwo in der Mitte spielen sie auch eine we-

sentliche Rolle in der Entstehung – andere würden sagen: Konstruktion – globaler Bildungsmärkte.

Die aktuellen Entwicklungen betreffen Veränderungen insbesondere der Steuerungsmodi, neue Formen der Erbringung und Distribution von Bildungsdienstleistungen sowie die Emergenz neuer – vor allem auch inter- und transnationaler – Akteure in der Gestaltung der Bildungspolitik. An dieser Stelle sollen nur drei wesentliche Bereiche dieses Wandels näher beleuchtet werden; sie betreffen jedoch alle Bereiche des Bildungssystems: von der Frühkindlichen Bildung und Erziehung bis hin zum Hochschulbereich.

Die neuen Steuerungsmodi beziehen sich auf Innovationen in den Steuerungsinstrumenten und -mechanismen, welche in den 1980er Jahren zunächst vereinzelt auftauchten und welche mittlerweile unter dem Begriff ‚New Public Management' (NPM) internationale Verbreitung gefunden haben. NPM zielt nicht nur auf die Verbesserung der Qualität der Leistung, sondern auch auf das Kosten/Nutzen-Verhältnis in der Erbringung der Dienstleistung von Bildungseinrichtungen. Böttcher fasst die Leitideen der durch den NPM inspirierten Bildungsreformen unter „vier E" zusammen – Effektivität, Effizienz, Evidenz und Erfolgsorientierung (2005, S. 219; siehe auch Böttcher, 2002). Dieser allgemeine Trend wurde bildungspolitisch zudem von einer fiskalen Austeritätspolitik sowie von der enormen Medienwirksamkeit der großräumigen Vergleichsuntersuchungen wie PISA, TIMMS und anderen begleitet (siehe für die Frage ‚governance and performance' Soguel/Jaccard, 2008; Simons, 2007). Durch Reformen im Governance-System des Bildungsbereichs versucht der Nationalstaat seine Position im internationalen System zu erhalten/verbessern und das Problem der Finanzierung eines der größten Ausgabeposten zu lösen oder zumindest zu entschärfen.

Eine weitere wichtige Veränderung in diesem Feld ist der exponentielle Zuwachs der Nachfrage an Hochschulbildung, sowohl im öffentlichen als auch im privaten Bereich. Im Verhältnis zur langen universitären Tradition hat die (Massen-)Hochschulbildung eine kurze Geschichte, erfuhr jedoch im Laufe der zweiten Hälfte des zwanzigsten Jahrhunderts eine enorme Expansion (Schofer/Meyer, 2005). Diese Entwicklung wurde durch die stets wachsende Nachfrage von Bildungszertifikaten in der ‚knowledge economy' der sog. Wissensgesellschaft angetrieben (Chen/Dahlman, 2006; Weltbank, 1999, 2003). In vielen Ländern der Erde hat der private Sektor insbesondere im tertiären Bereich das Gros dieser Expansion aufgenommen und in vielen Ländern absorbieren private Institutionen bis zu 90% der Studierenden, wie beispielsweise in Brasilien (PROPHE, 2008). Mit diesem Beispiel lässt sich illustrieren, dass es bei der Frage nach den neuen Erbringungsformen vor allem um Entwicklungen insbesondere im privaten Sektor geht – und dort verstärkt im tertiären Bereich. Auf der einen Seite steht dies in Zusammenhang mit den neuen Informations- und Kommunikationstechnologien, welche es universitären Institutionen oder Unternehmen ermöglichen, grenzüberschreitend ihre Dienstleistungen anzubieten, z.B. durch virtuelle Universitäten wie die Michigan Virtual University mit rund 23000 Studierenden (MVU, 2008) oder die British Aerospace Virtual University mit über 3000 E-Learning-Kursen (BAE, 2007).

Des Weiteren sind bedeutsame Veränderungen eingetreten, welche die maßgeblich an der Formulierung von Bildungspolitik beteiligten Akteure betrifft. Vor allem die

Internationalen Organisationen (IOs) avancierten während der letzten zwei Jahrzehnte zu wichtigen Akteuren im Bildungsbereich und tragen mittlerweile erheblich zum „Umbau der Bildungsarenen" bei. Zu nennen sind in diesem Kontext die bereits erwähnten Aktivitäten der Europäischen Kommission im Bologna Prozess, die der OECD in Hinblick auf ihr Indikatorenprogramm (bspw. PISA), auch die Arbeiten der Weltbank, welche heute als unübertroffen in der Finanzierung von Bildungsprojekten weltweit gilt, und nicht zuletzt die Aktivitäten der UNESCO hinsichtlich universaler Grundbildung, der Entwicklung von Konzepten der Qualitätsprüfung und Bildungsstatistik (Amos/Radtke, 2007; Martens et al., 2007).

In den bildungspolitischen Debatten der 1960/70er Jahre haben internationale Akteure bereits eine Rolle gespielt. Jedoch ganz nach dem Muster des von Bernd Zymek (1975) beschriebenen ‚Das Ausland als Argument' wurden diese jedoch als ‚Verstärker' im Rahmen nationalstaatlicher Politik genutzt. Seit einigen Jahren dagegen erhielt die internationale Dimension eine andere Qualität und Dynamik (vgl. Radtke, 2003).

3.3.1 Veränderungen in der Beziehung zwischen Staat und Bildungssystem

Im Zuge der öffentlichen und wissenschaftlichen Diskussionen der letzten Jahre – insbesondere um die Stichworte Postmoderne, Globalisierung und Internationalisierung und Supranationalisierung – wird jedoch die Rolle des Nationalstaates kontrovers diskutiert.[45] Die aus diesen Entwicklungen entstehenden Herausforderungen lassen sich als eine emergente „postnationale Konstellation" bezeichnen (Habermas, 1998, S. 94f.). Die Kontroverse um den Staat wurde darüber hinaus maßgeblich von den Weltsystem- und Weltgesellschaftstheorien gefördert. Seit den 1970er Jahren diskutieren einige Autoren im Rahmen von Weltsystem- bzw. Weltgesellschaftstheorien, dass der Nationalstaat nicht länger die angemessene Einheit sein kann, mit der gesellschaftliche Phänomene untersucht werden können (Hopkins/Wallerstein, 1979; Luhmann, 1990; Meyer u.a., 1997; mit Bezug auf den Bildungsbereich Arnove, 1980).

Andere Autoren gehen in diesem Zusammenhang von einem grundlegenden Transformationsprozess des modernen Nationalstaates am Ende des 20. Jahrhunderts aus. Damit verbunden sei unter anderem eine Veränderung in der Fähigkeit des Nationalstaates, seine politischen, ökonomischen und politischen Funktionen zu kontrollieren (Leibfried/Zürn, 2006; Hurrelmann u.a., 2008).[46] Die insbesondere der Politik- und Rechtswissenschaften zuzuordnenden Untersuchungen im Rahmen des DFG-Sonderforschungsbereichs 597 – Staatlichkeit im Wandel – an der Universität Bremen thema-

---

45 Die Fülle an Publikationen zum Thema verbietet jeden Anspruch auf Vollständigkeit: vgl. nur Bauman, 1995, 2003; Albrow, 1998; Weiss, L., 1998; Evans, 1997.

46 Die Veränderungen des Staates werden außerdem auch verstärkt seit den 1990er Jahren im Rahmen der Analysen zu allgemeinen Gesellschaftsentwicklungen untersucht, insbesondere geht es hier um die Auswirkungen von Globalisierung auf verschiedene gesellschaftliche Bereiche: politisch z.B.: Fukuyama, 1992, sozial z.B.: Giddens, 1995, kulturell z.B.: Featherstone, 1990 (siehe auch Held u.a., 1999; Sklair, 1999).

tisieren vier Dimensionen des Nationalstaates, von ihnen „Demokratische Rechts- und Interventionsstaat", kurz DRIS, genannt (SFB 597, 2003, Forschungsprogramm, S. 14):

Erstens, die Ressourcendimension, hier geht es um das Gewalt- und Steuermonopol auf der zentralstaatlichen Ebene. Zwei ineinandergreifende Entwicklungen stellen Herausforderungen für (a) das Monopol und für (b) die Legitimität des Einsatzes von Gewalt seitens des Staates dar: Internationalisierung und Privatisierung (Jachtenfuchs, 2006, S. 71f.). Am Beispiel von Interventionsmaßnahmen der UNO und der EU auf internationaler Ebene machen Mayer/Weinlich (2008) die Veränderungen in diesem Kernelement des Nationalstaates des „Goldenen Zeitalters" (Leibfried/Zürn, 2006, S. 23) deutlich, der Staat hat keine ausschließliche Kontrolle über das Militär insbesondere was die Organisationsverantwortung angeht. In Bezug auf das Steuermonopol wirkt sich die Auflösung nationaler Schranken durch die Globalisierung internationaler Märkte negativ auf das Monopol des ‚Steuerstaats' aus. Internationale Steuerflucht und -vermeidung durch Standortsverlagerung, Schwierigkeiten der Zurechnung der Steuerpflicht bei Multinationalen oder bei grenzüberschreitendem Handel sowie der Steuerwettbewerb zwischen den Staaten haben eine komplexe Verflechtung der nationalen Ökonomien nach sich gezogen und die Fähigkeit des Staates, allein zu entscheiden, vermindert (Genschel/Uhl, 2006). Uhl (2008) zeigt anhand verschiedener Beispiele anschaulich, dass die Mitgliedstaaten der EU nicht mehr uneingeschränkt souverän in der Gestaltung und Verwaltung ihres Steuerrechts sind.

Zweitens, bezieht sich die Rechtsdimension auf die Ausbildung von Rechtsstaatlichkeit innerhalb des Nationalstaats und zwischen souveränen Staaten im internationalen System. Durch Prozesse der Globalisierung wird der Nationalstaat geschwächt, in dem Intergouvernementale und Nichtregierungsorganisationen globale regulatorische Strukturen[47] und internationale rechtsstaatliche Instanzen der Gerichtsbarkeit etablieren – z. Beispiel das Panel für Streitschlichtung innerhalb der WTO oder des Internationalen Gerichtshofes in Den Haag (vgl. Zangl/Zürn, 2004). Sie tragen so dazu bei, dass „die entstehende internationale Rechtsstaatlichkeit an den Fundamenten der Souveränität, die den modernen Staat seit mehreren Jahrhunderten kennzeichnen" ihre Spuren hinterlassen (Zangl, 2006, S. 148). Dennoch wird der Staat nicht einfach anachronistisch, er wandelt sich „vom Herrschaftsmonopolisten zum Schnittmengenmanager", wie Martin Herberg pointiert formuliert (2008, S. 134f.).

Drittens, die Legitimationsdimension zeichnet sich durch demokratische Entscheidungsprozesse und Öffentlichkeit aus. Im Kontext der Globalisierung wird nicht nur

---

47 Stephen Gill hat in den 1990er Jahren den Terminus ‚new constitutionalism' in der Internationalen Politischen Ökonomie geprägt. Der Begriff soll aber mit dem rechtswissenschaftlichen Terminus „Konstitutionalismus" nicht verwechselt werden. Damit wird vielmehr der Umstand gemeint, dass es international einige Initiativen gibt, die versuchen, neo-liberale Reformen politisch – durch „legal-juridical mechanisms" zu fixieren. Diese Initiativen dienen der Sicherung der Freiheiten der Investoren und der Eigentumsrechte transnationaler Unternehmen; ‚New constitutionalism' schützt wirtschaftspolitische Maßnahmen vor demokratischer Einflussnahme und sichert Kapital und großen Investoren einen privilegierten Status gegenüber anderen (vgl. Gill, 2003, S. 132ff., 1998; im Zusammenhang GATS und Bildung siehe auch Scherrer, 2005).

die Steuerungsfähigkeit des Staates kontrovers diskutiert, sondern seine (demokratische) Legitimität. Seit dem Fall des real-existierenden Sozialismus in 1989 galten demokratische Staaten als die einzige legitime Form politischer Organisation. Die Verlagerung der Entscheidungskompetenzen auf inter- oder supranationale Akteure und Strukturen durch Internationalisierung sowie die Abwanderung der Entscheidungsfähigkeit von den Parlamenten hin zur Exekutive und Judikative oder anderen Interessengruppen (Deparlamentarisierung) „führen zur wachsenden Entfernung der wirklichen Entscheidungszentren von demokratisch kontrollierten Institutionen." (Schneider u.a., 2006, S. 197).

Schließlich, *viertens*, die Dimension der wohlfahrtstaatlichen Intervention. Damit sind gemeint die in der zweiten Hälfte des 20. Jahrhunderts entwickelten Tätigkeiten des Staates im Bereich Sozialpolitik.[48] Globalisierungsbedingte Veränderungen wie die Deregulierung der Finanzmärkte oder der zunehmende Fall von Handelsbarrieren sowie Migrationsströme zwingen die Nationalstaaten zu grundlegenden Anpassungen und Veränderungen in ihren Sozialpolitiken. Diese Veränderungen betreffen zum einen „Gewichtsverschiebungen zwischen den zentralen Wohlfahrtsproduzenten Staat, Markt und Familie" und zum anderen „ein Wandel [...] in Form einer territorialen Verlagerung sozialpolitischer Kompetenzen zwischen Gebietskörperschaften oder supranationalen Organisationen und dem Nationalstaat" (Obinger u.a., 2006, S. 266). Ein Vergleich zwischen unterschiedlichen „kleinen offenen Volkswirtschaften"[49] zeigt, „dass sich die Grenzen zwischen Sozialstaatsregimen leicht verwischt haben bzw. durchlässiger gegenüber ‚systemfremden' Steuerungsinstrumenten geworden sind, ohne dass dadurch die Konturen der historisch gewachsenen Sozialstaatsregime eingeebnet worden wären." (ebd., S. 300)

Die Ergebnisse der Studien in Hurrelmann u.a. (2008) finden in allen vier Dimensionen der normativen Güter des DRIS deutliche Anzeichen dafür, dass sich der Staat transformiert, wie auch schon Leibfried/Zürn (2006) zuvor.[50] Hatte der Nationalstaat des „Goldenen Zeitalters" das Monopol auf die drei von den Autoren unterschiedenen Formen der Verantwortung (Letzt-, Entscheidungs- und Organisationsverantwortung) (Hurrelmann u.a., 2008a, S. 305), so haben sie heute kein staatliches Monopol mehr, auch wenn „der Staat [...] in keinem der betrachteten Politikfelder gänzlich bedeu-

---

48 Vgl. Franz-Xaver Kaufmanns Studie zu den „Varianten des Wohlfahrtsstaats". Insbesondere Abschnitt 2.3 und darin Schaubild I, in dem die sozialen Probleme sowie ihre institutionellen Lösungen im Wohlfahrtsstaat aufgeführt werden (Kaufmann, 2003, S. 44ff.).

49 Obinger u.a. (2006) haben wohlfahrtstaatlichen Restrukturierungen ab dem Jahr 1975 in Dänemark, Neuseeland, Österreich und in der Schweiz untersucht. Diese Länder unterscheiden sich erheblich in ihren sozialstaatlichen Traditionen, dennoch wird ein länderübergreifender Wandel konstatiert.

50 Auch Wolfgang Hein weist darauf hin, dass durch Globalisierungsprozesse „das Entstehen einer globalen Rechtsordnung und von Institutionen ihrer Durchsetzung und Weiterentwicklung sowie die Institutionalisierung politischer Auseinandersetzungen und Entscheidungen auf der globalen Ebene" gefördert werden (Hein, 2004, S. 13, Herv. im Orig.). Der Diskurs um Global Governance fixiere, so Hein, eine liberale Wirtschaftsordnung auf globaler Ebene (S. 63); diese trete in Konflikt mit anderen gesellschaftlichen Interessen (z.B. Nachhaltigkeit, Gesundheitsfürsorge usw.) durch die ungleiche Verteilung politischer Macht und Verantwortlichkeit.

tungslos [wird] und internationale Institutionen gewinnen auch keine Autonomie, die mit jener Souveränität vergleichbar wäre, die dem Staat einst zukam." (ebd., S. 308) Internationalisierung bedeute keineswegs, dass die Veränderungen nur in Form von „Verlagerung von Verantwortung", also in der Logik eines Nullsummenspiels, geschehen; sie stellen z. T. auch eine Form von Anlagerung dar – damit meinen die Autoren dass, „die Kompetenzen für die Gewährleistung von normativen Gütern [...] jenseits des Nationalstaates [entstehen], ohne dass sich deshalb staatliche Kompetenzen im selben Maße verringerten" (ebd., S. 311). Der Staat selbst hat jedoch in unterschiedlichem Maße eine aktive Rolle in seinem Transformationsprozess gespielt; mal ist er Initiator, mal Wegbereiter und mal Weichensteller der Transformationen (ebd., S. 313f.). Im Duktus der dort gewählten Metaphorik resümieren Autoren anschaulich: „Trotz all dieser Veränderungen bleibt *der Staat* selbst *intakt*, und sein *Apparat* hat im Wesentlichen Bestand – das ‚Staatsschiff' ist also durchaus fahrttüchtig, wenn auch seiner beschützenden, gar göttlichen, Galionsfigur beraubt, von aufgespleißten Seilen zusammengehalten, die oft zum Zerreißen gespannt sind [...], und in manchen Segeln ausgefranst [...]. Doch nicht der Staat zerfasert, sondern zunächst vor allem *die Ordnung* von Funktionen und Garantien, die er seinen Bürgern einst bereitstellte – das Staatsschiff gerät vorerst nur in schweres Wasser." (Hurrelmann u.a., 2008, S. 319f., Herv. im Orig.).

Für den Bildungsbereich hat sich Roger Dale bereits im Jahr 2000 mit der Thematik der ‚Folgen' und ‚Konsequenzen' der Globalisierung auseinandergesetzt.[51] Dale (1989) untersuchte die Beziehung zwischen (dem kapitalistischen) Staat und Bildung/Erziehung. Er wies darauf hin, dass „the basic problems facing education systems in capitalist countries derive from the problems of the capitalist State." (S. 25) Das Bildungssystem als Staatsapparat zeichnet sich erstens durch *Bürokratisierung* aus (ebd., S. 34) – es ist eine Organisationsform, welche entlang der Prinzipien der Maximierung von Rationalität, Spezialisierung, Unpersönlichkeit, Hierarchie, und Rechenschaftspflicht operiert – und zweitens durch eine „tendency towards technocratic management, their increasing eagerness to replace politics with technical solutions." (ebd., S. 40). Er untersuchte auch die internen und externen Wirkungen der ‚treibenden Kraft Globalisierung' auf drei Ebenen staatlichen Handelns im Bildungsbereich: *Erstens*, geht es um den Bildungsauftrag des Staates. Dale weist auf eine Umkehrung der Prioritäten der drei Leistungsbeiträge von Bildung hin – ihre Unterstützungsleistung für die Kapitalakkumulation, ihre Funktionsleistung für die Wahrung der sozialen Ordnung und ihre Legitimationsfunktion des Systems. In einem globalisierten Umfeld stellen die Nationalstaaten den Beitrag[52] der Bildung für Kapitalakkumulation in den Vordergrund. Die Legitimationsfunktion wird zu einer Frage der effizienten Erbringung von öffentlichen Dienstleistungen; die Funktion der sozialen Kohäsion verändert sich aber auch und wird zum zentralen Mittel gegen gesellschaftliche Probleme, die es antizipativ zu lösen gilt, in dem Bildung für das nötige soziale Kapital sorgt (ebd.,

---

51 Siehe auch Dale, 1997, 1999; Ka-Ho, 2004; Rust/Jacob, 2005; Daun, 2005.

52 Dieser kann selbstverständlich unterschiedliche Formen (im ‚competition state') annehmen, was unterschiedliche Grade der Staatsintervention impliziert (vgl. Dale, 2003, S. 102).

S. 102ff.). *Zweitens*, geht es um Bildungskapazität (capacity) des Staates, d.h. was von Bildungssystemen erwartet wird. Dabei stellt Dale fest, dass der ‚Glaube‘ an die Möglichkeiten der Bildung, soziale Gerechtigkeit zu fördern, schrumpft. Er spricht von einem allgemeinen Verlust der Hoffnung, das „redemptive project" der Bildung erfüllen zu können, aber auch von der Abnahme der für Bildung zur Verfügung gestellten Ressourcen sowie von der Schmälerung der pädagogischen und curricularen Vielfalt durch die Fokussierung auf ein „somewhat restricted range of probably more didactic pedagogic approaches." (ebd. S. 104). Schließlich, *drittens*, geht es um Bildungsgovernance, mit anderen Worten geht es um die Modi der Koordination von Bildung sowie um die daran beteiligten Institutionen (Staat, Markt, Zivilgesellschaft). Er geht davon aus, dass die Veränderungen hier stärker in der Verlagerung von bürokratischer Steuerung auf wettbewerbsorientierte und regulatorische Governance stattfindet (Dale, 2003, S. 104f.). Dale zufolge haben Globalisierungsprozesse einen komplexen Einfluss darauf, für welche ‚Reaktionsarten‘ sich Nationalstaaten entscheiden, sie wirken ebenso auf ihre Fähigkeit, überhaupt zu reagieren (2003, S. 107f.).

Die Effekte der ‚Globalisierung‘ können jedoch auch ungefiltert (durch den Nationalstaat) auf Bildung und Erziehung wirken. Auf der *sektoralen* Ebene lassen sich universalisierte Definitionen von der Kapazität der Bildung beobachten. Zum einen sind die Kategorien des Curriculums selbst aber auch Definitionen dessen, wie die Wirksamkeit dieser Curricula zu messen sind (Stichwort: PISA, IEA-Studien). Auf der *organisationalen* Ebene finden sich Modelle (‚best practices‘ oder ‚benchmarking‘), die weltweit nachgeahmt werden (ebd., S. 105f.). Dale resümiert, „globalization does indeed represent a paradigm shift, but [...] it does not mean either that the world system is less ‚state-based,‘ or that education systems are likely to be cut loose from the state" (2003, S. 109).

Im Rahmen dieser Debatten um die Veränderungen des Nationalstaates und der Reformen des Bildungssystems hat sich eine rege Diskussion um die Governance des Bildungssystems formiert (siehe Kap. 1, Abschnitt 3.5 und Kap. 4, Abschnitt 4). Sie betreffen alle Bereiche der Bildungssysteme, von Vorschulerziehung bis hin zum universitären Bereich (vgl. Halsey et al., 1997;, Lauder et al., 2006; Maroy, 2004, 2008, 2009; Altrichter et al., 2007; OECD, 2004; Bertelsmann Stiftung, 2008; Soguel/ Jacquard, 2008).

In den vorangegangenen Ausführungen wurde mehrfach auf die Konzepte ‚Globalisierung‘, ‚Internationalisierung‘, u. ä. verwiesen; der nächste Abschnitt geht ausführlicher auf diese Begriffe und Konzepte ein und diskutiert ihre Implikationen für den Bildungsbereich.

3.4 Globalisierung, Internationalisierung und Supranationalisierung der Bildungspolitik

Die gegenwärtigen Transformationen im Bildungsbereich werden mit Bezug auf Konzepte diskutiert, welche die Relevanz des ‚Nationalstaats‘ in seiner ‚Containerbedeutung‘ (Mau, 2007, S. 21ff.) relativieren. Der Nationalstaat des „goldenen Zeitalters" (Leibfried/Zürn, 2006, S. 23ff.) wird durchlässig, „zerfasert" gar (Hurrelmann et al., 2008); das Ergebnis dieses Prozesses sind ökonomische, soziale und politische Rekonfigurationen im Handlungsraum moderner Gesellschaften (vgl. Mau, 2007). Ludger Pries (2008) unterscheidet sieben idealtypische Formen der menschlichen Beziehungen im Raum, die er allgemein unter dem Terminus ‚Transnationalisierung' zusammenfasst (siehe auch: Mau, 2007). Seine Typologie verwendet ‚absolutistische' und ‚relativistische' Raumkonzepte und kombiniert die unterschiedlichen geographischen und sozialen Raumdimensionen ohne den Bezugspunkt Nationalstaat zu opfern (vgl. Pries, 2008, S. 131). So sind zu unterscheiden: ‚Inter-Nationalisierung', ‚Re-Nationalisierung', ‚Supra-Nationalisierung' und ‚Globalisierung' als Typen essentialistischer Raumkonzepte auf der einen Seite, und ‚Globalisierung', ‚Diaspora-Internationalisierung' und ‚Transnationalisierung' als relativistische Raumkonzepte (vgl. Tabelle 2, ebd., S. 132f.). Für die hiesige Arbeit können alle sieben Typen relevant werden, dennoch wird der Fokus auf drei allgemeine Konzepte gelegt. Damit soll der Anschluss an die in der einschlägigen Literatur verwendete Terminologie gewahrt bleiben. In den Sozialwissenschaften werden seit mehreren Jahren weltumspannende soziale, ökonomische und politische Entwicklungen und Veränderungen entlang der Begriffe ‚Globalisierung', ‚Internationalisierung' und ‚Supranationalisierung' diskutiert. Diese globalen Entwicklungen haben selbstverständlich auch für den Bildungsbereich wichtige Implikationen, auf die hier eingegangen werden soll. Der darauf folgende Abschnitt führt die verschiedenen Fäden zusammen und formuliert unter der Rubrik ‚Internationalisierte Bildungspolitik und Internationales Bildungsregime' den Ausgangspunkt für die weiteren Überlegungen.

3.4.1 Globalisierung

Das Konzept der ‚Globalisierung' wurde zunächst in der Wirtschafts-, Politik- und Kulturwissenschaft als Schlüsselbegriff in der Analyse gesellschaftlicher Veränderungen geprägt. Wenig später erreichte es die Erziehungswissenschaft (Amos/ Keiner/Radtke/Proske, 2002; Burbules/Torres, 2000).

‚Globalisierung' wird dabei als Sammelbegriff in Diskussionen über die Transformationen der modernen Gesellschaften seit den frühen 1970er Jahren verwendet; zeitdiagnostisch verweist der Begriff in den Sozialwissenschaften auf ökonomische, soziale, politische und kulturelle makrostrukturelle Veränderungsprozesse auf globaler Ebene. Gerade die Breite der damit gefassten Prozesse trägt dazu bei, dass der Terminus diffus und unbestimmt bleibt, daher auch die Kritik, dieser Begriff bezeichne nur einen modischen Diskurs und sei daher lediglich ein ‚plastic word' (Poerksen et al., 1995). Verschiedene Versuche wurden unternommen, diesem Terminus schärfere Konturen zu geben oder zumindest, dass mit seiner Verwendung nicht mehr Konfusion entsteht. Die Fülle an Arbeiten zu dem Thema verbietet jede vollständige Bearbeitung; die Frage, welche die nächsten Ausführungen bestimmen, ist nicht prinzipiell eine der präzisen Definition, sondern vielmehr eine der Kennzeichnung der Transformationsprozesse in bestimmten semantischen Feldern. Es steht außer Frage, dass ‚Globalisierung' kulturelle Implikationen für Bildung und Erziehung zeitigt, dennoch konzentriert sich die hiesige Diskussion auf sozio-ökonomische und politische Globalisierung und ihre Bedeutungen für den Bildungsbereich.[53]

Auch wenn soziale und kulturelle (Robertson, 1992; Giddens, 1995; Beck, 1998a; Featherstone/Lash/Robertson, 1995) Dimensionen wichtige Bestandteile des Versuchs sind, zu erfassen, was Globalisierung denn beinhaltet, werden als zentrales Charakteristikum von Globalisierung tief greifende Veränderungen in der Weltwirtschaft gezählt. Eine zunehmende internationale Warenproduktion, der Handel mit Waren und Dienstleistungen sowie der freie Finanz- und Kapitalverkehr sind hier die deutlichsten Tendenzen (Thomson/Krasner, 1992; Neyer, 1995, S. 289ff.; Perraton et al., 1998), die zu einem System komplexer wechselseitiger Abhängigkeiten führen, welche wiederum die nationalstaatlichen Spielräume in der Wirtschaftspolitik verengen. Dieser internationalen Wirtschaftsintegration liegt eine bestimmte sozio-ökonomische Logik zugrunde, welche sich insbesondere in den 1980er und 1990er Jahren in den Vordergrund gedrängt hat und unter dem Begriff der ‚neoliberalen Globalisierung' diskutiert wird (z.B. Görg, 2003; zum Verhältnis zwischen Imperialismus und Globalisierung siehe: Kößler, 2003; Narr, 2003). Aufgrund der stärkeren Interdependenz der Märkte führt der interne und internationale Wettbewerb zur Notwendigkeit, einer Logik der Qualitäts- und Effizienzsteigerung zu folgen, um damit den eigenen Standort sowie Position in der Weltwirtschaft zu sichern (Standortwettbewerb). Globalisierung bedeutet oft ein ‚race to the bottom', d.h. einen Abbau von Sozial- und Umweltstandards. Dadurch werden sozialstaatliche Kompromisse aufgekündigt, Subventionen abgebaut usw. und zugleich wird Akteuren in der Wirtschaft die Möglichkeit gegeben, sich frei zu bewegen, d.h. die niedrigsten Standards in Sozial- und Umweltpolitik sowie die besten (Produktions-)Bedingungen für ihre Aktivitäten zu suchen. Ein weiteres Charakteristikum, das zugleich als ‚Infrastruktur' der wirtschaftlichen Globalisierung dient, wird in den Informations- und Kommunikationstechnologien gesehen, aber auch in den Transportmöglichkeiten sowohl für Waren als auch für Personen. Sie veränderten den Umfang und die Intensität von weltweiten Austauschprozessen und durch ihren stetigen Fortschritt nehmen diese Prozesse an Geschwindigkeit zu. Dies hat Folgen u.a. für den Beschäftigungssektor, denn durch schnellere Entwicklung von Innovationen hängt damit auch ein schnellerer Wandel in Berufsstrukturen und anderen sozio-politischen Parametern zusammen (Blossfeld et al., 2008).

Globalisierung wird hier als ein Prozess und nicht als Endzustand betrachtet; ihre Ursprünge liegen – je nach Perspektive – weit zurück. Es herrscht jedoch Einigkeit darüber, dass sich globalisierende Prozesse in den letzten Dekaden beschleunigt haben (Beck, 1998a; Nuscheler, 2000) und dass das Bewusstsein dafür geschärft wurde (Robertson, 1992, S. 8). In Anlehnung an David Held und Kollegen sieht Ulrich Beck die Besonderheit von Globalisierung in der *„Ausdehnung, Dichte und Stabilität wechselseitiger regional-globaler Beziehungsnetzwerke und ihrer massenmedialen Selbstdefinition sowie sozialer Räume und jener Bilder-Ströme auf kultureller, politischer, wirt-*

---

53 Für ein Review der Literatur zu ‚Globalisierung' und Bildung siehe: Stewart, 1996; Wells et al., 1998; Marginson, 1999; Stromquist, 2002; Mundy, 2005; Charlot, 2007; Spring, 2008.

schaftlicher, militärischer und ökonomischer Ebene." (Beck, 1998a, S. 31, Herv. i. Orig.; siehe auch Perraton et al., 1998)

Wie oben erwähnt ist Bildung selbst Gegenstand weltweiten Austausches und somit wichtiger Bestandteil der Globalisierung. Bildung und Erziehung sind, wie Dale/ Robertson (2003, S. 7) schreiben, „the most commonly found institution and most commonly shared experience of all in the contemporary world." Dieses ist ein zentrales Charakteristikum der ‚World-Polity', wie neoinstitutionalistische Arbeiten hervorheben (Meyer/Ramirez/Soysal, 1992). Insofern sind Schulen, wie Baker/LeTendre (2005, S. 1) schreiben, „part of the essential fabric of life in a modern society."

Mit Blick auf die Auswirkung globalisierender Prozesse auf Bildungssysteme lassen sich folgende miteinander in Beziehung stehende Elemente ausmachen, die konkrete Implikationen für Bildung und Erziehung nach sich ziehen: die Globalisierung ökonomischer Prozesse; Liberalisierung des Welthandels; Informations- und Kommunikationstechnologien; ‚knowledge-based economy', ‚knowledge society' und Governance (vgl. Tabelle 2).

Globalisierung ökonomischer Prozesse – Nationale Wirtschaften waren zu Beginn der Nachkriegszeit relativ geschlossen. Mit der Schaffung internationaler Institutionen, den sogenannten ‚Bretton Woods' Institutionen, wurde das Ziel verfolgt, eine offene internationale Weltwirtschaft zu schaffen.[54] Das Ende des Bretton-Woods-Systems zwischen 1971 und 1973 und schließlich das Plaza-Abkommen[55] im Herbst 1985 werden ebenfalls als einschneidende Ereignisse in Richtung globaler Wirtschaft gesehen.[56] Dies führte zu vielen strukturellen Veränderungen, unter anderen: die weltweiten Finanzströme, die sich in ihrem Volumen vollständig von der Waren-Wirtschaft abgelöst haben; die Stärkung der Macht multinationaler Konzerne vis-à-vis den Nationalstaaten durch Auslandsinvestitionen. Veränderungen im Produktionsprozess selbst haben nicht unwesentlich dazu beigetragen, dass die Produktion von Mehrwert sich verändert. Damit ist der Wandel von Fordistischen zu Post-Fordistischen Wirtschaften (siehe z. Harvey, 1989), oder wie Brown/Lauder (1997, S. 176) schreiben, zu ‚Neo-Fordistischen' Wirtschaften, gemeint. Mit diesem Wandel zusammenhängend sind Folgen für die Handlungsfähigkeit des Nationalstaates, der durch den Wettbewerb der großen Konzerne um die besten Bedingungen (Steuer- und Abgabenbelastungen) für ihre Pro-

---

54 Die Ansicht, dass Protektionismus zur Weltwirtschaftskrise 1929 und schließlich zum Zweiten Weltkrieg geführt hat, unterstrich noch die Bedeutung dieser Zielsetzung.

55 In Folge des Plaza-Abkommens löste sich eine Welle internationaler Kapitalbewegungen aus, die später charakteristisch für die ‚globalisierte Wirtschaft' wurde; symbolisch ist dies der ‚Startschuss' der Globalisierung (Albert et al., 1999). Sachlich wird aber der Beginn von ‚Globalisierung' früher gesehen. Die Ausbildung eines kapitalistischen Weltsystems wird bereits am Anfang des 16. Jahrhunderts datiert (Wallerstein, 1986, 1998, 2004; zur Diskussion von Vorschlägen zur Datierung siehe auch Menzel, 2004). Die Prägung des Begriffs ‚Globalisierung' selbst wird dem Ökonom Theodore Levitt im Jahr 1985 zugeschrieben (vgl. Stromquist, 2002).

56 Den Unterschied zwischen einer ‚internationalen' und einer ‚globalen' Wirtschaft hat Robert Cox wie folgt auf dem Punkt gebracht: „The international economy had been the object of the regulatory systems built up nationally and internationally in the post-war years. The global economy was a very largely unregulated (and many would say unregulatable) domain. This global economy was the matrix of ‚globalization' as a late twentieth century phenomenon." (Cox, 1997, S. 55)

duktionsstandorte in die ‚Defensive' geraten ist. Dies hat Folgen für die Fähigkeit des Sozialstaates, seine Programme in vollem Umfang zu finanzieren (Habermas, 1998, S. 82; Bäcker et al, 2008, Kap. 1). Bildung als eine der größten Ausgabeposten des Nationalstaates ist somit direkt betroffen (Graßl, 2008).

Die Liberalisierung des Welthandels – Nach dem Zweiten Weltkrieg wurden Pläne geschmiedet, eine internationale Handelsorganisation (International Trade Organisation, ITO) zu gründen; dies wurde in der Havanna-Charta 1947 vereinbart, jedoch ist diese durch innenpolitische sowie verfassungsrechtliche Kontroversen in den USA nicht in Kraft getreten. Vorläufig wurde das Allgemeine Zoll- und Handelsabkommen – in der englischen Abkürzung ‚GATT' – verwendet, um in den Kernbereichen des Welthandelns eine Liberalisierung anzukurbeln und endgültig die Hochzollpolitik und den Protektionismus zu beseitigen. Diese zunächst als erfolgreich zu beurteilende Entwicklung schlug sich in niedrigeren Zollsätzen und dem zunehmenden Abbau von Handelsbarrieren nieder. Am 01. Januar 1995 trat das in der Uruguay-Runde vereinbarte Übereinkommen zur Gründung einer Welthandelsorganisation (WTO) in Kraft, welche das Handeln mit Waren (GATT und andere Übereinkünften), Dienstleistungen (GATS und weitere Protokolle) und Geistigem Eigentum (TRIPS) regelt (vgl. Tietje, 2005). Insbesondere das GATS-Abkommen hat Folgen für den Bildungsbereich, z.B. eine stärkere Betonung des kommerziellen Wertes von Bildung und Bildungsdienstleistungen oder den Zuwachs von Import und Export von Bildungsdienstleistungen samt ihrer Folgen (Fritz/Scherrer, 2002; Scherrer, 2005; Hatcher, 2002). Weitere Implikationen werden unter der Rubrik ‚Governance' diskutiert.

Informations- und Kommunikationstechnologien (IuK) – Die Entwicklung von neuen Technologien im Bereich Information und Kommunikation wird im Zusammenhang mit Globalisierung als entscheidender Faktor gesehen. Als Techniken haben diese erst die weltweite Vernetzung von Wirtschaftszweigen ermöglicht, die für die Transaktionen der Finanzwirtschaft benötigt werden. Im Bereich der Produktion haben diese Entwicklungen zu einer neuen Form der Arbeit geführt, welche von Aronowitz/De Fazio (1997) als „The New Knowledge Work" bezeichnet wurde. In der Privatsphäre haben IuK-Techniken den menschlichen Alltag ebenso verändert. Auch wenn die neuen Medien nicht zur Etablierung einer Lernumgebung, die den Lehrer überflüssig macht, geführt haben, trugen sie entscheidend zur Schaffung einer wahren Bildungsindustrie bei (Barker, 2000, S. 114). Sie förderten die Entwicklung neuer Erbringungsarten von Bildungsangeboten (Online-Studiengänge, etc.), welche ihrerseits den Handel mit grenzüberschreitenden, kommerziellen Bildungsdienstleistungen vorantreiben (Lohmann, 2002; Lohmann/Rilling, 2002).

‚Knowledge-based economy' und ‚knowledge society' – Mit diesen Bezeichnungen wird auf die Bedeutung der Produktion und Nutzen von Wissen in der Schaffung von Wohlstand/Mehrwert in den Nationalstaaten hingewiesen – ‚Wissen als Ware' (Stehr, 1994, S. 109f.) oder als ‚Produktionsfaktor' (Stehr, 2001, S. 45). Der gegenwärtige Diskurs um ‚Knowledge Society' und ‚Knowledge Economy' nimmt verschiedene Elemente auf, die bereits in den 1960er und 1970er Jahren im Umlauf waren, so z.B. Peter Druckers und Daniel Bells gesellschaftliche Analysen zur ‚postindustriellen Gesellschaft', aber auch Manuel Castells Arbeiten zur ‚Netzwerkgesellschaft' haben dazu

beigetragen (vgl. Robertson, 2009). Was unter ‚Wissensbasierte Ökonomie‘ verstanden wird, zeigt das folgende Zitat aus einem Bericht der Weltbank zum Bildungsbereich:

> „A knowledge economy relies primarily on the use of ideas rather than physical abilities and on the application of technology rather than the transformation of raw materials or the exploitation of cheap labor. It is an economy in which knowledge is created, acquired, transmitted and used more effectively by individuals, enterprises, organizations and communities to promote economic and social development. […] The knowledge economy is transforming the demands of the labor market in economies throughout the world. In industrial countries, where knowledge based industries are expanding rapidly, labor market demands are changing accordingly.“ (Weltbank, 2003, S. 1)

Die veränderten Anforderungen des Arbeitsmarktes begründen die zunehmende Emphase auf ‚Lebenslangem Lernen‘ (Ioannidou, 2009); und längere und erweiterte Bildungskarrieren lassen den Bedarf an Bildung und Erziehung in die Höhe schießen, insbesondere im postsekundären Bereich, wo das Gros der „credential competition“ stattfindet (Brown, 2000; siehe auch Collins, 1979). Dies erhöht den Druck, den Herausforderungen der ‚Globalisierung‘ mit Bildungsreformen zu begegnen.[57] Hinzu kommt die Betonung auf neue Lern-Lehr-Formen (und dabei die Emphase auf ‚Kompetenzen‘), aber auch ein neues Verständnis von bestimmten Institutionen des Bildungsbereichs, wie das für Universitäten der Fall ist; diesen kommt eine besondere Rolle in der Produktion neuen Wissens zu (Graßl, 2008, S. 181f.), ihr Selbstverständnis verändert sich und wird mehr und mehr kommodifiziert (Frank/Gabler, 2006; Rhoads/Torres, 2006; Krücken/Kosmützky/Torka, 2007). Neue Anbieter, meist private, aber auch zusammengesetzte wie in ‚public-private-partnerships‘ entstehen um diesen Bedarf zu decken (Patrinos et al., 2009).

Governance – Durch die Betonung auf Effizienz, Effektivität, Transparenz, ‚value for money‘, Empfänglichkeit für die Anliegen aller Beteiligten, und so weiter nimmt die Zahl der Ansprüche an die ‚Steuerung‘ von Bildungssystemen zu; das Konzept ‚Governance‘ versucht diese Mehrebene und die verschiedenartigen Akteure darin zu erfassen. Neue internationale, nationale und regionale Governancestrukturen und -systeme entstehen. Aufgrund der kommerziellen Fokussierung auf Bildung wird die Notwendigkeit akut, rationale und kontrollierbare Instrumente und Methoden der Bildungsproduktion zu entwickeln (Graßl, 2008, S. 85ff.). Quasi-Märkte entstehen im Bildungsbereich und verändern die traditionelle nationalstaatliche – professionalbürokratische – Steuerung der Bildungssysteme, indem sie neue, zumeist ökonomische, Kriterien der Beurteilung von Effektivität und Effizienz durchsetzen (Harris, 2007). Diese Systeme verändern das institutionelle Gefüge von Bildungsinstitutionen erheblich (vgl. Radtke, 2008, 2009). Die traditionelle ‚professionelle-bürokratische‘ wird durch eine andere, ‚post-bürokratische‘ Logik ersetzt (Maroy, 2008, 2009).

---

57 Zu dieser Argumentation siehe zum Beispiel die Berichte und Empfehlungen der Weltbank für den Bildungsbereich: Weltbank, 1994, 1995, 2002, 2003.

3.4.2 Internationalisierung

Im Unterschied zu Globalisierung setzt Internationalisierung die Existenz von als souverän gedachten Nationalstaaten sowie Austauschprozessen zwischen mindestens zwei Staaten voraus. Daher wäre in diesem Wortgebrauch – wie von Ludger Pries (2008) verwendet – die Trennung durch einen Bindestrich die richtige Schreibweise: *Inter-Nationalisierung*. Es geht hierbei zunächst und vor allem um intergouvernementale Beziehungen; entsprechend drückt sich Internationalisierung in der Intensivierung oder Ausweitung ebendieser Beziehungen aus. Diese Prozesse können weit in die Geschichte der Nationalstaaten zurückverfolgt werden, sie haben sich jedoch nach dem Zweiten Weltkrieg exponentiell vermehrt (vgl. Diehl, 2001).

In der Bildungspolitik ist Internationalisierung genauso wie Globalisierung kein wirklich neues Phänomen; bereits Anfang der 1930er Jahre war von einer „internationale[n] Verflochtenheit infolge der modernen Überwindung des Raumes in der Pädagogik" die Rede, die „in ähnlicher Weise stärker und stärker geworden [war] wie im Wirtschaftsleben" (Schneider, 1931/32, S. 22). Seit dem Beginn der Nachkriegszeit sind des Weiteren fortlaufend Stellungnahmen zur Bildungspolitik seitens der internationalen Ebene zu finden. Diese sind von Akteuren gemacht worden, von denen aufgrund ihrer eigentlichen Interessen, Aufgaben und Kompetenzen keine bildungspolitischen Aktivitäten zu erwarten wären. Diese Aussage setzt voraus, dass Bildungspolitik als Teil der gesamtgesellschaftlichen Sozial- und Infrastrukturpolitik und somit als genuine Innenpolitik verstanden wird, also als „nationale Bildungssouveränität", wie Wolfgang Mitter (2006) es formuliert hat.

Historisch hat die UNESCO innerhalb des UN-Systems im Bildungsbereich am längsten zur Internationalisierung beigetragen (Gründung 1945). Alle UNO-Mitglieder werden automatisch Mitglied in dieser Unterorganisation (derzeit 192 Staaten), welche sich die Aufgabe gegeben hat, „[...] durch Förderung der Zusammenarbeit zwischen den Völkern in Bildung, Wissenschaft und Kultur zur Wahrung des Friedens und der Sicherheit beizutragen [...]". Dieser Aufgabe kommt die UNESCO durch die „Förderung der Verständigung und der gegenseitigen Kenntnis der Völker" nach. Darüber hinaus hat sie sich als Ziel gesetzt, durch „Volksbildung und [...] Verbreitung von Kultur", die Bewahrung, Erweiterung und Verbreitung von Wissen, „durch Erhaltung und Schutz des Welterbes", „durch Förderung der internationalen Zusammenarbeit in allen Bereichen des geistigen Lebens" zum friedlichen Zusammenleben in der Welt beizutragen (UNESCO, 1946, Artikel I). Die UNESCO trägt mit unterschiedlichen Aktivitäten zur Internationalisierung bei, so zum Beispiel durch die von ihr unterstützten UNESCO-Lehrstühle, durch das von ihr gegründete Netzwerk von assoziierten Schulen (sog. UNESCO-Schulen) sowie durch das Programm ‚Bildung für Alle', das sie in Zusammenarbeit u.a. mit der Weltbank 1990 ins Leben gerufen hat. Die UNESCO veranstaltet außerdem Weltkonferenzen zum Thema Bildung und Erziehung, z.B. die Weltbildungsministerkonferenz 2008, Weltkonferenz über Hochschulbildung (2009) oder über Erwachsenenbildung (2009).

Die „Organisation für Wirtschaftliche Zusammenarbeit und Kooperation" (engl. Abk. OECD) hatte zunächst weder von ihrer Gründung noch von ihrem Aufgabenfeld her direkte Bezüge zum Bildungsbereich. Die Vorgänger-Organisation der OECD, die

OEEC (Organization for European Economic Cooperation 1948-1960), war mit der ‚technologischen Rekonstruktion' Europas im Rahmen des Marshall-Plans beauftragt und hatte lediglich ein ‚Büro für wissenschaftliches und technisches Personal' (Office for Scientific and Technical Personnel). Erst ab 1968 wurde Bildung strukturell in dieser Organisation verankert, obgleich sich, wie Henry et al., (2001, S. 10) schreiben, die strukturellen Bedingungen von Bildung in der OECD als ungemein komplex erweisen. Nach verschiedenen organisatorisch-strukturellen Rekonfigurationen innerhalb der OECD (vgl. Papadopoulos, 1994; Henry et al., 2001; Parreira do Amaral, 2006, Kap. 6) stieg Bildung zu einem der wichtigsten Aufgabenfelder der Organisation auf. Insbesondere mit ihrem Indikatorenprogramm INES sowie mit dem PISA-Programm trägt die OECD zur Internationalisierung von Bildung bei (vgl. die jährlichen Publikationen ‚Bildung auf einen Blick'; siehe auch Andere, 2008).

Die Europäische Union ist heute ebenfalls eine wichtige Institution in der Internationalisierung von Bildung. Ursprünglich war Bildung innerhalb der ‚Europäischen Wirtschaftsgemeinschaft' nur im Bereich der Berufsbildung tangiert, die Aktivitäten der EU beschränkten sich auf die Förderung von gegenseitiger Anerkennung von Zertifikaten seitens der Mitgliedstaaten. Seit Anfang der 1950er Jahre setzte die EWG ihrem Schwerpunkt dort, erstens weil so die freie Bewegung von Arbeitskräften gefördert wurde und, zweitens weil Bildung und Erziehung unter die nationalstaatliche Souveränität fielen und nicht angetastet werden sollten. Der EU kam nach dem EG-Vertrag lediglich eine unterstützende und ergänzende Funktion zu und nicht die Harmonisierung der Rechts- und Verwaltungsvorschriften der Mitgliedstaaten (vgl. Kap. 3 des EG-Vertrags, Art. 149 und 150). Mit dem Inkrafttreten des Maastricht-Vertrags 1993 blieb diese Regelung eigentlich im Rahmen des Subsidiaritätsprinzips erhalten. Mit den Artikeln Nummer 126 und 127 des Maastrichter Vertrags wurden der EU jedoch die Möglichkeit eröffnet, im Bereich „Allgemeine und Berufliche Bildung und Jugend" Impulse zu geben und später wurden auch diese im Amsterdamer Vertrag (1997) als Artikel 149, 150 und 151 aufgenommen. Durch diese Umstrukturierungen in der EU veränderte sich ebenfalls das Verständnis ihrer Aufgaben und Kompetenzen (vgl. Schemmann, 2007, Kap. 4). Insbesondere die Programme zur Förderung von Mobilität von Studierenden und Dozenten sowie zur Förderung der kulturellen und sprachlichen Kompetenzsteigerung – hier sind die Programme Leonardo da Vinci, Sokrates und Erasmus zu nennen – tragen zur Internationalisierung der Bildung bei.

Internationalisierung wird also verschieden verstanden. *Zum einen* geht es um eine positive Internationalisierung, d.h. eine explizit gewollte Politik, die im Rahmen von Internationalen Organisationen (hier als Instrumente ihrer Mitgliedstaaten, vgl. Kap. 5, Abschnitt 2.1) betrieben wird, mit dem Ziel durch gegenseitige kulturelle Kenntnisnahme zu friedlichem Zusammenleben beizutragen (UNESCO, EU); oder mit dem Ziel, wirtschaftlichen Fortschritt voranzutreiben (OECD, WTO, EU; Weltbank). Darüber hinaus wird Internationalisierung im Rahmen regionaler Organisationen durch wirtschaftliche und politische Integration gefördert (EU, MERCOSUR, NAFTA, ASEAN). *Zum anderen* wird Internationalisierung negativ als der Prozess verstanden, durch den der Interventions- und Wohlfahrtsstaat verändert wird. Internationalisierungsprozesse tragen zur Auflösung der „etablierten binnenpolitischen Integrationsformen" (Mau, 2007, S. 225) im Nationalstaat bei. Interessensbildung und -artikulation der verschiedenen sozialen Gruppen wird durch den globalen/internationalen Maßstab verkompliziert und kann nicht ohne weiteres durch den Staat reguliert werden. Aus dieser Perspektive nagt Internationalisierung an der nationalstaatlichen (Bildungs-) Souveränität und leistet einem alle nationalen Traditionen wettmachenden Angleichungsprozess Vorschub. Aus wiederum anderen Perspektiven wird Internationalisierung durch nationale Pfadabhängigkeiten neutralisiert (Schriewer, 1992) bzw. so verändert, dass daraus ‚dysfunktionale Hybride' entstehen (Münch, 2009a). Eng mit Internationalisierung zusammen kann der Begriff der Supranationalisierung der Bildungspolitik gesehen werden; darauf geht der folgende Abschnitt ein.

3.4.3   Supranationalisierung

Der Begriff der Supranationalisierung von Bildung und Bildungspolitik beschreibt Prozesse, bei denen auf der Ebene jenseits des Nationalstaates rechtlich bindende Beschlüsse erlassen und Entscheidungen über Bildung getroffen werden.

Als der Europäische Rat in einer Sondersitzung im Jahr 2000 das ambitionierte Ziel „Die Union zum wettbewerbsfähigsten und dynamischsten wissensbasierten Wirtschaftsraum in der Welt zu machen" (Europäischer Rat Lissabon, 2000, S. 2) als neue Orientierung vorstellte, trat die EU in ein neues Zeitalter der Bildungspolitik ein. Insbesondere mit dem Bologna-Prozess stieg die EU zu einem der wichtigsten Player in der internationalen Bildungspolitik auf. Die Aktivitäten der Europäischen Kommission haben seit dem eine neue Qualität erreicht, so dass es sinnvoll erscheint, zwischen Internationalisierung und Supranationalisierung zu unterscheiden (zur Bildungspolitik der EU siehe u.a.: Thiele, 2000 Schemmann, 2007). Auch wenn die als Bologna-Prozess bekannte Reform der Hochschulbildung in Europa auf der nationalstaatlichen Ebene initiiert wurde, hat sie heute für die Nationalstaaten einen ‚Zwangscharakter' angenommen. Eine ‚Exit-Option' scheint mittlerweile nicht mehr denk- und erwartbar. Die auf europäischer Ebene entschiedene Umstrukturierung der Hochschullandschaft in konsekutiven B.A.- und M.A.-Studiengängen verläuft sehr unterschiedlich in den Nationalstaaten (Witte, 2006), diese bildungspolitischen Zielsetzungen haben in jedem Fall zu massiven Veränderungen – welche immer noch sehr kontrovers diskutiert werden (z.B. Münch, 2007, 2009a) – geführt. Der Einfluss der Bildungspolitik der EU wird daran erkennbar, dass der Bologna-Prozess nicht nur für ihre Mitgliedstaaten als Orientierung dient: „Der Bologna-Prozess ist ein auf Gesamteuropa bezogener, multinationaler und multilateraler Koordinierungsprozess, der die Form eines internationalen Regimes besitzt und als fortlaufender Konferenzprozess organisiert ist" (Walter, 2006, S. 14).

Die Entwicklungen im Rahmen des GATS-Abkommens der Welthandelsorganisationen sind Beispiele für weitere supranationale bildungspolitische Veränderungen. Auch hier verhandelt stellvertretend für die Nationalstaaten die Europäische Union. Die im Rahmen von GATS und TRIPS eingegangenen Verpflichtungen sind rechtlich bindend und nicht leicht zurück zu nehmen. Im tertiären Bereich sind die Verträge seit den späten 1990er Jahre wirksam, sie haben jedoch erst seit wenigen Jahren das Interesse der breiteren Öffentlichkeit geweckt (Scherrer, 2005; Lohmann, 2002; Verger, 2009). Christoph Scherrer wies in diesem Zusammenhang auf den „Fixierungseffekt" von

GATS als Teil eines „new constitutionalism" hin (Scherrer, 2005, S. 485; grundsätzlich dazu Gill, 2003, vgl. Fußnote 45).

Im Kontext weltumspannender Entwicklungen – hier entlang der Begriffe Globalisierung, Internationalisierung und Supranationalisierung diskutiert – sind ebenfalls die Folgen von Migrationsprozessen für Bildungspolitik zu sehen. Ein weiteres hier nicht weiter verfolgtes Phänomen wird seit einigen Jahren unter dem Begriff der Transnationalisierung diskutiert. Darunter werden Entwicklungen verstanden, die in „transnationalen Bildungsräumen" (Gogolin/Pries, 2004; Levitt/DeWind/Vertovec, 2003) nicht maßgeblich von Staaten, sondern von privaten Gruppen organisiert werden. Es geht um transnationale Konvergenzen der Bildungssysteme, um Bildungsangebote, die über die nationalstaatliche Grenzen hinaus sowohl von profitorientierten als auch von gemeinnützigen Organisationen organisiert werden, aber auch um transnationale Bildungsräume, in denen Bildungs- und Sozialisationsprozesse in und mit Bindungen an zwei oder mehr Gesellschaften stattfinden (Adick, 2005). Gemeinsames Kennzeichen dieser Angebote ist ihre Orientierung auf den globalen Horizont, was die Inhalte aber auch die Nutzung und Anerkennung angeht. Beispiele sind u.a. die zunehmende Zahl von internationalen Studiengängen in Deutschland (z.B. der erziehungswissenschaftliche M. A.-Studiengang an der Universität Münster in ‚Management und Beratung für Europäische Bildung' oder die Studiengänge der Hertie School of Governance in Berlin).

Die folgende Tabelle fasst die wichtigsten Elemente von Globalisierung/Internationalisierung und Supranationalisierung, ihre Implikationen sowie ihre Wirkungen auf nationalstaatliche Bildungssysteme zusammen. Diese werden weiter unten mit Blick auf das ‚Internationale Bildungsregime' diskutiert.

Quer zu ‚Globalisierung, Internationalisierung und Supranationalisierung' liegen andere Entwicklungen, die stärker regionale Komponenten aufweisen. Dale/Robertson (2002) haben auf die Bedeutung von Regionalen Organisationen (z.B. APEC, EU, MERCOSUR, NAFTA, etc.) für Bildungs- und Sozialpolitik hingewiesen. Sie schreiben: „The first key point at this level is to recognize that regions do not merely ‘mediate' globalization and its effects but that through their activities they strongly contribute to constructing both." (ebd., S. 15) Das Projekt der ‚Europäisierung' wird von einigen Autoren als wichtiger Faktor hinter der Entstehung eines „„European education space"" (Lawn/Lingard, 2002, S. 304) gesehen, der sich qualitativ von den nationalen Räumen unterscheidet und von einer „new Euro class of educational system actors" bevölkert wird (ebd., S. 302).

Tabelle 2: Implikationen und Wirkung von globalisierenden Elementen auf Bildung und Bildungspolitik

Element der Globalisierung, Internationalisierung und Supranationalisierung	Implikationen für nationalstaatliche Bildungssysteme	Wirkung auf nationalstaatliche Bildungssysteme
Globalisierung ökonomischer Prozesse	Denationalisierung von Produktionssystemen (Post-Fordismus); Entzug fiskalischer Grundlagen von Sozial- und Bildungspolitik;	Fokussierung auf hochqualifizierte Arbeitskräfte sowie Kostensenkung der Bildung für die Massen; Rationalisierung/Optimierung der Ressourcen und Zwang zur Suche neuer Finanzierungsquellen;
Liberalisierung des Welthandels	Aufhebung des nationalstaatlichen Bildungsmonopols; Entstehung bzw. Zunahme privater Akteure;	Ökonomisierung der Bildung als eine Dienstleistung, mit der gehandelt wird; Einschränkung nationalstaatlicher Unterstützung für öffentliche Institutionen (durch GATS-Klausel der ‚Nicht-Diskriminierung'); Entstehung/Erweiterung eines außerschulischen Bildungsmarktes (‚shadow education', Nachhilfe);
Informations- und Kommunikationstechnologien	Veränderte Anforderungen an (Aus-)Bildung (z.B. durch sich schnell verändernder techniken/Technologien); Neue Erbringungsarten (z.B. grenzüberschreitende Anbieter);	Druck zu Anpassung der Curricula auf Arbeitsmarktanforderungen: einerseits durch ‚high-skills' andererseits durch Vereinfachung (‚de-skilling') → berufstruktureller Wandel; Forderung nach lebenslangem Lernen durch steten technologischen Wandel;
‚knowledge-based economy' und ‚knowledge society'	Zunahme der Relevanz von Wissen (Erhöhung des Bedarfs); Neue Lehr-Lern-Formen (z.B. Betonung auf (Schlüssel-)Kompetenzen); Neues Verständnis von Zielen und Aufgaben von Bildungsinstitutionen (z.B. Universitäten);	Bildung als ‚Humankapital'; Betonung der Relevanz von Bildungsprogrammen und -inhalte für Marktanforderungen; Entstehung neuer Typen von Anbietern;
Governance	Neue Modelle und Strukturen der Governance; Betonung auf Effizienz, Effektivität, Transparenz, ‚value for money'; Einbeziehung von neuen Akteuren der Bildungspolitik (think-tanks, brokers, Banken, etc.);	Entstehung von ‚Quasi-Märkten'; Etablierung einer ‚Produkt-Prozess-Logik' (im Kontrast zu einer normativen Logik); ‚Entideologisierung' der Bildungspolitik; Etablierung von dauerhaften Monitoring- und Evaluationssystemen (Deprofessionalisierung);

3.5 Postnationale Konstellation: neue Akteure, neue soziale Kontexte: Internationalisierte Bildungspolitik und Internationales Bildungsregime

In den vorangegangenen Abschnitten wurden globalisierende, internationalisierende sowie supranationalisierende Entwicklungen in der Bildungspolitik diskutiert; und auf ihre Implikationen für den Bildungsbereich wurde hingewiesen. War im Rahmen des wohlfahrtsstaatlichen Projekts der Nationalstaat der Adressat von bildungspolitischen Forderungen und zugleich Hauptakteur ihrer Realisierung, so wird dies in der ‚postnationalen Konstellation', wenn nicht aufgehoben, so doch problematisiert.

Im Kontext der neu entstandenen Akteure der Bildungspolitik lässt sich die „Unterscheidung in ‚eigentliche' und ‚uneigentliche' Akteure", wie Dieter Keiner bereits darauf hingewiesen hat (2005, S. 158), nicht aufrechterhalten, vielmehr muss „ein neues, integrales Verständnis von Bildungspolitik" (ebd.) entwickelt werden, das die nationale Bildungspolitik konsequent als Bestandteil eines umfassenderen Prozesses sieht, in dem nicht nur staatliche, sondern auch nicht-staatliche, privatwirtschaftliche und zivilgesellschaftliche Akteure berücksichtigt werden und dabei das Zusammenspiel ihrer Interaktion nicht nur horizontal gedacht wird. Vielmehr geht es darum, wie Keiner (2005, S. 158) es treffend formuliert, Mittel und Wege zu finden, „wie nationalstaatliche Bildungspolitik solche Internationalisierungsprozesse verantwortlich in den eigenen Grenzen wie global mitgestalten kann." Hierzu bedarf es zuerst analytischer Mittel, mit denen das Feld der internationalen Bildungspolitik angemessen beschrieben werden kann, die theoretisch anschlussfähig und empirisch überprüfbar sind.

Die gängigen theoretischen Modelle berücksichtigen oft nicht die subtilen Unterschiede der internationalen Dimension von Bildungspolitik; so lässt sich mit ihnen beispielsweise die Rolle der Weltbank vis-à-vis einiger Länder m. E. nicht angemessen erklären. Am Beispiel Brasiliens lässt sich dies verdeutlichen.[58] Als intergouvernementale Internationale Organisation hat die Weltbank keinen direkten Einfluss auf nationale Politik, daran ändern die ‚structural adjustment policies' nichts. Dennoch lässt sich beobachten, dass der Einfluss der Bank beispielsweise in der Formulierung der Hochschulpolitik sehr ausgeprägt ist. Soll nicht ein Erklärungsmodell gewählt werden, dass allein die koerciven Instrumente der Weltbank in den Blick nimmt (‚side agreements', ‚covenants', etc.), so bedarf es analytischer Instrumente, die die Bank nicht als monolithischen Akteur begreift, sondern die viele unterschiedliche argumentative Stränge und Positionen innerhalb der Bank wahrnimmt; dies alles vor dem (internationalen) sozialen Hintergrund sowie auch der Akteurskonstellation, in der das stattfindet, denn die Weltbank ist nicht der einzige Akteur in diesem Bereich.

Der soziale Kontext, in dem Bildungspolitik gemacht wird, hat sich in den letzten Jahrzehnten erheblich verändert. Nicht nur sind – wie oben angeführt – neue Akteure auf den Plan getreten, auch die gesellschaftliche Selbstbeschreibung als ‚Wissens-, oder ‚Informationsgesellschaft' oder auch der Diskurs der ‚wissensbasierten

---

58 Als weiteres Beispiel kann die Wirkung des Bologna-Prozesses auf Nicht-Mitglieder der Europäischen Union gesehen werden oder die Beteiligung von Nicht-OECD-Mitgliedern an den PISA-Studien.

Ökonomie' prägen den sozialen Kontext der Formulierung von Bildungspolitik (vgl. Robertson, 2009). Um nur eine der wichtigsten Implikationen hiervon anzuführen: die Thematisierung von Bildung als ökonomische Variable (Humankapital, Faktor der Standortsicherung, etc.) ist allgegenwärtig (Pechar, 2006, insb. Kap. 2; OECD, 1998, 2001).

Mit Bezug auf den inhaltlichen Aspekt lässt sich beobachten, dass nationalstaatliche Bildungspolitik selbst in den vergangenen Jahrzehnten internationalisiert wurde (Baker/Wiseman, 2005; Gvirtz/Beech, 2007; Ball, 1998). An dieser Stelle wird die im englischsprachigen Raum übliche Unterscheidung zwischen „polity, „policy" und „politics", d.h. die institutionelle, die inhaltliche und die prozessuale Dimension von Bildungspolitik relevant (vgl. Reuter, 2002, S. 169f.). Einige Autoren führen die ‚weltweite Explosion von internationalisierten Bildungspolitiken (die inhaltliche Dimension) auf die zunehmende Verfügbarkeit international-vergleichender Informationen, die beispielsweise von TIMSS oder PISA generiert werden (Wiseman/Baker, 2005) zurück. Auch die Forschung zu ‚educational governance' in fünf europäischen Ländern (Reguleduc Network) hat eine internationale Konvergenz sowie Hybridisierung von Bildungspolitik in Richtung eines ‚post-bürokratischen Regulationsregimes' festgestellt (vgl. Maroy, 2008, 2009). Astiz/Wiseman (2005) sprechen gar von einer ‚devolution revolution' in der Governance des Bildungssystems: „Prior to the mid-1970s, the reigning managerial formula for educational efficiency, performance, and equality of opportunity in most nations was *centralized control*. Three decades later, the reigning managerial formula in many nations is exactly the opposite: *decentralized control*." (S. 134, Herv. i. Orig.; siehe auch Astiz/Wiseman/ Baker, 2002) Mit Blick auf Evaluations- und Leistungsmessung der nationalen Systeme kommen auch Kamens/McNeely (2010) zu einem ähnlichen Schluss. Oftmals sollen diese ‚Testing' weitere Reformzyklen einleiten, wie bereits von Baker/LeTendre (2005) beobachtet.

Wie diese internationalisierten Bildungspolitiken auf die unterschiedlichen nationalen Kontexte übertragen werden, versuchen verschiedene Modelle zu erklären. Wiseman/Baker (2005) zufolge lässt sich die Institutionalisierung dieser internationalisierten Bildungspolitiken anhand dreier Modelle explizieren. *Erstens*, ein übliches Modell sieht die Erklärung in den unterschiedlich verteilten Machtressourcen und der Dominanz innerhalb des internationalen Staatensystems. Der hegemoniale Einfluss der industrialisierten Nationen des Westens spielt dabei eine große Rolle. Zum einen haben diese Länder oft eine große Definitionsmacht und wissenschaftliche Expertise in diesem Feld; die Ausrichtung an ihren Politiken sorgt daher für Legitimation, für die Bildungspolitikerinnen und -politiker selbst aber auch für die Inhalte. Zum anderen wird dieser ideologische Aspekt durch pragmatische Überlegungen verstärkt, denn die damit verbundenen – politischen und ökonomischen – Kosten sind in der Regel hoch. Diese Diffusion wird in der Literatur als neue Formen des Imperialismus bzw. der Kolonialismus kritisiert (Carnoy, 1974; Spring, 1998, 2004). Ein *zweites* Modell erklärt die Verbreitung von internationalisierten Bildungspolitiken als einen ‚Bottomup'-Prozess (vergleichbar dem Modell des ‚spill over' in politikwissenschaftlichen Diskussionen um europäische Integration (vgl. Jachtenfuchs/Kohler-Koch, 1996)).

Ideen oder Lösungsvorschläge erscheinen an irgendeiner Stelle als Antwort auf lokale Probleme, werden schließlich auf nationale Kontexte ausgeweitet und fließen in die multinationale Ebene durch multilaterale Organisationen ein (Weiss, 1977). „As these ideas and concepts spread they gradually gain in shared popularity among educational policymakers across a broad spectrum of nations and multinational organizations." (Wiseman/Baker, 2005, S. 5) Die Verbreitung von Bildungspolitik weltweit wird in der International Vergleichenden Erziehungswissenschaft anhand der Konzepte ‚policy transfer', ‚borrowing', ‚lending' und ähnlicher Termini untersucht (siehe z.B.: Halpin/Troyna, 1995; Phillips/Ochs, 2004). Gita-Steiner-Khamsi (2002) kritisierte die Verwendung dieser Konzepte, denn sie dienen oft ausschließlich der Legitimierung umstrittener Reformen; aus dieser Perspektive wird die politisch-strategische Bedeutung dieser Konzepte deutlich (Steiner-Khamsi, 2002, 2003a; vgl. Kap. 1, Abschnitt 3.1). In einem *dritten*, theoretisch anders orientierten Modell erfolgt diese Diffusion in einem ‚Top-down'-Prozess. Ideen oder Konzepte entstehen oder werden legitimiert auf der Makroebene, auf der Ebene der ‚World Polity' (Meyer et al., 1997; Strang/Meyer, 1993). Nationalstaaten werden als formal gleiche und aufgrund ihrer „cultural linkages" mit ähnlichen rationalisierten Identitäten und Zwecken gedacht, dies verstärkt Prozesse der Diffusion zwischen ihnen (vgl. Strang/Meyer, 1993, S. 490ff.). Aus dieser Perspektive ist Verbreitung von internationalisierten Bildungspolitiken das Ergebnis der Diffusion von weltkulturellen Denk-, Organisations- und Handlungsmustern auf die nationalen Kontexte (Baker/Le Tendre, 2005; vgl. Kap. 4, Abschnitt 2.2).

Die Rede von internationalisierten Bildungspolitiken präjudiziert selbstverständlich nicht den Einfluss der nationalen, regionalen oder lokalen Ebenen. Der Isomorphismus in Bildungspolitik und -praxis ist das Ergebnis der Suche nach Legitimität seitens der Nationalstaaten; ähnliche Bildungs- und Erziehungsmodelle entstehen aus diesen Suchbewegungen, auch wenn auf den regionalen und lokalen Ebenen die Umwelten von Bildungsinstitutionen stark variieren können. Internationalisierte Bildungspolitiken, so formulieren Wiseman/Baker (2005, S. 7), „is oriented more toward systemic concerns than specific problems or regions" […] „[sie sind] „not specific to particular problems of instruction and learning within individual schools."

Gegen die Annahme, dass diese Entwicklungen zur Herausbildung von globalen Strukturen sowie Denk-, Organisations- und Handlungsschemata beitragen, wird mit Verweis auf die „Vielzahl variierender Interrelationsgefüge und Entwicklungspfade" (Schriewer, 1992, S. 26) der verschiedenen nationalstaatlichen Kontexte argumentiert. Mit Blick auf diese Idiosynkrasien erweist sich das neoinstitutionalistische Konzept der Entkopplung von Formal- und Aktivitätsstruktur (Meyer/Rowan, 1977; vgl. Kap. 3, Abschnitt 2) als hilfreich, denn auch wenn bei näherer Betrachtung die „Beharrungskraft variierender sozial-kultureller Interrelations-Gefüge" (Schriewer, 1992, S. 28) bestätigt wird, lässt sich die aus der Dynamik von Diffusion, Implementation, Adaption, und Appropriation resultierende (z. T. hybride) Struktur in der internationalen Bildungspolitik nicht wegdefinieren. Die Auseinandersetzung mit dem Thema ist deshalb sinnvoll, weil sie sowohl auf die Nebenfolgen als auch auf die nicht-intendierten Folgen aufmerksam machen kann (Bellmann, 2006a; Müller-Benedict, 2008).

Das Ergebnis der Dynamik zwischen neuen Akteuren, sozialen, politischen und ökonomischen Kontexten in der internationalen Bildungspolitik wird im Rahmen dieser Arbeit vorläufig als ein Internationales Bildungsregime verstanden, wodurch versucht wird, zur Analyse der Bildungspolitik auf der Ebene jenseits des Nationalstaats theoretisch beizutragen. Die vorliegende Arbeit geht davon aus, dass sich im Laufe der letzten Jahrzehnte eine internationale Ebene der Bildungspolitik etablieren konnte, auf der

– Bildung und Bildungspolitik als globale Phänomene verstanden und verhandelt werden;
– verschiedene Akteurstypen (u.a. Nationalstaaten, IOs, NROs, TNCs) mit unterschiedlichen Interessen und Präferenzen aktiv sind, welche sich als Akteurskonstellationen untersuchen lassen;
– normative Vorstellungen über Bildung formuliert und auf andere Ebenen diffundiert werden.

Auf dieser – hier als eigenständig betrachteten – Ebene werden nicht nur organisationale Themen diskutiert (z.B. Bildungsausgaben, -erträge, etc.), sondern auch normative und inhaltliche Fragen besprochen, welche das Verständnis und Zielsetzungen von Bildung und Bildungspolitik vorformulieren und ausrichten. Von diesem Ausgangspunkt aus sollen Fragen nach den Implikationen dieses Prozesses für die Pädagogik/Erziehungswissenschaft gestellt werden.

3.6   Fazit

Im Hinblick auf die hier interessierende Fragestellung muss zunächst festgehalten werden, dass Bildungspolitik in national-institutionellen Zusammenhängen eingebettet ist, die in ständigem Austausch mit verschiedenen Ebenen (international, sub-national und lokal) stehen. Darüber hinaus wird sie auch in weltkulturelle Zusammenhängen eingelagert, die ihre Bedeutung – gleichsam ihre ‚Identität‘ – (mit-)konstituieren und organisationalen Wandel (Reform) vorantreiben und orientieren. Dies impliziert daher eine Mehrebenen-Perspektive in der Analyse von Bildungspolitik, wie sie in der Governance-Forschung konzipiert wurde. Ein solches Vorgehen wird bereits in erziehungswissenschaftlichen Analysen genutzt (vgl. die Beiträge in Altrichter et al., 2007). Ein stärkerer systematischer Einbezug der internationalen Ebene muss jedoch noch vollzogen werden. Es geht nicht nur darum, die internationale Ebene als eine eigenständige zu betrachten, die einen ‚externen‘ Einfluss auf Bildungspolitik ausüben kann. Vielmehr geht es um eine Modellierung von Bildungspolitik, die von vornherein die internationale Dimension berücksichtigt. In dieser Arbeit wird dieser Schritt gegangen, in dem die Regimetheorie als Heuristik für die Analyse von Bildungspolitik genutzt wird.

Die weiter oben entlang der Begriffe Globalisierung, Internationalisierung und Supranationalisierung diskutierten Veränderungen weisen auf wichtige neue soziale und ökonomische Kontexte der Bildungspolitik hin. Diese neuen Kontexte prägen maßgeblich die Formulierung und Implementation und Bewertung von bildungspolitischen Maßnahmen und Programmen und müssen daher in der hiesigen Diskussion berücksichtigt werden. Beispielsweise werden bildungspolitische Diskussionen vor dem Hintergrund der gesellschaftlichen Selbstbeschreibung als ‚Wissensgesellschaft' und im Rahmen einer Politik geführt, die dem freien Markt die Fähigkeit zuspricht, und für Anreize zur Verbesserung der Qualität, Effizienz und Effektivität sozialer Programme.

Im nächsten Kapitel wird der theoretische Hintergrund beschrieben, vor dem Analysen des Internationalen Bildungsregimes gesehen werden müssen: die Governance-Forschung und der Soziologische Neoinstitutionalismus.

4. GRUNDLEGENDE THEORETISCHE BESCHREIBUNGEN: KONTEXT UND ANALYTISCHE PERSPEKTIVE

4.1 Vorbemerkung

In den vorangegangenen Kapiteln wurden einige Verschiebungen beschrieben und kontextualisiert. In diesem Kapitel soll nach theoretischen Ansätzen gesucht werden, mit denen diese Prozesse verstanden werden können. Es geht hier darum, einige terminologische Erläuterungen vorzunehmen, die für diese Arbeit von grundlegender Bedeutung sind.

Die vorliegende Arbeit verortet sich im theoretischen Rahmen des soziologischen Neoinstitutionalismus und des World-Polity-Ansatzes. Sie übernimmt Konzepte und Kategorien der Governance-Forschung, nutzt diese aber auch als analytische Perspektive, mit der die Regimetheorie kombiniert werden kann.

Im Folgenden wird zunächst auf den Soziologischen Neoinstitutionalismus bzw. die World-Polity-Forschung eingegangen; danach werden theoretische Erklärungen für die Entstehung nationalstaatlicher Schulsysteme rekapituliert. In einem letzten Schritt werden die wichtigsten Kategorien der Governance-Forschung präsentiert, die im Hintergrund der weiteren Überlegungen zum Internationalen Bildungsregime von Relevanz sind.

4.2 Soziologischer Neoinstitutionalismus

In den Sozialwissenschaften sind seit den 1970er Jahren unterschiedliche theoretische Ansätze zu finden, die Institutionen (wieder) als zentral zum Verständnis gesellschaftlicher Prozesse betrachten. Im Zentrum der Aufmerksamkeit steht in diesem Abschnitt der Neoinstitutionalismus. Wie Klaus Türk resümierend hervorhebt:

> „Von *neuem* Institutionalismus wird gesprochen, weil prinzipielle Arbeiten und Erklärungsansätze der älteren Soziologie [...] aufgegriffen werden, von neuem *Institutionalismus*, weil organisationale Prozesse und Strukturen nicht auf autonome Entscheidungen zurückgeführt, sondern als in gesellschaftliche Strukturen eingebettet erklärt werden." (Türk, 2004, S. 923, Herv. i. O.)[59]

Kennzeichnend für diesen „neuen" Institutionalismus ist die Kritik von Modellen sozialer und organisationaler Handlung, in denen relativ autonome Akteure mit

---

59 Als wichtige Vertreter eines ‚klassischen' Institutionalismus gelten u.a. Thorstein Veblen, Joseph A. Schumpeter, Karl Polanyi, Phillip Selznick, Peter L. Berger und Thomas Luckmann, wobei sowohl das Forschungsprogramm der ‚alten' als auch der ‚neuen' Institutionalisten auf die Arbeiten von Max Weber, Émile Durkheim und anderen Klassiker der Soziologie zurückgeführt werden können. Zum ‚alten' Institutionalismus siehe die Einleitung in Powell/DiMaggio, 1991; siehe auch Senge/Hellmann, 2006, S. 8-13; zu aktuellen Überblicken auf die Geschichte des organisations-soziologischen Neo-Institutionalismus siehe Augier/March/Sullivan, 2005; Scott, 2006.

‚unbounded rationality' ihre Präferenzen und Interessen verfolgen (Meyer, 2005; Scott et al., 1994). Diese Akteure versuchen ihre ‚Gewinne' zu maximieren, sie tun es allerdings im Rahmen kognitiver Grenzen; ihrer Rationalität sind durch Institutionen Grenzen gesetzt. Drei ‚Wellen' des sog. Neo-Institutionalismus können ausgemacht werden. Sie sind in den USA entstanden und wurden wenig später in Europa breit rezipiert: Die erste Welle entstand Ende der 1970er mit Arbeiten aus der Organisations- und Bildungssoziologie und die zweite in den 1990er Jahren mit Arbeiten aus verschiedenen sozialwissenschaftlichen Disziplinen, u.a. der Ökonomie, der Organisationstheorie, der Politikwissenschaft, der Soziologie und der Geschichte (Powell/DiMaggio, 1991; Brinton/Nee, 1998; Hall/Taylor, 1996; Campbell/Pedersen, 2001; Jepperson, 2002; Hasse/Krücken, 2005). Als dritte Welle können die Arbeiten zum World-Polity-Ansatz genannt werden. Sie heben sich von den anderen Wellen ab, in dem sie nicht nur einzelne Organisationen und ihre Umwelten thematisieren, sondern explizit weltweite Phänomene ansprechen; des Weiteren beschreiben sie den Konstitutionsprozess moderner Akteure und Strukturen durch die Diffusion globaler Modelle und theoretisieren dabei die Herausbildung einer Weltgesellschaft.

In der Erziehungswissenschaft wurde der Neoinstitutionalismus ab Mitte der 1970er Jahre maßgeblich durch die Analyse der Entstehung nationalstaatlicher Massenerziehungssysteme durch die Arbeiten einiger Wissenschaftler um John W. Meyer aus der Stanford University bekannt. Meyer und seine Kollegen sahen im Aufkommen eines einheitlichen Musters von staatlich finanzierten Massenbildungssystemen den Hinweis darauf, dass Bildung eine Institution in der Gesellschaft ist.

Die sich zum Teil sehr verschiedenen am soziologischen Neo-Institutionalismus orientierenden Arbeiten lassen sich nur schwerlich als eine einheitliche Theorie beschreiben. Klaus Türk (2004, S. 925ff.) hat für die Beschreibung des Neo-Institutionalismus eine Heuristik entwickelt, die drei Perspektiven der institutionalistischen Forschung unterscheidet: *Erstens*, geht es um Analysen, in denen Organisationen (intern) als ‚Institutionen', d.h., als ‚institutionalisierte Organisationen' beschrieben werden (Meyer, 1977) und ihre Operationen entsprechend dieses theoretischen Instrumentariums analysiert wurden (Meyer/Rowan, 1978; Meyer/Scott/Deal, 1983). Organisationen dienen, aus dieser Perspektive, der Routinisierung und Tradierung von Wissensbeständen, Werten und Normen, die als Handlungs- und Entscheidungsorientierung zur Verfügung stehen (‚blueprint for action'), und können daher als ‚Institutionen' beschrieben werden (Zucker, 1977, 1983). *Zweitens*, sind Arbeiten zu finden, die Organisationen in einer institutionalisierten Umwelt analysieren (Meyer/Rowan, 1977; DiMaggio/Powell, 1983). In dieser Analyseebene (nach Türk ‚umweltbezogener Institutionalismus') werden die Wirkungen der Umwelt bzw. des ‚organisationalen Umfeldes', in denen Organisationen eingebettet sind, auf die Strukturen und Praxis von Organisationen untersucht. Zentraler Aspekt dieser Arbeiten sind Untersuchungen zu den dabei entstehenden isomorphischen Strukturen. *Drittens*, sind Arbeiten entstanden, die sich in einer makrosoziologischen bzw. makrophänomenologischen Perspektive einordnen lassen und die Klaus Türk als ‚gesellschaftstheoretischer Institutionalismus' bezeichnet hat. Hiermit ist das Forschungsprogramm der ‚World Polity' angesprochen (Meyer et al., 1997; Meyer/Ramirez, 2003). In diesem Forschungsstrang geht es um die weltweite Diffusion von in der westlichen Welt entstandenen und in der Kultur institutionalisierten grundlegenden Deutungsmustern; es sind beispielsweise Vorstellungen über Fairness, universalisierte Gerechtigkeit, Zweckrationalität, Individualität, Kosmopolitanismus etc., die durch ihre globale Verbreitung Prozesse der Angleichung der Gesellschaften zu einer Weltgesellschaft vorantreiben. Dieser gesellschaftliche Konstitutionsprozess vollzieht sich von der Makro- auf die Mikroebene und bringt drei Typen von legitimen Akteuren hervor: das Individuum, die formalisierte Organisation und den Nationalstaat (Thomas et al, 1987). Diese sind sowohl Ergebnis dieses Konstitutionsprozesses als auch Diffusionsagenten der ,World Polity' (in dem sie sich den Vorstellungen entsprechend verhalten). Dabei sind insbesondere formale Organisationen als besonders gut geeignet für die Diffusion von weltkulturellen Prinzipien anzusehen (Drori/Meyer/Hwang, 2006; Boli/Thomas, 1999).

Aufgrund ihrer Relevanz für die vorliegende Arbeit werden im Folgenden die zentralen Begriffe und Konzepte der beiden letzten Analyseebenen vorgestellt, des ,umweltbezogenen' und des ,gesellschaftstheoretischen' Institutionalismus. Im Anschluss daran wird stärker auf Letzteres eingegangen, d.h., das World-Polity-Konzept wird in seinen Grundzügen dargestellt.

4.2.1 Zentrale Begriffe und Konzepte des Neoinstitutionalismus

4.2.1.1 Institution

Gemäß der Zentralität dieses Terminus für diese Ansätze wäre eine strenge Definition von ,Institution' zu erwarten. Doch in der neoinstitutionalistischen Literatur finden sich unterschiedliche Verwendungen des Terminus; auf eine einheitliche Bedeutung und Verwendung wird scheinbar bewusst verzichtet. Die empirischen Untersuchungen, die sich des Begriffs bedienen, zeigen eine große Vielfalt von Bedeutungen. „Institution" kann beispielsweise „Rollen" bedeuten (Meyer/Rowan, 1977) genauso wie das (Hoch-)Schulsystem (Meyer, 1977; Meyer et al., 2006) oder die „World-Polity" (Meyer, 1994; für einen Überblick der wichtigsten Verwendungsweisen siehe: Senge, 2006, S. 36).

Allen diesen Bedeutungen des Begriffs „Institution" liegt ein Verständnis zugrunde, das Institutionen als kollektive Wissensbestände ansieht, die in alltäglichen Interaktionen durch ,wechselseitige Typisierung' von Handlungen sowie der Akteure entstehen.[60] Diese durch habitualisierte Handlungen entstandenen kollektiven Wissensbestände erzeugen Erwartungen, die durch die Komponente der Wechselseitigkeit auf die Akteure selbst – individuell wie organisational – zurück wirken. Meyer/Rowan (1977, S. 341) orientieren sich am interaktionistischen Modell von Berger/Luckmann (2001 [1966]); für sie sind „institutionalized rules" – der Begriff wird hier synonym verwen-

---

60 Nach Scotts Modell von Institution (2001, Kap. 3) haben diese eine regulative, normative und kognitive Dimension. Für den soziologischen Neoinstitutionalismus kennzeichnend ist der Fokus auf die ,kulturell-kognitive' Dimension (ebd., S. 57). Siehe zum wichtigsten neoinstitutionalistischen Begriffsinstrumentarium die historisch-präzisierenden Ausführungen in Koch (2009) sowie die Beiträge in Senge/Hellmann (2006).

det – „are classifications built into society as reciprocated typifications or interpretations" (zitiert nach: Meyer/Rowan, 1977, S. 341).

Institutionen, d.h., die in der Interaktion entstandenen wechselseitig typisierten Wechselbestände, werden nicht aus funktionalen Erfordernissen abgeleitet, wie zur Zeit der Entstehung des Beitrages mit Verweis auf Talcott Parsons struktur-funktionalistischem Verständnis von etablierten Normenbündeln üblich, sondern als Deutungen und Klassifikationen, die in sozialen Interaktionen zustande kommen (Koch, 2009, S. 111f.). Sie werden in der Folge als Fakt angesehen und nicht mehr hinterfragt, wodurch sie zu Handlungsregeln mit sozial verbindlichem Charakter werden. Dabei legen sie fest, welche Typen von Akteuren – Individuen, Organisationen und Nationalstaaten – welche Typen von Handlungen durchführen können und müssen um als legitim zu gelten. Mit Bezug auf die ‚rituellen oder formalen Klassifizierungen' der Schule illustrieren Meyer/Rowan dieses Konzept folgendermaßen:

> „[…E]ducational organizations function to maintain the *societally agreed-on rites defined in societal myths (or institutional rules) of education.* Education rests on and obtains enormous resources from **central institutional rules about what valid education is. These rules define the ritual categories of teacher, student, curricular topic, and type of school**. When these categories are properly assembled, education is understood to occur." (1978, S. 84f., kursiv. i. O., Herv. MPA)

Weiter oben war von ‚institutionalisierten Regeln' die Rede, diese Formulierung wird in der neoinstitutionalistischen Literatur oft synonym verwendet, so wie auch der Begriff des „Mythos" bzw. des ‚rationalisierten Mythos'.[61] Mit diesen Formulierungen bringen die Autoren zum Ausdruck, dass es sich um unpersönliches, objektives, regelartiges, überdauerndes Wissen handelt, das sich der Diskretion einzelner Personen oder Organisationen entzieht (Meyer/Rowan, 1977, S. 344). Darüber hinaus wird damit auch markiert, dass diese Regeln nicht nur in abstrakter Form existieren, sondern als konkrete „blueprint for activities" vorhanden sind, die vorgeben, wie Organisationen strukturiert und wie in ihnen gehandelt werden soll (Meyer/Rowan, 1977, S. 342). Mit der Formulierung ‚rationalisierter Mythos' wird angesprochen, dass es in modernen Gesellschaften eine normative Vorstellung darüber gibt, wie richtiges, angemessenes und rationales Handeln auszusehen hat. *Mythisch,* denn sie gelten als „taken for granted as legitimate, apart from evaluations of their impact on work outcomes" (ebd., S. 344), und *rational* weil sie als ein in der Gesellschaft für legitim und gültig gehaltenes Arrangement gelten, ein bestimmtes Ziel zu verfolgen. Dieses Arrangement umfasst kausale Vorstellungen über Mittel-Zweck-Relationen, usw., von denen geglaubt wird, sie würden die Handlungsabläufe erleichtern („facilitate formal organization") (ebd., S. 343). Diese Rationalität wird jedoch nicht a priori in der Organisation selbst

---

61 Der Begriff ‚Mythos' kann auf die Kulturanthropologie zurückverfolgt werden, wo er auf ‚affektive' und ‚nicht-reflexive' Interpretationssysteme in sog. ‚primitiven Gesellschaften' verwies. Interessanterweise bringen moderne Gesellschaften zahlreiche ‚Mythen' hervor, die bei der Bewältigung von Komplexität eine wichtige Funktion erfüllen (siehe: Hasse/Krücken, 1999, S. 13; siehe auch Fußnote 7 dort). Yves Bizeul zeigt anhand des Globalisierungsdiskurses die Bedeutung von „politischen Mythen"; wie er argumentiert, haben sich die mit dem globalen Kapitalismus verbundenen ‚Mythen' in letzter Zeit „zu einer neuen präskriptiven Meta-Erzählung gesteigert" (Bizeul, 2005, S. 17).

gesehen, sondern in gesellschaftlichen Interaktionen als solche ausgehandelt und kann daher ebenfalls unterschiedliche Formen annehmen (ebd., S. 343f.); dies verweist auf die daraus entspringende Legitimität, auf die weiter unten noch eingegangen wird.

4.2.1.2 Umwelt/Organisationales Feld

John W. Meyer und Brian Rowans (1977) zentrales Argument war, dass herkömmliche Organisationstheorien eine alternative Erklärung für ,formale Struktur'[62] in Organisationen außer Acht gelassen haben. Letztere wird auf Max Webers Arbeiten zu ,Bürokratien' zurückgeführt und bezieht sich auf die „Legitimität von formalen Strukturen" (S. 343). Statt diese als gegeben zu betrachten, verweisen die Ansichten von Weber auf die Normativität von Rationalität in Bürokratien. In modernen Gesellschaften sind, so Meyer/Rowan, diese „rationalisierte Elemente formaler Strukturen tief verwurzelt in weit verbreiteten Verständnissen von sozialer Wirklichkeit, und spiegeln diese wider" (ebd.). Damit ist der Bezug auf das Konzept der ,Umwelt', in der englischen Formulierung ,environment', hergestellt, das sich in der Folge sowohl theoretisch als auch empirisch als besonders fruchtbar erwiesen hat (vgl. Koch, 2009, S. 124; Mizruchi/Fein, 1999).

Der Begriff wurde von Meyer/Rowan allerdings nur vage und nicht ausdrücklich definiert. Sie heben darauf ab, dass viele der in formalen Strukturen zu findenden Elemente – Positionen, Maßnahmen, Programme und Prozeduren – auf den Nachdruck der öffentlichen Meinung, auf Sichtweisen bestimmter wichtiger Vertreter, auf durch das Bildungssystem legitimiertes Wissen usw. zurückgeführt werden können (Meyer/ Rowan, 1977, S. 343). Mit ,Umwelt' können wir dann weitere im Umkreis der zur Frage stehenden Organisation verstehen sowie Personen, professionelle Gesellschaften oder Positionen/Ämter, die für die Arbeit in Organisationen wichtige Ressourcen zur Verfügung stellen. Aber auch in der Gesellschaft legitimiertes kognitives Wissen und Modelle, die in der Arbeit von der Organisation für Rationalität/rationalisierte Mythen sorgen.

Es ist eine der wichtigen Leistungen von Paul J. DiMaggio und Walter W. Powell (1983), dieses Konzept konkretisiert und weiter entwickelt zu haben. ,Umwelt' wird von den Autoren präzisiert als „organizational fields". Darunter sind zu verstehen:

> „those organizations that, in the aggregate, constitute a recognized area of institutional life: key suppliers, resource and product consumers, regulatory agencies, and other organizations that produce similar services or products." (DiMaggio/Powell, 1983, S. 148)[63]

---

62 „Formale Struktur ist eine Blaupause für die Aktivitäten" in Organisationen, diese wird von den „tatsächlichen Alltagsoperationen" abgegrenzt (vgl. Meyer/Rowan, 1977, S. 341f.).

63 Die Autoren verweisen hier auf die ,Strukturationstheorie' wie sie insbesondere von Anthony Giddens (1997) in Abgrenzung zu Talcott Parsons ,Structure of Social Action' (1937) entwickelt wurde. Demnach kommt es erst zu einem ,organisationalen Feld', wenn zuerst die Herausbildung einer ,sozialen Struktur' abgeschlossen ist. Dies geschieht, wenn sich die beteiligten Organisationen gegenseitig als Gleiche wahrnehmen, sie miteinander interagieren und sich daraus eine gemeinsame Machtstruktur entwickelt (vgl. DiMaggio/Powell, 1983, S. 147f.; siehe auch Schwarz, 2008). Zum später explizit he-

Mit dieser immer noch sehr weiten Definition versuchen DiMaggio/Powell die Gesamtheit der für eine Organisation relevanten Akteure zu berücksichtigen (ebd.), die sowohl in ‚vertikalen‘ als auch ‚horizontalen‘, direkten oder indirekten Beziehungen zueinander stehen (vgl. Scott, 1994a, S. 206ff.). Scott (1994b) erweitert und synthetisiert diese Definition, indem er zum Gedanken der Kollektivität (die in einem Feld für eine Fokalorganisation relevanten Organisationen) eine weitere analytische Unterscheidung einführt, nämlich die Charakterisierung eines Feldes als institutionelle oder materielle Umwelt (*institutional or material-resource environment*). Mit materieller Umwelt sind die von Organisationen von ihrem Umfeld benötigten konkreten Ressourcen wie finanzielle und materielle Mittel gemeint (Scott, 1994a). In einer späteren Untersuchung zu Organisationen des Gesundheitssystems definieren Scott et al. diese Umwelt folgendermaßen:

> „[t]he *material-resource environment* [...] the tanglible resources that organizations—viewed as technical, production systems—use to transform inputs into outputs. It includes factors affecting demand for products or services, the supply of products or services, technologies utilized in transforming inputs into outputs, and the structure of the industry." (2000, S. 124, Herv. i. O.)

Mit institutioneller Umwelt sind auf der anderen Seite die in einem Feld geteilten kulturell-kognitiven Annahmen über einen Gegenstand gemeint. „Institutional environments" stellen die Gesamtheit von Symbolen, Werten, Regeln und Normen dar, welche die organisationale Struktur direkt oder indirekt beeinflussen. „[O]rganizations are not only production and technical systems, affected by the flow of material resources; they are also social systems, greatly influenced by cultural rules and normative and legal frameworks." (Scott et al., 2000, S. 166ff.) Für W. Richard Scott impliziert der Begriff ‚organizational field‘ das Vorhandensein einer Gemeinschaft von Organisationen (community), die dasselbe Deutungssystem teilen. Die ‚Mitglieder‘ einer solchen Gemeinschaft interagieren häufiger und unterstehen denselben regulatorischen Prozessen (Scott, 1994a, S. 201f.). DiMaggio/Powell gehen davon aus, dass diese ‚geteilten Interpretationen eines Feldes selbst und der darin enthaltenen Aktivitäten in organisationalen Feldern im Laufe der Zeit stabilisiert werden, sie werden in ‚Institutionen‘ – oder in Meyer/Rowans Vokabular ‚institutional rules/myths‘ – eingebettet und führen zu Homogenisierungstendenzen (Isomorphie) innerhalb des Feldes (DiMaggio/Powell, 1983, 149; Meyer/Rowan, 1977, S. 346). Zwei Typen von isomorphischen Prozessen werden unterschieden, ‚competitive‘ und ‚institutional‘ (DiMaggio/Powell, 1983, S. 149f.), wobei sich die Autoren auf den institutionellen Prozess konzentrieren, weil in der modernen Welt der Organisationen diese nicht nur um Ressourcen und Kunden konkurrieren, sondern auch um politische Macht und institutionelle Legitimität (DiMaggio/Powell, 1983, S. 150). Sie identifizieren in erzwungenen, normativen und mimetischen Prozessen, drei Mechanismen der Strukturangleichung (DiMaggio/Powell, 1983, S. 150-154). Im

---

rausgearbeiteten Bezug zum Feldkonzept von Bourdieu/Wacquant (1992) siehe: Powell/Colyvas (2008, S. 977).

nächsten Abschnitt geht es um das Isomorphiekonzept sowie um dessen unterschiedliche Mechanismen.

4.2.1.3 Isomorphie/Strukturangleichung

Sowohl Meyer/Rowan (1977) als auch DiMaggio/Powell (1983) bezeichnen die Angleichung der Strukturen von Organisationen an ihre Umwelt mit dem ungewöhnlich klingenden, jedoch recht einleuchtenden Konzept der Isomorphie. Der Begriff wurde zu einem der wichtigsten Konzepte des Neoinstitutionalismus und hat zu einer kaum mehr zu überblickenden Fülle an Forschungsfragen und -studien geführt (vgl. Mizruchi/Fein, 1999). Insbesondere in der International Vergleichenden Erziehungswissenschaft trug das Konzept zu einer beinahen „Revolution" in der Forschung bei – vor allem im Rahmen des ‚World-Polity'-Ansatzes (vgl. z.B. Adick, 1992, 1995, 2009; Meyer/Ramirez/Soysal, 1992). Dieser Ansatz löste die Konvergenzthese der Marxisten ab (vgl. Glowka, 1971).

Meyer/Rowan geben zwei Erklärungen für diese Homogenisierungsprozesse an: In Anlehnung an Arbeiten, die Organisationen insbesondere als ‚technisch-produktive' Systeme ansehen, werden Organisationen durch „technical and exchange interdependencies" mit ihrer Umwelt isomorphisch (1977, S. 346). Es geht dabei um strukturelle Anforderungen der Umwelt; Organisationen übernehmen diese Elemente in ihren formalen Strukturen, um die Interdependenzen bewältigen zu können (ebd.). Eine zweite von den Autoren präferierte Erklärung verweist auf die durch geteilte Überzeugungen (Werte, Rollen, Regeln, rationalisierte Mythen, usw.) konstruierte Wirklichkeit (ebd.). Organisation und Umwelt gleichen sich an, weil formale Organisationen in ihrer Umwelt legitimierte rationalisierte Mythen in ihre formalen Strukturen übernehmen. Die Autoren betonen in ihrem Beitrag die ‚zeremonielle' Übernahme von gesellschaftlich konstruierten Vorstellungen darüber, wie rationale Organisationen auszusehen haben. Sie verweisen auf drei Implikationen für formale Organisationen. *Erstens*, „übernehmen sie Elemente, die extern legitimiert sind, und nicht unbedingt nach ihrem möglichen Beitrag zu Effizienz. *Zweitens*, setzen sie externe bzw. zeremonielle Bewertungskriterien ein, um den Wert von strukturellen Elementen einzuschätzen. *Drittens*, der Bezug auf externe Institutionen vermindert interne Turbulenzen und unterstützt die Stabilität der Organisation." (op. cit. Meyer/Rowan, 1977, S. 348f., Übers. MPA). Insbesondere dem ersten Punkt kommt bei Meyer/Rowan eine wichtige Bedeutung zu, denn durch den Fokus auf ‚formale Strukturen' räumen die Autoren die Möglichkeit ein, dass gleichzeitig unterschiedliche, sich widersprechende Elemente der Umwelt inkorporiert werden.

DiMaggio/Powell heben demgegenüber auf eine einheitliche und konsistente Strukturgleichheit mit der institutionellen Umwelt ab, die durch einen „constraining process that forces one unit in a population to resemble other units that face the same set of environmental conditions" zustande komme (1983, S. 149). Wie bereits oben erwähnt, haben DiMaggio/Powell (1983) einen wichtigen Beitrag zur Präzisierung des Begriffs ‚environment' geleistet. Sie haben drei unterschiedliche Mechanismen ausgearbeitet, durch welche Prozesse institutioneller Isomorphie zustande kommen: Isomorphie durch Zwang, Normen und Mimesis. Im Folgenden soll auf diese Taxonomie kurz eingegangen werden.

‚Coercive isomorphism' lautet der erste von DiMaggio/Powell herausgearbeitete Mechanismus der Strukturangleichung. Mit dem Konzept identifizieren die Autoren Homogenisierungsprozesse, die aus „formal and informal pressures exerted on organizations by other organizations upon which they are dependent and by cultural expectations in the society within which organizations function" hervorgehen (1983, S. 150). Staatliche Anforderungen, üblicherweise in Form von Gesetzgebung, stellen einen gemeinsamen Rahmen für das Funktionieren von Organisationen in einem bestimmten organisationalen Feld. Beispielsweise sind im organisationalen Feld von Bildungsorganisationen alle Organisationen einem gleichen Set rechtlicher Richtlinien, fachlich-professioneller Bedingungen, Erwartungen seitens der Eltern, usw. unterstellt. Isomorphische Prozesse sind in diesem Fall ähnliche oder gleiche Antworten, die einem identischen rechtlich-organisatorischen Rahmen geschuldet sind.

‚Mimetic isomorphism' ist ein weiterer, jedoch nicht aus Zwang abgeleiteter Mechanismus der Strukturangleichung. Insbesondere im Fall von Organisationen, die in einem Feld mit schwachen Technologien sowie unklaren oder un- bzw. mehrdeutigen Zielsetzungen operieren, wird diese Form von Isomorphie eine einflussreiche Rolle spielen. Mimetische Isomorphie ist typisch für Organisationen mit „ambiguous technologies to produce outputs that are difficult to appraise" (Meyer/Rowan, 1977, S. 354; siehe auch DiMaggio/Powell, 1983, S. 151). Diese Definition eignet sich sehr gut für Bildungsorganisationen; für diese Organisationen wird ein ‚Technologiedefizit' konstatiert (vgl. Luhmann/Schorr, 1979, 1982; Radtke, 1996; Scheunpflug, 2004), ihre Zielsetzungen sind oft unklar und sie müssen zum Teil sich widersprechende Funktionen erfüllen (grundsätzlich zu den Funktionen der Schule: Fend, 1980), darüber hinaus sind die Leistungen dieser Organisationen nicht leicht oder direkt messbar (vgl. Radtke, 2004). Organisationale Modelle sind begrenzt in ihrer Zahl, denn nur eine kleine Auswahl von Variationen ist möglich; dabei erreichen nur wenige den Status ‚erfolgreich' und ‚legitimiert' und sind daher Wert, kopiert zu werden (DiMaggio/Powell, 1983, S. 151f.). Organisationen, die in hohen Maßen von Innovation abhängig sind – insbesondere in Technologie – und daher mit hoher Unsicherheit umgehen müssen, tendieren dazu, schon aus Kostengründen die in ihrer Umwelt tätigen Konkurrenten zu emulieren. Sie versprechen sich davon, ihre eigenen – internen und externen – Strukturen stabilisieren zu können (Meyer/Rowan, 1977, S. 351; DiMaggio/Powell, 1983, S. 151f.).

‚Normative isomorphism' lautet der dritte von DiMaggio/Powell herausgearbeitete Mechanismus und ist vornehmlich durch die Effekte von Professionalisierung verursacht. Dabei spielen zwei Aspekte eine Rolle: Erstens, bildet sich eine Basis für die Konvergenz der Strukturen, da formale Bildung und Legitimität auf einer kognitiven Grundlage beruhen, die insbesondere von Universitätsprofessoren hergestellt wird. Formale Bildung erzeugt so institutionelle Regeln, die wiederum mit „organizational and professional behavior" in Verbindung gebracht werden. Zweitens, bezieht sich normative Isomorphie auf die Expansion und Elaborierung beruflicher Netzwerke zwischen den Professionellen eines bestimmten Feldes. Diese Netzwerke umfassen verschiedene Organisationen und sorgen für die schnelle Verbreitung dieser Modelle (ebd., S. 152). Universitätsprofessoren sind, so die Autoren, anschauliche Beispiele beider Aspekte: Sie sind Schlüsselakteure in der Herausbildung und Reproduktion von institutionellen Regeln und sie diffundieren diese Modelle durch ihre Mitgliedschaften in verschiedenen Netzwerken, beruflichen und fachlichen Verbänden usw. (DiMaggio/Powell, 1983, S. 153).

Die Unterscheidung zwischen verschiedenen Quellen isomorphischer Veränderungen in organisationalen Feldern trug maßgeblich zur Schärfe neoinstitutionalistischer Ansätze bei. Dennoch sollte im Hinterkopf behalten werden, dass diese empirisch nicht klar voneinander zu trennen sind – auch wenn sie sich aus verschiedenen Quellen ableiten lassen. Sie bleibt eine analytische Unterscheidung (DiMaggio/Powell, 1983, S. 150).

Auch die von Meyer, Scott und Deal (1983) vorgenommene Unterscheidung zwischen technischen und institutionalisierten Organisationen hat das Verständnis von isomorphischen Prozessen vorangetrieben. Sie haben in einer Untersuchung zu den Strukturen von Bildungsorganisationen zwei Quellen von formalen Strukturen beobachtet. Für sie entstehen formale organisationale Strukturen auf zwei Wegen: zum einen entstehen sie im Bestreben technische Arbeit zwischen komplexen Technologien und komplexen gesellschaftlichen Umwelten – z.B. im Markt – effizient zu koordinieren; zum anderen entstehen sie aus der gesellschaftlichen Definition von bestimmten Typen von Rollen und Programmen als legitim und rational. Diese Strukturen würden die Entwicklung von spezifischen bürokratischen Organisationen, die diese Definitionen (Normen, Regeln) inkorporieren und in ihren Operationen verfolgen (Meyer/Scott/Deal, 1983, S. 46f.). Sie argumentieren, dass beide Typen von Organisationen unterschiedliche Strategien entwickeln, um ihre technischen (die tatsächlichen) Operationen von den Umweltbedingungen ('environmental conditions' oder 'factors') zu entkoppeln, so dass die Organisation größere Chancen auf 'Überleben' hat (ebd., S. 47). Damit zusammenhängend ist die grundlegende Einsicht, dass das zentrale Problem einer Organisation die Legitimation ihrer Ziele, Strukturen und Prozesse ist. Um Legitimation geht es im nächsten Abschnitt.

4.2.1.4 Legitimität

In neoinstitutionalistischen Ansätzen spielt das Konzept der 'Legitimität' eine wichtige Rolle. Es war Talcott Parsons, der das Konzept auf die Bewertung von organisationalen Zielen bezogen hat. Bereits in den 1950er Jahren hat er (1956/57a+b; vgl. Scott, 2001, S. 152) auf die Bedeutung vom gesamtgesellschaftlichen Zusammenhang für die Untersuchungen von Organisationen hingewiesen. Für ihn müssen Organisationen die Wertorientierungen der Gesamtgesellschaft mit den organisationalen Strukturen in Einklang bringen, soll diese überleben. Diese Einsicht kann wiederum auf Max Webers Arbeiten zurückgeführt werden; Scott (2001, S. 152) schreibt diesbezüglich: „[Für Weber, MPA] Organizations were regarded as legitimate to the extent that they were in conformity with rational (e.g., scientific) prescriptions and legal or law-like frameworks."

Bei Meyer/Rowan (1977) findet sich eine etwas andere Sicht, nämlich dass zwischen formalen Strukturen und tatsächlichen Operationen ('actual day-to-day work activities') einer Organisation unterschieden werden müsse. Formale Strukturen – Positionen, Rollen, Regeln, Programme etc. – spiegeln, so die Autoren, die institutionalisierten Regeln einer ‚wider rationalized institutional environment' und haben vordergründig die Funktion, Rationalität zu signalisieren und daher auch Legitimität zu beschaffen, und dies unabhängig von ihren tatsächlichen Ergebnissen (Meyer/Rowan, 1977, S. 341f.). Sie stehen in einer ‚losen Kopplung' zueinander und ermöglichen die Arbeit in einer Organisation, die auf widersprüchliche Anforderungen der institutionellen Umwelt reagieren muss (vgl. Weick, 1976; Meyer/Rowan, 1977).

4.2.2 World Polity

Der Begriff ‚World Polity' wird im Deutschen mit dem Terminus ‚Weltkultur' wiedergegeben (Meyer, 2005a). Dieser Ansatz ist einer von verschiedenen gesellschaftstheoretischen Perspektiven, die nicht den Nationalstaat als Einheit, sondern die ganze Welt umspannenden Verflechtungen und Abhängigkeiten zur Grundlage einer ‚grand theory'[64] machen. Da es in diesem Ansatz um die Konstruktion und weltweite Verbreitung einer Weltkultur geht, wird die World Polity im Zusammenhang von Globalisierungstheorien gesehen (Boli/Lechner, 2001). Neben dem World-Polity-Ansatz sind die Luhmann'sche Weltgesellschaftstheorie und die Wallersteinsche Weltsystemtheorie zu nennen (siehe zusammenfassend: Parreira do Amaral, 2006, S. 44f.). Die ‚World Polity' wird von Klaus Türk (2004, S. 929) als der ‚gesellschaftstheoretische Neo-Institutionalismus' bezeichnet; damit trägt er dem Umstand Rechnung, dass der Ansatz von John W. Meyer und Kollegen als eine makrophänomenologische Theorie gesehen wird, welche die Konstitution von Individuen, Nationalstaaten und formalen Organisationen erklärt (Meyer et al., 1997; Thomas et al., 1987). Es wird in dieser Perspektive davon ausgegangen, dass die Akteure moderner Gesellschaften in ‚weltkulturelle ‚ Zusammenhänge eingebettet sind, die wie Institutionen auf sie wirken; dabei werden diese Akteure von ihnen konstituiert und legitimiert und zugleich in ihrem Handeln eingeschränkt, d.h., diese „institutionalized cultural rules define the meaning and identity of the individual and the patterns of appropriate economic, political, and cultural activity engaged in by those individuals." (Meyer/Boli/Thomas, 1987, S. 12) Mit weltkulturellen Zusammenhängen werden daher mehr oder weniger globale, rationalisierte Vorstellungen darüber, wie diese Akteure organisiert sein müssen um als legitim zu gelten, bezeichnet. Meyer formuliert dies in Hinblick auf den Nationalstaat folgendermaßen: Diese Weltkultur ist „ein Bündel kognitiver Modelle, die definieren, über welche Merkmale, Zwecke, Ressourcen, Technologien, Steuerungsinstrumente und Souveränität ein ordentlicher Nationalstaat zu verfügen hat" (Meyer, 2005b, S. 133). Diese ‚World Polity' ersetzt einen in der realen Welt fehlenden ‚Weltstaat', der die Regelung einer Weltordnung auf der globalen, jenseits der Souveränität des Nationalstaates liegenden Ebene übernehmen kann. Mit ‚World Polity' sind dann global institutionalisierte, allgemein gültige und universalisierte ‚Skripte' gemeint, die wie eine Weltordnung das Handeln der Akteure orientiert/steuert/reguliert. Die ‚World Polity' besteht

---

64 Talcott Parsons strukturfunktionalistische Theorie der Handlung kann als eine solche ‚grand theory' gesehen werden (Parsons, 1937); zur Kritik dazu siehe: Merton, 1968.

jedoch nicht lediglich aus Nationalstaaten, wie das in den Politikwissenschaft übliche Konzept des ‚internationalen Systems‘, sondern umfasst vielmehr sowohl national-staatliche als auch nicht-staatliche Akteure wie IOs und NROs bzw. INROs (vgl. Boli/Thomas, 1999; Drori et al., 2006). Auf der kollektiven Ebene ist die ‚World Polity‘ nicht als Struktur von Akteuren gedacht, vielmehr wird diese „als Struktur von Bera-tern" verstanden (Meyer, 2005b, S. 141). Meyer greift auf George Herbert Meads Konzept des generalisierten Anderen zurück und erklärt, „daß die soziale Welt nicht nur aus Akteuren, sondern auch aus Anderen besteht, die die Akteure bei ihrem Han-deln beraten." In der World Polity werden Akteure sowie Andere als rational konzi-piert, wobei diese Anderen „im Namen der universellen, wissenschaftlich begriffenen Wahrheit, Moral und Rechtsordnung sprechen und diese auf die angemessenen Inte-ressen von Bedürfnissen von Akteuren anwenden" (ebd., S. 142). Dennoch bleibt zu fragen, welche konkrete Formen die World Polity annimmt, wenn diese als ‚stateless polity‘ mit hoch legitimierten nationalstaatlichen Akteuren gedacht wird? Auf die eigentümlichen Charakteristika dieser Anderen Bezug nehmend verweist Meyer da-rauf, dass es klar definierte Organisationen gibt, welche Modelle für das Handeln von Nationalstaaten definieren, d.h. sie versorgen die Staaten mit ‚Rezepten‘ oder ‚Blau-pausen‘ für rationales nationalstaatliches Handeln. Darüber hinaus liefern Wissen-schaftler konsensuelle Definitionen von Problemen und Lösungen in unterschiedlichen gesellschaftlichen Teilbereichen. Ferner können einige Nationalstaaten selbst als Mo-delle für andere gelten.

In der modernen, globalisierten Welt wird das soziale Leben nicht nur in einem globa-len Horizont thematisiert, vielmehr werden gesellschaftliche Sachverhalte und Pro-bleme in formalen und rationalisierten Rahmen diskutiert, d.h. in formalen Organisa-tionen, seien diese nationalstaatlich, Regierungs- oder Nichtregierungsorganisationen. Diese werden jedoch nicht als ‚Diener eines anderen Souveräns‘, sondern als autonom handelnd gesehen (Drori/Meyer/Hwang, 2006a, S. 1). Diese Charakteristika sind kons-titutiv für moderne Organisationen; wie Meyer/Drori/Hwang (2006, S. 25) schreiben:

> „In this modern context, the term 'organisation' takes on distinctive meaning: bounded, rationalized, purposive, and differentiated structures, with elements of sovereignty as autonomous actors […]."

Formale Organisation hat sich in der Weltgesellschaft in einer „organizational revolution" dramatisch expandiert (Drori/Meyer/Hwang, 2006, S. 2). Dies betrifft nicht nur eine quantitative Veränderung – Zahl der Organisationen und der Bereiche, in denen sie sich verbreiten, dies betrifft auch organisationale Modelle und ‚Skripte‘, die auf bereits bestehende Organisationen verändernd wirken, mit anderen Worten: diese reformieren sollen. Amos/Bruno/Parreira do Amaral (2008) haben die weltweite Diffusion eines Models der ‚research university‘ am Beispiel Deutschland und Brasi-lien untersucht. Sie kommen zum Schluss, dass mit der Verbreitung dieses Modells das organisationale Arrangement von Universitäten – Forschung, Lehre, Dienstleistung an die Gesellschaft, in der sie eingebettet sind – sich langsam verändert.[65] In der Literatur zu den Veränderungen in den Organisationen des Bildungssektors wird regelmäßig auf die Aktivitäten der Internationalen Organisationen hingewiesen. Diese können als ‚generalisierte Andere‘ in der Verbreitung von einer rationalisierten Gesellschaftsreform interpretiert werden (siehe auch Ramirez, 2006, S. 238ff.).

4.3 Governance-Forschung

Im Kapitel 1 (Abschnitt 3.5) wurde auf den Stand der Forschung zu Governance im Bildungsbereich eingegangen, ohne dass allgemein auf ihre Kategorien und Konzepte eingegangen werden konnte. Im Folgenden sollen die zentralen Annahmen und Kategorien, die in Analysen im Rahmen des Governance-Ansatzes Verwendung finden, präsentiert werden.

Governance verklammert die verschiedenen Fachdiskussionen zu Formen der kollektiven Entscheidungsfindung und -durchsetzung in der Politik-, Rechts- und Verwaltungswissenschaft, in der Soziologie und seit einiger Zeit auch in der Erziehungswissenschaft; dabei wird auf eine bedeutsame Akzentverschiebung hingewiesen, die interdisziplinär relevant ist: „nämlich von der Akteurszentriertheit zur Betonung von Regelungsstrukturen" (Schuppert, 2006, S. 374). Schon fast klassischen Charakter gewann dabei die Formulierung im Titel des Buches von James N. Rosenau und Ernst-Otto Czempiel (1992) „Governance without Government". Für Renate Mayntz (2004, S. 66) bedeutet daher Governance

> „das Gesamt aller nebeneinander bestehenden Formen der kollektiven Regelung gesellschaftlicher Sachverhalte: von der institutionalisierten zivilgesellschaftlichen Selbstregelung über verschiedene Formen des Zusammenwirkens staatlicher und privater Akteure bis hin zu hoheitlichem Handeln staatlicher Akteure".

In wissenschaftlichen Analysen werden mit dem Begriff, je nach Disziplin, unterschiedliche Interessen und Fragestellungen verbunden (vgl. Schuppert, 2006; Brüsemeister, 2007a), die inhaltliche Gemeinsamkeit lässt sich als analytische Reaktion auf „ähnliche Kernprobleme" zusammenfassen (ebd., S. 23), die eine spezifische Sicht auf die Wirklichkeit impliziert (Benz et al., 2007b, S. 15). Für Arthur Benz kreisen die verschiedenen Bedeutungen und ‚Schattierungen‘ des Governance-Begriffs um vier Kernaspekte; diese stellen zugleich die zentralen Kategorien der Governance-Perspektive dar:

---

65 Bereits in den 1950er Jahren findet sich eine Diskussion über das menschliche Handeln in Organisationen – über ‚managers‘, ‚junior executives‘, corporations etc. Diese Literatur führt Max Webers Arbeiten zu Bürokratie weiter und untersucht die praktischen Wirkungen dieser Form formaler Organisation auf die Gesellschaft im Allgemeinen und auf das Arbeitsleben im Besonderen (siehe z.B.: Whyte, Jr., 1956). Das Governance-Konzept wird allgemein als neuer Motor für organisationale Veränderungen gesehen (Drori, 2006); auf der anderen Seite finden sich in letzter Zeit auch Arbeiten, die die Veränderungen in spezifischen Bereichen untersuchen. Zu organisationalen Veränderungen im Bildungsbereich siehe z.B.: Krücken/Kosmutzky/Torka, 2007; Harris, 2007; Baker/Wiseman, 2008.

„1. Governance bedeutet Steuern und Koordinieren (oder auch Regieren) mit dem Ziel des Managements von Interdependenzen zwischen (in der Regel kollektiven) Akteuren.

2. Steuerung und Koordination beruhen auf institutionalisierten Regelsystemen, welche das Handeln der Akteure lenken sollen, wobei in der Regel Kombinationen aus unterschiedlichen Regelsystemen (Markt, Hierarchie, Mehrheitsregel, Verhandlungsregel) vorliegen.

3. Governance umfasst auch Interaktionsmuster und Modi kollektiven Handelns, welche sich im Rahmen von Institutionen ergeben (Netzwerke, Koalitionen, Vertragsbeziehungen, wechselseitige Anpassung im Wettbewerb).

4. Prozesse des Steuerns bzw. Koordinierens sowie Interaktionsmuster, die der Governance-Begriff erfassen will, überschreiten in aller Regel Organisationsgrenzen, insbesondere auch die Grenzen von Staat und Gesellschaft, die in der politischen Praxis fließend geworden sind. Politik in diesem Sinne findet normalerweise im Zusammenwirken staatlicher und nicht-staatlicher Akteure (oder von Akteuren innerhalb und außerhalb von Organisationen) statt." (Benz, 2004b, S. 25)

Die zentralen Bestandteile des Ansatzes sind daher (a) Interdependenz der Akteure und Akteurskonstellationen; (b) Mehrebenensystem; (c) Institutionalisierte Regelsysteme und Interaktionsmuster und Modi kollektiven Handelns; (d) (komplexe) Governance-Regime. Die folgenden Ausführungen stellen die einzelnen Elemente vor.

4.3.1 Zentrale Kategorien der Governance-Perspektive

4.3.1.1 Akteure, Akteurskonstellationen und Interdependenz

Im Governance-Ansatz spielen *Akteure* eine wichtige Rolle. Sie sind es, die einzelne Leistungsbeiträge zur Koordination eines Handlungssystems liefern. Akteure können Individuen oder komplexe Akteure sein. Nach dem so genannten ‚Methodologischen Individualismus' (vgl. Büschges, 1985; Weede, 1992) können nur Individuen (intentional) handeln; in der Realität handeln diese jedoch oftmals im Interesse einer Gruppe oder Organisation. Es wird daher angenommen, dass es neben Individuen sog. ‚organisierte' oder ‚komplexe' Akteure (Kollektive, Korporationen) gibt. Dabei wird ‚Intention' bei ‚komplexen' Akteuren in der Interaktion hergestellt (Scharpf, 2000, S. 95-106). Beispiele für kollektive Akteure sind Gewerkschaften, soziale Bewegungen, Koalitionen, etc.; mit anderen Worten sind es Akteure, deren Handeln von den Präferenzen ihrer Mitglieder abhängen; korporative Akteure dagegen handeln sozusagen unabhängig von ihren Mitgliedern, sie sind „‚Top-down'-Organisationen", d.h. ihr Handeln wird von einer Führung, einem Eigentümer o. ä. bestimmt (ebd., S. 105).

Das Konzept der *Akteurskonstellation* beschreibt die Zusammensetzung „einer bestimmten ‚Akteurskonstellation' und eines bestimmten ‚Interaktionsmodus'". Akteurskonstellationen üben Einfluss auf die Wahrnehmungen, Erwartungen, Handlungsoptionen und -ressourcen der Akteure aus. Unter Konstellation wird daher verstanden „die beteiligten Spieler, ihre Strategieoptionen, die mit verschiedenen Strategiekombinationen verbundenen Ergebnisse und die Präferenzen der Spieler in bezug auf diese Ergebnisse" (Scharpf, 2000, S. 87). Mit dem Konzept sollen die möglichen Kombinationen von Akteuren, Interessen, Präferenzen und Interaktionsmodi erfasst und beschrieben werden, darüber hinaus hilft es, Problemlösungen für konfliktäre Situationen zu finden (ebd., S. 88; siehe auch S. 128ff.).

Für Akteurskonstellationen ist die Annahme von *Interdependenz*[66] der Akteure konstitutiv. Sie sind grundsätzlich voneinander als wechselseitig abhängig gedacht,[67] d.h. in der Governance-Forschung wird untersucht, wie unterschiedliche Akteure vorkommende Interdependenz bearbeiten.

4.3.1.2 Mehrebenensysteme

Die Kategorie des *Mehrebenensystems* setzt die Unterscheidung der Macht- oder Kompetenzaufteilung nach Ebenen oder Organisationseinheiten – Gebieten, Arenen oder Territorien – voraus. Einzelne Ebenen können mehrere Arenen umfassen, die durch Systeme verbunden werden, in denen die beteiligten Akteure an der Erfüllung bestimmter Funktionen zusammenarbeiten. Arenen entstehen, wenn sich in der Interaktion institutionalisierte Regeln etablieren (Benz, 2004c, S. 126, Fn. 1). Dabei impliziert dies noch keine Hierarchie, nur dass es größere und kleinere Einheiten gibt. „Von Governance in Mehrebenensystemen sollten wir nur dann sprechen, wenn politische Prozesse eine Ebene überschreiten. […] Mehrebenensysteme der Politik entstehen, wenn zwar die Zuständigkeiten nach Ebenen aufgeteilt, jedoch die Aufgaben interdependent sind, wenn also die Entscheidungen zwischen Ebenen koordiniert werden müssen." (Benz, 2004c, S. 126f.) Es geht also um Politikverflechtung, die verschiedene Formen annehmen, unterschiedliche Ursachen und daher auch verschiedene Folgen zeitigen kann (ebd., S. 127). „Die konkrete Form eines Mehrebenensystems resultiert aus der Kombination von institutionellen ‚Regelsystemen' […] der jeweiligen Ebenen und der Beziehung zwischen ihnen." Ob es sich also um intra- oder intergouvernementale Strukturen und Prozesse handelt (ebd.; siehe auch Benz, 2006a).

4.3.1.3 Institutionalisierte Regelsysteme: Interaktionsmuster und Modi kollektiven Handelns

Unter ‚institutionellen Regelsystemen' werden verschiedene Formen der Handlungskoordination verstanden – vor allem Markt, Hierarchie, Mehrheitsregel und Verhandlungsregel. Individuelle und/oder kollektive Akteure können unterschiedlichen Regeln und Regelsystemen folgen, da sie in Mehrebenensystemen in der Regel verschiedenen institutionellen Kontexten entstammen. Diese Regeln können formal institutionalisiert sein oder sich aus der konkreten Interaktion ergeben (daher die große Bedeutung des Konzepts der Akteurskonstellation). Handeln ist demgemäß in der Governance-Perspektive meist kollektives Handeln in Institutionen, welche dieses Handeln ermöglichen aber auch regulieren. Innerhalb von Institutionen ergeben sich *Interaktionsmus-*

---

66 Die politikwissenschaftliche Debatte um Interdependenz geht insbesondere auf die 1960er und 1970er Jahre zurück und wurde maßgeblich von Keohane/Nye ([1977] 2001) beeinflusst. Mit ihrem Konzept der ‚komplexen Interdependenz' haben sie eine neue Sichtweise auf die internationalen Beziehungen entwickelt, die ‚Macht' nicht länger als die einzige Erklärungsvariable sieht, so wie dies im Realismus der Fall ist. Vgl. dazu: Keohane/Nye, 1987; Kohler-Koch, 1990; Spindler, 2006.

67 Dabei gilt die Ausnahme, dass in manchen Bereichen eine ‚Exit-Option' besteht.

ter und Modi kollektiven Handelns, die sich in Netzwerken, Koalitionen, Vertragsbeziehungen, wechselseitiger Anpassung im Wettbewerb (oder in Mischformen) konkretisieren. Lange/Schimank (2004) unterschieden zwischen Mechanismen und Regime der Governance (siehe den Abschnitt zu Governance-Regime). Die Grundmechanismen der Handlungskoordination sind Anpassung und Beeinflussung. Verhaltensanpassung beruht auf wechselseitiger Beobachtung und kann zum einen durch Zwang (z.B. negative Sanktionen; Restriktionen) oder zum anderen durch Chancen/Opportunitäten (z.B. Einsicht in Vorteile, positive Sanktionen) zustande kommen. Beeinflussung setzt ebenfalls Beobachtung voraus, wird jedoch durch den Einsatz von Macht, Geld oder Wissen in der Interaktion vollzogen (vgl. Lange/Schimank, 2004, S. 19-23). In der Literatur zu Governance werden meist drei ‚elementare Mechanismen sozialer Ordnungsbildung' genannt, welche dann in empirischen Situationen in Mischformen auftreten können: wechselseitige Beobachtung, Beeinflussung und Verhandlung (Schimank, 2007; für den Bildungsbereich: Kussau/Brüsemeister, 2007b). Im ersten Fall basiert „die Interdependenzbewältigung allein durch einseitige oder wechselseitige Anpassung des je eigenen Handelns an das wahrgenommene Handeln der anderen" (Schimank, 2007, S. 37). Im Fall von Beeinflussungskonstellationen „findet Handlungsabstimmung – auf der Grundlage wechselseitiger Beobachtung – durch den gezielten Einsatz von Einflusspotentialen statt." (ebd., S. 38) Bei Verhandlungen gründet die Interdependenzbewältigung auf wechselseitiger Beobachtung und Beeinflussung; die Beteiligten können jedoch auf dieser Grundlage Vereinbarungen und Handlungsabstimmungen treffen, die nicht auf den Einsatz von Macht/Gewalt rekurrieren, sondern die „ein beiderseitig akzeptiertes und deshalb bindendes Ergebnis" darstellen (ebd., S. 40).

Dabei wird die konkrete Handlungsabstimmung von möglichen Exit-Optionen sowie von der institutionellen Einbindung der Akteure beeinflusst (siehe auch Bartsch, 2009, S. 60f.; Schimank, 2007, S. 35f.; von Blumenthal, 2005). Die folgende Tabelle aus Benz (2006b, S. 35) fasst die elementaren Formen der Governance zusammen:

Tabelle 3: Elementare Formen der Governance nach Arthur Benz (2006b, S. 35)

	Hierarchie	Netzwerk	Verhandlung	Wettbewerb
Koordinations-mechanismus	wechselseitige Anpassung	wechselseitiger Einfluss	wechselseitiger Einfluss	wechselseitige Anpassung
Struktur	asymmetrische Verteilung von Macht und Information	variable Verteilung von Einfluss-beziehungen	gleiche Vetomacht, variable Verteilung von Informationen und Tauschpotentialen (Ressourcen)	formale Gleichheit, variable Wettbewerbs-fähigkeit
Stabilisierung	formale Regel	Interdependenz, Vertrauen	individuelle und gemeinsame Interessen	komparative Orientierung, individuelle Interessen
Austrittskosten	Sehr hoch	relativ hoch	relativ gering	gering

4.3.1.4 (Komplexe) Governance-Regime

Die oben vorgestellten (elementaren) Formen der Governance können je nach konkreten sozialen Kontexten kombiniert werden und bestimmte Governance-Regime begründen (Lange/Schimank, 2004, S. 20). In Wirklichkeit scheint dies nicht die Ausnahme, sondern die Regel zu sein. Zu berücksichtigen ist dabei welche Steuerungsfähigkeit und Eigendynamik die Kombination der Governance-Formen entwickelt, d.h. je nach ,enge' oder ,lose' Kopplung ergeben sich für die Beteiligten unterschiedliche Handlungsorientierungen, welche wiederum die Interaktion beeinflussen, diese jedoch nicht determinieren (vgl. Benz, 2006b, S. 36f.). Beispiele für Governance-Regime sind ,weiche Governance-Regime', die sich neuer Formen der Governance (new governance forms) bedienen, d.h. auf klassische ,Steuerung' verzichten und ,soft law' zur Koordination der Handlungen nutzen, wie dies in der Offenen Methode der Koordinierung auf europäischer Ebene geschieht (vgl. Bartsch, 2009, S. 70ff.).

4.3.2 Governance als Analytische Perspektive

Die Themen und Probleme, die in den letzten Jahren mit dem Governance-Konzept bearbeitet werden, sind keinesfalls neu. Vielmehr hat sich die Wahrnehmung der Akteure in Wissenschaft und Praxis geändert; auch globalisierende und demokratisierende Prozesse haben entscheidend dazu beigetragen, dass nach neuen Konzepten für die Beschreibung und Analyse gegenwärtiger Phänomene gesucht wurde (Chhotray/Stoker, 2009, S. 7ff.). „Governance seeks to understand the way we construct collective decision-making." (ebd., S. 2) Benz et al. (2007b, S. 9) sehen im Governance-Konzept weniger den Vorzug, die Realität präzise zu beschreiben, vielmehr liegt es in seiner Eignung, diese Realität in eine bestimmte Perspektive zu rücken, d.h. es bietet einen Rahmen für die weitere Klärung, Einordnung und Zuordnung von Begriffen an (ebd., S. 9f.). „Die Governance-Perspektive ist also mehr als eine Beschreibung von Koordination kollektiven Handelns, weil auch die Mechanismen und ihre strukturelle Verankerung erfasst werden, welche koordiniertes kollektives Handeln herbeiführen." (ebd., S. 14)

Aus der Governance-Perspektive lassen sich vier wichtige Elemente ausmachen, die für die Thematik dieser Arbeit von Bedeutung sind. *Erstens*, geht es bei Governance um formale sowie informale Regeln nach denen ein Problem bearbeitet/gelöst werden soll, z.B. Bildungspolitik. *Zweitens*, werden Entscheidungen kollektiv in einem Umfeld pluraler Akteure und Organisationen getroffen, die auf verschiedenen Ebenen verortet sein können. Dabei werden Fragen nach gegenseitiger Einflussnahme und Kontrolle relevant. *Drittens*, müssen in Entscheidungsfindungsprozessen Kompetenzen und Rechenschaftspflichten geregelt werden, diese Prozesse finden auf allen Ebenen statt, auf der Makro- und auf der Mikroebene. *Viertens*, bezieht sich Governance auf das ,Fehlen' einer alles steuernden und kontrollierenden Instanz. Macht und Zwang stehen nicht allen Beteiligten im gleichen Maße zur Verfügung, vielmehr wird durch Verhandlung, Einflussnahme und ähnliche Prozesse interagiert. Diese Elemente fanden Eingang in eine grundlegende Definition von Governance:

> „Governance is about the rules of collective decision-making in settings where
> there are a plurality of actors and organizations and where no formal control sys-

tem can dictate the terms of the relationship between these actors and organizations." (Chhotray/Stoker, 2009, S. 3)

Governance teilt ihren Gegenstand mit der hier zu diskutierenden Regimetheorie. Mit anderen Worten bei beiden um Vorstellungen geht es darüber, wie das soziale Handeln unterschiedlicher Akteure koordiniert wird; dabei werden diese Akteure als mehr oder weniger autonom betrachtet und zugleich interdependent, in jedem Fall sind sie in der Lage, sich wechselseitig zu beeinflussen. Wird Governance nicht normativ verstanden, so lässt sich mithilfe unterschiedlicher Theorietypen der Forschungsgegenstand ‚Internationale Bildungspolitik' untersuchen; dieser Gebrauch von Theorie meidet jegliche Dogmatik und versucht, so weit wie möglich und sinnvoll, die Vorzüge unterschiedlicher theoretischer Konzeptionen zu nutzen. Diese theoretische Anschlussfähigkeit macht für Benz et al. die Stärke der Governance-Perspektive aus (2007b, S. 20).

4.4   Fazit

Der soziologische Neoinstitutionalismus sowie der World-Polity-Ansatz werden in dieser Arbeit als theoretische Basis genutzt. Mit dieser Theorie lassen sich globale, rationalisierte und universalisierte Skripte sowie ihre weltweite Diffusion verstehen und modellieren. In dieser Arbeit wird die Herausbildung eines Internationalen Bildungsregimes untersucht, in dem sich bestimmte Prinzipien und Normen durchsetzen bzw. aktiv von IOs diffundiert werden. Daher kann mit diesem theoretischen Rahmen die kognitive Grundlage des im Entstehen begriffenen Regimes erfasst werden. Dieser Ansatz soll durch einen theoretischen Ansatz ergänzt werden, mit dem nicht nur die ‚Struktur' – Weltkultur/World Polity und ihre Skripte – sondern auch die daran beteiligten Akteure berücksichtigt werden. Hierzu eignen sich die grundlegenden Kategorien der Governance-Forschung, welche mit der Regimetheorie kombiniert werden. Im folgenden Kapitel soll detailliert auf die politikwissenschaftliche Regimetheorie eingegangen werden. Ihre Annahmen und Kategorien sollen präsentiert und so den Rahmen für die Analyse des Internationalen Bildungsregimes vorbereiten (Kap. 6).

5. INTERNATIONALE INSTITUTIONEN UND REGIMES

5.1 Vorbemerkung

In diesem Kapitel werden die theoretischen Ansätze beschrieben sowie terminologische Erläuterungen zur politikwissenschaftlichen Diskussion um internationale Institutionen vorgenommen, die für diese Arbeit von grundlegender Bedeutung sind. Es geht hier um eine umfassende Diskussion der wissenschaftlichen Auseinandersetzung mit unterschiedlichen internationalen Institutionen in der Politikwissenschaft und ihre Beziehung zueinander. Zum einen wird es um Internationale Organisationen gehen; zum anderen gibt dieses Kapitel Auskunft über die politikwissenschaftliche Regimeforschung. Abschließend geht es auch um erste theoretische Überlegungen zur Weiterführung dieser Konzepte im Kontext der hier zu bearbeitenden Fragestellung, d.h. der internationalen Bildungspolitik. Diese Überlegungen werden dann im abschließenden Kapitel fortgeführt.

5.2 Internationale Institutionen in der Gestaltung internationaler (Bildungs-)Politik

In der politikwissenschaftlichen Forschung zu den internationalen Beziehungen wird oft der Begriff ‚internationale Institution' verwendet. Dieser wird in übergeordneter Bedeutung genutzt und umfasst unterschiedliche Typen von Institutionen – nämlich: Konventionen, Internationale Organisationen, Internationale Regimes und Netzwerke. „Internationale Institutionen sind soziale Einrichtungen, die in interdependenten Beziehungen Erwartungsstabilität produzieren" (Hasenclever/Mayer, 2007, S. 13). Diese unterschiedlichen Typen von Institutionen haben gemeinsam, dass sie aus einem ‚Set von Prinzipien, Normen und Regeln sowie Prozeduren' bestehen, die als Handlungsorientierung in bestimmten Situationen der internationalen Beziehungen dienen. Mit Blick auf die hiesige Arbeit können alle diese Institutionstypen relevant werden. In den folgenden Abschnitten konzentriere ich mich jedoch auf Internationale Organisationen und auf Internationale Regimes. Dies präjudiziert jedoch nicht die Relevanz von internationalen Netzwerken und internationalen Konventionen für die Thematik. Arthur Benz zufolge sind Netzwerke „relativ dauerhafte, nicht formal organisierte, nicht hierarchische, durch wechselseitige Abhängigkeiten und gemeinsame Verhaltenserwartungen bzw. Verhaltensorientierungen stabilisierte Kommunikationsbeziehungen" (Benz, 1998, S. 104). Mit dem PISA-Konsortium wird rasch die immense Relevanz dieses Institutionstypus sichtbar (vgl. Flitner, 2006). Mit Konventionen werden „die völkerrechtlichen Tiefenstrukturen des internationalen Systems verstanden. Sie bestimmen den Rahmen möglicher Organisationen, Regime und Netzwerke" (Hasenclever/Mayer, 2007, S. 14). Am Beispiel der „World Declaration on Education for All" der UNESCO wird ihre Bedeutung deutlich.

In den politikwissenschaftlichen Diskussionen werden IOs und IRs als die zentralen Institutionen der zwischenstaatlichen Beziehungen beschrieben (Rittberger/Zangl, 2003, S. 25). In dieser Literatur wird auf ihre Gemeinsamkeiten, aber auch auf ihre

Unterschiede verwiesen. Gemeinsam haben diese Institutionstypen, dass sie gleichermaßen auf international gültigen Prinzipien und Regeln basieren, die in den unterschiedlichen Situationen der zwischenstaatlichen Interaktion für die Beteiligten Rollen festlegen und dadurch auch Erwartungen erzeugen. Diese sozialisierende Wirkung erzeugt eine gemeinsame Anpassung an geteilten Verhaltensmustern und sorgt dafür, dass in den internationalen Beziehungen ein Maß an Sicherheit geschaffen wird, das für Kooperation unerlässlich ist (vgl. Müller, 1993). Es werden auch Differenzen zwischen IOs und IRs gesehen. Für Rittberger/Zangl (2003, S. 25) unterscheiden sich diese Institutionen erstens in ihren Aufgabenfeldern und ihrem -umfang und zweitens in ihren Handlungskompetenzen. Die Autoren verweisen zum einen darauf, dass während IRs auf spezifische Problemfelder (issue area)[68] festgelegt sind, IOs sowohl problemfeldbezogen als auch -übergreifend operieren können. Zum anderen, verweisen die Autoren darauf, dass IOs „aufgrund der organschaftlichen Struktur" mit unterschiedlichen Graden der Handlungskompetenzen ausgestattet sein können, IRs weisen für sie keinerlei Akteursqualität auf (ebd.).

An dieser Stelle sei jedoch angemerkt, dass im ersten Fall – Aufgabenfelder bzw. Aufgabenumfang – aus meiner Sicht kein konstitutiver, sondern nur ein gradueller Unterschied besteht[69] und im zweiten Fall – Handlungskompetenz bzw. Akteursqualität – es eine (epistemologische) Frage ist, die wiederum nur empirisch geklärt werden kann, d.h. durch die Analyse der Wirkung beider Institutionen. Letztendlich ist es eine Frage der theoretischen Positionierung, ob IRs Akteurscharakter zugesprochen werden kann oder nicht. Unter bestimmten Bedingungen können IRs dieselbe Wirkung entfalten als autonome Akteure, darauf wird noch zurück zu kommen sein.

Zuzustimmen ist Rittberger/Zangl, dass IOs und IRs in einem engen Verhältnis zueinander stehen. Sie unterscheiden dabei drei Beziehungsebenen zwischen beiden internationalen Institutionen (2003, S. 25f.):

a) IOs können als umfassender als IRs gesehen werden;

> „1. Die mit dem Begriff des Regimes erfassten problemfeldbezogenen Prinzipien, Normen, Regeln und Entscheidungsverfahren können in eine internationale Organisation eingebettet sein, in der mehrere Regime verankert sind."

---

68 Die deutsche Übersetzungen ‚Problemfeld' oder ‚Problembereich' des im Englischen benutzten Terminus ‚issue area' lässt sich in der deutschsprachigen Diskussion oft auf die Verortung der Regimeforscher im Bereich der Friedens- und Konfliktforschung sowie auf ihren Forschungsgegenstand zurückführen. Da oft ein ‚Konflikt' oder ein ‚Problem' unterstellt wird, ist der Bezug zum Bildungsbereich nicht sofort ersichtlich; darauf wird insbesondere im nächsten Kapitel einzugehen sein.

69 Die in einem Regime wirksamen Prinzipien, Normen und Regeln lassen sich nicht immer eindeutig auf einen bestimmten Aufgabenbereich beschränken; sie können sowohl für verschiedene Regime als auch für IOs relevant und handlungsleitend sein.

b) IRs können als umfassender als IOs verstanden werden; und

> „2. Die mit dem Regimebegriff verbundenen problemfeldspezifischen Prinzipien, Normen, Regeln und Entscheidungsprozeduren können sich aus unterschiedlichen internationalen Organisationen speisen."

c) IOs können unterschiedliche Funktionen für IRs erfüllen.

> „3. In diesem Zusammenhang am wichtigsten ist, dass internationale Organisationen laut Young (1989, 32) aufgrund ihrer Akteurqualität in Bezug auf internationale Regime zwei Aufgaben zukommen können: Sie können, erstens, in bestimmten Fällen Normgenerierungsfähigkeit bei der Entstehung neuer Regime Pate stehen. Sie können, zweitens, für die Effektivität von Regimen eine wichtige Rollen spielen, in dem sie für die Befolgung von Normen und Regeln sowie für deren Verifikation (die Überprüfung ihrer Einhaltung), aber auch für die Kommunikation und Informationsgewinn sorgen."

Im Rahmen dieser Arbeit kommt dem dritten Gedankengang besondere Bedeutung zu. Das Verhältnis zwischen den in der internationalen Bildungspolitik aktiven IOs und dem hier zu prüfenden Internationalen Bildungsregime muss jedoch in empirisch angelegten Studien untersucht werden (siehe auch Kap. 7).

5.3   Internationale Organisationen: Definition

Zwischenstaatliche Zusammenarbeit gab es bereits im 19. Jahrhundert, jedoch erst im 20. Jahrhundert wurden IOs in großer Zahl eingerichtet. Die ersten Erfahrungen mit dem (schließlich gescheiterten) Völkerbund nach dem Ersten Weltkrieg haben den Glauben an die Notwendigkeit von internationalen Verständigungsplattformen genährt. Nach diesem „Great Experiment" – das Bennett zufolge als ein „Durchbruch in der Entwicklung von Internationalen Organisationen gesehen werden muss", auch wenn diese IO in ihrer Aufgabe, den Weltfrieden und -kooperation herzustellen, gescheitert war (Bennett, 1995, Kap. 2, hier S. 39) – standen die Chancen gut für die Gründung der Vereinten Nationen nach dem Ende des Zweiten Weltkrieges. Die Gründung dieser ersten globalen IO wird heute als „Startsignal" für die Intensivierung internationaler Kooperation gesehen (Rittberger/Zangl, 2003, S. 18). Nach dem 2. Weltkrieg wurden zahlreiche IOs gegründet, inzwischen werden ca. 250 IOs in allen Bereichen der internationalen Beziehungen gezählt (Barnett/Finnemore, 2004; Karns/Mingst, 2004).

In den Internationalen Beziehungen orientieren sich Begriffsbestimmungen in der Regel auf das Völkerrecht. Dieses definiert die Unterscheidungsmerkmale sowie das Verhältnis von IOs zu den sie kreierenden Mitgliedern, die als völkerrechtliche Subjekte verstanden werden, d.h. Staaten. Nach Rittberger/Zangl sind IOs eine „*Kollektivbezeichnung für ihre Mitgliedstaaten*" (2003, S. 24, Herv. i. O.). Aus einer Kritik an eine nicht nach Formen differenzierende völkerrechtliche Definition schlug die Union of International Associations[70] (UIA) eine Begriffsbestimmung vor, die IOs nach ihrer Mitgliedschaftsstruktur sowie nach ihren Zielsetzungen definiert. *Drei* Typen von Organisationen werden dabei unterschieden: internationale Regierungsorganisationen, internationale Nichtregierungsorganisationen und multinationale Unternehmen.

Internationale Organisationen[71] sind demnach „Organisationen, welche mindestens drei Staaten zusammenschließen, und welche Aktivitäten in mehreren Staaten unterhalten. Die Mitglieder dieser Organisationen werden durch formale intergouvernementale Abkommen zusammengehalten" (Karns/Mingst, 2004, S. 7). UIA hebt darüber hinaus noch hervor, dass IOs über einen permanent bürokratischen Apparat verfügen (UIA, 2005; Reinalda/Verbeek, 2004b, S. 12; siehe auch Rittberger/Zangl, 2003, S. 25; zur Abgrenzung zu ‚transnational organizations' siehe Huntington, 1973, S. 336; Keohane/Nye, 1972).[72] Im Zentrum der Aufmerksamkeit stehen hier jedoch internationale Regierungsorganisationen, die sich insbesondere durch die oben genannten Merkmale auszeichnen.

IOs können unterschiedlich aufgefasst werden, wozu verschiedene Metaphern gebraucht werden: Arena, Instrument, und Akteur bzw. Bürokratie (vgl. Rittberger/Zangl, 2003, S. 23f.; Koch, 2008, Kap. 2; auch Archer, 2001). Da für die zugrunde liegende Fragestellung das Bild von IOs als Akteure bzw. als Bürokratien besonders aufschlussreich ist, wird auf diese ‚Bilder' näher einzugehen sein. IOs können (1) ‚*Arenen*' sein, in denen staatliche und nicht-staatliche Akteure zusammenkommen und Regeln der internationalen Ordnung aushandeln. IOs als Arenen sind, so Rittberger und Zangl, dauerhafte „*intergouvernementale Verhandlungssysteme*" (2003, S. 23, Herv. i. O.), auf denen in unterschiedlichen Graden kooperiert wird; (2) sind sie *Instrumente* der Nationalstaaten zur Durchsetzung ihrer Interessen. IOs dienen hier den strategischen diplomatischen Zielsetzungen der sie errichtenden Akteure (Staaten); die politischen Prozesse innerhalb der IOs (Zielformulierung, Implementation, etc.) sind ein Spiegelbild der Machtverhältnisse ihrer Mitglieder, die sie als Mittel ihrer Politik ansehen (ebd.). Diese zwei Auffassungen von IOs – Arena und Instrumente – gehen von einem anarchischen Staatensystem aus, in dem der souveräne Staat die Kernein-

---

70 Die UIA ist eine 1907 gegründete nicht-profitorientierte, unabhängige Forschungsinstitution. Mit Sitz in Brüssel dokumentiert und veröffentlicht sie Informationen von über sechzigtausend zivilgesellschaftlichen Organisationen weltweit. Die Yearbook of International Organizations bietet Online, als CD-ROM und als Druck (in der 44. Auflage 2008/9) ständig aktualisierte quantitative Daten, Informationen zu den Aktivitäten und zu Schlüsselpersonen in den IOs siehe: http://www.uia.be/ [zuletzt 22. 09. 10].

71 Im Folgenden wird zudem der Begriff der ‚supranationalen' und der ‚transnationalen' Organisationen gebraucht. Am Beispiel der EU lässt sich illustrieren, dass diese Institution auch als supranationale Organisation bezeichnet werden kann, um damit den gesetzgebenden Charakter der Institution hervorzuheben. Diese Verwendung wird jedoch eigens markiert.

72 Mit dieser Definition werden Nichtregierungsorganisationen zwar ausgeschlossen, diese können jedoch im Rahmen der Forschung zur internationalen Governance der Bildungspolitik relevant werden. In dieser Arbeit bleiben sie allerdings unbeleuchtet. Dasselbe gilt für internationale Netzwerke und internationale Konventionen.

heit der politischen Handlung auf der Ebene jenseits des Nationalstaates ist.[73] IOs können aber auch als (3) *Akteure* im eigenem Recht aufgefasst werden, die mehr oder weniger unabhängig von den sie errichtenden Staaten Politikpräferenzen ausbilden, Zielsetzungen autonom verfolgen und Entscheidungen treffen können, die unter
bestimmten Bedingungen nicht nur von den Staaten nicht beabsichtig waren, sondern
darüber hinaus ihren Interessen konträr entgegenstehen können (vgl. Cortell/Peterson,
2002). Im Kontrast zu dem instrumentellen bzw. strukturellen Verständnis der beiden
letzten Rollenmetaphern von IOs, attestiert ihnen das Bild des Akteurs eigene Handlungskompetenzen, wenngleich auf unterschiedlichen Grade der Autonomie. Rittber-
ger/Zangl (2003, S. 24) sehen in dieser Kennzeichnung „zunächst eine *Kollektivbezeichnung für ihre Mitgliedstaaten*", wobei diese „Akteursqualität" nur zustande
kommt, weil „sich die Mitgliedstaaten organschaftlich formalisierten Regeln des Handelns in und durch internationale Organisationen unterworfen haben." (ebd., Herv. i.
O.) Im Anschluss an Andrew Moravcsik verweisen die Autoren auf unterschiedliche
Szenarien, in denen IOs das Attribut ‚Akteur' zukommen kann: die Zusammenlegung
(pooling) und die Delegierung (delegation) von Souveränität. Einige Autoren heben
hervor, dass sie die Prozesse der zwischenstaatlichen Entscheidungsfindung vorbereiten, in dem sie durch Informationsaustausch Handlungs- und Entscheidungsoptionen
nahelegen (vgl. Rittberger/Mogler/Zangl, 1997, Kap. 4). Auch David Mitrany (1975)
begreift IOs als Akteure, diese werden, aus der Perspektive der funktionalistischen
Theorie, allerdings von Staaten bewusst ins Leben gerufen, um zwischen ihnen genau
definierte Aufgaben und Funktionen zu erfüllen. IOs sind interessenfreie Akteure, die
keine eigenen Präferenzen entwickeln oder eigene Ziele verfolgen. Sie zeichnen sich
insbesondere durch Expertise und technologisches Wissen aus. Diese Annahmen teilt
der Neofunktionalismus mit seiner älteren Version (Haas, 1968; Conzelmann, 2006).
Andere WissenschaftlerInnen untersuchen aus einer institutionalistischen Perspektive
die Fähigkeit von IOs, Normen zu erzeugen, welche die Präferenzen der Staaten beeinflussen bzw. diese erst ausbilden um Ordnungsmuster zu begründen (Finnemore, 1996;
Brühl/Rittberger, 2001). Zu nennen sind in diesem Zusammenhang auch die Arbeiten
im Rahmen des ‚Principal-Agent'-Ansatzes, in dem das (Vertrags-)Verhältnis zwischen ‚principals' (Auftraggeber) und ‚agents' (Auftragnehmer) untersucht wird.
Kernproblem ist dabei die Unsicherheit über die Leistungserbringung im Rahmen von
Verträgen aufgrund des Spielraumes des ‚Agenten'. Im Zentrum des Interesses stehen
hier Analysen über die Erwartungskonformität und (Dys-)Funktionalität Internationaler Organisationen. Aus dieser Perspektive wird davon ausgegangen, dass IOs als von
ihren ‚principals' unabhängige Akteure auftreten können und diese wiederum in ihrer
Politik beeinflussen können; dies wird jedoch meistens als ein zu behebender dysfunk-
tionaler Zustand gesehen (Cortell/Peterson, 2002; Reinalda/Verbeek, 2004b, S. 21ff.).
Alexander Wendt prognostiziert im Anschluss an die Theorie der Selbstorganisation
die Entstehung einer Weltordnung bzw. eines Weltstaats, dessen Keim internationale

---

73 Mit Anarchie wird ein System ohne übergeordnete Instanz beschrieben; da es keine zentrale Regierung
    (z.B. eine Weltregierung oder -konföderation) gibt, bleibt der Nationalstaat als Kerneinheit und -
    instanz politischen Handelns bestehen (vgl. Gilpin, 1981).

Institutionen und Organisationen darstellen (Wendt, 2003; siehe auch Ruloff, 1988, Kap. 2).

In stärker soziologisch orientierten Forschungsrichtungen wird neben der Akteursmetapher ebenfalls das Bild einer *Bürokratie* verwendet. Mit der Bürokratiemetapher ist der Umstand gemeint, dass IOs Entscheidungen als Vertreter ihrer Mitglieder treffen oder ihnen konkrete Entscheidungsoptionen präsentieren. In einer organisationssoziologisch inspirierten Studie hebt W. Richard Scott das ‚Eigenleben‘ von Organisationen hervor. In seiner Untersuchung konzipiert er IOs als ‚Akteure‘ und stellt Kriterien für die Evaluation ihrer Effektivität/Effizienz auf (1981, S. 317-336). In Anschluss an Max Weber schlagen Barnett/Finnemore vor, IOs als eigenständige Akteure zu konzipieren. In ihrer Erklärung für die Autonomie von IOs gehen Barnett/Finnemore (2004) auf bürokratische Merkmale von Organisationen ein– hierarchischer Aufbau, Kontinuität, Unpersönlichkeit und Produktion von Expertise – und finden im Konzept ‚Autorität‘ eine plausible Antwort:

> „Bureaucracies are not just servants to whom states delegate. Bureaucracies are also authorities in their own right, and that authority gives them autonomy vis-à-vis states, individuals, and other international actors. By ‚authority‘ we mean the ability of one actor to use institutional and discursive resources to induce deference from others" (Barnett/Finnemore, 2004, S. 5, siehe auch Barnett/Finnemore, 1999).

Das Prinzip der Unpersönlichkeit dient der Begründung ihres Handelns durch den Verweis auf Regeln. IOs verkörpern diese Regeln, sie sind jedoch auch in der Lage diese zu produzieren (Barnett/Finnemore, 2004, S. 18).

Den beiden letzten Metapher – Akteur und Bürokratie – kommt im Rahmen dieser Arbeit besondere Bedeutung zu, da aus der Sicht des Autors die zur Zeit zu beobachtenden Aktivitäten der IOs sonst nicht angemessen erklärt werden können.

5.3.1   Theoretische Ansätze zu Internationalen Organisationen

IOs beteiligen sich heute an vielen wichtigen Bereichen der zwischenstaatlichen Beziehungen, wie z.B. der europäischen Sicherheit, der internationalen Finanzpolitik und nicht zuletzt der internationalen Bildungspolitik; sie sind so gut wie in allen Politikfeldern vertreten (Abbott/Snidal, 2001; Barnett/Finnemore, 2004). Dennoch wird die Berücksichtigung der IOs als aktive Mitgestalter oder als eigenständige Akteure der internationalen Politik nicht immer akzeptiert, oft hängt dies, wie oben angesprochen, mit der theoretischen Positionierung der Beobachter zusammen.

Mittlerweile findet sich eine breite Diskussion über das Verständnis von IOs. Diese Auseinandersetzung wurde in den letzten Jahren zu einem wichtigen Teil der politikwissenschaftlichen Disziplin (siehe Rittberger/Zangl, 2003; Muldoon, 2004; Jachtenfuchs/Knodt, 2002). IOs werden zunehmend als Akteure im eigenen Recht betrachtet und ihnen wird eine wichtigere Rolle in der Weltpolitik zugesprochen (Reinalda/Verbeek, 2004a; Joachim/Reinalda/Veerbek, 2008; Koch, 2008). Sie werden in verschiedenen Rollen untersucht: als ‚Agenda-Setter‘ (Pollack, 1997; Reinalda/Verbeek, 1998), als Schlichtungsinstanzen (Alter, 2001; Merrils, 2005), als selbständige

Akteure (Koch, 2008) und als Implementationsorgane internationaler Politik (Joachim/Reinal-da/Verbeek, 2008).

Die verschiedenen theoretischen Positionen lassen sich anhand zweier zentraler Grundannahmen unterscheiden:

> (1) danach, welches Verständnis bei den Akteuren und in den Strukturen der internationalen Beziehungen allgemein herrscht; und
>
> (2) danach, welche Rollen und Wirkungsmöglichkeiten ihnen (den IOs) zugemessen wird (vgl. Rittberger/Zangl, 2003).

Auf einer metatheoretischen Ebene lassen sich mit Robert Keohanes (1988) Unterscheidung zwischen rationalistischem und reflektivem Handlungsbegriff grob die Theorien internationaler Beziehung unterteilen.[74] Letztere verwenden, so Keohane, unterschiedliche Handlungsbegriffe, welche zu unterschiedlichen und manchmal sogar gegensätzlichen Aussagen über die Rolle und Wirkungsmöglichkeiten der IOs führen (S. 381f.).

Der Realismus bzw. der Neorealismus sowie der rationalistische Neoinstitutionalismus gehen mehr oder weniger von einem rationalistischen Handlungsbegriff aus. Der Konstruktivismus sowie der soziologische Neoinstitutionalismus verwenden dagegen einen reflektiven Begriff der Handlung.

Theorien, die mit einem rationalistischen Handlungsbegriff operieren, schreiben IOs keine eigenständige Handlungsmöglichkeit bzw. eine sehr geringe Bedeutung als Akteur zu. IOs sind meist nur Instrumente nationaler Akteure und haben keine Möglichkeit eigene politische Ziele zu gestalten und zu verfolgen. Aus der Perspektive von Theorien, die mit einem reflektiven Handlungsbegriff arbeiten, werden IOs dagegen eine größere Bedeutung beigemessen. IOs werden als autonome Akteure mit Handlungs- und Einflussmöglichkeiten konzipiert, welche in der Lage sind als Akteure mit (mindestens partieller) Autonomie aufzutreten.

Die Beobachtung der bildungspolitischen Diskussionen der letzten Jahre legt nahe, IOs als eingeständige Akteure zu betrachten, die über eine ausgeprägte Handlungsfreiheit gegenüber ihren Gründern verfügen.[75] Da diese Vorgehensweise eine bestimmte theoretische Position impliziert, werden im Folgenden die zentralen Unterschiede zwischen rationalistischen und reflektiven Theorien der internationalen Beziehung dargestellt. Dabei konzentriere ich mich auf die zentralen Annahmen und Aussagen des reflektiven Ansatzes sowie die des soziologischen Neoinstitutionalismus, denn diese sind für das Verständnis und die Einordnung dieser Dissertation zentral. Der rationalistische Ansatz wird hier nur kurz angerissen, soweit er zum Verständnis dieser Arbeit beiträgt.

---

74 Volker Rittberger und Bernhard Zangl gehen von einer Drei-Schulen-Typologie der Theorien in der Disziplin der Internationalen Beziehungen in Bezug auf IOs aus: Realismus, Institutionalismus und Idealismus samt ihren Weiterentwicklungen und Varianten (vgl. Kap. 2 in Rittberger/Zangl, 2003). Zu den zentralen Theorien der Internationalen Beziehungen siehe: Krell, 2004; Schieder/Spindler, 2006).

75 Vgl. nur die Arbeiten von: Radtke (2003) zur ‚Bildungspolitik der OECD' sowie Elisabeth Flitner (2006); Parreira do Amaral (2006); siehe auch Kallo/Rinne (2006); Jakobi (2007).

5.3.1.1 Rationalistische Theorien der internationalen Beziehungen

Der (Territorial-)Staat dient rationalistischen Theorien als zentrale Analyseeinheit (Abbott/Snidal, 2001) und dies auch bei der Untersuchung der Phänomene auf internationaler Ebene. Die „Staaten" verfolgen ihre Ziele, indem sie „aus einem gegebenen Set von Handlungsoptionen diejenige Handlung wählen, mit der sie ihre Interessen [...] am besten verwirklichen können" (Rittberger/Zangl, 2003, S. 38).

Realistische und neorealistische Theorien teilen diese grundsätzliche Ansicht, unterscheiden sich jedoch in der Begründung für dieses „egoistische," d.h. rational-eigennützige Verhalten. Realisten wie Hans Morgenthau behaupten, dass es „in der *Natur des Menschen* liegt, nach Macht zu streben, [daher] liegt es auch in der Natur des von Menschen geschaffenen Territorialstaates, die eigene Macht zu maximieren (Rittberger/Zangl, 2003, S. 35, Herv. i. O.; Jacobs, 2006, S. 46f.). Für Neorealisten liegt es vielmehr in der anarchischen Struktur des internationalen Systems, aus dem das Sicherheitsdilemma[76] erwächst, der Grund für das kompromisslose Verfolgen der Machtmaximierung des (Territorial-)Staates (Waltz, 1979; Schörnig, 2006; Krell, 2004).

Beide theoretischen Begründungen implizieren jedoch dieselbe Annahmen: IOs dienen der Maximierung der Macht des Territorialstaates, sie „spiegeln im Allgemeinen die Machtverteilung in der Welt. Sie gründen in den eigennützigen Kalkülen der größten Mächte, und sie haben keine unabhängige Wirkung auf das Verhalten der Staaten" (Mearsheimer, 1995, S. 7).[77] Im Allgemeinen lässt sich sagen, dass rationalistische Theorien den IOs keinen Akteurstatus einräumen, auch wenn in einigen Varianten ihnen teilweise wichtige Rollen zugesprochen werden.[78]

Wie oben bereits angesprochen, lassen sich mittlerweile verschiedene Aktivitäten von IOs beobachten, welche sich mit der rationalistischen Perspektive auf IOs nicht angemessen beschreiben und erklären lassen. Das inzwischen oftmals beobachtete autonome Verhalten von IOs lässt sich adäquater mit reflektiven Theorien erklären. Sie räumen IOs mehr Bedeutung und eigenständige Handlungsmöglichkeiten ein und ermöglichen die Einbeziehung von gesellschaftlichem Kontext, in dem diese Aktivitäten stattfinden.

---

76 Damit ist gemeint, „dass die Versuche einer Gruppe, ihre Sicherheit zu gewährleisten, von einer anderen Gruppe als Gefährdung ihrer Sicherheit wahrgenommen werden oder werden können" (Krell, 2004, S. 157f.).

77 Eine intermediäre Position zwischen streng rationalistischen und entschieden reflektiven Theorien nimmt der Rationalistische (Neo)institutionalismus (rational-choice neo-institutionalism) ein (hierzu siehe: Rittberger/Zangl, 2003, S. 40ff.). Er misst IOs mehr Bedeutung als rationalistischen Ansätzen zu, sieht diese immer noch als Instrumente rational agierender Staaten an. Für den rationalistischen NI dienen IOs nicht nur der eigenen Machtmaximierung, sondern auch der Bewältigung von Problemen, wodurch komplexe Inderdependenz-Beziehungen entstehen, welche kein Staat allein lösen kann (Rittberger/Zangl, 2003, S. 38). Zu den verschiedenen ‚Institutionalismen' siehe Hall/Taylor, 1996; Campbell/Pedersen, 2001.

78 In den Theorien der Internationalen Organisationen dominierten lange Zeit rationalistische Ansätze. Sie befassten sich vordergründig mit der Entstehung von IOs (Tierney/Weaver, 2004; Börzel/Risse 2002).

5.3.1.2 Reflektive Theorien der internationalen Beziehungen

Reflektive Theorien haben ihren gemeinsamen Ausgangspunkt im Konstruktivismus. Aus dieser Perspektive kann die Welt, falls diese ‚objektiv' gegeben ist, nie auch ‚objektiv' erfasst werden (Risse, 2003; Krell, 2004, Kap. 11). Die Welt wird, so der Konstruktivismus, sozial konstruiert.[79] Die Konstruktion der Welt verläuft über Sinninterpretationen, kognitive Leistungen der in dieser Welt lebenden Akteure und ihrem Handeln (Risse, 2003, S. 100ff.). Als Sinninterpretationen können „Ideen" aufgefasst werden, welche Menschen von der materiellen Welt ableiten (Finnemore/Sikkink, 1998).

Der Begriff der Kultur beschreibt hier eine gesellschaftliche Struktur, in der wir alle in der einen oder anderen Weise eingebettet sind. Diese sozialen Strukturen sind als Ideen aufzufassen, als gesellschaftliches Konstrukt. Durch ihr Handeln reproduzieren den die Akteure diese Strukturen, folgerichtig lässt sich sagen, dass sich gesellschaftliche Strukturen und Akteure gegenseitig konstruieren (vgl. Risse, 2003; Börzel/Risse, 2002, S. 149).

IOs sind laut Risse (2003, S. 108) „Sinn- und Bedeutungsstrukturen, die Akteure konstituieren, indem sie deren Interessen und Identitäten beeinflussen". Als Akteure werden hier einzelne Individuen und Staaten genauso wie Organisationen verstanden, sofern diesen die Ausübung von Macht und Einfluss zugesprochen wird. Nach Conzelmann (2004) sind Internationale Organisationen sowohl als gesellschaftliche Struktur als auch als Akteure zu sehen, es hängt nur von der Fragestellung ab.

Statt ihre Handlungen an Machtmaximierung durch rationales Verhalten auszurichten, orientieren sich die Akteure aus reflektiver Perspektive – nämlich, Individuen, Staat und Organisation – an einer ‚logics of appropriateness' (Checkel, 1998, S. 326), das heisst, an der Angemessenheit der Handlung, welche durch Normen festgehalten werden (Risse, 2003). Rittberger/Zangl (2003, S. 46) zufolge dienen Normen als Orientierung für die Handlung; Akteure tun das, was ihrer sozialen Rolle entsprechend von ihnen erwartet wird. Der zentrale Unterschied zwischen rationalistischen und reflektiven Ansätzen liegt in der Unterstellung der Motive der Handlungen der Akteure sowie in der Frage, wem Akteurstatus zukommt. Sehen rationalistische Theorien das zentrale Handlungsmotiv am Akteur selbst, so liegt für reflektive Theorien das Handlungsmotiv am Kollektiv, d.h. in der Gesellschaft.

Aus konstruktivistischer Perspektive sind IOs gesellschaftszentrierte Akteure, die ihr Verhalten an gesellschaftlichen Normen ausrichten. Sie reflektieren die in ihnen eingelassenen Normen in zweifacher Weise. Erstens, entsprechen sie in ihrem Handeln diesen Normen und, zweitens, verkörpern sie und tragen ebendiese nach außen. Dadurch nehmen sie Einfluss auf die Konstitution der Identitäten anderer Akteure sowie auf die ihrer Präferenzen und Interessen (Risse, 2003, S. 149).[80]

---

79 Die wissenssoziologische Arbeit von Peter L. Berger und George M. Luckmann dient als Basis des Sozialkonstruktivismus in verschiedenen Disziplinen (vgl. Berger/Luckmann, 2001 [1966]).

80 Normen haben daher nicht nur eine regulative Funktion, sondern darüber hinaus eine konstitutive Funktion. Konstitutive Normen vermitteln den Akteuren dasjenige Wissen, das für die Interpretation der Welt sowie der sozialen Interaktion benötigt wird (Senge, 2006; Klatetzki, 2006).

Im Rahmen des konstruktivistischen Paradigmas bildet der soziologische Neoinstitutionalismus (vgl. Kap. 4, Abschnitt 2) einen theoretischen Ansatz, in dem das Verständnis von IOs als Akteure, ihre zugesprochene Rolle in den internationalen Beziehungen sowie ihre Wirkungsmöglichkeiten nach Meinung des Autors dieser Arbeit angemessen beschrieben und erklärt werden.

5.4   Internationale Regimes

Der zweite Typus von internationalen Institutionen, der zentral für die vorliegende Arbeit ist, wird Internationales Regime genannt.

Trotz ihrer kurzen Geschichte gehört die Regimetheorie seit einiger Zeit zum Zentrum der Analyse der Internationalen Beziehungen in der Politikwissenschaft (Krasner, 1983; Wolf/Zürn, 1986; Hüttig, 1989; Kohler-Koch, 1989a; Müller, 1993; Rittberger, 1995; Levy et al., 1995). Am bekanntesten sind das Regime der Nicht-Verbreitung nuklearer Waffen und das Ozonschutzregime; dennoch deckt die Breite der mit dem Begriff bezeichneten Phänomene fast alle Aspekte des internationalen politischen Lebens ab (vgl. Puchala/Hopkins, 1983, S. 86). Oran R. Young, einer der prominenten Regimeforscher, stellte bereits 1980 fest: ‚we live in a world of international regimes‘ (S. 331). Die Probleme bzw. Konflikte, für dessen Lösung die Internationalen Regimes entstehen bzw. geschaffen werden, sind keineswegs neu. Die Perspektive auf sie hat sich vielmehr geändert, was durchaus einem bedeutsamen Paradigmenwechsel in den Theorien der Politikwissenschaft gleich kommt.[81]

In der Politikwissenschaft hat sich der Fachterminus ‚Internationales Regime‘ für die Kennzeichnung von internationalen Institutionen erst ab den 1970er Jahren eingebürgert[82] (siehe Abschnitt 2.2.3). Der Begriff ‚Internationales Regime‘ wurde von dem Völkerrecht übernommen, wo er internationale Abkommen für die Regulierung bestimmter Problembereiche bezeichnet (Zimmerling, 1996, S. 3; siehe auch Haas, 1980). Die Einschränkung auf völkerrechtlich verbindliche Abkommen wurde jedoch zugunsten formaler und informaler Vereinbarungen aufgegeben. In der politikwissenschaftlichen Diskussion wird der Regimeansatz in die Nähe anderer Theorien der Internationalen Beziehungen wie der Interdependenzanalyse[83] oder auch der Theo-

---

81 In ihrem systematisierenden und oft zitierten Beitrag gehen Kratochwil/Ruggie (1986) auf einige der Problemverschiebungen ein, die sich in den IB eingestellt haben. Die ‚interest shift‘ in Richtung der Beschäftigung mit IRs spiegele die ‚Parameter sowie die Perimeter‘ der Forschung zur international Governance wider (vgl. Kratochwil/Ruggie, 1986, S. 759). Dies unterstreicht nochmals die Relevanz des Regimekonzepts für Untersuchungen der Governance des Bildungssystems.

82 Grund dafür war die scheinbare Abnahme der – insbesondere wirtschaftlich begründeten – weltweiten Dominanz der USA im Vergleich zu der unmittelbaren Nachkriegszeit. Die gesteigerte Wahrnehmung der globalen Interdependenz im ökonomischen Bereich – Stichwort ‚Neue Weltwirtschaftsordnung‘, ‚Ölkrise‘, etc. – motivierten die Suche nach Lösungen für die Herausforderungen der Weltpolitik (vgl. Hüttig, 1989, S. 405f.; Sprinz, 2003, S. 251; Kohler-Koch, 1989b).

83 In der Interdependenzanalyse wurde versucht, die Argumente der vorherrschenden Realistischen Schule zu relativieren, indem sowohl die strukturellen Bedingungen internationaler Politik als auch die Kooperationsdynamik der Funktionalistischen Schule berücksichtigt wurden. Keohane/Nye (2001) argumentierten, dass ‚power‘ (in der realistischen Sichtweise das wichtigste Element) nicht

rie Internationaler Organisationen (Rittberger/Zangl, 2003; vgl. Abschnitt 2.1) gestellt. Es bestehen ebenfalls große Schnittmengen mit den Denktraditionen des Internationalen Rechts (vgl. Kratochwil, 1989; Sandholtz/Sweet, 2004; vgl. auch allg. Reus-Smit, 2004).

Innerhalb des Fachs können unterschiedliche Stränge der Regimeforschung ausgemacht werden. Einige Autoren sehen in Regimes nichts weiter als ein nützliches Hilfsmittel für die Bearbeitung von Konflikten jedoch nur in jenen Fällen, in denen Staaten nicht mit unilateralem Handeln weiterkommen oder nur suboptimale Ergebnisse erzielen würden (siehe Strange, 1983). Andere messen Regimes ein größeres Eigengewicht zu. Regimes sind demzufolge als wichtige Institutionen im internationalen System anzusehen (siehe Puchala/Hopkins, 1983; Young, 1983). Der erste Impuls für eine Regimeforschung kam zunächst aus dem analytischen Interesse zu zeigen, dass Institutionen unerlässliche Komponenten in Theorien der Weltpolitik sind; dies in konträrer Perspektive zu den damals vorherrschenden realistischen Theorien (Levy et al., 1995, S. 268). Gegenwärtig wird diese Erkenntnis weitest gehend akzeptiert und es geht vielmehr darum festzustellen, in welcher Weise und mit welchen Konsequenzen sie dies tun. Bevor es um diese Fragen gehen kann, muss eine Definition für die hier interessierende Fragestellung ausgearbeitet werden. Die folgenden Abschnitte skizzieren die theoretischen Debatten um eine Definition von Internationalen Regimes. Abschnitt 2.3 stellt dann die theoretischen Ansätze zu Internationalen Regimes vor.

5.4.1 Internationales Regime: Definition und Regimeelemente

Das Wort ‚Regime' ist mit den Begriffen ‚Regiment' und ‚Regierung' semantisch verwandt (Sellin, 1984, S. 362). ‚Regime' wurde ins Deutsche erst um 1800 aus dem Französischen übernommen. Die ursprünglichen vier Bedeutungsfelder – (1) eine ‚Diätvorschrift', (2) in der Grammatik sprach man von dem Regime eines Verbs, (3) in der juristischen Sprache meinte Regime die Verwaltung beschlagnahmter Güter, (4) in einigen Klöstern bezeichnete Regime die Dauer des Amtes eines Vorstehers, z.B. ein ‚régime annuel, oder ‚perpétuel' usw. (vgl. Sellin, 1984, S. 389ff.) – wurden auf eine Vielzahl anderer Bereiche übertragen. Schlossen die ursprünglichen Bedeutungen des Wortes die Regierung des Staates im vorrevolutionären Frankreich nicht ein, so umfasste der Begriff die Gesamtheit der rechtlichen und sozialen Ordnung des Landes nach der Französischen Revolution (ebd.).

Der Begriff des Regimes hat in der Umgangssprache oft eine negative Konnotation. Die meisten Menschen verbinden damit ein diktatorisch-autoritäres staatliches Regime, das als irregulär oder unrechtmäßig angesehen wird. Es ist z.B. im Zusammenhang mit dem Nationalsozialismus vom ‚NS-Regime' die Rede, von ‚Stalins Terrorregime', schließlich wird zur Zeit der Begriff oft dazu verwendet, die Orientierungen der

---

unabhängig vom Politikfeld gesehen werden konnte; in bestimmten Feldern müssen auch die mächtigsten Staaten kooperieren (vgl. Müller, 1993a, Kap. 2; Spindler, 2006; Kohler-Koch, 1990).

organisationalen Veränderungen im Bildungsbereich zu charakterisieren (Münch, 2007, 2009a).[84]

Der Terminus wird häufig verwendet, um herabsetzend eine bestimmte Regierung zu kennzeichnen (z.B. l'ancien régime). Parallel zu diesem Verständnis wird Regime, vor allem im wissenschaftlichen Sprachgebrauch, neutral im Sinne eines politischen Systems verwendet (z.B. das parlamentarische Regime). In Gegensatz hierzu meint Internationales Regime im politologischen Begriffsverständnis nicht jene starke Struktur, die für die zentrale Koordinierung der Tätigkeiten von Mitgliedern eines bestimmten Politikfeldes nötig ist (Leive, (1976), zitiert in Zürn, 1987, S. 7); was allerdings nicht heißt, dass Regimes keine Einflussmöglichkeiten auf die Weltpolitik haben. In der Politikwissenschaft wird die Frage – ob Regimes bedeutsam sind oder nicht – anhand unterschiedlicher theoretischer Werkzeuge untersucht (weiter unten komme ich darauf zurück). Der Grad an Institutionalisierung gibt Auskunft über die ‚Stärke' eines Regimes (vgl. Hasenclever et al., 1997).

Die semantische Abgrenzung des Begriffs von seinem Alltagsverständnis ist unerlässlich. Auf Harald Müller (1993) zurückgreifend können Regimes folgendermaßen erläutert werden:

> „Regime sind Institutionen, d.h. dauerhafte Ordnungen für interpersonales Handeln und Kommunikation; sie bestehen aus einem Geflecht von Rollen, die durch Regelungen oder Konventionen zusammengehalten werden." (S. 26)

In der politikwissenschaftlichen Forschung der Internationalen Beziehungen schlug Stephen Krasner eine Definition vor, die trotz einiger Kritik immer noch als konsensuell gilt. Nach ihm werden Regimes folgendermaßen definiert:

> [Sie sind] „implicit or explicit principles, norms, rules, and decision-making procedures around which actors' expectations converge in a given area of international relations. Principles are beliefs of fact, causation, and rectitude. Norms are standards of behavior defined in terms of rights and obligations. Rules are specific prescriptions or proscriptions for action. Decision-making procedures are prevailing practices for making and implementing collective choice." (Krasner, 1983a, S. 2)

Für Internationale Regimes typische Merkmale sind u.a. Rollengeflechte, konvergierende Erwartungen der Regimemitglieder an das Regime, dauerhafte Ordnungselemente und Sanktionen (Müller, 1993, S. 26f.). Diese Merkmale sind allerdings auch für Institutionen kennzeichnend.

Regimes bilden das Fundament der Struktur, die für die „Überwindung der Kooperationshemmnisse" (Kohler-Koch, 1989b, S. 23) zwischen konkurrierenden Akteuren

---

84 Weitere Verwendungen sind in folgenden Beiträgen zu finden: Masschelein und Simons, 2005; Kehm und Lanzendorf, 2005; Radtke, 2006, 2003, S. 287. An dieser Stelle sei auch auf Esping-Andersens Verwendung in seiner breit rezipierten Arbeit zu ‚Wohlfahrtsregime' hingewiesen, in der es um verschiedene historisch gewachsene Arrangements der sozialen Wohlfahrt geht (vgl. Esping-Andersen, 1997).

notwendig ist, seien diese zwischen staatlichen oder zwischen privaten Akteuren. Auch nichtstaatliche Akteure treten als Mitglieder eines Internationalen Regimes auf. Internationale Organisationen und Multinationale Unternehmen sind dafür gute Beispiele.

In der politikwissenschaftlichen Forschung sind Regimes in ihrer Bearbeitungs- und Zuständigkeitskapazität auf eine begrenzte Anzahl von Politikfeldern beschränkt, was sie von anderen allgemeineren internationalen Institutionen unterscheidet (vgl. Abschnitt 2.).

Internationale Regimes haben kooperativen Charakter. Mit anderen Worten, sie bezwecken die Erleichterung der Kommunikation und insoweit auch die Bearbeitung von Problemen in einem bestimmten Feld. Internationale Regimes bearbeiten ‚Verflechtungsprobleme sektoraler Art' (Zürn, 1987, S. 18), sie bearbeiten also Probleme und Konflikte in bestimmten Teilbereichen der internationalen Beziehungen (Politikfelder). Nach Efinger/Rittberger/Zürn, (1988, S. 68) können

> „Konflikte in der internationalen Politik […] zwischen den Akteuren in allen Problemfeldern entstehen, in denen über die Herstellung und Verteilung eines materiellen oder immateriellen Wertes – eines Konfliktgegenstandes – unvereinbare Positionsdifferenzen bestehen."[85]

Eine ihrer Hauptfunktionen ist die Verminderung von Unsicherheit. Eine effektivere und reibungslose Verständigung und Zusammenarbeit zwischen den Akteuren soll durch sie erreicht werden. Beständigkeit und Dauerhaftigkeit des Regimes sind Schlüsselkriterien für den Erfolg dieser Form von Kooperation. Erst wenn diese Elemente vorhanden sind, kann das notwendige Vertrauen für den Aufbau und die Zuversicht der Akteure in die Wirksamkeit eines Regimes entstehen (vgl. zu den Funktionsleistungen von Regimes: Kohler-Koch, 1989b, S. 23f.; siehe auch: Müller, 1993, S. 37ff.).

Internationale Regimes sind weder synonym mit Verträgen und Abkommen noch identisch mit Internationalen Organisationen. Zwar erstrecken sich deren Einzugsbereiche ebenfalls auf Verträge und Abkommen, sie sind allerdings nicht auf diese beschränkt. Internationale Organisationen existieren eher als Unterart von Institutionen und sind von daher durch ihre „physischen" Strukturen gekennzeichnet. Diese haben z.B. festgeschriebene Satzungen, Rechtspersönlichkeiten, aber auch einen Sitz (Gebäude), haben Angestellte, Bankkonten, usw.; Internationale Regimes existieren auf einer geringeren Ebene von Materialität – sie haben keine Satzungen und ihre Arbeitsteilung folgt oft weniger formalen Wegen. Internationale Organisationen sind aber häufig Teil von Internationalen Regimes, sie können selbst mehreren Regimes parallel angehören (vgl. Young, 1989). Unter den Vorteilen von „physischen" Organisationen, auf die Regimes für ihre Zwecke zurückgreifen, führt Harald Müller (1993, S. 30) auf: stabile Kommu-

---

85 Hintergrund der Fokussierung auf ‚Konflikte' ist die disziplinäre Verortung der meisten deutschen Regimeforscher in der Friedens- und Konfliktforschung. Dabei steht die Einsicht im Vordergrund, wonach ‚Konflikte' ein Dauerelement der internationalen Beziehungen und im Allgemeinen von sozialen Beziehungen darstellen. Regime haben hier die Funktion, das Verhalten der Beteiligten durch Normen und Regeln zu regulieren (vgl. Rittberger, 1995a, S. 11f.; Efinger/Rittberger/Zürn, 1988, S. 72f.).

nikationswege, Beschaffung und Fluss von Information, Vereinfachung von Entscheidungsprozeduren, und Entlastung in der Überwachung regimekonformen Verhaltens der Akteure eines bestimmten Regimes.

Internationale Regime gründen im Allgemeinen auf expliziten Abkommen/ Vereinbarungen. Nichts hindert sie allerdings daran, auf Gewohnheit bzw. auf reziproke Anpassung zurückzugreifen (für den Bildungsbereich siehe Kap. 3). Müller schränkt jedoch ein, dass diese eher die Ausnahme als die Regel bilden, denn der Aufbau eines Regimes setzt einen Sprung über die Kluft des Unilateralismus voraus (Müller, 1993, S. 29). Gleichwohl kommt dieser Sprung nur zustande, wenn ausreichendes Vertrauen vorhanden ist. Die Beteiligten brauchen die Sicherheit, dass die anderen ähnliche Positionen über das zu bearbeitende Politikfeld haben wie sie. Sie wollen sicherstellen, dass sie gleiche Ziele verfolgen und dass sie gewillt sind, die Regeln des gemeinsamen Regimes zu befolgen. Dies kommt in der Regel nur durch extensive Verhandlungen und explizite Übereinkünfte zustande (ebd., S. 29). Gleichwohl kann dieser Prozess als eine Phase der Institutionalisierung von Problembeschreibungen, Vorstellungen über ihre Lösungen, usw. gesehen werden, der nicht ausschließlich durch explizite Verhandlungen vonstatten geht.

5.4.2 Komponente Internationaler Regimes: Prinzipien, Normen, Regeln und Entscheidungsprozeduren

Weiter oben war von der notwendigen Dauerhaftigkeit und letztes Endes auch von der Effizienz Internationaler Regimes die Rede. Beide können nur gewährleistet werden, wenn das Regime einer gemeinsamen Strukturierung folgt. Die politikwissenschaftliche Definition von Regimes wird anhand einer viergliedrigen Struktur, die aus Prinzipien, Normen, Regeln und Entscheidungsprozeduren/Verfahren besteht, vorgenommen (Müller, 1993, S. 39; Krasner, 1983a, S. 2). Die einzelnen Elemente sind in der Regel in einer hierarchischen Beziehung zueinander zu sehen, was nicht zuletzt dazu beiträgt, dass eine „innere Logik" entsteht, die wiederum in eine „weichere" und einen „härtere" Dimension unterteilt werden kann. Prinzipien und Normen lassen sich als der „weichere", informalere Teil beschreiben. Sie bilden die kognitive Basis für den „härteren", formalisierteren Teil, der aus Regeln und Prozeduren besteht.

Das Vorhandensein einer solchen Struktur bildet die Prämisse für das Entstehen eines Internationalen Regimes; sie ist die Grundvoraussetzung für regelbasierte Kooperation, da die viergliedrige Struktur den Akteuren den gemeinsamen Rahmen bildet, innerhalb dessen sich das unerlässliche Vertrauen entwickeln kann, damit kooperative Konfliktlösung bzw. die Überwindung von Kooperationshemmnissen möglich und wirksam gemacht werden können. Müller betont die Wichtigkeit einer strengen semantischen Abgrenzung dieser Punkte, denn nur so kann der Vorwurf der Unbestimmtheit dieser Begriffe vermieden werden (1993, S. 39ff.; zur Kritik des Regimebegriffs siehe unten).

Prinzipien sind kontingent, können aber wohl spezifiziert werden. „Prinzipien interpretieren die Wirklichkeit, die es kooperativ zu bearbeiten gilt" (ebd.). Sie enthalten allgemeingültige Beschreibungen des jeweiligen Politikfeldes, Zielvorstellungen des Regimes und seiner Akteure und Zweck-Mittel-Relationen, über welche die Akteure übereinkommen. Prinzipien bilden daher die Basis von Internationalen Regimes und die Voraussetzung für jegliche Form von Institutionsbildung. Sie verkörpern diejenigen Grundaussagen, die ein Regime begründen können; sie konkretisieren das Regime in einem bestimmten Feld. Zum Beispiel gibt es in den internationalen Sicherheitsbeziehungen das Nicht-Proliferationsregime, das in dem Politikfeld der Weiterverbreitung von Kernwaffen operiert. Grundaussage und Grundprinzip dieses Regimes ist die Auffassung der Akteure, dass die Weiterverbreitung von Kernwaffen friedensgefährdend sei und deshalb folgerichtig verhindert werden muss.

Normen legen allgemeine Verhaltensrichtlinien fest, die im Sinne von Rechten und Pflichten formuliert werden. Die Rechte eines Akteurs beinhalten auch die Verpflichtung der anderen Teilnehmer des Regimes, diese Rechte dem Gegenüber zuzugestehen und sie zu sichern. Eigene Ansprüche sind dann dementsprechend zurückzustellen. Die Verpflichtungen der Akteure stellen ihrerseits wiederum die Erwartungen der Regimepartner an das eigene Verhalten dar. Dies impliziert, dass Handlungsweisen, die ein Akteur verurteilt, wenn sie gegen ihn gerichtet sein sollten, diesem Akteur genauso untersagt sind, wenn dieselben Handlungsweisen ihm Vorteile und seinen Partnern Nachteile brächten. Normen sind für die Regimetauglichkeit gerade deshalb so wichtig, da sich Internationale Regimes nicht in bindenden Rechtsmitteln erschöpfen. Sie bilden vielmehr eine Mixtur aus formellen und informellen Regelungen für einen Politikbereich. Die Normen sind also gerade für die Regelung dieser ‚rechtsfreien‘ Räume zuständig. Sie sollen das Verhalten der an Internationalen Regimes beteiligten Akteure dort lenken, wo sie auf sich selbst gestellt sind (also außerhalb ihrer rechtlichen Verpflichtungen). Beispielsweise gilt im Nicht-Proliferationsregime die Norm, dass nicht-nukleare Mächte darauf verzichten sollen, Kernwaffen zu erwerben oder herzustellen; darüber hinaus dürfen die Mitglieder keine Hilfe für den Erwerb oder Produktion von Kernwaffen leisten. Daraus wird ersichtlich, dass die Normen eines Regimes den nichtgeregelten Teil des betreffenden Politikfeldes mit den Regimeprinzipien konform halten sollen.

Regeln bilden den stärker formalisierten Bereich eines Regimes. Sie enthalten genaue Verhaltensvorschriften, die dann auch meist verrechtlicht sind. „Da Regeln genaue Verhaltensvorschriften enthalten, wird an ihnen die Einhaltung oder Nichteinhaltung des Regimes deutlich" (Müller, 1993, S. 41). Diese Funktion der Regeln, die für den Bestand des Regimes und dessen Evolution von entscheidender Bedeutung ist, setzt eine klare Abgrenzung voraus. Gerade der Übergang von Prinzipien und Normen zu deren Festlegung in Regeln bildet häufig einen großen Konfliktherd. Die Akteure müssen dann nämlich zeigen, inwieweit sie bereit sind, nicht nur die annehmlichen Vorteile von Kooperation, sondern auch deren Kosten zu tragen. Harald Müller erwähnt hierzu als Beispiel die Exportkontrollen, die bei den Akteuren des Nicht-Proliferationsregimes durchgeführt werden. Diese bilden ebenfalls häufig Stoff für Konflikte, da sie empfindlich in die Wirtschaftsinteressen von Akteuren eingreifen können (ebd.). Die Überwindung dieser Konfliktpunkte bedeutet allerdings einen großen Schritt in Richtung Kooperation. Mit Regeln können zum einen Präskriptionen und Proskriptionen gemeint sein, zum anderen genauso regelhaftes bzw. regelmäßiges Verhalten ohne dass konkrete Sanktionen damit verbunden werden. Dies ist für den hier zu untersuchenden Kontext von großer Relevanz, denn im Bereich traditionell nationaler Politik wie Bildungspolitik bleibt dieses Verständnis von Regeln zunächst kennzeichnend.

Prozeduren/Verfahren stellen Informations- und Entscheidungsprozesse innerhalb eines Regimes dar. Für Internationale Regimes muss aber auch die Möglichkeit der Evolution, d.h. auch der Veränderung, gegeben sein. Veränderungen in dem zu bearbeitenden Politikfeld müssen zunächst erfasst werden und ihnen folgerichtig im Regime Rechnung getragen werden. Veränderungsvorgänge sind allerdings in Internationalen Regimes häufig mit neuen Verteilungskämpfen unter den Akteuren verbunden, da jeder der Regimepartner natürlich darauf aus ist, die bestmöglichen Konditionen für sich auszuhandeln. Um dies verhindern zu können, werden so genannte Revisionsprozeduren vorgesehen, welche die Wandelbarkeit Internationaler Regimes garantieren sollen. Teilnahmeprozeduren führen eine Prüfung der Bedingungen und Kriterien für eine etwaige Aufnahme eines Staates (oder eines nichtstaatlichen Akteurs) in ein Regime durch. Beispielsweise muss den Mitgliedern des Europarates eine liberal demokratische Verfassung gemeinsam sein. Ferner dienen Sanktionsprozeduren als Abschreckung für etwaige Abweichungen von den Grundsätzen und Regeln des Regimes. Weiterhin gibt es in Internationalen Regimes Konfliktregelungsprozeduren, Routineprozeduren,[86] etc.

Trotz ihres konsensuellen Charakters wird diese Definition aus unterschiedlichen Gründen stark kritisiert (siehe Young, 1986; de Sernaclens, 1993; Milner, 1993; Kratochwil, 1984). *Zum einem* sei aufgrund der Vagheit der Definition nur schwer ein Regime zu erkennen oder aus den unzähligen internationalen Kooperationsformen zu unterscheiden. Diese konzeptionelle Unschärfe erschwert die Operationalisierung des Konzepts, so die Kritiker; *zum anderen* seien die einzelnen Komponenten der Definition nicht scharf genug voneinander abzugrenzen, was sie für die intersubjektive Kommunikation unbrauchbar machen würden. Levy et al. (1995, S. 270-274) gehen auf diese Einwände ein, weniger um eine Alternative anzubieten, als vielmehr die Definition so zu modifizieren und zu konkretisieren, dass unterschiedliche Verständnisse von Regimes untergebracht werden können und analytische Unterscheidungen dennoch möglich sind.

In Hinblick auf die erste Kritik – Vagheit der Definition – wurden unterschiedliche Vorschläge gemacht, um die konsensuelle Definition zu operationalisieren. Die eine Möglichkeit wäre ausschließlich explizite Regeln in den Blick zu nehmen, eine andere eine Komponente empirisch beobachtbares Verhalten in die Definition aufzunehmen. Levy et al. weisen auf den Nachteil beider Prozeduren hin: der erste Vorschlag würde zu formalistisch geraten und unzählige Regimes berücksichtigen, die nur auf dem Papier existieren, der zweite Vorschlag laufe Gefahr, Regimes anhand empirisch beobachtbaren Verhaltens und expliziten Regeln zu identifizieren, um dann in zirkulärer Argumentation diese für ihre Erklärung zu nutzen (1995, S. 271). Die Unterscheidung

---

86 Diese beziehen sich auf Vorgänge, wie z.B. das Aufnehmen neuer Mitglieder, Personalfragen, wie die Wahl eines neuen Vorstands, aber auch Haushalts- und Investitionsentscheidungen. Sie haben eine strikte Regelungsfunktion inne (vgl. Hasenclever et al., 1997, S. 10).

zweier Dimensionen – Grad an Formalität und an Konvergenz der Erwartungen – kann dazu genutzt werden, dieses Problem zu lösen. Sie entwickelten eine Matrix anhand welcher Regimes identifiziert werden können. Daraus ergeben sich drei unterschiedliche Definitionen von Regimes: (1) ‚*dead letter regimes*‘ oder Regimes, die nur auf dem Papier existieren; sie weisen einen hohen Grad an Formalisierung und einen niedrigen Grad an Konvergenz der Erwartungen der Mitglieder an das Regime auf; (2) ‚*classic regimes*‘ weisen demgegenüber sowohl einen hohen Grad an Formalisierung und Konvergenz der Erwartungen auf; schließlich (3) ist der Grad an Formalisierung so genannter ‚*tacit regimes*‘ eher niedrig während der Grad an Konvergenz der Erwartungen ihrer Mitglieder hoch ist (vgl. ebd., S. 272). Die folgende Graphik veranschaulicht die unterschiedlichen Regimes:

Tabelle 4: Regimetypen (nach Levy et al., 1995, S. 272)

Grad der Formalität	Grad der Erwartungskonvergenz	
	Niedrig	Hoch
Niedrig	Keine Regimes	‚tacit regimes‘
Hoch	‚dead letter regimes‘	‚classic regimes

Regimeforscher sollten, so Levy et al., die Vorteile der unterschiedlichen Ansätze ausnutzen, statt sich nur auf einen einzigen zu verlassen. Dies sei zu rechtfertigen solange die einzelnen Autoren ihr Verständnis der Definition explizit machen:

> „So long as individual analysts are careful to state clearly the universe they are referring to, this procedure should facilitate the growth of knowledge rather than becoming a source of confusion.“ (Levy et al., 1995, S. 273)

Der Vorschlag die einzelnen Komponenten der Definition – principles, norms, rules, and decision-making procedures – aufgrund ihrer Unschärfe zugunsten der Berücksichtigung ausschließlich expliziter Elemente (injunctions) aufzugeben, antwortet auf die zweite Kritik – Ununterscheidbarkeit der Komponenten. Levy et al. plädieren dafür, diese Unterscheidungen aufrecht zu erhalten, denn sie bieten ein hilfreiches heuristisches Raster, auch wenn sie nur ‚approximate distinctions‘ sind. Darüber hinaus stehen sie bei der Definition von Regimes nicht an erster Stelle, so die Autoren. Sie führen zwei Gründe für die Beibehaltung der Komponente an: sie tragen zur ‚descriptive richness‘ bei, was zu den allgemein anerkannten Vorzügen der Regimetheorie gezählt wird; und, wichtiger, zweitens sie ermöglichen die Klassifizierung von unterschiedlichen Regimes, davon profitiere die Analyse der Entstehung und Konsequenzen von Regimes (vgl. ebd., S. 273f.).

Die konsensuelle Definition nach Krasner (1983a) wird von Levy et al. modifiziert und ergänzt:

> „[…] we suggest defining *international regimes as social institutions consisting of agreed upon principles, norms, rules, procedures and programs that govern the interactions of actors in specific issue areas.*“ (1995, S. 274, Herv. i. Orig.)

In dieser Arbeit wird diesem Definitionsvorschlag gefolgt; im nächsten Kapitel wird der Fokus darauf gerichtet, eine solche ‚soziale Institution‘ in der internationalen Bildungspolitik zu identifizieren, wobei das Augenmerk insbesondere auf den ersten beiden Regimeelementen liegen wird, da es sich hier um ein im Entstehen befindliches Bildungsregime handelt (vgl. Kap. 6).

5.4.3   Phasen der Regimeanalyse

Im Vergleich zu anderen theoretischen Forschungsansätzen hat die Regimeanalyse eine kurze und dennoch sehr produktive Geschichte innerhalb der Politikwissenschaft. Die Geschichte dieses Konzeptes wird in der einschlägigen Literatur in drei Phasen unterteilt; sie beziehen sich sowohl auf Erkenntnisinteresse als auch auf ihre Schwerpunktsetzungen. So etablierte sich zunächst eine Phase reger Diskussion um die Bedingungen der Regimeentstehung, insbesondere im Bereich der Wirtschaftspolitik mit Fokus auf die USA, auf der dann eine zweite Phase der Erweiterung der Untersuchungen auf andere Bereiche und geographische Regionen folgte, und schließlich eine Phase, in der insbesondere Analysen zur Wirkung von Regimes im Fokus standen (Bernauer/Ruloff, 1999, S. 17; Sprinz, 2003, S. 258-264).

Beate Kohler-Koch wies bereits 1989 auf die politische Motivation für die Auseinandersetzung mit dem Regime-Konzept hin. Sie wies darüber hinaus auf Unterschiede in der Schwerpunktsetzung im Vergleich zu den USA hin – wo die Regimeanalyse als erstes Eingang in die politikwissenschaftliche Diskussion um internationale Beziehungen gefunden hat (Kohler-Koch, 1989a; siehe auch Rittberger, 1995a). Während in den USA mehrheitlich der Fokus auf Wirtschaftsbeziehungen gelegt wurde, lässt sich die bundesrepublikanische Diskussion primär in Diskussionen um sicherheitspolitische Fragen verorten (vgl. Kohler-Koch, 1989b, S. 17f.; siehe auch Levy et al., 1995, S. 267f.). Dabei standen im deutschen Kontext nicht nur die West-West-Beziehungen im Fokus der Analysen, sondern auch – und hier lag ein wichtiges Merkmal der deutschen Diskussion – die Ost-West-Beziehungen, insbesondere im Bereich der Friedens- und Konfliktforschung (siehe z.B., Effinger/Rittberger/Zürn, 1988, Rittberger, 1990; Hasenclever et al., 1997b). In der deutschsprachigen Diskussion, in der die Tübinger Regimeforscher grundlegende Beiträge geliefert haben, hat sich das allgemeine Verständnis etabliert, Regimes als ,intervenierende Variable' zu betrachten. Regimes sind demnach soziale Institutionen, die das Verhalten der beteiligten Akteure durch geteilte Normen und Regeln regulieren. Sie sind als kollektive Antworten auf verschiedene ,Konfliktsituationen' zu betrachten, und als solche erwünscht und erstrebenswert (op. cit., Rittberger, 1995a, S. 11f.). Dieser Sachverhalt führte forschungspraktisch zu der Fokussierung auf fördernde bzw. hinderliche Bedingungen für Regimebildung.[87] In der Folge haben sich Fragen nach den Wirkungen der Regimes in den Vordergrund gedrängt; auch hier ist die akademische Verortung der Autoren relevant, denn aufgrund der Forschungsergebnisse in der Friedensforschung, die auf die ,zivilisierenden' Effekte von Regimes deuteten, ist der Grundton der Antwort auf die Frage, ob Regimes eine Wirkung haben, im Allgemeinen positiv (Rittberger, 1995a, S. 18ff.).[88] Die Ant-

---

87   Im Kontrast dazu hat sich die US-amerikanische Forschung insbesondere auf die Veränderungen von Regimes (regime change) konzentriert (vgl. Rittberger, 1995a).

88   Eine umfassendere Definition von ,Frieden' relativiert jedoch diese Aussage, so Rittberger (1995a, S. 20)

worten auf diese Fragen – Regimeentstehung, Regimewandel und Regimewirkung – fallen der theoretischen Sicht entsprechend unterschiedlich aus. Im folgenden Abschnitt geht es um die verschiedenen Positionen in Bezug darauf.

5.4.4 Theorien der Regimeanalyse

Die oben angesprochenen Fragen nach Regimeentstehung, -wandel und -wirkung werden je nach theoretischem Standpunkt unterschiedlich gewichtet. Auf einer metatheoretischen Ebene lassen sich drei unterschiedliche – zum Teil konkurrierende – Perspektiven auf Regimes unterscheiden (vgl. Hasenclever/Mayer/Rittberger, 1997).

Die *realistische* Perspektive untersucht Konflikte und Probleme zwischen souveränen (National-)Staaten im Kontext einer ‚anarchischen Umwelt‘, die sich durch vertikale Segmentierung und ein Nullsummenspiel um Macht, Einfluss und Ressourcen auszeichnet.

Die *neoliberale* Schule – alternative Bezeichnungen wie ‚liberal institutional‘, ‚strategic‘ oder ‚game-theoretic‘ betonen lediglich unterschiedliche Aspekte (Hasenclever et al., 1997, Kap. 3; Haggard/Simmons, 1987, S. 504 ff.) – geht ebenfalls von einer anarchischen Struktur aus und benutzt den Markt als Analogie dafür; Regimes sollen die ‚market failures‘ in der Bereitstellung von öffentlichen Gütern (z.B. Sicherheit, Nachhaltigkeit) und der Beseitigung von ‚public bads‘ (z.B. Umweltverschmutzung) kooperativ/kollaborativ aufzuheben helfen (zum Neuen Liberalismus in den IB siehe Schieder, 2006).

Die *kognitive* Schule (Hasenclever et al., 1997, Kap. 5; Haggard/Simmons, 1987, S. 509 ff.) „betont die Bedeutung sowohl von kausalen als auch von normativen Elementen" (Hasenclever et al., 1997, S. 5) in Kooperationssituationen. Die Identität (self-understanding) der Akteure, ihre Interessen und auch ihre Ziele werden, so die kognitivistische Perspektive, durch Wissen (ideas, learning, norms etc.) beeinflusst. Kooperation kann nicht ohne Bezug auf die Ideologie, Werte, Annahmen über Interdependenz sowie das vorhandene Wissen der Akteure erklärt werden (Haggard/Simmons, 1987, S. 509 f.). Die folgende Graphik fasst die theoretischen Perspektiven zusammen.

Tabelle 5: Theoretische Schulen der Regimetheorie (nach Hasenclever et al., 1997, S. 6)

	Realismus	Neoliberalismus	Kognitivismus (insb. „starker Kognitivismus")
Zentrale Variable	Macht	Interesse	Wissen
Grad an ‚Institutionalismus‘	Schwach	Mittel	Stark
Meta-theoretische Orientierung	Rationalistisch	Rationalistisch	Soziologisch
Verhaltensmodel	Bedacht auf relative Gewinne	Absolute Gewinn-Maximierer	Role-player

Die oben genannten theoretischen Positionen über Regimes geben zugleich die unterschiedlichen Positionen über die Einschätzung der Relevanz von Regimes wieder. Die realistische Auffassung (*conventional structural view* oder realistische/neorealistische) erteilt dem Regimekonzept eine Absage, denn innerhalb dieser Position werden alle Akteure im internationalen System als ‚rational self-seeking‘ Souveräne, die ausschließlich ihre eigenen Interessen verfolgen, angesehen. Zum einen wird davon ausgegangen, dass für die Regimeentstehung ein Hegemon benötigt wird, der die Kosten des Entstehungsprozesses trägt. Sobald es Machtverschiebungen gibt, erodiert die Regimestruktur und zerfällt.[89] Zum anderen wird die Meinung vertreten, dass Regimes – wenn sie überhaupt existieren – nur eine geringe, epiphenomenale Rolle im internationalen System spielen. Dieser Standpunkt wird prominent von der britischen Wissenschaftlerin Susan Strange (siehe nur 1983) vertreten. In der zweiten theoretischen Auslegung werden die strukturellen Ansichten des Realismus zwar übernommen, aber unter bestimmten Umständen gehen die Theoretiker/innen von einer modifizierten Perspektive aus (*modified structural view* oder neo-liberalistische bzw. liberal-institutionalistische). Regimes entspringen freiwilligen Übereinkünften zwischen souveränen, gleichberechtigten juridischen Akteuren; sie sollen die Ergebnisse in bestimmten (meist nicht konfliktiven) Problembereichen optimieren, nämlich in Problembereichen, in denen unkoordiniertes Handeln für alle unbefriedigende Resultate hätte (Stein, 1983). Für einige Regime-ForscherInnen jedoch existieren Regimes in allen Problemfeldern (*Grotian view* oder kognitive). Das internationale System wird nicht durch souveräne, ‚rational self-seeking‘ Akteure bestimmt, vielmehr spricht diese theoretische Perspektive den internationalen Eliten die Rolle als ‚tatsächliche‘ Akteure zu. Eliten, so z.B. Puchala und Hopkins (1983, S. 63), agieren innerhalb eines Kommunikationsnetzes verkörperter Regeln (embodying rules), Normen und Prinzipien, die über die nationalstaatlichen Grenzen hinausgehen (vgl. Hasenclever et al., 1997).

Die Kernfragen der Regimeanalyse leiten sich aus dem (funktionalen) Postulat des Regelungsbedarfs in einem bestimmten Politikfeld ab:

> „Die Grundfragen der Regimeanalyse gelten den Bedingungen der Herausbildung, des Wandels, der Struktur und der Wirkung von Internationalen Regimes als Instrumente der effektiven oder friedlichen Konfliktregelung.“ (Wolf, 1994, S. 424; vgl. auch Levy et al., 1995).

Mehrere Analyseansätze haben sich im Laufe der Zeit herausgebildet. Haggard/Simmons (1987) unterscheiden sie in strukturelle, spieltheoretische, funktionale und kognitive; an dieser Stelle sollen sie nur kursorisch dargestellt werden: Die Theorie der hegemonialen Stabilität besagt, dass nur die Macht eines Hegemons die Entstehung, Aufrechterhaltung und auch den Zerfall von Regimes erklären können, d.h. IRs bleiben nur solange stabil wie die Macht des Hegemons. Wenn dieser geschwächt ist oder zerfällt, verliert das Regime seine Ordnungsfunktion (vgl. Keohane, 1980, 1984).

---

89 Diese Ansicht wird in der ‚Theorie hegemonischer Stabilität‘ vertreten (Keohane, 1980). In einer späteren Arbeit untersuchte Keohane selbst die Möglichkeiten der Regimeentstehung „After Hegemony“ (Keohane, 1984).

Diese in der Regimeanalyse vorherrschende Variante systemstruktureller Theorieansätze[90] stößt dann an ihre Grenzen, wenn es darum geht, nicht-ökonomische Internationale Regimes zu analysieren oder die Existenz nicht- und posthegemonialer Regimes zu erklären (Wolf, 1994, S. 424; Keohane, 1984; siehe auch Zürn, 1992). Sie vermögen jedoch den Blick auf die in der internationalen Interaktion manchmal subtilen Machtverhältnisse zu lenken; dies ist insbesondere im (nicht-konfliktiven) Politikbereich Bildung relevant.

Zum anderen sind strategische und spieltheoretische Ansätze zu nennen: Der spieltheoretische Ansatz versucht, anhand bestimmter Typen von problematischen und konfliktuellen Situationen, wahrscheinliche Verhaltensweisen von Regimeakteuren und wahrscheinliche Politikergebnisse vorherzusagen (Zürn, 1994) – ein übliches systemstrukturelles Modell ist demnach das Gefangenendilemma (prisoner's dilemma, vgl. ebd.). Allerdings bedürfen viele Felder und Probleme häufig einer wesentlich diffizileren Betrachtung. Starres Akteursverhalten, das ausschließlich auf Einschätzungsmustern der Spieltheorie beruht, kann der Realität natürlich nur unzureichend gerecht werden.

Des Weiteren untersuchen funktionale Theorien der Regimeanalyse diese Institutionen hinsichtlich ihrer Effekte. Sie versuchen zu erklären, warum Regimes dazu tendieren, weiter Bestand zu haben, auch nachdem sich die strukturellen Bedingungen für ihr Entstehen gewandelt haben (ebd., S. 506). Funktionale Erklärungsansätze (vgl. Keohane, 1984) stellen die Existenz posthegemonialer Systeme auf die Grundlage bestimmter Leistungen, die diese erbringen. Die funktionale Perspektive sieht die Bildung von Regimes als Antwort auf Opportunismus, Unsicherheit, Informationskosten etc.; es geht hier also um Transaktionskosten, die durch Regimebildung reduziert bzw. gespart werden (Haggard/Simmons, 1987, S. 507 f.; siehe auch Keohane, 1984, Kap. 6). Auf gleiche Weise wird ebenfalls der Wandel, die Schwächung oder das Zerfallen eines Regimes erklärt: sie werden dysfunktional. Ferner argumentieren die Arbeiten des Kognitivismus, dass Regimes in breitere normative Strukturen einer internationalen Gesellschaft eingebettet sind; sie betonen Lernprozesse, die aus diesem Eingebettetsein (dem ‚sozialisiert sein') hervorgehen (vgl. Hasenclever et al., 1997, S. 155; Müller, 1993).

Im Bereich der internationalen Beziehungen haben Regimes bisweilen vor allem auf drei Ebenen herausragende Bedeutung erlangt. In den wirtschaftlichen internationalen Beziehungen (Kreile, 1989; Keohane, 1980, 1984), in der Behandlung globaler Umweltprobleme (Young, 1989; 1994) und in der Weltsicherheitspolitik (Müller, 1989, 1995, 2009).

---

90 Systemstrukturelle Ansätze sehen internationales politisches Handeln als Ergebnis von Interessen- und Akteurskonstellationen, diese werden sich jedoch je nach Handlungszusammenhang unterscheiden. Mit der Spieltheorie wird dann versucht, die unzähligen politischen Situationen zu modellieren. Akteure werden zwar als autonom beschrieben, ihr Handeln lässt sich jedoch nicht als vollständig rational erklären, wenn sie Teil eines Interaktionszusammenhangs sind (Situations-struktur) (vgl. Zürn, 1992).

Für die hiesige Fragestellung wird beobachtet, dass die gegenwärtige Konstellation der bildungspolitischen Akteure – und nicht nur internationale Akteure – auf die Herausbildung eines neuen Regimes, eines ‚Bildungsregime‘ hindeutet. Diese Akteure sind in einer weltkulturellen Ordnung eingebettet; sie sind von dieser konstituiert und wirken durch ihr Handeln auf sie zurück.

5.4.5 Regimeentstehung und die Wirkungen von IRs[91]

Die Prozesse der Regimeentstehung sind ein gut untersuchter Aspekt der Regimeforschung; die wichtigsten Facetten dieser Prozesse wurden von Levy et al. (1995, S. 279-287) anhand von sechs Kategorien synthetisiert: (1) *das Verhalten der beteiligten Akteure.* Hierbei handelt es sich darum, ob die beteiligten Akteure in der Lage sind, über das nötige gemeinsame Set an Deutungsmustern und Interpretationen der Wirklichkeit (geteilte Prinzipien) übereinzukommen, die für die gemeinsame Kooperation unumgänglich sind. Die Beiträge hierzu gingen zunächst hauptsächlich von Modellen aus, in denen Staaten als die maßgeblichen Akteure auftraten. Diese ‚unitary selfseeking actors‘ (ebd., S. 280f.) versuchten dabei bestimmte Nationalinteressen zu maximieren. In der Folge hat sich der Blick für komplexere Modellierungen geöffnet. Nicht nur staatliche, sondern auch nicht-staatliche Akteure wurden berücksichtigt sowie auch die unterschiedlichen Ebenen der Verhandlung zwischen und innerhalb staatlicher Akteure (two-level games). Ferner wurden auch die kulturellen und institutionellen Quellen der unterschiedlichen Sichtweisen (‚behavioral differences‘) der beteiligten Akteure untersucht; auch die Rolle der Wissenschaft in der Produktion dieser ‚Sichtweisen‘ sowie die mögliche Verbindung zwischen Innen- und Außenpolitik, die eine ‚Prädisposition‘ für Regimes nahelegen würde, standen im Fokus der Aufmerksamkeit (ebd., S. 281). (2) *Prozesse der Regimebildung.* Hier lassen sich mithilfe der analytischen Unterscheidung zwischen ‚self-generation‘, ‚negotiation‘ und ‚imposition‘ drei Prozesse benennen, durch welche Regimes entstehen können. Beim ersten Prozess – ‚self-generation‘ – handelt es sich um eine spontane Konvergenz der Erwartungen ohne bewusste Anstrengungen seitens der beteiligten Akteure; Regimes sind hiernach das Ergebnis sozialer Praxis. Der zweite Prozess sieht in der bewussten Verhandlung zwischen interessierten Parteien, die Entstehung von gemeinsam ausgearbeiteten Bestimmungen, welche sich dann in einem formalen Abkommen niederschlagen. Wenn dagegen ein einziger Akteur (oder ein Zusammenschluss von mächtigen Akteuren) allen anderen Beteiligten seine eigenen Präferenzen aufzwingt, handelt es sich nach Levy et al. um ein ‚imposed regime‘ (ebd., S. 281). Die konkreten Fälle von Regimebildung zeigen jedoch Elemente aller drei Prozesse. Die Autoren warnen jedoch davor, Prozesse von Regimeentstehung ausschließlich anhand explizit ausgearbeiteter Bestimmungen/Maßnahmen (‚negotiation‘) zu suchen. Selbsterzeugung und Imposition sind wichtige Aspekte dieser Prozesse. Sie resümieren:

> „The fact that the terms of international regimes are generally articulated in formal agreements, therefore, should not lead us to overlook self-generation and im-

---

91 Die Ausführungen in diesem Abschnitt lehnen sich maßgeblich an Levy et al. (1995) an.

position as important aspects of the process of regime formations." (Levy et al., 1995, S. 282)

(3) *Die verschiedenen Stadien dieser Prozesse.* Der Prozess der Entstehung eines Regimes lässt sich in mindestens drei Stadien unterteilen. Im ersten Stadium geht es um die Entstehung eines Rahmens, innerhalb dessen die in einem Regime relevanten Fragen in internationalen Foren diskutiert werden; das „stage of agenda formation" muss die Relevanz der Fragen auf eine Ebene hoch genug heben um die Aufmerksamkeit anderer auf sich zu lenken (ebd.). Das zweite Stadium – ‚institutional choice' – deckt den Abschnitt zwischen dem Zeitpunkt, in dem diese Fragen in der internationalen Agenda als dringlich wahrgenommen werden und der Zeit, in der sie Gegenstand der Ausarbeitung von konkreten Maßnahmen eines Abkommens werden, ab. Schließlich, drittens, müssen die gemeinsam ausgearbeiteten Bestimmungen eines Abkommens in die Tat umgesetzt werden; das Stadium der Operationalisierung umfasst alle Anstrengungen der beteiligten Akteure, den Normen und Regeln eines Regimes zu Wirksamkeit zu verhelfen (ebd.). (4) *die wirksamen gesellschaftlichen Kräfte* (‚driving social forces'). Diese beziehen sich auf die kausalen Faktoren, die im Prozess der Entstehung von Regimes eine bedeutsame Rolle spielen. Insbesondere die Faktoren ‚Macht', ‚Interesse' und ‚Wissen' werden dabei von den verschiedenen theoretischen Ansätzen als entscheidende Faktoren im Prozess der Regimeentstehung berücksichtigt (ebd., S. 283ff.; vgl. Hasenclever et al., 1997). (5) *Übergreifende Faktoren* (‚cross-cutting factors)'. Konkrete Untersuchungen von Regimebildungs-prozessen anhand des ‚Macht-Interesse-Wissen'-Faktorenclusters haben zwei weitere übergreifende Faktoren zutage gefördert. Die Prozesse der Regimebildung verlaufen unterschiedlich je nach Typus der Führung (‚leadership'). Damit wird dem Umstand Rechnung getragen, dass in den empirischen Untersuchungen konkreter Prozesse regelmäßig die Rolle von bestimmten Individuen hervorgehoben wurde. Diese Leaders können ‚structural', ‚intellectual' oder ‚entrepreneurial' tätig sein. Auch der Kontext, in dem dieser Prozess verläuft hat Implikationen für die Regimebildung. Levy et al. (1995, S. 285) heben hervor, dass diese Prozesse nicht „im Vakuum stattfinden"; daher müssen Untersuchungen zu Regimeentstehungsprozesse die kontextuellen Faktoren im Auge behalten (ebd., S. 286). Schließlich, können (6) *multivariate Modelle der Regimeentstehung* hilfreich bei der Identifizierung von equifinalen Pfaden der Regimeentstehung sein. Statt sich auf einzelne Faktoren zu konzentrieren, sollte das Augenmerk gerichtet werden auf die:

> „subtleties of [...] interaction effects as they unfold in individual cases, without losing track of the importance of identifying patterns that can sustain useful generalizations about the creation of international regimes." (Levy et al., 1995, S. 286f.)

Diese Aussage unterstreicht nochmals den analytischen Charakter dieser Kategorien. In der Wirklichkeit wird höchstwahrscheinlich nur ein Mix aus ihnen die Entstehung konkreter IRs zu erklären in der Lage sein.

Wie oben bereits erwähnt, wurde zu Beginn der Regimeforschung der Fokus auf die Bedingungen gelegt, unter denen Regimes entstehen können oder nicht. In der Folge-zeit musste jedoch der Frage größere Aufmerksamkeit geschenkt werden, ob Regimes überhaupt etwas ausmachen. Die Frage „Do regimes matter?" rückte in den Fokus des Forschungsinteresses (z.B., Haas, 1989; Krasner, 1983a; Underdal, 1992). Nach Levy et al. (1995, S. 287ff.) kann diese Frage auf zwei Weisen beantwortet werden. *Zum einen* führen sie einen negativen Beweis vor (‚negative proof‘); dabei geht es um das Argument, dass Regimes, wenn sie einmal eingerichtet sind, einen hohen Grad an Persintenz/Dauerhaftigkeit oder Resilienz vorweisen (‚persistence or robustness) (siehe hierzu auch Hasenclever et al., 1997a). Dies könne nicht mit Verweis auf ihre Entstehungsbedingungen erklärt werden. Levy et al. (1995, S. 288ff.) berichten über die einschlägige Literatur zur Dauerhaftigkeit oder Resilienz von Regimes; sie sehen die Beiträge von IRs *erstens* in der Veränderung in der Machtverteilung innerhalb eines Politikbereiches; *zweitens* in ihrem Beitrag zur Veränderung allgemeiner Interaktionsbeziehungen zwischen den Mitgliedern eines IRs. Da Regimes die (Verhaltens-)Unsicherheit in den internationalen Beziehungen vermindern helfen, leisten sie einen großen Beitrag zur friedlichen Kooperation; *drittens* entwickeln IRs eine verhaltenseinschränkende Wirkung auf die Mitglieder eines Regimes: Nicht-Einhaltung von Regimeregeln wird so minimiert; *viertens* nach ihrer Entstehung lösen IRs einen evolutionären Institutionalisierungsprozess aus, der zu einer zunehmenden Adaption an die neuen Bedingungen führt. So wird ein zu schwach ausgestattetes Regime durch „a process of internally generated reform" weiterentwickelt (ebd., S. 290).

Zum anderen führen die Autoren einen positiven Beweis vor (‚positive proof‘), wonach es um konkrete Auswirkungen von IRs geht, um ‚regime effectiveness‘ also (ebd., S. 290ff.). Es wird von ‚Effektivität‘ gesprochen, weil in der politikwissenschaftlichen Diskussion davon ausgegangen wird, dass IRs zur Lösung spezifischer Probleme entstehen. Daher wird danach gefragt, welche Leistung diese Institutionen zur Aufhaltung ökologischer Zerstörung, zur Wahrung des globalen Friedens usw. beitragen. Jedoch ist die Bedeutung von ‚Effektivität‘ alles andere als eindeutig; diese als ‚Effektivität‘ bezeichnete Wirkung kann sich sowohl direkt als auch indirekt zeigen, sie könne interne oder externe bzw. positive oder negative Effekte haben (ebd., S. 293). Regimeforscher haben unterschiedliche Definitionen des Konzepts in ihren Untersuchungen angewendet, so zum Beispiel eine ‚*legal definition*‘, nach der das Maß an Erfolg sich an der Regulierung von Konflikten und an der Erfüllung kontraktueller Verpflichtungen misst (ebd., S. 291f., Herv. i. O.); auch eine „*policy-oriented definition*" wird benutzt, die Ziele penibel definiert und nach Maßnahmen sucht, die der Verfolgung dieser Zielsetzung dienen, (ebd., S. 292, Herv. i. O.); schließlich wird eine „*political definition*" verwendet. Diese politische Definition von ‚Effektivität‘ sieht in den Veränderungen der Verhaltensweisen der an einem IR beteiligten Akteure den Beitrag eines Regimes, also ‚Effektivität‘ (ebd., Herv. i. O.). Auch hier gehen Levy et al. davon aus, dass nur die explizite Nennung der verwendeten Definition in einer bestimmten Untersuchung zur Regimeeffektivität vor terminologischer Konfusion wahren kann (ebd.). Für die Autoren muss die Forschung zu Effektivität von IRs sowohl endogene (Regel, Prozeduren und Programme) als auch exogene (Einfluss- und Interessemuster, Akteurverhalten) Quellen von Effektivität berücksichtigen und beide Seiten in Verbindung bringen (ebd., Abschnitt 5.4).

5.5 Fazit

In der Politikwissenschaft hat sich das Regimekonzept als nützliches analytisches Instrument etablieren können, mit dem sich eine Vielzahl von Kooperationsphänomenen der internationalen Beziehungen in einem als anarchisch beschriebenen System – in einer, wie Axelrod (1988, S. 3) es bezeichnet hat, „Welt von Egoisten" – untersuchen lässt.

Die Auseinandersetzung mit IRs muss im Zusammenhang der umfasenderen Forschung zu Formen der ‚governance without government' (Rosenau/Czempiel, 1992) gesehen werden. Wie im Kapitel 4 (Abschnitt 4.2) bereits darauf hingewiesen, lassen sich wichtige Schnittstellen von Governance und Regimetheorie ausmachen: *Erstens*, ihr Fokus auf formale sowie informale Regeln nach denen ein Problem bearbeitet/gelöst werden soll; *zweitens*, die Berücksichtigung von kollektiven und pluralen Akteuren und Organisationen in Entscheidungsprozessen in Mehrebenensystemen. Dabei werden Fragen nach gegenseitiger Einflussnahme und Kontrolle relevant. *Drittens*, müssen in Entscheidungsfindungsprozesse Kompetenzen und Rechenschaftspflichten geregelt werden, diese Prozesse finden auf allen Ebenen statt, auf der Makro- und auf der Mikroebene. *Viertens*, bezieht sich Governance auf das ‚Fehlen' einer alles steuernde und kontrollierende Instanz, die Regimetheorie stellt ebenfalls der Versuch dar, Kooperation in (anarchischen) internationalen System zu erklären. Macht und Zwang stehen nicht allen Beteiligten im gleichen Maße zur Verfügung, vielmehr wird durch Verhandlung, Einflussnahme und ähnliche Prozesse interagiert.

Des Weiteren lässt sich auch in der Politikwissenschaft eine stärkere Berücksichtigung institutionalistischer Argumente beobachten (grundsätzlich: Wendt, 1999; siehe für einen Überblick: Krell, 2004, Kap. 11). Hasenclever et al. (1997) nutzen die Kategorie ‚institutionalism' als Unterscheidungsmerkmal von Regimetheorien (vgl. Tabelle 5 weiter oben). D.h., der Grad an ‚institutionalism' zeigt inwieweit internationalen Institutionen – z.B. Regimes – eine Wirkung zugesprochen wird.

Mit der Regimetheorie lässt sich in einem Politikbereich nicht nur die maßgeblichen Akteure bzw. Akteurskonstellationen als Mitglieder modellieren; anhand der konstitutiven Definitionselemente lässt sich auch einerseits die der Kooperation zugrunde gelegten Prinzipien und Normen beschreiben, die als kognitive Basis für die Interaktion dienen, hier liegt die Verbindung zum Neoinstitutionalismus. Andererseits lassen sich konkrete Bestandteile (Regel, Prozeduren und Programme) der das Verhalten orientierenden Institution beschreiben. Das Regimekonzept wird im folgenden Kapitel auf die Erziehungswissenschaft übertragen.

6. REGIMETHEORIE UND DIE ANALYSE DER INTERNATIONALEN BILDUNGSPOLITIK: INTERNATIONALES BILDUNGSREGIME?

6.1 Vorbemerkung

In diesem Kapitel sollen die regimetheoretischen Überlegungen der Politikwissenschaft auf die Analyse der Bildungspolitik übertragen werden. Hier sollen die Prämissen dieser Übertragung – welche nicht ohne Adaption auf das hier bearbeitete Feld gelingen kann – expliziert werden.

Die im folgenden Abschnitt dargestellte Definition eines Internationalen Bildungsregime ist vorläufig und ist auf der Plausibilitätsebene angesiedelt, d.h. die vorläufige Hypothese hat eine heuristische Funktion und kann erst in umfassenderen empirischen Arbeiten auf Gültigkeit überprüft werden. Sie soll an dieser Stelle im Sinne einer Arbeitshypothese verstanden werden, mit deren Hilfe die unzähligen Elemente – wie Puzzleteile – zusammengefügt werden. Die darauf folgenden Abschnitte geben Auskunft über die konstitutive Komponente der Definition. Dabei soll der Typus des Internationalen Bildungsregimes spezifiziert werden, weiterhin sollen auch der Prozess seiner Entstehung und die darin wirksamen gesellschaftlichen Kräfte bestimmt werden sowie ihre bedingenden internen und externen Faktoren. Zur Illustration und zum besseren Verständnis der Argumentation wird in den folgenden Ausführungen auf einige empirischen Analysen eingegangen. Dabei werden weder die Gesamtheit der im Internationalen Bildungsregime beteiligten Akteure berücksichtigt noch systematisch alle davon betroffenen Bereiche thematisiert. Der Charakter der in dieser Arbeit angestellten Überlegungen ist insofern forschungsprogrammatisch. Eine auch nur annähende erschöpfende empirische Untersuchung würde den Rahmen dieses Vorhabens sprengen, insbesondere weil dazu substantielle zeitliche und finanzielle Ressourcen benötigt werden.

6.1.1 Theoretische Überlegungen

Welche theoretischen Überlegungen stehen hinter dem hier vorgeschlagenen Modell? Die Forschung zum Internationalen Bildungsregime folgt der analytischen Perspektive der Governance (vgl. Kap. 4, Abschnitt 4). Dabei wird davon ausgegangen dass, was erklärt werden muss, das Gesamte der Handlungskoordination von öffentlich-staatlichen und privaten Akteuren und Akteurskonstellationen ist, also ‚governance' und nicht nur ‚government'. Die Governance-Perspektive geht von Mehrebenensystemen aus, auf denen Akteure nach verschiedenen institutionalisierten Regeln und Regelsystemen handeln. Die daraus sich entwickelnde Dynamik entfaltet sich in Akteurskonstellationen – die Unterscheidung zwischen ‚eigentlichen' und ‚uneigentlichen' Akteuren der Bildungspolitik (Keiner, 2005) hilft hier daher nicht weiter. Grund für diese Perspektive ist zum einen weil *empirisch* die Forschung zu Bildungspolitik (und hier sind sowohl die inhaltliche als auch die prozessuale Dimension gemeint –

‚educational policy' und ‚educational politics' also) stets eine substantielle Interdependenz von Regierungs- und Nichtregierungsakteuren aufzeigt. Zum anderen wird eine *theoretische* Perspektive benötigt, die quer zu den staatlichen, privaten und dem sog. dritten Sektor liegt, da die Bereitstellung von Bildungsdienstleistungen zunehmend außerhalb des Staates oder zumindest außerhalb des ‚bürokratisch-professionellen' Modells (Maroy, 2008, S. 14f.) stattfindet, die (bildungs-)politische Steuerung also nicht nur eine Frage für staatliche Agenturen ist.

Der soziologische Neoinstitutionalismus sowie der World-Polity-Ansatz (vgl. Kap. 4, Abschnitt 2) dienen ebenfalls als theoretische Basis für die Forschung zum Internationalen Bildungsregime. Mit diesem theoretischen Ansatz lassen sich globale, rationalisierte und universalisierte Skripte beschreiben sowie ihre weltweite Diffusion verstehen und modellieren. Wenn die Herausbildung eines Internationalen Bildungsregimes untersucht werden soll, muss der Blick für institutionelle Prozesse geschärft werden. Dabei können innerhalb dieses theoretischen Rahmens die kognitive Grundlage des im Entstehen begriffenen Regimes gefasst, aber auch die Prozesse der Diffusion dieser globalen, rationalisierten und universalisierten Skripte modelliert werden.

Vor dem Hintergrunde der obigen Ausführungen soll im Folgenden auf die notwendigen Adaptionen der politikwissenschaftlichen Regimetheorie eingegangen werden.

Eine Synthese der unterschiedlichen theoretischen Ansätze zu Regimes (vgl. Kap. 5, Abschnitt 2.3) bei gleichzeitiger Beibehaltung einer kognitiven (institutionalistischen) Perspektive scheint meines Erachtens am besten geeignet, erziehungswissenschaftliche Analysen der internationalen Bildungspolitik voranzutreiben. Eine Sicht, die sich einseitig am Realismus – und folgerichtig an der Variable ‚Macht' – orientiert, wird dem Nationalstaat Vorrang geben und wichtige Akteure vernachlässigen. Wird auf der anderen Seite zu stark auf ‚Interessen' fokussiert, geraten die in der Interaktion selbst entstandenen Prozesse und Dynamiken aus dem Sichtfeld, denn in den dieser Perspektive zugrunde liegenden Theorien rationaler Wahl (rational choice theories) sind Interessen und Identitäten der Beteiligten als a priori und extern gegeben, gelten zudem als stabil über Zeit und Akteure (vgl. Hasenclever et al., 1997, S. 23f.). Eine institutionalistische Perspektive, die aufmerksam die unterschiedlichen Macht- und Interessedifferentiale der Akteure berücksichtigt, erweist sich als sinnvolle theoretische Basis.

Die hiesige Arbeit geht von einem starken Grad an Institutionalisierung eines Regimes aus, in welchem alle drei zentralen Variablen – Macht, Interesse und Wissen – relevant werden können. In Übereinstimmung mit der kognitiven Perspektive/Schule (Haggard/Simmons, 1987, S. 509ff.) betont sie den starken Grad an Interdependenz der Akteure sowie ihr geteiltes Wissen (Kognition, Ideen, Lernen, Normen etc.). Im Hinblick auf die beteiligten Akteure – die Regimemitglieder – in den unterschiedlichen theoretischen Ansätzen spielen Staaten (oder staatliche Instanzen) eine prominente Rolle. Die zentrale Position dieser Akteure soll nicht vernachlässigt werden – Bildungspolitik ist immer noch Ergebnis nationaler politischer Prozesse – dennoch muss der Rolle von nicht-staatlichen Akteuren (insbesondere IOs) größere Aufmerksamkeit geschenkt werden, denn sie haben eine herausragende Bedeutung für die Bildung der Präferenzen und Formulierung der nationalen Interessen (vgl. Finnemore, 1996). Diese

Akteure sind jedoch keine ‚egoistische Nutzen-Maximierer‘, wie rationalistische Theorien sie auffassen; sie sind vielmehr selbst durch universalisierte Skripte konstituiert und in einem Geflecht kognitiv-kultureller Muster (Institutionen im neoinstitutionalistischen Sinne, vgl. Kap. 4, Abschnitt 3.1.1) eingebettet, die ihr Handeln ermöglichen, orientieren aber auch begrenzen.

6.2   Internationales Bildungsregime: Definition und Elemente

Das Internationale Bildungsregime wird als Ergebnis der Konfiguration von zahlreichen und vielfältigen Akteuren (hier als Regimemitglieder erfasst), von kognitiven Elementen (Prinzipien, Normen, Regel und Prozeduren) sowie von institutionalisierten Regelsystemen (Mechanismen und Instrumente der Governance) beschrieben.

Dieser theoretische Ansatz soll als heuristisches Instrument für Analysen von Bildungspolitik zu Beginn des 21. Jahrhunderts dienen. Kennzeichen dieser Perspektive ist die systematische Berücksichtigung einer – als eigenständig konzipierten – internationalen Dimension in der Analyse von Bildungspolitik.

Erklärungsbedürftig ist in der gegenwärtigen Bildungspolitik, wie nationale und internationale Akteure ihr Handeln in diesem Politikfeld koordinieren. Dabei wird weder davon ausgegangen, dass der Nationalstaat seine Kompetenzen vollständig verloren hat und nun zur exekutiven Instanz einer supranationalen Ebene geworden ist; noch wird davon ausgegangen, dass politische Prozesse auf der Ebene jenseits des Nationalstaats ausschließlich von diesem abhängig sind – z.B. durch Kompetenzabtretung an IOs sowie durch intergouvernementales Handeln. Beide Ebenen werden durch komplexe Interdependenzbeziehungen mit der jeweils anderen charakterisiert.

Vor diesem Hintergrund versucht die vorliegende Arbeit – durch Adaption eines Konzeptes aus den politikwissenschaftlichen Internationalen Beziehungen – die Komplexität in diesem Politikfeld nicht durch ein alles erklärendes Konzept in den Griff zu bekommen, sondern vielmehr durch die Konzeption einer Heuristik, welche die Bestandteile ordnet und mithilfe weiterer Konzepte (hier aus der Governance-Forschung entnommen) empirische Analysen zu orientieren hilft.

Prinzipien, Normen, Regeln und Prozeduren – Die konstitutiven Bestandteile eines Internationalen Regimes werden anhand einer viergliedrigen Struktur beschrieben: Prinzipien, Normen, Regeln, Prozeduren. Diese Elemente dienen der gemeinsamen Strukturierung des Regimes. Die einzelnen Elemente sind in einer mehr oder weniger hierarchischen Beziehung zueinander zu sehen, was nicht zuletzt dazu beiträgt, dass eine „innere Logik" entsteht, die wiederum in eine „weichere" und eine „härtere" Dimension unterteilt werden kann. Prinzipien und Normen lassen sich als der „weichere", informalere Teil beschreiben. Sie bilden die kognitive Basis für den „härteren", formalisierteren Teil, der aus Regeln und Prozeduren besteht. Obwohl die einzelnen Elemente oft nicht sehr scharf voneinander zu trennen sind, wird für das Aufrechterhalten dieser Unterscheidung plädiert; sie sollen hier als „approximate distinctions" (Levy et al., 1995, S. 273f.) gesehen werden, die zu einer ‚richness‘ der Beschreibung des Internationalen Bildungsregimes beitragen sollen.

An anderer Stelle habe ich auf einige grundlegende Elemente des im Entstehen begriffenen Internationalen Bildungsregimes hingewiesen (Parreira do Amaral, 2007a, S. 174f.). Diese bilden die Basis für die Beschreibung von Bildungspolitik auf internationaler Ebene. Die Basis also für die weitere Institutionalisierung eines Internationalen Bildungsregimes.

In Bezug auf die *Prinzipien* lässt sich zunächst die ‚anthropologisch-genetische‘ Veranlagung des Menschen anführen. Menschen sind nicht nur fähig zu lernen: bildungstheoretisch wird ebenfalls von der Bestimmung des Menschen zu lernen gesprochen. Diese Theorie der Bildung lässt sich weit zurück bis in die Antike hin zu den Arbeiten von Jean-Jacques Rousseau, Johann Amos Comenius, Immanuel Kant und anderen verfolgen. Bildung und Erziehung bilden darüber hinaus die Grundlage für die Existenzsicherung moderner Gesellschaften – man könnte auch sagen: Zivilisationen. Um den aktuellen Lebensstandard zu halten bzw. wo notwendig zu heben, bedarf es Bildung und Erziehung. Daher figurieren diese so prominent in den *Millennium Development Goals*. Die Bewegung ‚*Education for All*‘ ist hierfür ebenfalls ein Indikator dieses Grundkonsenses. Wissen bzw. Lernen ist zum Grundbestandteil gesellschaftlicher Selbstbeschreibung geworden. Auch wenn sich die Bestandteile dieser Vorstellung über Bildung auf das humanistisch-aufklärerische, westliche Denken zurückführen lassen, hat Bildung einen prinzipiell universalistischen Charakter und jedes Individuum hat die Möglichkeit zu lernen.

Bildung als Recht ist die oberste *Norm* in modernen Gesellschaften. In der UN-Charta wird Bildung als Menschenrecht verankert (vgl. UN-Allgemeine Erklärung der Menschenrechte, Artikel 26). In der Nachkriegszeit hat sich ferner im Rahmen der Entwicklung der Nationalstaaten hin zu Wohlfahrtsstaaten die Norm etabliert, Bildung als ein Bürgerrecht anzusehen, das Chancen und Möglichkeiten erst eröffnet, in den Genuss der übrigen Rechte zu kommen. Dasselbe gilt für die Norm der Schul- bzw. Unterrichtspflicht, die in fast allen Verfassungen verankert ist. In diesem Regime stellt Bildung – vor allem aber Schulbildung – einen wesentlichen Teil des modernen Lebenslaufs dar; sie ist entscheidend für den ‚normalen‘ Verlauf individuellen Lebens.

Die Nicht-Diskriminierung aufgrund geschlechtlicher, konfessioneller, ethnischer oder sonst welcher Merkmale sowie die Idee einer meritokratischen Organisation von Schule sind Beispiele für die *Regeln* dieses Regimes. Qualität und Effizienz von Bildungsprozessen und -institutionen sind ebenfalls Regeln des Bildungsregimes. Vor dem Hintergrund der enormen zeitlichen und finanziellen Ressourcen, die in den Bildungsbereich investiert werden, hat sich weltweit eine zunehmende Beschäftigung mit Qualität und Qualitätssicherung als wichtiger Bestandteil des Denkens über Bildung und Erziehung herausgebildet. Internationale Vergleichsstudien haben des Weiteren auf die Benachteiligung bestimmter Gruppen aufmerksam gemacht (Kinder mit Migrationshintergrund in Deutschland, Mädchen in Saudi Arabien, etc.) nicht zuletzt dies hat dazu geführt, dass gleiche Chancen für die verschiedenen Gruppen als Regel (wieder) vorne auf der Agenda steht; dadurch wird die weitere Institutionalisierung von ‚Regeln‘ vorangetrieben sowie Druck für deren Implementation ausgeübt.

Die *prozedurale* Seite wird unter anderem dadurch sichtbar, dass Lehrkräfte staatliche Zertifikate brauchen, um unterrichten zu dürfen, d.h. der Lehrerberuf ist professionali-

siert, Lehrbücher unterliegen einem staatlichen Zulassungsverfahren, und Abschlussprüfungen müssen staatlich anerkannt sein, etc. Dies bedeutet nicht unbedingt, dass der
Staat der einzige Versorger/Anbieter sein muss, er hat dennoch in der Regel die Kontrolle behalten oder versucht, seine Kompetenzen auszubauen – wie das in den USA
im Rahmen des No-Child-Left-Behind-Gesetzes der Fall ist (siehe Gordon, 2008). Ein
bestimmtes Modell hat sich etablieren können, das sozusagen als ‚Blaupause‘ für die
Organisation von Bildung und Erziehung in modernen Gesellschaften dient (vgl. Kap.
4, Abschnitt 3.3). Trotz großer sozio-ökonomischer Varianz zwischen den verschiedenen Ländern scheint weitestgehend Konsens zu herrschen, nach welchen Mustern Bildungssysteme weltweit organisiert werden sollen.

6.3 Mitglieder des Internationalen Bildungsregimes

Die in dieser Arbeit angestellten Überlegungen zum Internationalen Bildungsregime
bezwecken, zu einer Erweiterung des Horizonts in der bildungspolitischen Forschung
beizutragen. In Analysen zur Bildungspolitik werden traditionell Nationalstaaten zu
Kerneinheiten der Untersuchungen genommen. Außer den weiterhin relevanten Nationalstaaten sind im Rahmen des Internationalen Bildungsregimes auch andere Akteure
zu berücksichtigen, wie zum Beispiel u.a. Internationale Organisationen, Nichtregierungsorganisationen, etc. aber auch andere nationalstaatliche Akteure wie u.a. Vereini-
gungen und professionelle Organisationen (siehe unten). Bildungspolitik kann nicht
ausschließlich als staatliches Handeln und staatliche Zielsetzungen – sei es auf der nationalstaatlichen, sei es in der internationalen Ebene – angemessen untersucht werden.
Vor dem Hintergrund der Diskussion um die Governance-Forschung im Kapitel 4 wird
Bildungspolitik im Rahmen der Analysen zum Internationalen Bildungsregime als
politischer Prozess betrachtet, der die verschiedenen Systemebenen überschreitet und
durch Interdependenzen gekennzeichnet ist – Bildungspolitik findet also in Mehrebenensystemen statt. Die Mitglieder des Internationalen Bildungsregimes werden daher
als eine Vielzahl von Akteuren betrachtet, die auf verschiedene Ebenen verteilt sind,
wo sie in verschiedenen Arenen und mit verschiedenen Handlungskapazitäten ausgestattet aktiv sind und durchaus Akteurskonstellationen bilden (vgl. Kap. 4, Abschnitt
4.1.1).[92]

6.3.1 Transnationale, internationale und supranationale Akteure

In der internationalen Forschung zu Bildung und Bildungspolitik wird seit über einem
Jahrzehnt auf die Bedeutung von internationalen Akteuren im Bildungsbereich hingewiesen (McGinn, 1994, 1997; Hüfner, 1998; McNeely/Cha, 1994; McNeely, 1995;
Mundy, 1998, 2006; Heynemann, 2005). Darunter werden internationale Regierungs-
und Nichtregierungsorganisationen sowie multinationale Korporationen, Vereinigun-

---

92 Die Reihenfolge der Ausführungen weiter unten (zuerst IOs, dann nationale Akteure, etc.) legt keine
    Rangordnung nahe; sie ergibt sich aus dem Fokus dieser Arbeit, d. i.: die internationale Dimension von
    Bildungspolitik. Auch stellen die in den einzelnen Abschnitten angesprochenen Akteure nicht die
    Gesamtheit der Akteure dar.

gen oder international tätige Stiftungen verstanden, die in komplexer Weise untereinander kooperieren aber auch in Konkurrenz stehen.

Diese Akteure sind deswegen interessant, weil sie maßgeblich an dem Austausch von Informationen über Bildung und -systeme beteiligt sind (Bildungsstatistiken, Studien zur Leistungsfähigkeit der Systeme, etc.); sie schaffen aber auch mit ihren Gründungsdokumenten, Erklärungen und ‚white papers‘ institutionelle Rahmenbedingungen für die Diskussion, Formulierung und Implementation von Bildungspolitiken (z.B. die Menschenrechtscharta der UN, die Erklärung zu ‚Education for All‘ der UNESCO/ Weltbank oder das „Weißbuch zur allgemeinen und beruflichen Bildung“ der Europäischen Kommission) (McNeely, 1995; Jacobson, 1984, S. 315ff.). Des Weiteren verfügen diese Akteure über Mechanismen und Instrumente, die eine ‚standard-setting‘ Wirkung erzeugen (z.B. Eurydice, internationale Bildungsstatistiken der EU, OECD und UNESCO, Bologna Prozess, etc); hinzu kommt in letzter Zeit ein inhaltlicher Fokus auf ‚Standardisierung‘, d.h. auf (Schlüssel-)Kompetenzen und Bildungsstandards. Und nicht zuletzt sind diese Akteure von großer Relevanz, weil sie die größten Quellen internationaler Bildungsfinanzierung und technischer Hilfe darstellen (vgl. McNeely/Cha, 1994).

Transnationale und internationale Akteure konkurrieren untereinander und mit nationalen Akteuren um die Kontrolle über und um die Bereitstellung (sowie um die Bedingungen hierfür) von finanziellen Mitteln, aber auch von Expertise und Informationen; letztere sind für die politischen Auseinandersetzungen innerhalb des Nationalstaates von großer Bedeutung für die Stabilität von Regierungen. In manchen Regionen der Welt ist jedoch der Fluss von finanziellen Auslandshilfen zu einer existentiellen Frage geworden, dies macht sie noch empfänglicher für ihren Einfluss. Organisationen im Bereich Entwicklungshilfe und -zusammenarbeit (z.B. die Weltbank, Inter-American Development Bank, International Development Agency oder die Development Assistance Committee, um nur einige zu nennen) können sich die Vorteile ihrer Position zu Nutze machen, um bestimmte Politiken durchzusetzen – die Literatur zum Einfluss der Organisationen im Kern des Washington Consensus ist mittlerweile kaum mehr zu überblicken, bietet sie doch reichlich Beispiele hierfür (siehe nur: Spring, 1998, 2004; Harris, 2007; Cossa, 2008).

Zunehmend engagieren sich auch private Unternehmen im Bildungsbereich; so beteiligen sich mittlerweile verschiedene (for-profit und non-profit) Gesellschaften an der florierenden ‚Bildungsindustrie‘: dies sind Beratungsfirmen, die bestimmte ‚policy solutions‘ zu verkaufen suchen, die bestimmte Dienstleistungen erbringen, wie die Koordination und Durchführung von internationalen Studien (z.B. PISA), ‚educational testing-services‘ usw. (vgl. Flitner, 2006, S. 247ff.; Ball, 2009).[93] Hinzu kommen Agenturen, welche die ‚educational export industry‘ vermarkten und ein bestimmtes Verständnis von Bildung, nämlich als handelbare Bildungsdienstleistung, vorantreiben

---

93 Einige weitere Beispiele für ‚Education services companies‘ sind: ‚Education Testing Service‘: http://www.ets.org/portal/site/ets/menuitem.3a88fea28f42ada7c6ce5a10c3921509/?vgnextoid=85b657 84623f4010VgnVCM10000022f95190RCRD; die Cambridge Education: http://www.camb-ed.com/; oder die Laureate Education Inc: http://www.laureate-inc.com/ [zuletzt 12. 10. 10].

(vgl. Sidhu/Torres, 2005; Sidhu, 2004, 2007). Des Weiteren haben international tätige Stiftungen und Think Tanks (vgl. Smith, 1991) in manchen Weltregionen einen nicht zu vernachlässigenden Einfluss erworben und nutzen diesen für die Verbreitung ihrer Vorstellungen über Bildung.[94]

Transnationale und internationale Akteure üben auf der einen Seite *direkten* Einfluss auf nationale Politik und folgerichtig auf Bildungspolitik (zum Folgenden siehe: Samoff, 1993, 1996a, 1999; Jones, 1988, 1992; Lauglo, 1996; Klees, 2002) aus indem sie

- Vorbedingungen aufstellen, welche vor der Vergabe von finanziellen Mitteln erfüllt sein müssen (Änderungen von politischen Strukturen und Praxis, sog. ‚structural adjustment policies‘);[95]
- nur diejenigen Projekte finanzieren, die mit der internen Strategie der Agentur (z.B. Education Sector Strategy der Weltbank) konform gehen;
- nur bestimmte Berater – ‚consultants‘ – anheuern und bestimmte ‚wissenschaftliche‘ Praxen folgen, z.B. ökonomische Analysen, etc. (McGinn, 1996a);
- direkten Einfluss auf die Ausbildung nationaler Entscheidungsträger ausüben, z.B. durch Stipendien in vorgegebenen Institutionen;[96]
- internationale Netzwerke aufbauen helfen, die bildungspolitische Entwicklungen koordinieren sollen;[97]

---

94 Für pro-marktwirtschaftliche Agenturen siehe z.B. die Aktivitäten des Cato Institute: http://www.cato.org/, Fraser Institute: http://www.fraserinstitute.org/ sowie der Friedman Foundation for Educational Choice: http://www.friedmanfoundation.org/Welcome.do;jsessionid= 49B1DEF9EF8 B337FD56069E9BF5EA00E; andere international tätige Stiftungen sind z.B. die Rockefeller Foundation: http://www.rockfound.org/, die American International Education Foundation: http://www.aief-usa.org/ [zuletzt 12. 10. 10].

95 Das Novum von ‚Structural Adjustement Programs‘ (SAPs) war, dass es finanzielle Mittel verfügbar machte, die nicht an bestimmte Projekte gebunden waren, sondern ‚nur‘ an der Erfüllung einer Serie von Reformbedingungen (Liberalisierung) gekoppelt waren. Die wichtigsten beteiligten Institutionen sind die Weltbank und der IWF, denen eine ‚sehr effektive Arbeitsteilung‘ nachgesagt wird. Obwohl sich die ‚strukturellen Anpassungen‘ je nach Kontext unterscheiden, kreisen sie um einen Kern von Politiken, welche die Rolle des Staates verringern und eine Öffnung zum freien Markt herbeiführen sollen. Für eine Diskussion der „SAPs" siehe: Williamson, 1985; Weltbank, 1990; Chossudovsky, 1999; für eine Diskussion dieser Anpassungen im Bildungsbereich siehe: Carnoy, 2000; Klausenitzer, 2003.

96 Ein Beispiel hierfür sind die jährlich stattfindenden ‚Ph. D. Workshops‘ der Weltbank, die im Rahmen der ‚Researcher's Alliance for Development‘ organisiert werden. Vgl. RAD, Online unter: http://www.radnetwork.org/content07_15_1 [zuletzt 20. 10. 10].

97 Siehe allgemein dazu: McGinn (1996). Ein rezentes Beispiel stellt das Donors to African Education (DAE). Dieses Netzwerk wurde 1988 mithilfe der Weltbank ins Leben gerufen, um die „funding and technical assistance agencies with support programs in Africa" zusammenzubringen und ihre Arbeit zu koordinieren. Sie wurde Mitte der 1990er Jahre in „Association for the Development of Education in Africa" (ADEA) umbenannt, vgl.: http://www.adeanet.org/adeaPortal/action/getAccueilAdea?method =getAccueilAdea. Ein weiteres Beispiel ist das Netzwerk ORUS (Observatoire International des Réformes Universitaires), ein Zusammenschluss europäischer und südamerikanischer Akademiker, das sich für die Reform des Hochschulsektors einsetzt. Es wurde 2001 gegründet und obwohl es sich als autonomes Netzwerk konstituiert hat, zeigt ein kurzer Blick auf das wissenschaftliche Komitee eine große Nähe zur UNESCO, vgl.: http://www.orus-int.org/static.php?file=index& menu ID=index.

– Forschung für die Legitimation ihrer Empfehlung in Auftrag geben (vgl. Samoff, 1993, Samoff, 1996b, S. 617f.; S. 187; Lauglo, 1996);[98]

Allerdings stellen die so genannten ‚side-agreements‘ oder ‚covenants‘, d.h. formelle und informelle Bedingungen für die Vergabe von Krediten und Auslandshilfen (vgl. Williamson, 1985), nur eine Form der Einflussnahme durch IOs dar.

Der Einfluss von transnationalen und internationalen Akteuren ist auf der anderen Seite *indirekt* und vermittelt. So kann teilweise ebenfalls mit den Konzepten der ‚normativen Isomorphie‘, (voluntary) ‚policy borrowing‘ und ‚lending‘ sowie mit Konzepten der ‚convergence studies‘ wie ‚regulatory competition‘ (vgl. Kap. 1, Abschnitt 3) erklärt werden, wie diese Akteure erfolgreich nationale Bildungspolitik beeinflussen können, beispielsweise wie dies an der Beteiligung von Nicht-OECD-Mitgliedsländern an PISA oder Nicht-EU-Mitglieder an dem Bologna-Prozess deutlich wird. An dieser Stelle wird deutlich, dass transnationale und internationale Akteure als wichtige Kraft hinter der ‚Herstellung‘ und Diffusion globaler Bildungsideologien und Praktiken anzusehen sind, dabei folgt diese Arbeit den Einsichten der World-Polity-Forschung (vgl. auch Jakobi/Martens, 2007).

Darüber hinaus ergibt sich aus der Interaktion Akteure (trans- und internationale, nationale und subnationale) eine Dynamik, die mehr ist als die Summe seiner Teile – in der Governance-Forschung wird dies mit dem Konzept der Akteurskonstellation erfasst; diese Dynamik beeinflusst die Wahrnehmung, Erwartung und Kapazität der Akteure (vgl. Kap. 4, Abschnitt 4.1.1). Transnationale und internationale Akteure sind maßgeblich am ‚global policy space‘ beteiligt, die Jason Beech (2009) beschreibt; sie sind die treibende Kraft hinter der Institutionalisierung dessen, was viele Autoren eine ‚global development agenda‘ nennen (siehe: Chabbott, 2003; King, 2007; Nordtveit, 2009). Darin spielt Bildung eine herausragende Rolle sowohl in der sozialen als auch in der wirtschaftlichen Dimension, sei es in den Millennium Development Goals, in der Bewegung ‚Education for All‘ oder sei es in den International Development Targets.

Im Folgenden werden nur zwei der wichtigsten Typen von Akteuren angesprochen; in konkreten empirischen Analysen müssen die an dem jeweiligen Bereich (Hochschule, Weiterbildung etc.) beteiligte Akteuren ausgemacht und untersucht werden.

Schließlich auch die oben bereits erwähnten ‚Researcher's Alliance for Development‘ mit ca. 800 Mitgliedern aus mehr als 100 Ländern, vgl. RAD, Online unter: www.worldbank.org/rad [zuletzt 12. 10. 10].

98 Nennenswert ist an dieser Stelle, dass die Weltbank mittlerweile die größte Forschungskapazität im Bildungsbereich geworden ist, in Bezug auf die Finanzierung von externen Forschungsprojekten und auf die Forschung der eigenen Mitarbeiter. Seit den 1990er Jahre hat die Bank die UNESCO in den Hintergrund gestellt (vgl. Samoff, 1999, S. 59f.; Lauglo, 1996, S. 222; Jones, 2004, S. 190f.). Zum Verhältnis von „Bildungsforschung und Bildungspolitik im Zeitalter ‚Neuer Steuerung‘" siehe: Bellmann, 2006b; siehe auch: Döbert, 2003.

6.3.1.1 Internationale Organisationen

Internationale Organisationen werden hier als eingeständige Akteure betrachtet, die über eine ausgeprägte Handlungsfreiheit gegenüber ihren Gründern verfügen. Im Abschnitt 2.1 (Kap. 5) wurde darauf hingewiesen, dass für die zugrunde liegende Fragestellung das Verständnis von IOs als Akteure bzw. als Bürokratien besonders aufschlussreich ist. Es lassen sich jedoch auch Beispiele anführen, an denen deutlich wird, dass sie ebenfalls als Arenen fungieren, in denen staatliche und nicht-staatliche Akteure zusammenkommen und Regeln der internationalen Ordnung aushandeln; oder sie werden Instrumente der Regierungen und dienen den strategischen diplomatischen Zielsetzungen der sie errichtenden Akteure (Staaten).

Nichtsdestoweniger, legt die Beobachtung der bildungspolitischen Diskussionen der letzten Jahre nahe, diese als Akteure mit der Fähigkeit zur Agenda-Setting, zur Formulierung von eigenständigen Zielen und, in manchen Bereichen, zur begrenzten Durchsetzung der formulierten Ziele vis-à-vis den Nationalstaaten, anzusehen. Internationale Organisationen wie die UNESCO, EU, OECD, Weltbank, ILO u.a.) sind gegenwärtig die Hauptverantwortlichen für internationale Konvergenz (Finnemore, 1993, 1996; Finnemore/Sikkink, 1998; Barnett/Finnemore, 2004). IOs sind die wichtigsten – bezogen auf Forschungskapazität und Finanzierungsmöglichkeit – Players in dem, was ‚international policy research' genannt wird. Schuller et al. (2006, S. 58) fassen die wichtigsten Funktionen dieses Aktivitätsfeldes zusammen:

- „generating tables/rankings comparing the performances of individual countries or jurisdictions;
- constructing benchmarks, and helping countries apply these benchmarks;
- identifying and disseminating examples of good practice;
- developing and clarifying concepts which might be helpful in identifying and analysing issues;
- analyzing trends, issues and innovations;
- evaluating policy impact (as distinct from programme impact);
- setting an agenda, for research or policy-making."

Auch wenn sie oft nur über indirekte Mittel für die Durchsetzung von Entscheidungen verfügen (z.B. ‚soft-law), sind sie als einflussreiche Akteure anzusehen. Die bildungspolitische Forschung hat bereits seit längerer Zeit die Rolle dieser Akteure wahrgenommen (vgl. nur Stephens, 1989) und seit einigen Jahren werden vermehrt Studien zu einzelnen Organisationen und einzelnen Bildungsbereichen vorgelegt (um nur die jüngsten Publikationen zu nennen: Jakobi, 2006, 2007; Schemmann, 2007; Ioannidou, 2009; Dobbins, 2008; Bartsch, 2009; Óhidy, 2009).

6.3.1.2 Internationale Nichtregierungsorganisationen[99]

Internationale Nichtregierungsorganisationen (INGOs)[100] sind für die Untersuchung des Internationalen Bildungsregime als wichtige Akteure zu betrachten. Obwohl sie bereits am Ende des 19. Jahrhunderts eine wichtige Rolle im Bereich der Straf- und Arbeitsschutzgesetze und Menschenrechte gespielt haben (vgl. Fuchs, 2007a, S. 352, siehe auch Fuchs, 2007b), wurden diese Organisationen in den internationalen Beziehungen lange Zeit praktisch ignoriert. Noch am Anfang der 1980er Jahre waren einige Autoren der Meinung, IGOS wären im Allgemeinen wichtiger als INGOs für das globale politische System (vgl. Jacobson, 1984, S. 5f.). Inzwischen hat sich zum einen die Zahl der INGOs massiv erhöht, zum anderen wird ihnen eine wichtige Rolle im internationalen Governance-System zugestanden (vgl. Boli/Thomas, 1999; Karns/Mingst, 2004). INGOs vermitteln zwischen der globalen (in der neoinstitutionalistischen Theorie die – transnationale und universalistische – Umwelt für alle Akteure) und der lokalen Ebene: Sie sind „actors enacting cultural models that are lodged at the global level and linked in complex ways to other levels of organization, with increasing penetration of even the most peripheral social spaces." (Boli/Thomas, 1999, S. 5) INGOs sind die Hauptvertreter einer ‚globalen Zivilgesellschaft‘, wie Karen Mundy und Lynn Murphy (2001) schreiben; sie sind Kernbestandteile einer ‚internationalen Architektur‘, die insbesondere in der Nachkriegszeit zunehmend einflussreich wurde und zur Entstehung erfolgreicher ‚transnational advocacy networks‘ beigetragen haben. Im Bildungsbereich haben sich diese INGOs-Netzwerke seit den 1990er Jahren vor allem an der Bewegung ‚Education for All‘ (EFA) beteiligt.[101] Bereits für die Vorbereitung zur EFA-Konferenz in Jomtien, Thailand, waren Vertreter von Nichtregierungsorganisationen formell eingeladen; an der Konferenz selbst durften sich nur einige wenige aktiv beteiligen, was sich in den Nachfolgetreffen wiederholte (vgl. Mundy/Murphy, 2001, s. 99f.); im Jahr 2000 dagegen wurde im World Education Forum in Dakar, Senegal, die Beteiligung von zivilgesellschaftlichen Organisationen institutionalisiert: zur Erreichung der Ziele der EFA-Bewegung ist es zentral zu "ensure the engagement and participation of civil society in the formulation, implementation and monitoring of

---

99 INGOs stellen nur einen Typ nicht-staatlicher Akteure dar; für empirische Analysen des Internationalen Bildungsregimes sind tendenziell jedoch auch andere Typen von Nichtregierungs-organisationen relevant, die an dieser Stelle nicht diskutiert werden. Für einen Überblick über die Typen nichtstaatlicher Akteure siehe: Karns/Mingst, 2004, S. 214.

100 Für ein Review der Literatur zu (nationalen) NGOs im Bildungsbereich siehe: Archer, 1994; Edwards/Hulme, 1996; Edwards, 2004; siehe auch Hansen, 2008. Im Rahmen der Jahreskonferenz der Comparative and International Education Society 1998 organisierte das Teachers' College ein Symposium zum Thema NGOs im Bildungsbereich; in der ersten Ausgabe der Zeitschrift ‚Current Issues in Comparative Education – CICE‘ (Vol. 1, Nr. 1) ‚Are NGOs Overrated?‘ – wurden die Beiträge des Symposiums abgedruckt, dort finden sich interessante Diskussionen hierzu. Die Ausgabe 10 derselben Zeitschrift griff das Thema wieder auf, die Beiträge diskutieren die Veränderungen der Rollen von NGOs, aber auch Veränderungen in der Wahrnehmung dieser Rollen (CICE, 2008, Vol. 10, Nr. 1-2 ‚Are NGOs Overrated? Ten Year Anniversary Double Issue‘).

101 Für einen historischen Überblick über die INGOs im Bildungsbereich siehe: Mundy/Murphy, 2001; Fuchs, 2007a+b.

strategies for educational development".[102] INGOs beteiligen sich nun auf nationaler sowie auf internationaler Ebene – in zwei Arbeitsgruppen sind sie aber besonders aktiv: in der ,Collective Consultation of NGOs on EFA' und in der ,Global Campaign for Education'.[103] Letztere entwickelte sich als einige INGOs eigenständige Bildungskampagnen initiiert haben: Die Bildungsinternationale, Oxfam und ActionAid[104] haben 1999 zusammen die Global Campaign for Education ins Leben gerufen, dabei haben sie auch zu einem weiteren Schritt in Richtung Herausbildung internationaler Strukturen im Bildungsbereich beigetragen. Zusammenfassend: INGOs haben ihre Aktivitäten seit Mitte des 20. Jahrhunderts intensiviert und erweitert; sie haben das Thema Bildung in einer breiteren sozialen Agenda auf internationaler Ebene eingebettet und neue Formen der Koordination ihrer Arbeit entwickelt. Mundy/Murphy (2001, S. 126) fassen die wichtigsten Aspekte dieser qualitativen Veränderung in den Aktivitäten von Nichtregierungsorganisationen im Bildungsbereich seit 1990 zusammen:

„1. Development and relief organizations take up or expand education sector work and move into advocacy work;
1. Virtual coalitions and advocacy networks on women, human rights, development, and debt relief take up education as a component of their agenda for global justice;
2. International teachers associations renew their commitments to internationalism;
3. Unprecedented levels of interaction emerge between nongovernmental actors and intergovernmental bodies like Unesco, Unicef, and the World Bank; and
4. New Forms of cross-organizational collaboration emerge, as in the Global Campaign on Education."

INGOs sind wichtige „norm entrepreneurs" (Finnemore/Sikkink, 1998, S. 895), sie sind an allen drei von Finnemore/Sikkink (1998) formulierten ,Zyklen' von „international norm dynamics" beteiligt – nämlich „norm emergence", „norm cascade" und „norm internalization" – dabei stehen INGOs in enger Zusammenarbeit mit IGOs, die ,Education for All'-Bewegung illustriert dies gut (vgl. Chabbott, 2003).

Betrachtet man die Inhalte der Aktivitäten von INGOs, so wird deutlich, dass sie sich an der international zirkulierenden Reformagenda um Dezentralisierung, lokale Verantwortlichkeit, Private-Public-Partnerships usw. beteiligen (vgl. Mundy, 2008).

Diese neuen transnationalen Akteure haben sich mittlerweile in vielen politischen Feldern der internationalen Architektur fest etabliert, sie haben eigenständig eine Agenda in der internationalen Bildungspolitik formuliert, mit dieser Agenda verbreiten sie –

---

102 Siehe: EFA-Dakar Framework for Action (2000, § 8). Online unter: http://www.unesco.org/education/efa/ed_for_all/dakfram_eng.shtml [zuletzt 12. 10. 10].

103 Siehe: Collective Consultation of NGOs on EFA, Online unter: http://www.unesco.org/en/efa-international-coordination/international-cooperation/collective-consultation-of-ngos/ und Global Campaign for Education, Online unter: http://www.campaignforeducation.org/ [zuletzt 12. 10. 10].

104 Bildungsinternationale (mit Sitz in Brüssel) ist eine internationale Vereinigung von Bildungsgewerkschaften mit Vertretungen in 172 Ländern, vgl.: http://www.ei-ie.org/en/. Oxfam (Sitz in Oxford, GB) und ActionAid (Sitz in Johannesburg) sind Nichtregierungsorganisationen aktiv in verschiedenen sozialen Bereichen, vgl.: Oxfam: http://www.oxfam.org/ und ActionAid: http://www.actionaid.org/index.aspx [zuletzt 12. 10. 10].

weltkulturelle – Prinzipien, die die „frames that orient other actors, including states" (Boli/Thomas, 1999, S. 15) maßgeblich prägen. Darüber hinaus versuchen sie Mechanismen für die Implementation ihrer Ziele zu entwickeln, dabei spielen sie eine wichtige Rolle in der Integration dieser internationalen bildungspolitischen Agenda in nationale Gesetzgebung.[105]

6.3.2 Nationale Akteure

Die Zahl der nationalen Akteure in der Bildungspolitik ist groß und ihre Typen vielfältig. Die folgenden Ausführungen gehen von der Struktur in Deutschland aus. Empirische Untersuchungen müssen sich an dieser Stelle an den jeweiligen Arrangements vor Ort orientieren. Zu den staatlichen Akteuren treten nicht-staatliche oder auch quasi-staatliche. Neben Akteuren des Bundes, der Länder und Gemeinden üben auch die Verwaltungs- und Verfassungsgerichte Einfluss auf die Bildungspolitik in Deutschland aus. Auch die sog. „intermediären Institutionen" (Fuchs/Reuter, 2000, S. 33) – KMK, BLK, Wissenschaftsrat, Hochschulplanungsausschuss, Bundes- und Landesinstitute; quasi-staatliche Einrichtungen wie DFG und DAAD, DIPF und Max-Planck-Institut für Bildungsforschung – sind bildungspolitische Akteure in Deutschland.

Diese Akteure setzen nicht einfach internationale Bildungspolitik um; sie sind maßgeblich an der (Re-)Interpretation dieser Einflüsse beteiligt und fungieren somit als ,Filter. Darüber hinaus können sie durch ihre Beteiligung an anderen Arenen der Bildungspolitik Einfluss auf diese bildungspolitischen Ideen und Programme nehmen.

6.3.2.1 Nationale Ministerien

Bildungspolitik gilt traditionell der Kompetenz des Nationalstaats; dieser hat insbesondere im Laufe der Nachkriegszeit zentralstaatliche Organisationen für die Koordination dieses Ressorts geschaffen. Moderne Nationalstaaten haben nach und nach Bildungsgesetze verabschiedet und entsprechende Ministerien geschaffen, die dieses politische Feld bearbeiten (vgl. Boli-Bennett, 1979; Ramirez/Boli-Bennett, 1982).[106] In Deutschland liegt die Zuständigkeit für Bildungsgesetzgebung und -verwaltung bei den Ländern (Kulturhoheit der Länder), wobei einige Aufgaben laut Grundgesetz als ,Gemeinschaftsaufgabe' von Bund und Länder definiert werden (siehe auch Hepp, 2006; Wolf, 2006). Analysen zum Internationalen Bildungsregime müssen daher diese zentralen Akteure berücksichtigen. Da abhängig vom untersuchten Gegenstand bzw. Bildungsbereich unterschiedliche Kapazitäten und Kompetenzen vorliegen, muss immer berücksichtigt werden, auf welcher Ebene bildungspolitische Fragen diskutiert sowie Programme formuliert und implementiert werden. Auch hier gilt, dass nicht immer eindeutig zwischen ,eigentlichen und uneigentlichen' Akteuren (Keiner, 2005)

---

105 Siehe Burde (2004) für ein Beispiel dieses Integrationsprozesses in Bosnien-Herzegovina. INGOs haben dort eine wichtige Rolle gespielt in der Schaffung nationaler Netzwerke für die Implementation von internationalen ,Best-Practices', in diesem Fall ,parent-teacher-associations'.

106 Da Bildungspolitik eng mit Technologie- und Wissenschaftspolitik verbunden ist, spielen auch Ministerien mit diesen Ressortkompetenzen eine Rolle. Yong zählt insgesamt 70 Länder, die seit 1949 ein Wissenschaftsministerium eingerichtet haben (2003, S. 121).

unterschieden werden kann. Das Beispiel Deutschland illustriert diese Vielfalt von Zuständigkeiten und Kompetenz, aber auch die indirekte Einflussnahme gut. Obwohl beispielsweise der Bund nur über sehr eingeschränkte Kompetenzen in der schulischen Bildungspolitik verfügt (vgl. Avenarius, 2005), schafft es das Bundesbildungsministerium mittels unterschiedlicher Wege und Instrumente erfolgreich Schulpolitik zu betreiben. So formuliert Klaus Klemm: „Wenn er [der Bund] gleichwohl nachhaltig hat Einfluss nehmen können, so geschah dies immer dann, wenn er in Phasen einer öffentlichen Krisenwahrnehmung die Schuldebatte durch das Einholen fachkundiger Beratung stimuliert hat und ihr dadurch gelegentlich eine Richtung hat geben können." (2006, S. 399f.). An anderen Stellen nimmt der Bund Einfluss über das „Vorhandensein einer Gelegenheitsstruktur mit der Faktorenkombination ‚Mittelknappheit der Länder' bei gleichzeitigen ‚finanziellen Spielräumen des Bundes'" (Weingart/Taubert, 2006b, S. 26).[107] Der deutsche Bildungsföderalismus legt es nahe, in konkreten Untersuchungen sowohl Akteure des Bundes als auch der Länder in den Blick zu nehmen. Des Weiteren ist Bildungspolitik mit anderen politischen Themenbereichen verflochten; so werden die Diskussionen von bildungspolitischen Fragen – je nach Bereich – durch Technologie- und Wissenschafts- oder aber auch von Wirtschaftspolitiken beeinflusst (vgl. Weingart/Taubert, 2006a). Die Verflechtung von bildungspolitischen Fragen mit anderen Politikfeldern muss daher ebenfalls berücksichtigt werden.

6.3.2.2 Gesellschaftliche Verbände und Organisationen

Im stark föderalistischen System der Bundesrepublik haben gewählte Vertreter kein Entscheidungsmonopol in der Bildungspolitik; auch Interessensvertretungen aller Art können Einfluss auf die Politik und auf die Gestaltung des Bildungs- und Erziehungswesens nehmen. Diese sind als Vereine oder Verbände organisiert – u.a. sind diese Gewerkschaften (z.B. Deutscher Gewerkschaft Bund, Gewerkschaft Erziehung und Wissenschaft, Deutscher Lehrerverband), Berufs- und Fachverbände (z.B. Philologenverband, Verein Deutscher Ingenieure), Industrie-, Handels- und Handwerkskammer, Wirtschaftsverbände (z.B. Vereinigung Bayrischer Wirtschaft e. V.; Bundesvereinigung Deutscher Arbeitgeberverbände, Bundesverband der Deutschen Industrie) sowie auch (politische) Stiftungen (z.B. Friedrich-Ebert-Stiftung, Volkswagen Stiftung, Bosch Stiftung) und Religionsgemeinschaften.[108]

Empirische Analysen zum Internationalen Bildungsregime müssen in Abhängigkeit mit dem Gegenstand und Bereich (z.B. Hochschulbildung) die potentiellen Akteure erkunden und ihre Beteiligung untersuchen.

6.3.2.3 Professionelle Organisationen

Professionelle Organisationen nehmen aus fachbezogener Perspektive Stellung zu grundsätzlichen Fragen der Wissenschafts- und Bildungspolitik. Sie schaffen dadurch wichtige Rahmenbedingungen für Diskussionen von bildungspolitischen Fragen.

---

107 Die derzeitige ‚Exzellenz-Initiative' des Bundes ist hierfür ein aktuelles Beispiel (siehe: Kehm, 2006).

108 Für eine ausführlichere Auflistung dieser Verbände und Organisationen siehe: Fuchs/Reuter, 2000, S. 34f.

Beispielsweise zu Fragen der Struktur des Bildungswesens, der wissenschaftlichen Disziplinen, Fragen nach den Standards wissenschaftlicher Forschung, usw. Im Bildungsbereich sind z.B. die Deutsche Gesellschaft für Erziehungswissenschaft (DGfE),[109] die European Educational Research Association (EERA) oder auch die American Educational Research Association (AERA) wichtige normsetzende Akteure.

Ein aktuelles Beispiel dieses Zusammenspiels von professionellen Organisationen und anderen Akteuren der Bildungspolitik bietet die gegenwärtige Diskussion um wissenschaftliche Standards in der Bildungsforschung und ihre Rolle in der Bildungspolitik. Im Rahmen von Defizitdiagnosen erziehungswissenschaftlicher Forschung seitens der Bildungspolitik und des National Research Council (vgl. National Research Council, 2002) sowie vor dem Hintergrund der im nationalen Bildungsreformgesetz No-Child-Left-Behind beigemessenen Bedeutung von ,scientifically based research hat die American Educational Research Association eine Kampagne initiiert, die mittlerweile nicht nur auf die Verbesserung der Forschungsgrundlage für die Bildungsreform, sondern auf eine systematische Reform erziehungswissenschaftlicher Forschung allgemein abzielt (vgl. Bellmann, 2006b, S. 495).

Die AERA hat inzwischen auch eine Definition von ,scientifically based research' vorgelegt, die konform geht mit den bildungspolitischen Vorgaben nationaler (National Research Council, 2002; siehe auch DIPF, 2007) und internationaler Akteure (OECD, 2003, 2007; siehe auch: Schuller et al., 2006; Schuller, 2005).[110] Das entsprechende Pendant zu diesen Entwicklungen in Deutschland kann in der von der Bundesregierung initiierten Exzellenzinitiative sowie in der Stellungnahme der Deutschen Forschungsgemeinschaft zur ,strukturellen Stärkung der empirischen Bildungsforschung' (DFG, 2001) in Deutschland gesehen werden, die wiederum in die Stellungnahmen und Politiken der Deutschen Gesellschaft für Erziehungswissenschaft eingehen.

6.4 Intitutionalisierte Mechanismen und Instrumente der Governance im IBR

Die oben genannten Akteure sind mit unterschiedlichen Kompetenzen und Kapazitäten ausgestattet; sie sind darüber hinaus auf unterschiedlichen Ebenen des Handlungssystems verortet. Ihre Interaktion in den verschiedenen Arenen der Bildungspolitik erzeugt ,institutionalisierte Regelsysteme', die verschiedene Formen der Governance darstellen, d.h. verschiedene Interaktionsmuster und Modi kollektiven Handelns (vgl. Kap. 4, Abschnitt 4.1.3). Im Folgenden soll darauf eingegangen werden; auch hier wird keine Vollständigkeit beansprucht, vielmehr sollen hier exemplarisch einige dieser Formen, Mechanismen und Instrumente diskutiert werden. Drei Formen der Governance werden im Internationalen Bildungsregime häufig verwendet: Erstens, *Agenda-Setting* bezieht sich auf die Fähigkeit von bestimmten Akteuren, neue Themen

---

109 Für eine Liste anderer nationaler und regionaler Assoziationen siehe: AERA, Online unter: http://www.aera.net/Default.aspx?id=5522 [zuletzt 20. 10. 10].

110 Vgl. AERA, Online unter: http://www.aera.net/opportunities/?id=6790 [zuletzt 20. 10. 10].

zu lancieren und mit bestimmten Inhalten zu füllen. Empirische Untersuchungen hierzu müssen daher sowohl die Prozesse als auch die Inhalte dieser Form der Governance im Internationalen Bildungsregime berücksichtigen. Zweitens, *Koordination* wird als weiterer Mechanismus der Governance identifiziert und bezieht sich auf die Fähigkeit bestimmter Akteure, Prozesse und Prozeduren zu koordinieren und dabei Einfluss auf das Ergebnis des politischen Prozesses zu nehmen. Diese Akteure haben aufgrund ihrer Infrastruktur (Personal, Kommunikationskanäle, finanzielle Mittel für die Organisation von Konferenzen usw.) die Möglichkeit, Prozesse zu beschleunigen, bremsen, forcieren oder auszurichten. Drittens, werden *Instrumente* als direktere Mittel der Governance im Internationalen Bildungsregime identifiziert. Gerade weil diese oftmals den Anschein eines ,technischen', wertfreien Instruments annehmen, können sie einen erheblichen Effekt entfalten, denn dadurch können sonst kontrovers diskutierte Fragen umgangen werden.

Im Folgenden werden drei Beispiele dieser Mechanismen und Instrumente als Illustration angeführt. *Erstens*, geht es um den Prozess der Agenda-Setting des Konzepts des ,Lebenslangen Lernens'. *Zweitens*, geht es um Prozesse wechselseitiger Beobachtung, Beeinflussung und Verhandlung im „Konferenzmechanismus" im Rahmen des Bologna-Prozesses. *Schließlich* geht es allgemein um die Institutionalisierung eines Instruments der wechselseitigen Beobachtung, nämlich von Monitoring- und Berichterstattungssystemen im Bildungsbereich – hier am Beispiel des Lebenslangen Lernens – diese können eine nicht zu unterschätzende Steuerungswirkung entfalten und den sie kontrollierenden Akteuren einen (Steuerungs-)Vorteil gegenüber anderen verschaffen (vgl. Ioannidou, 2009, S. 38f.).

Bereits in den 1960er Jahren gab es Diskussionen um das, was heute als ,Lebenslangen Lernen' (LLL) genannt wird. Im Rahmen der Weltkonferenz über Erwachsenenbildung 1960 ist das Konzept der ,éducation permanente' entstanden – dieses Konzept wurde in den folgenden Jahre anhand der Termini ,permanent education', ,lifelong learning' oder ,recurrent education' in und von Internationalen Organisationen (u.a. UNESCO, ILO, OECD) diskutiert, hat jedoch keine substantiellen Veränderungen in nationalen Bildungssystemen hervorgebracht. Anders verliefen die Diskussionen ab den 1990er Jahren; LLL ist gegenwärtig einer der wichtigsten bildungspolitischen Programmpunkte sowohl von IOs als auch von Nationalstaaten. Die Erklärung für die erfolgreiche Verbreitung des Konzepts LLL liegt in der Rolle, die Internationale Organisationen im Prozess der Normentstehung und -diffusion gespielt haben (vgl. hierzu Finnemore/Sikkink, 1998). IOs wie die EU, UNESCO, OECD, Weltbank, ILO und zahlreiche NGOs und INGOs haben ihre Aktivitäten aufeinander bezogen und so eine ,kritische Masse' erreicht um nationalstaatliche Entwicklungen zu beeinflussen. Laut Jakobi (2006) nahmen ca. 80% der von ihr untersuchten Länder (n=99) Bezug auf das Konzept; ca. 50% haben zumindest eine Reform mit direktem Bezug auf LLL initiiert. Sie nutzten das günstige Klima auf der internationalen Ebene (,window of opportunity') um LLL als Norm im Rahmen der Debatten um Wissensgesellschaft bzw. wissensbasierte Ökonomie zu etablieren (vgl. ebd., S. 122).

Im Rahmen des Bologna-Prozesses lässt sich in Anlehnung an Georg Simonis (2005, S. 319f.) die „generische Koordinationsform" als „Konferenzmechanismus" bezeichnen. Innerhalb dieses Mechanismus werden neue koordinierende und normsetzende Regelsysteme geschaffen und institutionalisiert. Nach dem Auftakt zum Bologna-Prozess an der Universität Sorbonne 1998 haben sich die Kultus- und Bildungsminister von 32 europäischen Ländern an der Universität Bologna auf die Bologna-Deklaration geeinigt, welche zusätzlich zu den an der Sorbonne vereinbarten Prinzipien neue Maßnahmen zur Harmonisierung des Hochschulbereichs in Europa vorsah. Für die Umsetzung der Zielsetzungen des Bologna-Prozesses[111] wurde jeweils eine nationale Kontaktstelle eingerichtet, deren Vorsitzpersonen zusammen mit der EU-Präsidentschaft eine jährlich tagende ‚große Vorbereitungsgruppe' bilden; dazu wurde eine ‚kleine Vorbereitungsgruppe' eingerichtet, die zweimal im Jahr tagt und die Funktion hat, „die Ziele und Maßnahmen des Bologna-Projektes zu konkretisieren und die Umsetzung durch Vorlagen und Entwürfe von Empfehlungen zu unterstützen." (Walter, 2006, S. 134) Die Implementation der 1999 formulierten Ziele und Maßnahmen sollte dann im Zweijahresrhythmus in Folgekonferenzen bewertet, weitere Schritte sollten beraten werden – die Folgekonferenzen waren bis heute: Prag 2001, Berlin 2003, Bergen 2005, London 2007, und Leuven 2009. Diese Konferenzen haben „eine Follow-Up-Struktur erzeugt, die es erlaubt, Themen im Verhandlungsprozess evolutionär zu entwickeln." (Walter, 2006, S. 169) Im Laufe des Prozesses hat sich nicht nur der Inhalt des Projektes verändert (die Agenda), sondern auch die beteiligten Akteure sowie die Koordinationsformen haben sich verändert. Daher definiert Thomas Walter das Bologna-Arrangement als ‚hybrid, evolutionär und konnektiv': ‚Hybrid' denn es gibt verschiedene Koordinations- und Steuerungsmechanismen; ‚evolutionär' ist das Verfahren weil es im Prozessverlauf nicht nur mehrfach verändert wurde, sondern weil es sich ausdifferenzieren und weiterentwickeln konnte; schließlich ist das Arrangement ‚konnektiv', da nach und nach weitere staatliche wie nicht-staatliche Akteure an den Verhandlungstisch aufgenommen wurden (vgl. Walter, 2006, S. 169).[112]

---

111 Die Bologna-Erklärung vom 19. Juni 1999 umfasst sechs Maßnahmen: (1) ein System leicht verständlicher und vergleichbarer Abschlüsse. Hierzu zählt die Einführung eines Diplomzusatzes, um die Transparenz zu verbessern; (2) ein zweistufiges System von Studienabschlüssen: ein erster, berufsqualifizierender Zyklus von mindestens drei Jahren, und ein zweiter Zyklus (Master), der den Abschluss des ersten Zyklus voraussetzt; (3) ein Leistungspunktesystem nach dem ECTS-Modell, das bei Austauschmaßnahmen im Rahmen von Socrates-Erasmus zur Anwendung kommt; (4) die Mobilität von Studierenden, Lehrkräften und Wissenschaftlern: Beseitigung von Mobilitätshemmnissen aller Art; (5) die europäische Zusammenarbeit im Bereich der Qualitätssicherung; (6) die europäische Dimension in der Hochschulausbildung: Vervielfachung der Module, Studiengänge und Lehrpläne auf allen Niveaus, deren Inhalt, Ausrichtung und Organisation eine europäische Dimension aufweist. Das Prager Kommuniqué vom 19. Mai 2001 fügt dem Bologna-Prozess folgende Maßnahmen hinzu: (7) lebenslanges Lernen ist ein wesentliches Element des europäischen Hochschulraums, das die wirtschaftliche Wettbewerbsfähigkeit gewährleisten soll; (8) Beteiligung der Hochschuleinrichtungen und der Studierenden: Die Minister unterstreichen, wie wichtig die Beteiligung der Universitäten, der übrigen Hochschuleinrichtungen und insbesondere der Studierenden ist, um auf konstruktive Weise einen europäischen Hochschulraum zu errichten; (9) Förderung der Attraktivität des europäischen Hochschulraums bei Studierenden aus Europa und aus anderen Teilen der Welt.

112 Ein weiteres Beispiel für einen solchen Konferenzmechanismus stellen die Konferenzen um die Bewegung ‚Education for All', welche Bildung als zentrales Bestandteil der ‚global development agenda' diskutieren (vgl. Chabbott, 2003; King, 2007; Nordtveit, 2009).

Beginnend mit der in Lissabon 2000 verabschiedeten Strategie, Europa bis 2010 „zum wettbewerbsfähigsten und dynamischsten wissensbasierten Wirtschaftsraum in der Welt zu machen",[113] wird verstärkt auf Monitoring, ‚Peer Review'-Verfahren, Benchmarking und ähnliche Steuerungsinstrumente in der Bildungspolitik gesetzt (vgl. nur Böttcher et al., 2008; Döbert/Klieme, 2009). Da beispielsweise der EU die Mittel zur Durchsetzung bildungspolitischer Entscheidungen (wie dies in hierarchischen Systemen der Fall ist) fehlen, hat sich eine neue Koordinationsform – die Offene Methode der Koordinierung (OMK)[114] – institutionalisiert, in der zu Beginn des Koordinationsprozesses Ziele und ‚Benchmarks' zwischen der EU und den Mitgliedstaaten ausgehandelt werden. Die anzustrebenden Ziele dienen als Maßstäbe zur Evaluation staatliches Handelns; die ‚Benchmarks' dienen dem Informationsaustausch, aber auch dem Wettbewerb zwischen den Mitgliedern, da durch ihre Veröffentlichung und Ranking sich sowohl positive als auch negative Sanktionen ableiten lassen (vgl. Benz, 2006c, S. 11f.). Dieser Mechanismus ähnelt dem Arbeitsmodus anderer Internationaler Organisationen, so lässt sich zum Beispiel die Selbstbeschreibung der OECD als ‚forum for peer pressure' interpretieren (vgl. Parreira do Amaral, 2006, Kap. 6; Henry et al. 2001).

Eine international vergleichende Untersuchung zur Einführung von Bildungsmonitoring und Bildungsberichterstattungssystemen in Deutschland, Finnland und Griechenland vor dem Hintergrund des Konzepts des Lebenslangen Lernens hat auf die Bedeutung dieser Instrumente in der Bildungspolitik internationaler Akteure hingewiesen (Ioannidou, 2009). Im Falle der oben erwähnten empirischen Untersuchung wird deutlich: „Die Einsicht, dass sich erst durch den Vergleich mit anderen Ländern die Position eines Landes bestimmen und die Frage nach der Dringlichkeit bestimmter Maßnahmen und Reformen sinnvoll beantworten lässt, stellt ein wiederholtes Argumentationsmuster in den Expertenaussagen dar." (Ioannidou, 2009, S. 211) Diese Instrumente werden zudem explizit als „Steuerungsinstrumente" verwendet, so resümiert Ioannidou: „Alle befragten Expertinnen und Experten sind sich in ihrer Einschätzung über die Rolle von Bildungsmonitoring und Bildungsberichterstattung einig: Sie sollen international bzw. national vergleichbare und empirisch gestützte Daten über die Funktion und Leistungsfähigkeit von Bildungssystemen liefern und somit eine evidenzbasierte Systemsteuerung auf der Grundlage informierter Entscheidungen ermöglichen." (ebd., S. 212)

---

113 Vgl. Europäischer Rat, 23. und 24. März 2000 Lissabon, Schlussfolgerungen des Vorsitzes, online unter: http://www.europarl.europa.eu/summits/lis1_de.htm [zuletzt 20. 10. 09].

114 Die ‚Offene Methode der Koordinierung' wurde zunächst im Bereich der Arbeitsmarkt- und der Finanzpolitik verwendet, wurde dann als „template mode of governance" auf andere Politikbereiche übertragen (Gornitzka, 2005, S. 3, Herv. i. O.). Benz (2006c) unterscheidet dabei zwischen einem ‚deliberativen' und einem ‚kompetitiven' Modus der OMK; dem ‚deliberativen' Modus wird eine hohe Anfälligkeit und geringe Effektivität bescheinigt, der ‚kompetitiven' Variante bietet im Vergleich „stärkere Anreize für nationale und regionale Regierungen, ihre Politik im Rahmen der OMK anzupassen." (S. 13)

6.5 Internationales Bildungsregime: Typ, Entstehungsprozess und Einflussfaktoren

6.5.1 Implizites Regime – Anmerkungen zum Typ des Internationalen Bildungsregimes

Der primäre Grund für die Klassifikation von Internationalen Regime in Typen liegt in der Notwendigkeit, daraus Rückschlüsse auf ihre Entstehungsprozesse und Wirkungen bzw. Konsequenzen ziehen zu können (vgl. Levy et al., 1995, S. 274; Efinger et al., 1988, S. 75ff.). In der Literatur zu Regime sind jedoch keine einheitlichen Klassifizierungsschemata zu finden. Dies mag damit zusammenhängen, dass unzählige Merkmale von Regime dazu genutzt werden können, zwischen ihnen zu unterscheiden; es gibt also keine a priori Kriterien für die Typologisierung von Internationalen Regime (vgl. Levy et al., 1995, S. 275).[115] Beispielsweise werden Regime anhand der Anzahl ihrer Mitglieder, Grad an Formalität/Informalität, Spezifizität des zu bearbeitenden Problems usw. unterschieden, um nur einige Unterscheidungskriterien zu nennen. Die Typologisierung von Internationalen Regime anhand der ihnen zugrunde liegenden Prinzipien, Normen, Regeln und Entscheidungsprozeduren stellt die am meisten verbreitete Form der Klassifikation dar. Obwohl in der politikwissenschaftlichen Analyse die Herausbildung von Regime meistens anhand konkreter Merkmale, die im Laufe expliziter Interaktionen (z.B. Verhandlungen) sichtbar werden, erklärt wird (wie zum Beispiel Interaktionen im Bereich des Problems der Verbreitung nuklearer Waffen oder des Schutzes der Ozonschicht), kann die Entstehung eines Regimes durchaus dem Weg der Institutionalisierung von Prinzipien folgen, welche als Tatsachen-, Ursachen- und Richtigkeitsüberzeugungen verstanden werden.[116] Hierzu hat die neoinstitutionalistische Forschung einen wichtigen Beitrag geleistet; das Konzept der World Polity beschreibt die weltweite Institutionalisierung von kognitiv-kulturellen Mustern (vgl. Kap. 4, Abschnitt 2.2).

Für unseren Zusammenhang ist die Unterscheidung von zwei Dimensionen nach Levy et al. interessant (1995; vgl. Tabelle 4). Die *erste* Dimension fragt nach dem Grad der Formalisierung des Regimes, also nach formalen, d.h. offiziellen Indikatoren für die Klassifizierung eines ‚Internationalen Regimes‘ als ein solches. Hierzu zählen unterschriebene Abkommen und Beteiligung an internationalen Regelungsbemühungen.[117] Auch wenn es bislang zu keinem offiziellen Abkommen zur Schaffung eines Interna-

---

115 Siehe Efinger/Rittberger/Zürn (1988, S. 82, siehe auch Anhang 1 dort) für eine Zusammenfassung unterschiedlicher Regimetypologien; siehe auch Ruggie, 1975.

116 ‚Principles are beliefs of fact, causation, and rectitude‘ (vgl. Krasner, 1983a, S. 2).

117 Zürn et al. (2007, S. 142ff.) weisen auf die linear steigende Zahl internationaler Verträge hin – von 15.000 im Jahr 1960 auf über 55.000 in 1997. Sie interpretieren diesen Trend als Teil einer sowohl quantitativen als auch qualitativen Veränderung – Supra- und Transnationalisierung in den internationalen Institutionen. Das World Treaty Index zählt allein im Bereich ‚7EDUC‘ (education) 453 internationale Verträge, wenn Überschneidungen, etwa mit wissenschaftlicher Kooperationen, Arbeitsmarkt bezogene Verträge, usw. gerechnet werden, steigt diese Zahl auf den vier- bzw. fünfstelligen Bereich (cf. World Treaty Index, Online unter: http://depts.washington.edu/hrights/Treaty/trindex.html [zuletzt 06. 12. 10].

tionalen Regimes im Bildungsbereich gekommen ist, lassen sich einige Entwicklungen ausmachen, die sich als Beginn eines solchen Institutionalisierungsprozesses interpretieren lassen, zumindest in Richtung eines impliziten Regimes verweisen. Als Indiz für eine ansetzende Formalisierung des Internationalen Bildungsregimes lässt sich die wiederholte Beteiligung einer nicht unerheblichen Anzahl von Ländern an internationalen Vergleichsstudien anführen. So beteiligen sich an den PISA-Studien der OECD zurzeit fast genauso viele Nicht-Mitglieder wie Mitglieder.[118] Die PISA-Vergleichsstudien sind nur ein Beispiel für die zahlreichen Aktivitäten auf internationaler Ebene; Heyneman/Lykins (2008) zählen insgesamt 33 internationale Vergleichsuntersuchungen – die International Association for the Evaluation of Education Achievement (IEA) ist hier eines der wichtigsten Akteure (vgl. Heyneman/Lykins, 2008, S. 107). Ferner hat die OECD bereits 2005 das ‚Global Forum on Education‘ kreiert, um die Aktivitäten sowohl von Mitgliedern als auch von Nicht-Mitgliedern sowie die Zusammenarbeit mit anderen IOs im Bildungsbereich zu koordinieren.[119] Der zunächst auf die Europäische Union beschränkte Bologna-Prozess lässt sich ebenfalls als weitere Formalisierung von Bildungspolitik auf internationaler Ebene anführen. Die ursprüngliche zwischenstaatliche Initiative wurde im Laufe der Zeit formalisiert und ein Konferenzmechanismus hat sich etablieren können (vgl. Walter, 2006, S. 132f.). Der Bologna-Prozess wirkt darüber hinaus nicht nur auf EU-Mitgliedländer; mittlerweile beteiligten sich 46 Länder an dem Prozess, unter anderem Länder wie die ehemalige jugoslawische Republik Mazedonien oder Aserbaidschan.[120] Als weiteres Beispiel kann auch die 1990 ins Leben gerufene Bewegung ‚Education for All‘ genommen werden. Das Programm ‚Bildung für Alle‘ wurde von der UNESCO und anderen UN-Organisationen zusammen mit der Weltbank initiiert und wird auf verschiedenen Ebenen koordiniert, wobei das Monitoring auf der übernationalen Ebene angesiedelt ist (vgl. die EFA Global Monitoring Reports; Chabbott, 2003). Die oben angeführten Beispiele können ohne große Bemühungen auf andere Regionen der Welt fortgesetzt werden, z.B. lassen sich im Kontext des MERCOSUR und der Organisation Amerikanischer Staaten (OAS) sowie der ‚Cumbres de las Américas‘ (vgl. Feldweber et al., 2005; Neves de Azevedo, 2009) weitere Aktivitäten auf übernationaler Ebene ausma-

---

118 An PISA 2000 haben sich 32 Länder beteiligt, davon 28 OECD-Mitglieder; an PISA 2003 waren es 41 Länder (30 OECD-Mitglieder); 2006 haben neben allen OECD-Länder 27 andere Staaten teilgenommen und schließlich sind für 2009 insgesamt 66 Länder an der Studie beteiligt. D.h. ca. ein Drittel aller Staaten der Welt beteiligt sich an PISA (vgl. OECD Homepage: http://www.oecd.org/ pages/0,3417,en_32252351_32236225_1_1_1_1_1,00.html [zuletzt 20. 12. 10]. Siehe auch Andere, 2008.

119 Vgl. OECD, Global Forum on Education, Online unter: http://www.oecd.org/document/46/0,334 3,en_36335986_36339065_36405486_1_1_1_1,00.html [zuletzt 20. 12. 10].

120 Vgl. die Webseite des Bologna-Prozesses, Online unter: http://www.ond.vlaanderen.be/hogeronder wijs/bologna/pcao/ [zuletzt 20. 12. 10]. Dort werden nur die offiziellen Partner benannt; es gibt jedoch auch eine Anzahl von ‚Beobachtern‘, die passiv am Prozess beteiligt sind. Darüber hinaus wirkt der Prozess indirekt auf andere Systeme. Lima et al. (2008) diskutieren den Einfluss des Bologna-Prozesses auf die Hochschulpolitik in Brasilien, insbesondere mit Blick auf das Projekt ‚Universidade Nova‘ und das Restrukturierungsprogramm für die Hochschullandschaft ‚REUNI‘ und ihre Maßnahmen zur ‚Qualitätssicherung‘.

chen, die eine formalisierende Wirkung auf die internationale Bildungspolitik haben können. Einige Autoren haben bereits seit einiger Zeit darauf aufmerksam gemacht, dass diese Entwicklungen „zur Entstehung eines post-nationalen, transnationalen Bildungsraums mit speziellen Charakteristika und einer eigenen Dynamik" führen (Ioannidou, 2009, S. 26); auch Martens et al. (2007) sehen in ihnen die Herausbildung ‚neuer Arenen der Bildungsgovernance'. Mit dem Regimekonzept lassen sich diese vielfältigen Entwicklungen in ein übergreifendes Modell integrieren, was im Hinblick auf ihre gegenseitigen Beeinflussungen und Einwirkungen von Vorteil sein kann.

Die *zweite* Dimension fokussiert den Grad der Erwartungskonvergenz der am IR beteiligten Akteure. Die Erwartungen der Akteure bzw. Mitglieder eines Regimes müssen zumindest implizit in Richtung formaler oder informaler Prinzipien und Normen konvergieren.

Die Beteiligung an Weltbildungskonferenzen bzw. an internationalen Konferenzen zum Thema Bildung kann als Indiz für die Konvergenz der Erwartungen im Internationalen Bildungsregime gedeutet werden. Bereits in der zweiten Hälfte des neunzehnten Jahrhunderts fanden internationale Konferenzen statt – diese wurden jedoch meistens auf Nichtregierungsebene angesiedelt und wurden insbesondere von Lehrern und Personen in der Schulverwaltung besucht – doch in der zweiten Hälfte des zwanzigsten Jahrhunderts haben Konferenzen auf der Regierungsebene stattgefunden, die bildungspolitische Maßnahmen und Programme in einer verbindlicheren Art und Weise gegenüber den Nationalstaaten diskutierten (vgl. Chabbott, 2003, S. 138ff.). Mittlerweile veranstaltet die UNESCO regelmäßig Weltbildungskonferenzen zu verschiedenen Themen, z.B. die Weltbildungsministerkonferenz 2008 in Genf, die Weltkonferenz über Hochschulbildung in Paris (2009) oder über Erwachsenenbildung 2009 (CONFINTEA VI) in Belém, Brasilien.

Als weiteres Indiz lässt sich das Interesse und Beteiligung an internationalen Hochschulrankings (cf. Merisotis/Sadlak, 2005; Liu/Cheng, 2005) deuten. Obwohl kontrovers diskutiert und problematisiert haben sich diese ‚assessment instruments' relativ schnell in der Hochschullandschaft etabliert; seitdem die ersten Rankings der US News und World Report ‚America's Best Colleges' im Jahr 1983 erstmals veröffentlicht wurden, haben sich Rankings verbreitet und enorm an Bedeutung gewonnen.[121] Auch hier wird die Beteiligung von IOs sichtbar: Im Jahr 2002 lud UNESCO-CEPES zu einer internationalen Konferenz „Invitational Roundtable on Statistical Indicators for Quality Assessment of Higher/Tertiary Education Institutions" nach Warschau ein, wobei die Konferenz im Rahmen eines längeren Projektes stattfand, das als „Follow up" der „World Conference on Higher Education" in Paris 1998 (vgl. Merisotis, 2002) galt. Hierbei wird sichtbar, dass der internationale Austausch nicht nur die Konvergenz

---

121 Siehe z.B. das Ranking der ‚World Universities', Online unter: http://www.arwu.org/ [zuletzt 19. 05. 09]. Siehe auch die ‚Times Higher Education Supplement World University Ranking' online: http://www.timeshighereducation.co.uk/ [zuletzt 19. 05. 09]. Für Deutschland sind die Hochschulrankings des Centrums für Hochschulentwicklung sowie die einschlägigen Tages- und Wochenzeitungen zu nennen, an denen sich die meisten Institutionen orientieren und sich selbst messen, vgl. CHE-Hochschulranking, Online unter: http://www.che-ranking.de/cms/? getObject= 50&getLang=de [zuletzt. 19. 05. 10] (siehe auch: Federkeil, 2002).

der Erwartungen (Ziele) der Beteiligten fördert, sondern auch eine Angleichung der Vorstellungen über Zweck-Mittel-Relationen vorantreibt.

Die Zahl der an internationalen Aktivitäten beteiligten (nationalen wie internationalen) Nichtregierungsorganisationen[122] sowie die in diesen Konferenzen verabschiedeten Dokumente und Empfehlungen fördern ebenfalls die Angleichung der Erwartungen der Mitglieder des Internationalen Bildungsregimes.

Eine inhaltsanalytische Untersuchung einiger Schlüsseldokumente (offizielle Dokumente, Berichte, etc.) von IOs sowie anderer Akteure auf der nationalstaatlichen Ebene zeigt eine – zumindest programmatische – internationale Konvergenz der Erwartungen an den Bildungsbereich.

Was die Inhalte der Aktivitäten von IOs im Bildungsbereich angeht, wird deutlich, dass der Fokus auf den ökonomischen Aspekt gelegt wird: Bildung und Erziehung sind insbesondere in der Nachkriegszeit zu Schlüsselfaktoren in der wirtschaftlichen Entwicklung geworden. Julia Resnik (2006) bezeichnet diesen Link als „education-economic growth black box".

Eine Auswertung der Sekundärliteratur zu den Inhalten der Bildungspolitik zeigt ebenfalls eine internationale Konvergenz auf ähnliche Maßnahmen und Programme: Dezentralisierung/Schulautonomie, lebenslanges Lernen, zentralisiertes Curriculum auf der Grundlage von ‚Schlüsselkompetenzen', zentrale (und externe) Evaluationssysteme und ‚Performanzkontrolle' sowie professionalisierte Lehrerbildung (vgl. Gvirtz/ Beech, 2007; Klees, 2008; Ka-Ho; 2004; Marroy, 2004, 2008, 2009; Barreto/Leher, 2008; Soguel/Jaccard, 2008; Kamens/McNeely, 2010). Paradigmatisch ist in diesem Kontext die Orientierung auf ein Prozess-Produkt-Modell auch für Bildungsinstitutionen, das dem ökonomischen Sektor entstammt (Radtke, 2009a; siehe auch Psacharopoulos, 1987) und oftmals in enger Verbindung mit neoliberalen Politiken steht (Harris, 2007; Spring, 1998, 2004).

Auch die Methoden und Verfahren der Begründung und Legitimation von Bildungspolitik[123] werden inzwischen überraschender Weise stark vereinseitigt und konvergieren auf die Formel ‚evidence-based research'. Dies soll einerseits Bildungspolitik ‚entideologisieren', andererseits den Beitrag der Bildungsforschung systematisieren, kumulieren, und daher zu einer besseren Entscheidungslage führen (vgl. Feuer, 2005;

---

122 Nichtregierungsorganisationen gelten mittlerweile als wichtige Beteiligte in der internationalen Politik – die 1990er Jahre gelten als die ‚Dekade der NGOs' – insbesondere durch ihre massive Teilnahme an diversen Weltkonferenzen wurde ihnen seitens der Politik ein hohes Problemlösungspotential zuerkannt, denn sie gelten als flexibel, unbürokratisch und höchst wirksam (vgl. Frantz/Martens, 2006). Eine Suche im Worldwide NGO Directory der World Association of Non-Governmental Organizations (WANGO) ergab 3268 Treffer für Organisationen im Bildungsbereich (Suchwort ‚education', vgl. WANGO, Online unter: http://www.wango.org/resources.aspx?section=ngodir&sub =list&regionID=0 [zuletzt 19. 09. 10].

123 Vgl. Radtke (2009b) für eine konzise Diskussion dreier notwendiger Elemente in der Legitimation von pädagogischen und politischen Interventionen: „demokratischer, expertokratischer und berufsethischer Legitimationen." (S. 111, Herv. i. Orig.)

Feuer et al., 2005; E. Keiner, 2005; Schneider et al., 2007; Pawson, 2006; Schuler, 2007; Tillmann et al., 2008).

Die oben genannten Entwicklungen fördern nicht nur eine weitere Konvergenz der Erwartungen der Beteiligten in diesem Politikfeld. Darüber hinaus enthalten sie formale wie informale Elemente sowie mehr oder weniger konkrete Vorstellungen über prozessuale Verfahren der Zielerreichung. Nach der Zwei-Dimensionen-Matrix von Levy et al. wird das hier definierte Internationale Bildungsregime als ein *,tacit regime'* klassifiziert, also ein IR, das einen niedrigen Grad an Formalisierung aufweist und einen hohen Grad der Erwartungskonvergenz zeigt. Regime, die auf Prinzipien basieren (im Gegensatz zu IRs, die auf pragmatischen Überlegungen gründen) zeigen einen höheren Grad an Institutionalisierung, daher sind sie auch schwerer zu schaffen; dennoch gilt, dass, wenn diese einmal etabliert sind, sie auch eine höhere Resilienz gegenüber anderen IRs zeigen (vgl. Levy et al., 1995, S. 275).

6.5.2 Entstehungsprozess des Internationalen Bildungsregimes: Selbst-Generierung

Im Hinblick auf die Entstehung von Regime kann festgehalten werden, dass Regime nicht zwingend (durch ,negotiation' oder ,imposition') geschaffen werden müssen, sie können ebenso gut durch ,self-generation' Prozesse, d.h. durch die Konvergenz der Erwartungsstrukturen der Teilnehmer zustande kommen (vgl. Young, 1983; Levy et al., 1995, S. 281). Dies scheint der Fall im Bereich der Bildungspolitik zu sein.

Internationale Regime entstehen bzw. werden geschaffen, um die Interaktionen ihrer Mitglieder (IOs, Staaten, NGOs, etc.) in einem bestimmten Politikfeld zu orientieren; sie sind daher als Institutionen anzusehen, die das Handeln in einer sozialen Praxis leiten. Diese können auf unterschiedlichen Wegen zustande kommen. Es lässt sich darüber streiten, ob ein ,Regimebedarf' im Bildungsbereich besteht, der aufgrund hoher internationaler Interdependenz zwangsläufig zu einem ,kooperativen Spiel' führt, wie das im Wirtschafts- und Handelsbereich der Fall war (vgl. Müller, 1993, S. 54ff.). Vielmehr scheinen andere Faktoren eine größere Rolle zu spielen: die intensivierte transnationale Zusammenarbeit von Wissenschaftlern, Wissenschaftlerinnen und anderen Bildungsexperten, der regelmäßige Austausch von Informationen (Statistiken, Vergleichstudien, Rankings, etc.) sowie die explosionsartige Verbreitung von ,konsensualem Wissen' über Bildung, über ihre Funktionen und Beiträge für moderne Gesellschaften, aber auch über die Formen ihrer Organisation/Produktion und Steuerung (Governance).

In der politikwissenschaftlichen Diskussion wurden Regime oftmals als „intervenierende Variable" (Krasner, 1983) behandelt, die eine problemlösende Funktion erfüllen innehatte. Nun lässt sich mit Blick auf die Bildungspolitik nicht eindeutig auf ein ,Problem' hinweisen, das durch ein Regime gelöst werden soll. Dies wäre jedoch eine recht enge Sicht der Frage, denn Regime müssen nicht zwingend ,geschaffen' werden, d.h. intentional; diese können ebenso durch andere Prozesse zustand kommen.

Die hohe Konvergenz der Erwartungen des im Entstehen begriffenen Internationalen Bildungsregimes zeigt einen Prozess der Selbstgenerierung des Regimes an. Die Akteure können sich an dieser sozialen Praxis mehr oder weniger bewusst an der Schaffung einer solchen sozialen Institution beteiligen. Der intensive Austausch von Informationen über Bildung, aber auch von Lernenden und Lehrenden zwischen den Mitgliedern des Regimes verfestigt diesen Prozess noch. Die Koordination dieses Austausches setzt eine Dynamik in Gang, die die Elemente des Regimes institutionalisiert, d.h. sie werden ab einem bestimmten Zeitpunkt nicht mehr hinterfragt; sie werden, so die Neoinstitutionalisten, ‚taken for granted'. Am Beispiel der Leistungsvergleichsstudien (‚large-scale assessment studies') lässt sich das illustrieren: In Deutschland hat sich gleich nach der Veröffentlichung der ersten großen Studien (zuerst TIMSS, dann PISA, für eine Übersicht der Studien siehe: van Ackeren/Klemm, 2000) eine lautstarke Kritik an den Studien formiert, die sich von der Kritik an methodologischen Mängeln (Deggerich, 2002; Felmann, 2005; Jahnke/Meyerhöfer, 2006), über den ‚Missbrauch des Bildungsbegriffs' und seine ‚inhaltliche Neuausrichtung' (Messner, 2003; Fuhrmann, 2004, S. 205-242; siehe auch Ladenthin, 2003), bis hin zur Kritik der bildungspolitischen Verwendung der Ergebnisse von Schulleistungsvergleichen sowie ihre ‚Risiken und Nebenwirkungen' erstreckte (vgl. Groeben/Tillmann, 2000; Demmer, 2000; Tillmann et al., 2008). Mittlerweile ist eine gewisse ‚Normalität' eingetreten und kaum jemand bezweifelt den Nutzen des Studienzyklus. Ähnliches lässt sich über die Bewegung ‚Bildung für Alle' sagen; auch ohne substantielle positive Ergebnisse vorzeigen zu können, genießt das Programm hohe internationale Aufmerksamkeit und Anerkennung.

Neben Selbstgenerierung durch Konvergenz der Erwartungen (durch Institutionalisierung geteilter Prinzipien und Normen, gegenseitige Anpassung usw.) spielen zwei weitere Prozesse eine wichtige Rolle im Entstehungsprozess des Internationalen Bildungsregimes: *Verhandlung* und *Zwang* (negotiation und imposition). Diese Prozesse können jedoch immer nur jeweils am empirischen Material untersucht werden, d.h. an konkreten Fällen.

6.5.2.1 Stadien der Regime-Entstehung

Levy et al. unterscheiden drei Stadien der Regimeentstehung: ‚agenda formation', ‚institutional choice' und ‚operationalization (vgl. 1995, S. 282; siehe Kap. 5, Abschnitt 2.4). Das Internationale Bildungsregime scheint nach mehreren ‚Wellen' der ‚agenda formation' das zweite Stadium (‚institutional choice') erreicht zu haben. Seit der frühen Nachkriegszeit spielt Bildung in der internationalen Agenda eine herausragende Rolle. So wurde Bildung zum Mittel für die Wahrung des internationalen Friedens, für die Sicherung des individuellen und gesellschaftlichen Fortschritts, für die allgemeine wirtschaftliche Entwicklung sowie als allgemeines Bürgerrecht (Dahrendorf, 1965) erhoben; die Aktivitäten der UNESCO, OEEC/OECD, Weltbank und andere IOs zeugen von diesem weit verbreiteten ‚educational gospel'. Auf der nationalstaatlichen Ebene ließe sich dies problemlos ebenfalls belegen, z.B. durch Daten zur Expansion der Bildungssysteme weltweit. Das Stadium der ‚institutional choice' beginnt zu dem Zeitpunkt, an dem einem Thema Priorität in der internationalen Agenda eingeräumt wird. Das Thema ‚Bildung' wird gegenwärtig auf höchster internationaler Ebene verhandelt – als Menschen- und Bürgerrecht, Humankapital, kommodifizierte Dienstleistung usw. Die Entwicklungen der letzten Jahre zeigen letztlich in unterschiedliche Richtungen: mit der Bewegung ‚Education for All' und mit dem Bologna-Prozess wird eine formalere Institutionalisierung der internationalen Kooperation im Bildungsbereich angedeutet; an anderen Stellen ist diese nur informal und implizit zu beobachten. Ob sich im Politikfeld ‚Bildung und Bildungspolitik' ein im klassischen Sinne Internationales Regime wird etablieren können oder ob es nur in bestimmten Handlungsfeldern dazu kommen wird (z.B. im Hochschulbereich), kann aus heutiger Perspektive nicht beantwortet werden. Die Verwendung des Terminus ‚Internationales Bildungsregime' in dieser Arbeit folgt einer weiten Definition von Regime und hat hier ausschließlich eine heuristische Funktion. Wie die internationale Kooperation letztendlich operationalisiert wird, bleibt eine empirische Frage und wird sicherlich in der Zukunft gestellt werden müssen.

6.5.3   Einflussfaktoren: ‚Knowledge Society' und der ‚Markt'

Untersuchungen zu Regimeentstehung haben insbesondere drei kausale Faktoren herausgestellt: Macht, Wissen und Interesse (vgl. Kap. 5, Abschnitt 2.3). Diese kausalen Faktoren stehen im engen Zusammenhang mit den Akteuren in einem Feld (in der internationalen Dimension von Bildungspolitik oder, wie Ioannidou (2009, S. 24f.) schreibt, im transnationalen Bildungsraum), das von unterschiedlichen institutionellen Kräften durchkreuzt und strukturiert wird (Djelic/Sahlin-Andersson, 2006, S. 23). Diese institutionellen Kräfte sind transnational in ihrer Natur und bilden das, was im Rahmen des World-Polity-Ansatzes ‚universalisierte Skripts' genannt wird. Djelic/Sahlin-Andersson haben fünf dieser „institutional forces" beschrieben: scientization, marketization, formal organizing, moral rationalization und „reinvented democratization (2006, S. 23ff.; siehe auch Djelic, 2006). Diese Kräfte sind den Akteuren nicht extern, sie konstituieren vielmehr diese Akteure mit, selbst deren Interessen und Präferenzen, ihre Beziehungen und Bedeutungen. Sie werden nicht mehr hinterfragt – sie sind institutionalisiert oder ‚taken for granted' – und so für die Akteure nicht immer ‚sichtbar'. Dieses Charakteristikum schließt sich einem weiteren Merkmal an: diese Kräfte sind „self-reinforcing", d.h. sie werden weiter institutionalisiert und generieren dann die ‚Spielregeln', nach denen auf transnationaler Ebene Handeln als ‚angemessen' und ‚legitim' beschrieben wird (ebd.). Auf der internationalen Dimension von Bildungspolitik können diese Kräfte in verschiedenen Bereichen beobachtet werden.

Bildungspolitische Diskussionen der letzten Jahrzehnte werden fast ohne Ausnahme vor dem Hintergrund der gesellschaftlichen Selbstbeschreibung als ‚Wissensgesellschaft', als ‚wissensbasierte Ökonomie' und im Kontext des intensivierten internationalen Wettbewerbs im freien Markt ausgebreitet. Im Rahmen der ‚Wissensgesellschaft' wird die Rolle von Wissen hervorgehoben und als wertvollste Ressource moderner Gesellschaften bezeichnet. In einer offenen internationalen Gemeinschaft, in der die Mobilität von hoch qualifizierten Individuen und Institutionen (Migration, grenzüberschreitende Angebote durch ‚physische Präsenz' oder Onlineangebote, etc.) möglich ist, wird Bildungs- und Wissenschaftspolitik zu einem sensiblen Politikfeld, das den Bedarf nach internationaler Koordination erhöhen lässt. Der entstehende internationale Bildungsmarkt – insbesondere im tertiären Bereich (vgl. Sidhu/Torres, 2005; Sidhu, 2007, Verger, 2009) – fördert ebenfalls den Bedarf an internationaler Koordination der Zyklen (Dauer, Aufbau und Inhalte von Studiengängen), der Qualitätsmerkmale sowie der Kriterien der Beurteilung und Zertifizierung und Anerkennung von Qualifikationen.

6.5.3.1 Interne und externe Einflussfaktoren: Leadership und Kontext

Die konkrete Untersuchung des Internationalen Bildungsregimes wird möglicherweise die Bedeutung von bestimmten Individuen für den Entstehungsprozess des Regimes zeigen. Drei Typen von Leaders können dabei beobachtet werden: Strukturelle, intellektuelle und unternehmerische Leaders (‚structural‘, ‚intellectual‘ und ‚entrepreneurial‘, vgl. Kap. 5, Abschnitt 2.4). Empirische Analysen des Internationalen Bildungsregimes müssen daher diese Individuen oder Gruppen identifizieren und die Wirkung ihrer Aktivitäten abschätzen. So könnte beispielsweise die Rolle von Einzelindividuen innerhalb von IOs in einem neuen Licht erscheinen: z.B. Andreas Schleicher oder George Papadopoulos in der OECD; George Psacharopoulos und Duncan Ballantine (Weltbank) und Ricardo Diez Hochleitner (Weltbank/UNESCO/OAS) und andere mehr sind/waren Schlüsselfiguren innerhalb dieser IOs. Ähnliches gilt für nationale Kontexte (staatliche Agenturen, Forschungsinstitutionen, Academia, usw.). Darüber hinaus zeigt sich bei näherem Hinsehen deutlich, dass oftmals bestimmte Individuen von einer IO zu anderen wechseln, wie die Karriere von Ricardo Diez Hochleitner exemplarisch zeigt (siehe dazu Jones, 1992, 1997; Jones/Coleman, 2005). Diese Individuen werden als „transnational élite networks or epistemic communities" bezeichnet. Sie sind „policy experts who share common principled beliefs over ends, causal beliefs over means and common standards of accruing and testing new knowledge [...]." (Holzinger/Knill, 2005, S. 784; siehe auch Lawn/Lingard, 2002) So hat beispielsweise Frances Vavrus argumentiert, dass diese ‘global networks’ entscheidend zur Verbreitung einer gemeinsamen Terminologie beigetragen haben, die zu einer ‚referential web’, welches „contributed to the universalization of keywords related to ‚good’ development policy that traverses different social sectors as well as national boundaries" (2004, S. 142) führte.

Auch die Ergebnisse eines europäischen Projekts, ‚Educational Governance and Social Inclusion and Exclusion in the European Union‘, welches Inklusions- und Exklusionsprozesse untersuchte, weisen auf die wichtige Rolle von ‚system actors’ (welche als „significant managers, officials or politicians" identifiziert wurden) für die ‚Konstruktion einer extra-nationalen Sphäre der (Bildungs-)Politik‘ hin (Lawn/Lingard, 2002, S. 302). Diesen Akteuren wurde eine Schlüsselstellung als „observers, agents, translators, evaluators and even oppositionalists" beigemessen (ebd.). Mit ihrer Arbeit in europäischen Ausschüssen, Arbeitsgruppen (task forces) und anderen supranationalen Gremien fördern sie, so die Autoren, die Entstehung einer „distinctive European policy culture in education, constructed through a wide array of committees, exchanges, commissions, networks and regulations, in which they worked to use, shape and imagine a European education of the future." (ebd.)

Neben Individuen als Schlüsselfiguren spielt der gesellschaftliche Kontext eine bedeutsame Rolle. Der gegenwärtige soziale Kontext einer wirtschaftlichen Austeritätspolitik (sinkende Steuereinahmen) und die Suche nach effektiveren und effizienteren Modi der Governance (‚value for money‘) – an dieser Stelle sei nur auf die Wirkung der Diskussionen um ‚New Public Management' im Bildungsbereich hingewiesen (vgl. OECD, 1995; Fusarelli/Johnson, 2004; Böttcher, 2005, 2002) – tragen dazu bei, dass es zu ‚policy convergence' und ‚transnational problem-solving' kommt. Mit dem Konzept von ‚policy convergence' wird versucht, die wachsende Ähnlichkeit von Politiken (d.h. policies, also die inhaltliche Dimension von Politik) in internationaler Perspektive zu erklären.[124]

Die Suche nach einer ‚rationalisierteren' Form der Governance dient als sozialer Kontext und fördert die Herausbildung von international geteilten Erwartungen und Werten (Prinzipien, universalisierte Skripte) in Hinblick auf das Verständnis dessen, was Bildung ist oder sein soll, wie sie strukturiert, reguliert/organisiert und sogar erforscht werden soll.[125]

6.6 Fazit

Hintergrund der obigen Überlegungen war die Frage, ob sich die politikwissenschaftliche Regimetheorie als heuristisches Instrument für Analysen der Governance des Bildungsbereichs nutzen lässt, insbesondere mit Blick auf die internationale Ebene.

Die obigen Abschnitte haben die regimetheorerischen Überlegungen auf die internationale Bildungspolitik spezifiziert. Sie haben zunächst eine vorläufige Definition von ‚Internationalem Bildungsregime' präsentiert sowie die einzelnen Elemente derselben diskutiert. Des Weiteren wurden in diesem Kapitel Überlegungen zu den Mitgliedern des IBR angestellt und auf die Mechanismen und Instrumente der Governance in diesem Bereich hingewiesen. Es wurden ebenfalls erste Überlegungen zum Entstehungsprozess sowie zu den ‚driving social forces' hinter diesem Prozess dargestellt.

Das Regimekonzept erlaubt die Integration von Wissensbeständen aus verschiedenen Bereichen der Politikwissenschaft, aber auch anderer Disziplinen wie der Soziologie, der Politischen Ökonomie sowie der – hier im Fokus der Fragestellung stehend – der Erziehungswissenschaft bzw. der Bildungspolitik. Insofern bietet sich dieses theoretisch-analytische Konzept hervorragend an, Analysen der internationalen Dimension der ‚educational governance' anzuleiten. Es ermöglicht, eine Erweiterung des Horizonts in der bildungspolitischen Forschung zu vollziehen. *Zum einen* weil traditionell der Nationalstaat als die zentrale, wenn nicht die einzige, Untersuchungseinheit betrachtet wird. In analytischen Untersuchungen zu einem ‚Internationalen Bildungsregime' sind neben den weiterhin relevanten Nationalstaaten andere Akteure zu berücksichtigen, wie zum Beispiel Internationale Organisationen, Nichtregierungsorganisationen, etc. Bildungspolitik kann nicht ausschließlich auf staatlichem Handeln und Zielsetzungen – sei es auf der nationalstaatlichen, sei es in der internationalen Ebene –

---

124 Zum Konzept von ‚policy convergence' siehe: Bennett, 1991; Drezner, 2001, 2005; Holzinger/Knill, 2005; Heichel et al., 2005. Das Konzept wird seit einiger Zeit in der Analyse von Bildungspolitik innerhalb der International Vergleichenden Erziehungswissenschaft unter den Stichworten ‚borrowing, lending, transfer', etc. diskutiert, grundsätzlich dazu siehe: Halpin/Troyna, 1995; Levin, 1998; Steiner-Khamsi, 2002, 2003. Siehe auch Abschnitt 3 in der Einleitung.

125 Zu ‚rationalized governance' siehe: Drori/Jang/Meyer, 2006; Djelic/Sahlin-Andersson, 2006.

angemessen untersucht werden. *Zum anderen* weil damit solch ein wichtiger Politikbereich – der nicht im Zentrum der Aufmerksamkeit der IB steht: die Bildungspolitik – auf der internationalen Ebene analysiert werden kann, ohne Rekurs auf einen Weltsouverän, der allgemein gültige Regeln etablieren kann und in der Lage ist, diese durchzusetzen. Ebenfalls wird dabei versucht, den Rekurs auf anonyme Kräfte zu vermeiden, wie beispielsweise der oftmalige Verweis auf die ‚Globalisierung‘.

Gegenüber dem soziologischen Neoinstitutionalismus bzw. der World-Polity-Forschung erweist sich die Regimetheorie als Korrektiv der meines Erachtens zu starken Fokussierung auf universalisierte Skripte einer akteurslosen Weltkultur. Im Rahmen dieser Forschungen wird zwar auf die wesentliche Rolle von Akteursnetzwerken – in Form von IOs, INGOs u. ä. – hingewiesen, diese sind maßgeblich in der Verbreitung von weltkulturellen Prinzipien beteiligt, letztere sind jedoch von Akteuren unabhängig und haben einen transnationalen Charakter. Vor diesem Hintergrund erweist sich die Suche nach den konkreten Verantwortlichkeiten für bildungspolitische Programme bzw. für ihre – beabsichtigten wie unbeabsichtigten – Folgen alles andere als einfach.

Auf der anderen Seite eignet sich der Neoinstitutionalismus/World Polity hervorragend für die Erklärung von Prozessen der globalen Diffusion von Denk-, Handlungs- und Organisationsmustern. Wie weiter oben diskutiert unterstreicht die hohe internationale Konvergenz auf ähnliche bildungspolitische Programme und Maßnahmen noch die Notwendigkeit, nach Erklärungsmodellen für dieses Phänomen zu suchen.

Mit der Regimetheorie lässt sich auch über die Feststellung hinausgehen, dass sobald diese transnationalen universalisierten Prinzipien auf nationale Strukturen und Präferenzen treffen, Pfadabhängigkeiten wirksam werden, die diese wiederum verändern. Die verschiedenen Ebenen als voneinander vollständig getrennt und unabhängig zu konzipieren, wird der Realität am Ende des einundzwanzigsten Jahrhunderts nicht gerecht. Regimetheoretische Analysen müssen von vorneherein diese verschiedenen Ebenen berücksichtigen, denn sie stehen in einer komplexen Wechselwirkung. Bildungspolitische Akteure können zwar in ‚transnational‘, ‚national‘, ‚lokal‘ etc. eingeteilt werden, ihre „Identität“, also ihre Denk- und Handlungsschemata werden jedoch von kognitiven Interpretationsmustern und -modellen beeinflusst, die global bzw. transnational zirkulieren. Zudem können in bestimmten Akteurskonstellationen Ergebnisse erreicht werden, die keiner der Beteiligten gewünscht oder erzielt hat. Es geht hierbei darum, der Einsicht Rechnung zu tragen, dass sowohl lokale Akteure und ihre Entscheidungen/Präferenzen von globalen Elementen tangiert sind, als auch globale bzw. transnationale Akteure von ganz lokalen Mustern und Elementen beeinflusst werden. Dabei ist das ‚wie‘ dieser wechselseitigen Einflussnahme die interessante Frage, d.h. vollzieht sich diese auf direktem oder indirektem Wege? Und vor allem geht es darum, die Folgen dieses Prozesses abzuschätzen.

Aus forschungspragmatischen Gründen wurde in dieser Dissertation auf die empirische Anwendung des regimetheoretischen Modells verzichtet. Das hier konzipierte theoretische Modell steht generell vor der Herausforderung, mit der Komplexität der Bildungspolitik, d.h. mit ihren unzähligen Akteure, ihren verschiedenen Dimensionen und Ebenen fertig zu werden. Erste Überlegungen hierzu zeigen auf die Möglichkeit,

Fallstudien zu nutzen. Alexander George und Andrew Bennett definieren „case as an instance of a class of events." Sie meinen dabei, dass „a well-defined aspect of a historical event selected for analysis of only a single measure on any pertinent variable by an investigator" (George/Bennett, 2005, S. 17f.). Ein bestimmter Fall – beispielsweise der Bologna-Prozess – könnte vor diesem Hintergrund dann als ein ‚Fall' interpretiert werden und aus unterschiedlichen Perspektiven rekonstruiert werden, zum Beispiel als ein Fall der Delegierung von Kompetenzen an die supranationale Ebene seitens des Nationalstaates, oder als Fall von Externalisierung von nationalen Debatten und Kontroversen auf anderen Ebenen, oder als ein Fall der Emergenz von Governance-Strukturen auf der Ebene jenseits des Nationalstaates. Fallstudien zielen dabei auf Kummulierung von Wissen und schrittweise Generalisierungen der Ergebnisse. Die Methode der „structured, focused comparison" (George/Bennett, 2005, S. 67-72; Ragin, 1989) stellt dabei die Möglichkeit sicher, dass Fälle konstruiert werden, welche Verallgemeinerungen auch zulassen. *Strukturiert* heißt die Methode, weil die Forschenden im Vorhinein „general questions that reflect the research objective and that these questions are asked of each case under study to guide and standardize data collection" (George/Bennett, 2005, S. 67) formulieren müssen, mit dem Ziel, den Vergleich von verschiedenen Fällen systematisch zu organisieren und Ergebnisse zu kummulieren. *Fokussiert* bezieht sich darauf, dass sich die Forschenden nur mit bestimmten Aspekten der Fälle beschäftigen.

Empirische Analysen zum Internationalen Bildungsregime können – in einem ersten Schritt – die beteiligten Akteure bzw. Akteurskonstellationen in einem bestimmten Politikbereich (z.B. Hochschule, Frühkindliche Bildung und Erziehung, etc.) ausmachen. In einem zweiten Schritt können davon ausgehend die Interaktionsbeziehungen (die eigentliche Handlungskoordination) darin mithilfe von Governance-Konzepten (z.B. gegenseitige Anpassung, Beeinflussung, Verhandlung, etc.) erfasst und erklärt werden. Mit dem in empirischen Studien akkumulierten Wissen kann dann versucht werden, Modelle oder Muster bildungspolitischen Handelns zu gewinnen, mit denen sich ein besseres Verständnis dieses Politikbereichs gewinnen lässt. Vor allem geht es darum, die Implikationen dieser Governance-Form nachzuvollziehen.

7. DISKUSSION: HINWEISE AUF DIE EMERGENZ EINES INTERNATIONALEN BILDUNGSREGIMES UND IHRE POTENTIELLEN FOLGEN

7.1 Vorbemerkung

Aus erziehungswissenschaftlicher Perspektive interessiert sich die vorliegende Arbeit für die Implikationen der Herausbildung einer internationalen Ebene der Bildungspolitik, und dabei eines Internationalen Bildungsregimes, für den Bildungsbereich. Im Mittelpunkt des Interesses stehen die pädagogischen und erziehungswissenschaftlichen Folgen dieser Veränderungen; diese werden im folgenden Abschnitt thematisiert. Da die vorliegende Studie zunächst einen theoretischen Beitrag leisten will – d.h. es soll nach einem theoretischen Instrumentarium gesucht werden, mit dem sich ein komplexes Gemenge unterschiedlicher Akteure, normativer Vorstellungen, und Instrumente/Mechanismen der internationalen Bildungspolitik analysieren lässt – muss sie sich auf einige Hinweise zu den Implikationen der gegenwärtigen Veränderungen in Bildung und Bildungspolitik aus pädagogischer und erziehungswissenschaftlicher Sicht beschränken, ohne auf eine breite empirische Basis zurückgreifen zu können. Im diesem Kapitel werden daher unter Rückgriff auf die vorliegende Literatur zum Thema einige der potentiell eintretenden Folgen diskutiert. Diese Diskussion veranschaulicht darüber hinaus, welchen Mehrwert eine erziehungswissenschaftliche Auseinandersetzung mit der Regimetheorie mit sich bringt. Im Folgenden werden die zentralen Kennzeichen des Internationalen Bildungsregime pointiert zusammengefasst (Abschnitt 2), darauf folgt eine Diskussion seiner potentiellen Folgen und Implikationen (Abschnitt 3). Der letzte Abschnitt schließt die Arbeit ab und fragt nach der Bedeutung dieser neuen Form der sozialen Organisation im Bildungsbereich.

7.2 Kennzeichnen des Internationalen Bildungsregimes

Das Internationale Bildungsregime wird als Ergebnis der Konfiguration von zahlreichen und vielfältigen Akteuren, von kognitiven Elementen sowie von institutionalisierten Regelsystemen beschrieben. Es geht also um eine soziale Institution, welche aus der Interaktion von Akteuren (Regimemitglieder) entstanden/im Entstehen ist und aus formalen wie informalen Prinzipien, Normen, Regeln und Prozeduren besteht.

In Hinblick auf die *Akteure* bzw. *Mitglieder* des Internationalen Bildungsregimes, hat sich herausgestellt, dass in den vergangenen zwei Jahrzehnten Bildungspolitik zu einer der Kernaktivitäten von internationalen Regierungs- sowie Nichtregierungsorganisationen aufgestiegen ist. Diese Organisationen haben sich sowohl quantitativ als auch qualitativ verändert und üben heute maßgeblichen Einfluss auf bildungspolitische Entscheidungen aus. Der Nationalstaat – und seine Agenturen – muss eine der zentralen Elemente seiner Autonomie und Souveränität mit diesen Akteuren teilen: seine „nationalstaatliche Bildungssouveränität" (Mitter, 2006). Diese IOs sind Akteure mit Fähigkeit zur Agenda-Setting, zur Formulierung von eigenständigen Zielen und, in manchen

Bereichen, zur begrenzten Durchsetzung der formulierten Ziele vis-à-vis den National-staaten. Auch wenn sie oft nur über indirekte Mittel für die Durchsetzung von Ent-scheidungen verfügen, sind sie als einflussreiche Akteure anzusehen. Sie sind wichti-ge, aber keinesfalls die einzigen Akteure; Nationalstaaten und andere national-staatliche Agenturen sowie weitere inter-, supra- und transnationale Akteure müssen ebenfalls berücksichtig werden.

Im Laufe der letzten Jahrhunderte haben sich weltweit universalisierte *Prinzipien* – kognitive Muster – verbreitet, die heute als Basis für das Denken über Bildung und Er-ziehung dienen. Es etablierte sich ein Grundkonsens über das Prinzip der ‚perfec-tibilité' des Menschen, seine Fähigkeit und sein Bedürfnis zu lernen also; zudem wer-den Bildung und Erziehung in modernen Gesellschaften als Grundlage für Existenzsicherung schlechthin angesehen, d.h. von Bildung hängt das soziale, kulturel-le und ökonomische Leben einer Gesellschaft ab. Bildung wurde zudem als Menschen- und Bürgerrecht anerkannt und ist zur allgemeinen *Norm* geworden. In den vergange-nen Jahren haben sich einige organisatorische Merkmale als *Regel* etabliert – wie z.B. die Nicht-Diskriminierung aufgrund geschlechtlicher, konfessioneller, ethnischer oder sonstiger Merkmale sowie die Idee einer meritokratischen Organisation von Schule. Fragen nach Qualität und Qualitätssicherung erfahren weltweit zunehmende Aufmerk-samkeit und bilden die Grundlage für rege internationale Interaktion zwischen den Ak-teuren. Mit diesen Regeln zusammenhängend sind Fragen nach operativen *Prozeduren* für die Arbeit im Bildungsbereich, z.B. die Professionalisierung des Lehrerberufs, staatliche Zulassungsverfahren für Lehrbücher sowie die staatliche Anerkennung von Abschlussprüfungen, etc. Hinzu kommt ein Konsens über die Grundlagen für die For-mulierung und Legitimation von Bildungspolitik; diese solle nunmehr ‚evidenz-basiert' sein, sie dienen als Methode und Verfahren der Begründung und Legitimation von Bildungspolitik.

Mit Bezug auf *institutionalisierten Regelsystemen* lassen sich drei Formen der Governance im Internationalen Bildungsregime ausmachen: Erstens, *Agenda-Setting* bezieht sich auf die Fähigkeit von bestimmten Akteuren, neue Themen zu lancieren und mit bestimmten Inhalten zu füllen. Empirische Untersuchungen hierzu müssen da-her sowohl die Prozesse als auch die Inhalte dieser Form der Governance im Interna-tionalen Bildungsregime berücksichtigen. *Koordination* wird als weiterer Mechanis-mus der Governance identifiziert und bezieht sich auf die Fähigkeit bestimmter Akteure, Prozesse und Prozeduren zu koordinieren und dabei Einfluss auf das Ergeb-nis des politischen Prozesses zu nehmen. Diese Akteure haben aufgrund ihrer Infra-struktur (Personal, Kommunikationskanäle, finanzielle Mittel für die Organisation von Konferenzen usw.) die Möglichkeit, Prozesse zu beschleunigen, bremsen, forcieren oder auszurichten. Drittens, werden *Instrumente* als direkte Mittel der Governance im Internationalen Bildungsregime identifiziert. Gerade weil diese oftmals den Anschein eines ‚technischen', wertfreien Instruments annehmen, können sie einen erheblichen Effekt entfalten, denn dadurch können sonst kontrovers diskutierte Fragen umgangen werden.

Das hier hypothetisierte Internationale Bildungsregime wird als ein *‚tacit regime'* klas-sifiziert, also ein IR, das einen niedrigen Grad an Formalisierung aufweist und einen hohen Grad der Erwartungskonvergenz zeigt, der durch die rege Interaktion der Akteure (nationale wie internationale) zustande kommt. (vgl. Kap. 6, Abschnitt 3.1). Die hohe Konvergenz der Erwartungen des im Entstehen begriffenen Internationalen Bildungsregimes deutet auf einen Prozess der Selbstgenerierung des Regimes hin. Das Internationale Bildungsregime scheint nach mehreren ‚Wellen‘ der ‚agenda formation‘ das Stadium der ‚institutional choice‘ erreicht zu haben, in dem entschieden wird, welche Form der Kooperation operational wird. Ob sich im Politikfeld ‚Bildung und Bildungspolitik‘ ein im klassischen Sinne Internationales Regime wird etablieren können oder ob es nur in bestimmten Handlungsfeldern dazu kommen wird (z.B. im Hochschulbereich), bleibt eine empirische Frage, die sicherlich in der Zukunft gestellt werden muss.

Inhaltlich lässt sich ein Grundkonsens über die Bedeutung von Bildung und Erziehung sowie ihre Funktionen für moderne Gesellschaften ausmachen. Dieser Konsens gilt daher als normativer Kern, als allgemeines Prinzip des Regimes und enthält allgemeingültige Beschreibungen, Zielvorstellungen sowie Muster der Zweck-Mittel-Relationen dieses Politikfeldes. Eine internationale Konvergenz auf ähnliche Maßnahmen und Programme wird identifiziert, die ihren Fokus auf den ökonomischen Aspekt von Bildungsprozessen legt und eine Orientierung an ein Prozess-Produkt-Modell auch für Bildungsinstitutionen hat (Radtke, 2009a, S. 162). Betrachtet man allein schon die wesentlichen Dokumente der transnationalen und internationalen Akteure, die sich maßgeblich an diesem ‚global policy space‘ beteiligen, so zeigt sich ein hoher Grad an Kontinuität. Diese ‚global development agenda‘ misst Bildung eine enorm hohe Bedeutung bei, insbesondere für die wirtschaftliche Entwicklung und Armutsbeseitigung, sowohl auf gesellschaftlicher als auch auf individueller Ebene. Bildung wird in dieser Agenda als Mittel für die Lösung sozialer und wirtschaftlicher Probleme bzw. als wichtigster Faktor in der Begegnung gegenwärtiger Herausforderungen gesehen. Sie berücksichtigt auch andere gesamtgesellschaftliche Faktoren und thematisiert daher die Verbindungen des Bildungsbereichs zu anderen Politikbereichen (z.B. Gesundheits- oder Arbeitsmarktpolitik) in einem umfassenden Entwicklungszusammenhang. Nach dieser ‚global development agenda‘, hier stellvertretend den ‚strategy policy papers‘ der Weltbank entnommen, liegt die zentrale Rolle von Bildung

– in ihrer Fähigkeit einen entscheidenden Beitrag im globalen wirtschaftlichen Wettbewerb zu leisten: „Education is vital: those who can compete (with literacy, numeracy, and more advanced skills) have an enormous advantage in this faster paced world economy over their less well prepared counterparts." (Weltbank, 1999, S. 1)
– in ihrem Beitrag zur Sicherung von ‚employability‘ im globalen Arbeitsmarkt: „Tomorrow's workers will need to be able to engage in lifelong learning, learn new things quickly, perform more complex problem solving, take more decisions, understand more about what they are working on, require less supervision, assume more responsibility, and – as vital tools to those ends – have better reading, quantitative, reasoning, and expository skills." (ebd.)
– in ihrem Wert als 'input' im Prozess der Mehrwertproduktion: „in the hyper-competitive global market-economy, knowledge is rapidly replacing raw materials and labor as the input most critical for survival and success." (Weltbank, 1999, S. 2)

Das sich verändernde Verhältnis zwischen öffentlichen und privaten Akteuren stellt dabei einen Kontext dar, in dem Verantwortlichkeiten und Kompetenzen (nach Dale

(2003) ‚mandate‘, ‚capacity‘ und ‚governance‘) zwischen diesen neu verteilt werden, wobei öffentliche Akteure „less producers and providers of goods and services and more the facilitators and regulators of economic activity" sein sollen (Weltbank, 1999, S. 2). Im Punkt ‚Finanzierung‘ lassen die Dokumente eine Strategie erkennen, die auf Kostendeckelung bzw. -reduktion durch Effizienzsteigerung mittels besserer Kontrolle und Management sowie durch Kostenverschiebung an andere Beteiligten – Dienstleistungsnehmer und private Investoren (Privatisierung, Private-Public-Partnership usw.) zielt, d.h. die empfohlenen bildungspolitischen Maßnahmen sind für wenig bzw. gar kein Geld zu haben. Folgerichtig fokussieren sie alle auf die Rolle von Qualität und Leistungsmessung sowie auf die Wirksamkeitserhöhung von Bildungsprozessen. Die explosionsartige Bedeutung des Themas ‚Governance des Bildungsbereichs‘, die während des letzten Jahrzehnts weltweit zu beobachten ist, wird vor dem Hintergrund des Internationalen Bildungsregimes verständlich. Hier wird erkennbar, dass Managementtechniken und -programme sich als institutionalisierte Regeln identifizieren lassen, welche für die Organisation von Bildungsinstitutionen und –prozessen, unabhängig des (nationalen) Kontextes, Geltung haben sollen. Böttcher fasst die Leitideen der durch den New Public Management inspirierten Bildungsreformen unter „vier E" zusammen – Effektivität, Effizienz, Evidenz und Erfolgsorientierung (2005, S. 219; siehe auch Böttcher, 2002). Diese sind die Merkmale eines internationalen ‚accountability turn‘, die sich nahtlos in ein der Wirtschaft entliehenes Steuerungsmodell einfügen: Autonomie/Dezentralisierung.

Ebenfalls in Hinblick auf die Methoden und Verfahren der Begründung und Legitimation von Bildung und Bildungspolitik lässt sich inzwischen eine überraschende einseitige Konzentration auf die Formel ‚evidence-based research‘ und ‚evidence-based policy‘ (vgl. OECD, 2007; Schneider et al., 2007; siehe auch Böttcher et al., 2009) erkennen. ‚Evidence-based research‘ hat sich ab Mitte der 1950er Jahre in der Medizin etabliert, seitdem sie mit kontrollierten randomisierten Experimenten arbeitet. Diese Forschungsstrategie wird nun seit einigen Jahren, insbesondere von den USA ausgehend, in die Bildungsforschung eingeführt mit dem Ziel, die Effektivität und Effizienz pädagogischer Interventionen – und daher auch – die Leistungen von Bildungsinstitutionen zu erhöhen. Die hieraus entstehenden schwierigen Fragen beziehen sich zum einen auf die Bildungsforschung, d.h. was als ‚evidence‘ zählt und zählen kann sowie mit welchen Forschungsmethoden diese zu ‚produzieren‘ sind, zum anderen bezieht sich diese Diskussion auf die Rolle von Forschung in bildungspolitischen Entscheidungsprozessen, d.h. Bildungspolitik soll frei von normativem Ballast (Ideologie) sein. Diese Diskussion hat sich trotz massiver Kritik international etablieren können und stellt heute die Blaupause für ‚angemessene‘ Forschung im Bildungsbereich dar. Einige Autoren sprechen sogar von einem ‚methodologischen Fundamentalismus‘:

> „The core of the evidence-based idea is that research and evaluation must be ‚scientific.‘ In this definition, scientific means that research and evaluation findings must be based on experiments, with randomized experiments being given strong preference. Other ways of producing evidence are not scientific and not acceptable. There is one method for discovering the truth and one method only—the randomized experiment. This is a fundamentalist position." (House, 2005, S. 1078)

Die Abkehr von konkreten Inhalten zugunsten von (Schlüssel-)Kompetenzen und Qualifikationen sowie formalen Standards scheint die logische Konsequenz dieser Tendenzen zu sein, denn erst diese können die Messbarkeit sicherstellen.

Kennzeichnend für das Internationale Bildungsregime ist also ein funktionalistischer Begriff von Bildung, der größtenteils auf fachliche Fähigkeiten und Fertigkeiten – als ‚Schlüsselqualifikationen' für den Bedarf einer globalisierten Wirtschaft gedacht (Mertens, 1974) – reduziert wird; Bildung steht dabei zwar allen offen – Bildung für Alle – ist tendenziell jedoch paradoxerweise einer „segregierenden Demokratisierung" (Duru-Bellat, 2006, S. 20) unterworfen – z.B. durch die Einführung von konsekutiven Studiengängen und durch die Segmentierung der (Hoch-)Schullandschaft in Institutionen für ‚Eliten' und ‚Massen'. Bildungspolitik steht unter dem Primat der Wirkungsorientierung und ‚accountability' – mit all den dazugehörigen managerialistischen Leitbegriffen wie Effizienz, Effektivität, Evidenz sowie Erfolgs- und Ergebnisorientierung – zumal vor dem Hintergrund fiskalischer Austerität nach alternativen Finanzierungsquellen zum Staat gesucht werden muss (z.B. durch Privatisierung und ähnliche Formen der Marktsimulation). Die Begründung und Legitimation solcher bildungspolitischen Maßnahmen steht zudem unter dem Zeichen eines „methodologischen Fundamentalismus" (House, 2005), dem sich nur bestimmte Aspekte von Bildungs- und Erziehungsvorgängen öffnen können, mit bedeutsamen Implikationen für die Forschung im Bildungsbereich.

Es lässt sich beobachten, dass diese Merkmale mittlerweile weltweit Geltung zu haben scheinen. Diskussionen um Bildung bzw. Bildungspolitik werden maßgeblich entlang dieser Kennzeichen geführt, weshalb von einem Internationalen Bildungsregime gesprochen werden kann. Wie sich die einzelnen Prinzipien, Normen, Regel, Prozeduren und Programme auf die verschiedenen Ebenen der Bildungssysteme bzw. auf die unterschiedlichen Bildungsbereiche auswirken (oder eben keine Wirkung haben) bleibt eine empirische Frage und muss an anderer Stelle geklärt werden. Sollte sich das hier hypothetisch postulierte Internationale Bildungsregime jedoch institutionalisieren können, so sind wichtige Implikationen für den Bildungsbereich zu erwarten. Die folgenden Abschnitte gehen einigen dieser Hinweise nach.

7.3 Implikationen und potentielle Konsequenzen des Internationalen Bildungsregimes

Die knappe historische Rekonstruktion der ‚Verstaatlichung der Bildung' im Kapitel 2 sollte die wichtigen pädagogischen Implikationen thematisieren, die dieser Prozess nach sich gezogen hat. Welche Implikationen ein an spezifisch instrumentelles Rationalitätsprinzipien und -normen (Effektivität, Effizienz, ‚Ökonomisierung' etc.) orientiertes Internationales Bildungsregime für pädagogische bzw. erziehungswissenschaftliche Sachverhalte hat bzw. haben kann, muss selbstverständlich in einzelnen empirischen Analysen untersucht werden. Es wird in jedem Fall um Fragen gehen, die den Kern pädagogischer Arbeit betreffen: welche Implikationen hat das oben beschriebene Internationale Bildungsregime auf der Ebene der Bildungsorganisationen, auf der Ebene der Programmatiken, der Legitimation öffentlicher Bildung und Erziehung sowie auf der Ebene der Interaktion in Bildungsinstitutionen? Die folgenden Abschnitte gehen einigen dieser Fragen nach.

7.4 Instrumentalisierungs- und Ökonomisierungstendenzen

Eine mit der Entstehung eines Internationalen Bildungsregimes einhergehende Tendenz besteht in einer zunehmenden Institutionalisierung und Universalisierung von partikularen ökonomischen Rationalitätsmustern (Radtke, 2009, S. 626). Dies hat zur Folge, dass Bildung und Erziehung mit ganz bestimmten Inhalten gefüllt werden und letztendlich weitestgehend mit ‚Humankapital‘ gleichgesetzt werden, das Beschäftigungsfähigkeit und wirtschaftliche Wettbewerbsfähigkeit sicherstellen soll – dies ungeachtet der wiederholten Thematisierung anderer sozialer Zielsetzungen. Damit einhergehend verschieben sich folgerichtig die Regulationsstrukturen sowie die Mittel für die Zielerreichung im Bildungs- und Erziehungssystem: Nicht länger soll das Bildungssystem mittels des ‚bürokratisch-professionellen Modells‘, das bürokratische Regulation und gemeinsame staatliche und professionelle Selbstregulation kombiniert (Maroy, 2008, S. 14), kontrolliert werden. An die Stelle dieses in der Sprache ihres Gegners ineffizienten und teuren Modells sollen ‚Governance‘, Standards und Performanzkontrolle sowie Wettbewerb und unternehmerisches Verhalten treten.

Wie oben angesprochen dominiert zurzeit ein stark funktionalistischer Begriff von Bildung. Am deutlichsten wird dies bei international vergleichenden Studien, wie z.B. PISA, sichtbar. Manfred Fuhrmann hat bereits 2004 anhand einer Analyse des Fragenkatalogs dieser Studie gezeigt, dass die Art von Wissen, das dort abgefragt wird, ein ganz spezielles ist:

> „Der PISA-Test zielt auf den homo economicus. Es geht darin um die materiellen Bedingungen des Lebens, um Nutzen und Profit. […] Der Idealtyp des PISA-Test ist derjenige, der sich später einmal am besten in Industrie, der Technik und der Wirtschaft auskennen wird. Von allen übrigen Bereichen der Kultur […] sieht der Test rigoros ab. […] Es ist daher konsequent, dass das PISA-Werk in der Regel von „Kompetenzen" und nicht von Bildung spricht. […] Der PISA-Test zielt nicht auf Bildung, sondern auf etwas, das in der Öffentlichkeit fälschlicherweise für Bildung gehalten werden könnte, auf ein Bildungssurrogat." (Fuhrmann, 2004, S. 221f.)

Der Bildungsbegriff dort hat einen eindeutig zweckorientierten Charakter und zielt auf die Verwertbarkeit des Gelernten, er ist also funktional ausgerichtet auf ‚employability‘ und strategische Positionssicherung.

Selbstverständlich muss die Pädagogik die Bedeutung dieser Funktion stets mitberücksichtigen, diese darf allerdings nicht zum Endzweck werden. Die Unterscheidung zwischen ‚Ökonomismus‘ und ‚Ökonomität‘ macht dies deutlich. Für Volker Bank heißt ‚Ökonomismus‘:

> „[d]ort aber ökonomische Legitimation einzufordern, wo die Meßverfahren der Ökonomie keine sachgerechte Antwort bereithalten" […]. „‚Ökonomität‘ sei demgegenüber die Bezeichnung für ein aus der Sache begründetes Handeln, das sich seiner ökonomischen Konsequenzen bewusst ist, ohne diese zum alleinigen

Maßstab der Entscheidung zu machen, gerade um nicht langfristig gegen das Ziel des effizienten Ressourceneinsatzes bzw. der optimalen Ausbringung zu verstoßen. Ökonomität im Handeln setzt mithin Sachkompetenz, Professionalität und Reflexionsfähigkeit des Entscheidungsträgers sowie Transparenz in der Entscheidung voraus." (Bank, 2005, S. 21f.)[126]

Die Ökonomisierung im Bildungsbereich treibt zudem eine zunehmende Delegitimierung von reflexiven Denkformen gegenüber funktional-operativem Wissen voran, die fatale Folgen nach sich ziehen kann. Die gegenwärtige Diskussion um so genannte ‚Orchideenfächer' in den deutschen Universitäten veranschaulicht gut diese Problematik, es kann in der Gegenwart nicht sicher entschieden werden, welches Wissen in der Zukunft notwendig sein wird. Dasselbe gilt für das Curriculum in allgemein bildenden Schulen, hier hilft die Konzentration auf nicht-inhaltsspezifische, formal-abstrakte Kompetenzen – das Lernen zu lernen – nicht weiter; darauf komme ich später zurück.

Eine zusätzliche Folge dieses Trends betrifft die (Bildungs-) Forschung; da seit einiger Zeit eine programmatisch betriebene Politik der Knappheit vorherrschend ist, sind Forschende zunehmend auf die Akquise von Drittmitteln angewiesen. Dieser Umstand setzt Forscher unter Druck, sich den Erwartungen der vergebenden Agenturen entsprechend auszurichten. Forschungsförderung wird mittlerweile „unter den Bedingungen einer markförmig organisierten Auftragsforschung" (Radtke, 2009b, S. 112) betrieben, die sich entlang ausgewählter Programme und Initiativen bis in die Formulierung von Forschungsfragen auswirkt. Frank-Olaf Radtke formuliert dies prägnant:

> „Der *context of discovery* wird von außen durch sogenannte Programmförderung vorgegeben. Die erwünschte paradigmatische Orientierung wird über eine strikte Forschungsförderungs- und Berufungspolitik durchgesetzt. Die Bildungsadministration setzt den disziplinären Wettbewerb zwischen Paradigmen und Forschungslinien um die bessere Erkenntnis außer Kraft und schafft sich die Bildungsforschung, die sie braucht." (Radtke, 2009b, S. 112, Herv. i. Orig.)

Die oben diskutierten Tendenzen ziehen folgenreiche Konsequenzen für die pädagogische bzw. erziehungswissenschaftliche Praxis nach sich; im Folgenden sollen einige davon thematisiert werden.

7.4.1 Fokus auf (Schlüssel-)Kompetenzen und Standards

Wolfgang Klafki wies Mitte der 1980er Jahre auf eine in der damaligen akademischen Diskussion bereits verbreitete Skepsis gegenüber dem klassischen Bildungsbegriff hin. Es wurde in der „pädagogischen Diskussion der letzten Jahrzehnte von verschiedenen Positionen aus in Zweifel gezogen […], ob der Bildungsbegriff *noch* oder *wieder* als zentrale Ziel- und Orientierungskategorie pädagogischer Bemühungen verwendet werden könne." (Klafki, 2006, S. 43). Hier waren die Argumente gegen den Bildungsbegriff seine idealisierende Überhöhung und demgemäß seine Unbrauchbarkeit für den Alltag, dazu sei der überholte Begriff untauglich für demokratische Verhältnisse,

---

126 Siehe dazu auch Zabeck (2003)

schließlich, mit dem letzten Argument zusammenhängend, sei der Begriff unpolitisch und hatte lediglich „eine Art Ersatzfunktion" im misslungenen Wandlungsprozess hin zu einer offenen, demokratisch-liberalen Republik (vgl. ebd.).

Vor dem Hintergrund der Forderung nach empirisch-begründeter, also ‚evidence-based', Bildungsforschung wird seit einiger Zeit verstärkt auf den Begriff der Kompetenz zurückgegriffen, wenn es um allgemeine Bildungsinhalte geht. Der Kompetenzbegriff wird sowohl in der Erwachsenen- und Berufsbildung als auch in der allgemeinen Schulbildung diskutiert, dabei gibt es deutliche länderspezifische Unterschiede (vgl. zur Berufsbildung: Grootings, 1994; zu verschiedenen Modellen in den Sozialwissenschaften: Klieme/Hartig, 2007; siehe auch Plöger, 2006). Eine häufig zitierte Definition des Begriffs legte kürzlich Franz E. Weinert vor, welche auch in die BMBF ‚Expertise zur Entwicklung nationaler Bildungsstandards' (bekannt als ‚Klieme-Gutachten') Eingang gefunden hat (vgl. BMBF, 2003). Für Weinert bedeutet Kompetenz „die bei Individuen verfügbaren oder durch sie erlernbaren kognitiven Fähigkeiten und Fertigkeiten, um bestimmte Probleme zu lösen, sowie die damit verbundenen motivationalen, volitionalen und sozialen Fähigkeiten, um die Problemlösungen in variablen Situationen erfolgreich und verantwortungsvoll nutzen zu können" (Weinert, 2002, S. 27f.).[127]

Problematisch ist dabei die Reduktion auf Zweckrationalität. Bildung wird reduziert auf Problemlösungswissen, das für die zukünftigen Erfordernisse für den Beruf in einer globalisierten Wirtschaft benötigt wird; Bildung wird reduziert auf Schlüsselqualifikationen – in den Worten D. Mertens: „ein enumerativ-additives Bildungsverständnis (Fakten-, Instrumenten- und Methodenwissen) [wird] durch ein instrumentelles Bildungsverständnis (Zugriffswissen, know how to know) abzulösen". Und weiter: „Die mentale Kapazität soll nicht mehr als Speicher von Faktenkenntnissen, sondern als Schaltzentrale für intelligente Reaktionen genutzt werden. Bildung bedeutet hier vor allem Befähigung zur Problembewältigung" (Mertens, 1974, S. 40).

Dabei wird vernachlässigt, dass Bildung ein Kernbestandteil der Persönlichkeitsentwicklung darstellt. Zugriffswissen bietet keinerlei Orientierung für das Individuum. Im klassischen Verständnis, üblicherweise mit dem Namen Wilhelm von Humboldt assoziiert, zielt Bildung auf das Subjekt, d.h. auf die „Verknüpfung unsres Ichs mit der Welt zu der allgemeinsten, regesten und freiesten Wechselwirkung." (von Humboldt, [1790] 1986, S. 34) Bildung zielt auf autonome und kritische Aneignung der eigenen Lebensumstände, sie bezweckt Menschen in den Stand zu bringen, „sich seines Verstandes ohne Leitung eines anderen zu bedienen" (Kant, [1784] 1983, S. 53). Nicht ‚literacy' und ‚numeracy' bzw. formal-abstrakte Kompetenzen an sich werden die nachwachsenden Generationen in die Lage versetzen können, die Probleme moderner Gesellschaften zu lösen – Toleranz/Akzeptanz gegenüber Differenz; Chancengleichheit unabhängig vom Herkunftsmilieu zu garantieren; den Anforderungen der Wirtschafts- und Arbeitswelt zu genügen; mit den Ressourcen des Planeten nachhaltig

---

127 Der Begriff Kompetenz wurde jedoch bereits vor mehr als 30 Jahren von Heinrich Roth verwendet (vgl. Roth, 1971, Bd. II). Weitere Verwendungen finden sich in: Löwisch, 2000; Klieme et al., 2003; in der Berufsbildung: Mertens, 1974.

und verantwortungsvoll umzugehen usw. Um in modernen Gesellschaften angemessene Lebensformen zu erlernen, sind Kinder und Jugendliche zwingend auf soziale und kulturelle Inhalte angewiesen sowie auf die Transfer- und Übersetzungsleistungen, um diese auf den eigenen Lebens- und Erfahrungshorizont zu transportieren. Dies muss sich im Curriculum widerspiegeln.

Wie sollen die im Kompetenzbegriff notwendig fragmentierten Bestandteile in ein Verständnis des Ganzen integriert werden? Erst eine stabile Persönlichkeit kann flexibel, eigenständig und selbst-organisiert auf die Anforderungen ihrer Umwelt antworten. Sollen pädagogische Bemühungen nicht in unverbundene und unverstandene Einzelteile auseinander fallen, so braucht es eine Kategorie, die sie zusammenhält. Die Kategorie Bildung bleibt daher zentral als Leitbegriff, sollen pädagogische Interventionen und Hilfen begründbar und verantwortbar bleiben (dazu: Klafki 2006, S. 44). Im selben Geist urteilt ebenfalls Hartmut von Hentig: „Die Antwort auf unsere behauptete oder tatsächliche Orientierungslosigkeit ist Bildung [...] Für die Bestimmung, die dies leistet, sind die Kanonisierung von Bildungsgütern, die Entscheidung für ein bestimmtes Menschenbild, die Analyse der gegenwärtigen und zukünftigen Lebensverhältnisse (zur Ermittlung der geforderten „Qualifikationen" gleichermaßen untauglich." (von Hentig, 1996, S. 15).

Der Verdacht könnte für plausibel erklärt werden, der Grund für die Abkehr vom Bildungsbegriff liegt weniger in pädagogischen Überlegungen begründet als vielmehr in Erwägungen zur Operationalisierung von betriebswirtschaftlichen Managementmodellen – welche die Wirksamkeit von pädagogischen Interventionen prüfen, dem Qualitätsmanagement und die Schulentwicklung ermöglichen sowie die Vergleichbarkeit von Bildungssystemen zum Ziel haben.

Des Weiteren stellt sich bildungstheoretisch für die pädagogische Forschung das Problem einer „normativen Empirie", um die Formulierung Lutz Kochs aufzugreifen. Empirische Forschung versteht sich dabei als ‚wertfrei' arbeitend und beschreibend-analysierend, sie will das ‚ist' und nicht das ‚soll' der pädagogischen Realität erforschen. „Gleichwohl", so Koch weiter, „kann man an der PISA-Studie belegen, dass sie gelegentlich die *normativen Konsequenzen* aus den gelieferten Daten gleich mitliefert und dass sie vor allem *normativen Voraussetzungen* macht." (2004, S. 40, Herv. i. O.) Auch Volker Ladenthin hat bereits 2003 auf dieses latente Problem hingewiesen: „PISA misst nicht nur, sondern impliziert durch den Ausweis von Kriterien [...] ein bestimmtes Menschenbild. [...] Nicht dass Indikatoren ausgewiesen werden, ist bildungstheoretisch das Problem, sondern dass die PISA-Tester durch diese Kriterien ‚normativ' bestimmt sehen, was die ‚Basis' des Menschen ausmacht, könnte zum Problem werden. (Ladenthin, 2003, S. 355)

Mit der Fokussierung auf Kompetenzen wird ferner das Verhältnis von Individuum und Gesellschaft ebenfalls verschoben (vgl. Höhne, 2007). Es sind die Individuen, die für ihre Kompetenzen – gleichsam für ihre employability – sorgen müssen, Risiken werden dabei individualisiert. Anders ausgedrückt, die Individuen sind selbst für ihre

Integration in die Gesellschaft verantwortlich.[128] Denkt man dies zu Ende, so entscheidet dabei über gesellschaftliche Inklusion bzw. Exklusion nicht länger die Gruppenzugehörigkeit (z.B. Staatsbürgerschaft), sondern allein individuelle Kompetenz (vgl. Münch, 2009b).

7.4.2 Veränderungen auf der Organisationalen Ebene

Die prozeduralen Aspekte des Internationalen Bildungsregimes, die mit dem Begriff der Wirkungsorientierung bzw. mit neuen Governance-Konzepten wie *output*- oder Kontextsteuerung (vgl. Radtke, 2009a) einhergehen, orientieren weltweit die Reformen von Bildungsorganisationen. Es geht, wie Radtke es pointiert formuliert, um die Durchsetzung und Implementierung von Rationalitätsstandards und -techniken, denen zugetraut wird, die Bildungsverwaltung „einer *wissensbasierten* Rationalisierung und Kontrolle komplexer Prozesse" näher bringen zu können (Radtke, 2009a, S. 159, Herv. i. Orig.).

Das im dritten Kapitel diskutierte Merkmal von Bildungsorganisation, das als ‚loose coupling' bzw. ‚decoupling' bezeichnet wird, d.h. das Fehlen einer internen Struktur von engen und dichten Verbindungen, die für die interne Kontrolle und Koordination der Inhalte und Methoden dessen, was vermutlich ihre Haupttätigkeit ist, das ‚Unterrichten', wird zum Zentrum der Auseinandersetzung um die Effektivierung und Effizienzsteigerung durch die neuen Reformen. Im Rahmen der aktuellen Entwicklungen kann jedoch beobachtet werden, dass, während die ‚rituellen Klassifikationen' weiterhin eine zentrale Rolle spielen – vielmehr versucht wird, diese zu optimieren – es darüber hinaus verschiedene Ansätze gibt, die charakteristische ‚lose Kopplung' in Bildungsorganisationen in eine ‚strikte Kopplung' zu transformieren (vgl. Kapitel 3, Abschnitt 2).

Im Zuge der aktuellen Schul- und Hochschulreformen des vergangenen Jahrzehnts werden vor dem oben diskutierten Hintergrund seitens der Politik verschiedene Reformkonzepte offensiv vertreten, die eine stärkere ‚Autonomie' von Bildungsinstitutionen vorsehen (vgl. Radtke/Weiß, 2000), zugleich aber auch eine größere Verantwortung für ihre Leistungen einfordern – d.h. eine „Produkthaftung" (Radtke, 2009a). In diesem Zusammenhang zielt, auf der Systemebene, ein verbreitetes Konzept auf die Verwandlung von Schulen in ‚lernende Organisationen' – was sich nahe liegender Weise breiter positiver Resonanz im Bildungssystem erfreut (schon aus der semantischen Affinität des Konzepts mit dem Erziehungssystem, aber auch aufgrund des latenten Versprechens, die „verwalteten Schulen" in eine ‚pädagogische' Freiheit zu entlassen).[129] Des Weiteren, auf der Ebene der Einzelschule, wurden in Deutschland beispielsweise länderübergreifend entsprechende Gesetzgebungen erlassen, die Schulen auf die Entwicklung so genannter ‚Schulprogramme' verpflichten, welche auch regelmäßige Evaluationen vorsehen und damit als Zielvereinbarungen zwischen Bil-

---

128 An dieser Stelle sind die Diskussionen um Selbsttechnologien und Selbstregierungstechniken, die bereits Foucault beschrieben hat, Aufschluss gebend. Siehe hierzu z.B.: Bröckling/ Krasmann/Lemke, 2000; siehe auch Bröckling, 2007.

129 Vgl. zum Konzept nur: Schratz/Steiner-Löfler, 1999; kritisch: Tacke, 2005.

dungsadministration und Handlungseinheit fungieren.[130] Aus analytischer Perspektive führen diese interventionistischen Managementkonzepte unter der Hand zu einer Re-Deskription von Bildungsorganisationen weg von professionsdominierten hin zu managementdominierten Organisationen (vgl. zu den folgenden Ausführungen: Tacke, 2004, 2005). Sie wirken sich auf die Kernstruktur der Organisation – Schule, Universität, etc. – aus, in dem sie Entscheidungs- und Kommunikationsstrukturen sowie das Personal verändern. In Hinblick auf *Entscheidungsstrukturen* soll im Kontext gegenwärtiger Reformen von Konditional- auf Zweckprogramme umgestiegen werden, die Outputs als regulierende Größen festlegen – Zielvereinbarungen, externe Evaluationen, ‚Schulprogramme‘ dienen der Implementation solcher Programme. Traditionell verfügten Bildungsorganisationen über hierarchische *Kommunikationswege*, welche gangbare ‚Dienstwege‘ möglichst genau beschreiben. Im Laufe der letzten Reformen ging man weltweit dazu über, Dezentralisierung als paradigmatische Alternative zu den ‚ineffektiven, trägen hierarchischen‘ Strukturen zu postulieren (vgl. Astiz/ Wiseman/Baker, 2002). Der dritte Strukturaspekt von Bildungsorganisationen wird gegenwärtig zu verändern versucht durch Fortbildungen und neue Berufsbilder (neue Arbeitsrollen). Lehrern werden ständige Fortbildungen empfohlen, die zur Qualitäts- und Schulentwicklung führen sollen. Zumindest zeigt dies die Analyse solcher Projekte (z.B. „Schule & Co."), wie Veronika Tacke formuliert:

> „Schon das Wissen, das im Rahmen der Lehrerfortbildungen zur lernenden Schule an Lehrer vermittelt wird, ist ersichtlich kein Fach- und kein Professionswissen, sondern Organisations- und Managementwissen. Es bezieht sich auf Techniken der Teamentwicklung, Moderation, Visualisierung und Präsentation." (Tacke, 2004, S. 38)

Auch Schulleiter sollen sich nunmehr als Führungskräfte mit ‚Managementkompetenzen‘ sehen, die professionell sowohl mit schulprogrammatischen und -didaktischen Fragen als auch mit administrativen Aufgaben (Personalentwicklung, Budget, Steuerung durch Evaluation usw.) umgehen können.[131]

Die selektive Veränderung dieser Strukturaspekte mag nichts Neues darstellen – im Laufe der vergangenen Reformen und Reformen der Reformen wurden sie unzählige Male verändert. Die gegenwärtigen Versuche, Bildungsorganisationen zu optimieren, verändern jedoch im Zusammenspiel Bildungsorganisationen grundlegend. Sie werden zu Produktionsbetrieben, die mit einem ‚Prozess-Produkt-Modell‘ nach betriebswirtschaftlichen Kosten-Ertrags-Kalkulationen arbeiten und auf ‚Classroom‘-Managers auf der operativen Ebene setzen, in der Verkennung, dass sich Lernende niemals als einfache ‚Trivialmaschinen‘ verhalten.

---

130 Für eine Zusammenfassung der Ziele der Schulprogrammarbeit siehe: Gruschka et al., 2003, S. 18f.

131 Für ein Beispiel dieser Orientierung siehe die Webseite der baden-württembergischen Landesakademie für Fortbildung und Personalentwicklung in Schulen: http://lehrerfortbildung-bw.de/ [zuletzt 31.12.10].

7.4.3 Wandel des Verständnisses von öffentlicher Bildung

Historisch ist die Verknüpfung von organisiertem Lernen in Schulen und dem Staat das Ergebnis eines Prozesses, in dem die Herausbildung des Nationalstaates das Interesse desselben in der systematischen Ausbildung der heranwachsenden Generationen (vgl. Kap. 2) ist. Es setzte sich allmählich eine Position durch, nach der Heranwachsende zumindest Zugang zu einer elementaren Bildung haben sollten und dass die Öffentlichkeit in Form des Staates diesen Anspruch zu garantieren hatte. Aufgrund der verschiedenen Interessen und Möglichkeiten der unterschiedlichen gesellschaftlichen Gruppierungen, dies zu verwirklichen, ist der Staat für die Einlösung der allgemeinen Bildung eingetreten. Dies hat immer denjenigen am meisten genutzt, die aufgrund ihrer Herkunft wenige Chancen hatten, eine Schule zu besuchen – diejenigen aus privilegierten Schichten mussten historisch nie um ihre Chancen fürchten, für sie war immer seitens ihrer Gruppen gesorgt. Diese Einsicht diente bereits Adam Smith als Begründung für die private Finanzierung von Bildungseinrichtungen (vgl. Smith, 2003 [1789], S. 645f.).

In den 1960er Jahren hat sich diese öffentliche Verantwortung für Bildung in der (normativen) Formel „Bildung ist Bürgerrecht!" (Dahrendorf) fest im Selbstverständnis moderner Gesellschaften etabliert, auch wenn ihre Realisierung stets in einem Spannungsverhältnis stand; öffentliche Schulen sind stets der Bildung *für alle* verpflichtet, müssen dennoch Auslese betreiben und bestimmte Funktionen für die Gesellschaft erfüllen (vgl. Fend, 1980). Dennoch stand die Zuständigkeit des Staates für Bildung sowie der gemeinnützige Charakter von (allgemeinen) Bildungseinrichtungen außer Frage.

Im Kern der Debatten um die Reform des Bildungssystems der vergangenen Jahrzehnte steht der Zweifel an der unbestrittenen Aufgabe und Verantwortung des Staates, Bildung zu organisieren, finanzieren und kontrollieren. Die Wellen der Privatisierung, die verschiedene Länder zu unterschiedlichen Zeiten (und dazu verschiedene Bildungsbereiche) seit den 1980er Jahren treffen, stellen genau dies in Frage.[132] Seitdem werden verschiedene Modelle und Formen der Privatisierung eingeführt – Vouchersystem, ‚contracting out', Magnet- und Charterschulen, etc. (vgl. Miron, 2008) – mit mäßigem bis keinem Erfolg (Weiß/Preuschoff, 2006; Schenker-Wicki/Hürlimann, 2006; Elacqua, 2009). Dies scheint jedoch die Befürworter dieser Reformen nicht daran zu hindern, ideologisch die Überlegenheit des ‚Marktes' mittels starker „diskursiver Macht" zu vertreten (vgl. Caruso, 2009; Elacqua, 2009).

Des Weiteren verändert die Wirkungsorientierung (Output, Standards, etc.) das Verständnis von öffentlicher Bildung und Erziehung dahingehend, dass nicht mehr gesamtgesellschaftlich gefragt wird, nach welchen Maßstäben die Qualität von Bildungsorganisationen bescheinigt wird (vgl. Miron, 2008, S. 342ff.). Wer darf

---

132 Dies darf dennoch nicht hinwegtäuschen, dass es vielerorts zu einer stärkeren Zentralisierung von Bildungskompetenz gekommen ist. Darauf deuten die Erfahrungen in den USA mit dem ‚No child left behind'-Gesetz; aber auch in der Bundesrepublik werden trotz Föderalismusreform 2006 Anzeichen für eine Stärkung der Bundesebene sichtbar – insb. in der Bildungsforschung und Wissenschaftspolitik, Stichwort: Empirische Bildungsforschung und Exzellenzinitiative.

entscheiden, welche ‚outcomes‘ wertvoll und erstrebenswert sind; wer entscheidet welche Inhalte sinnvoll und nützlich sein werden? Zentral für diese Diskussion ist die Unterscheidung zwischen Bildung als ‚öffentliches‘ und als ‚privates‘ Gut. Da gegenwärtig eine verbreitete Vorstellung von Bildung als Humankapital dominiert, werden ihre individuellen Erträge in den Vordergrund gestellt und als Begründung für Dienstleistungsnehmer (‚user fees‘) benutzt. Die aktive Beteiligung von wirtschaftsnahen Akteuren (in Deutschland z.B. u.a. die VbW e.V, die Bertellsmann Stiftung) in der Formulierung von Bildungspolitik sowie die Entwicklungen im Rahmen des GATS-Abkommens und der WTO sind hierfür deutliche Indizien für ein neues Verständnis von Bildung. Während einige dieser Fragen sich mit einer verbesserten Datenlage angehen lassen, können sie alle nicht ohne Rekurs auf Normativität entschieden werden; deren Beantwortung darf daher nicht ausschließlich zur ‚Machtfrage‘ werden. Bildung spielt eine wesentliche Rolle in der Verteilung von Teilhabechancen in modernen Gesellschaften; Helmut Schelsky nannte die Schule als die „zentrale Dirigierungsstelle für Lebenschancen“ (Schelsky, 1957). Mittlerweile gilt dies nicht nur für die allgemein bildenden Einrichtungen, sondern weit darüber hinaus. Vor diesem Hintergrund stellt sich die Frage nach gleichen und gerechten Teilhabechancen dringender denn je. Die breiten und kontroversen Diskussionen um ‚Chancengleichheit‘ bzw. ‚-gerechtigkeit‘ zeugen von der Notwendigkeit, diese Fragen nicht nur pädagogisch, sondern auch politisch anzugehen (vgl. Oelkers, 2006; Sylvester et al., 2009). Wird Bildung zu einer Ware und den Gesetzen des ‚Marktes‘ unterworfen, so wird schnell klar, dass es nicht nur Gewinner geben wird, denn das ist eines der allgemeinsten Prinzipien des Marktes. Eine große Masse von Schüler und Schülerinnen – insbesondere diejenigen aus unterprivilegierten finanziellen Verhältnissen – wird zu den Verlierern gehören. Denn sie haben nicht die Ressourcen – materielle und immaterielle – sich im Wettbewerb durchzusetzen. Der ‚Markt‘ wird selbstredend dafür sorgen, dass auch viele von ihnen Zugang zu Bildung haben, jedoch – wie bereits in einigen Ländern deutlich sichtbar – in anderen Institutionen mit anderen Standards; die Diskussionen um ‚Elite‘-Einrichtungen sind hierfür ein deutliches Signal – im Vokabular der Weltbank geht es euphemistisch um eine Diversifizierung des Bildungssektors.

Bildungsinstitutionen ‚produzieren‘ nicht nur ‚learning outcomes‘, die mit Leistungstests gemessen werden können, vielmehr leisten Schulen einen entscheidenden Beitrag für das Funktionieren demokratischer Gesellschaften, d.h. sie liefern die Grundlage für das politische Leben, indem sie Individuen in die Lage versetzen, sich politisch zu verhalten; Bildungsinstitutionen sind politische und bürgerliche Sozialisationsinstanzen und sollen darüber hinaus als Instrument gesellschaftlicher Veränderung fungieren: In Anlehnung auf Schleiermachers Diktum – die Schule solle für den Staat erziehen, jedoch nicht für den bestehenden Staat – lässt sich dafür plädieren, Schulen sollen für die Gesellschaft erziehen, jedoch nicht für die bestehende Gesellschaft! Sie müssen die nachwachsenden Generationen mit den nötigen Dispositionen und Fertigkeiten und Fähigkeiten ausstatten, mit denen sie sich kritisch am Fortbestand und am allgemeinen Wohlstand der Gesellschaft beteiligen können. Sie darüber hinaus in den Stand setzen, sich gegen Vereinnahmungen zu wehren, sei es seitens der Politik oder, wie es gegenwärtig der Fall ist, seitens der Wirtschaft, ist ebenfalls unverzichtbar.

7.5 Wandel der Prozesse in der Bildungspolitik

Im Laufe der vergangenen Jahrzehnte ist es zu einem deutlichen Wandel der politischen Gestaltung von Bildung und Erziehung gekommen. Nicht nur sind neue Akteure im Feld der Bildungspolitik aktiv geworden, auch die Prozesse der Formulierung von Bildungspolitik haben sich geändert. Mit dem Begriff der ‚Expertokratisierung' lässt sich ein wichtiger Aspekt dieses Wandels auf den Punkt bringen; das Merkmal der ‚Evidenzbasierung' hebt darüber hinaus die aufsteigende Rolle von Bildungsforschern und die von ihnen produzierten ‚Evidenzen' hervor. Zusammen verändern diese Aspekte die Beziehungen zwischen Bildungspolitik und Bildungsforschung und damit die Prozesse der politischen Gestaltung von Bildung und Erziehung.

7.5.1 Bildungspolitik und Bildungsforschung

In den vorangegangenen Kapiteln wurde an vielen Stellen auf gesellschaftliche Veränderungen hingewiesen, die nicht ohne Wirkung auf die Bildungspolitik bleiben konnten. Politik in modernen Gesellschaften ist mehr denn je auf Wissen angewiesen, um kontroverse und risikovolle Entscheidungen zu treffen und zu legitimieren – dies betonte Ulrich Beck bereits in den 1980er Jahren (Beck, 1986). Der Glaube an Wissenschaft spielt dabei eine herausragende Rolle. Wie Kamens/McNeely schreiben: „The hegemony of science contributes to the sense of a rationalized global world in which everyone is subjected to the same kinds of causal laws and understandings under which virtually all arenas of human endeavor are subjected to scientific analysis." (2010, S. 11; siehe grundlegend dazu: Drori et al., 2003; Drori/Meyer, 2006)

Eine Fülle von Arbeiten hebt seitdem den Wandel des Status und der Rolle von Experten und von Expertise in der ‚reflexiven Moderne' hervor (vgl. Beck/Giddens/Lash, 1996; Willke, 1998; Gibbons/Nowotny/Limoges, 1994; Bogner/Torgensen, 2005). Im Kontext dieser Diskussionen wird auf der einen Seite eine ‚Verwissenschaftlichung der Politik' befürchtet; Zygmunt Bauman schlussfolgert sogar, dass Politik im Staat der ‚liquid modernity' zur „Beute der Meute der Politikberater geworden" ist (Bauman, 2003, S. 61). Mit Blick auf die Bildungspolitik kommt auch Marcelo Caruso am Beispiel der ‚school choice'-Debatte in Chile zu einem ähnlichen Schluss in Bezug auf die Rolle der Experten:

> „Gegenüber der Uneindeutigkeit der Empirie, ist dieser eindeutige Machtzuwachs von Experten in Fragen, die nicht nur Expertenwissen, sondern auch weltanschauliche, kulturelle, ja ideologische Elemente beinhalten, eine erstaunliche Entwicklung. Diese kann mit Recht als eine neue Ära der Regierbarkeit der Bildungssysteme charakterisiert werden, nämlich die Ära der Experten." (Caruso, 2009, S. 108).

Demgegenüber steht die Warnung vor einer ‚Politisierung der Wissenschaft'. So konstatieren Weingart et al. „Die Zunahme der praktischen Relevanz der Wissenschaft geht mit einer wachsenden gesellschaftlichen Einflussnahme auf die Wissenschaft einher. Die vormalige Selbststeuerung der Wissenschaft wird durch vermehrte Fremdsteuerung ersetzt." (2007, S. 33; auch Carrier, 2008). Und tatsächlich, wie weiter oben angesprochen, die Zunahme so genannter ‚Programmförderungen' und ‚Forschergruppen' sowie ‚Sonderforschungsbereiche' erhöht die Einflussmöglichkeit der Politik gegenüber der Wissenschaft (vgl. Radtke, 2009b). Der steigende Druck verwertbare Ergebnisse für politische und wirtschaftliche Zwecke zu liefern, hat, so einige Kommentatoren, zu einem grundlegenden Wandel der Wissenschaftskultur geführt:

> „Wissenschaft wird weniger deshalb geschätzt oder gefördert, weil sie etwa die Beschaffenheit der Natur offen legte, sondern weil sie einen Faktor der ökonomischen Dynamik und entsprechend der Wohlstandssicherung darstellt. Daher genießt vielfach die angewandte Wissenschaft Vorrang vor der Grundlagenforschung. […] Agenda und Erfolgsmaßstäbe der Forschung orientieren sich weniger an den epistemischen Vorgaben der akademischen Wissenschaft, sondern sind stattdessen durch den Anwendungskontext geprägt. Wissenschaft steht heute weithin im Dienst des Kunden; das Anwendungsinteresse durchzieht nachdrücklich große Bereiche der Forschung." (Carrier, 2007, 15; siehe auch 2008)

Die Befürchtung, dieser starke öffentliche Druck sowie die einschlägigen Interessen von Politik und Wirtschaft, könnten die „Mechanismen der Geltungssicherung in der Wissenschaft" außer Kraft setzen, ist dabei berechtigter denn je (vgl. Carrier, 2008).

Vor diesem Hintergrund lässt sich die gegenwärtige Situation der (empirischen) Bildungsforschung diskutieren. Diese steht in Zeiten „Neuer Steuerung" unter Druck, Ergebnisse für bildungspolitische Maßnahmen zu liefern – „insbesondere in Gestalt von Systemmonitoring und Programmevaluation" (Bellmann, 2006b, S 487f.). Des Weiteren steht sie auch unter Druck, sich an der neuen wissenschaftspolitischen Agenda zu orientieren: ‚evidence-based research'. Diese einseitige Orientierung an ein naturwissenschaftliches Wissenschaftsverständnis verkennt die Tatsache von Bildung und Erziehung als soziale Prozesse – unterschlägt dazu, dass die Naturwissenschaften nicht durchgängig eindeutige und kausale Ergebnisse vorzeigen können.[133] Nach der ‚realistischen Wende' (Roth) in der Bildungsforschung soll auch in der Bildungspolitik eine ‚realistische Wendung' Einzug halten. Dabei geht es um einen Versuch, das Verhältnis zwischen Bildungsforschung und Bildungspolitik so eng wie möglich zu gestalten, wobei der Logik der politischen Verwertung Vorrang gegeben wird. Diese divergierende Funktionslogik brachte kürzlich ein amerikanischer Bildungspolitiker auf den Punkt: „Many instances of inconsistencies in education performance and research evidence have shown over the years that the exact science of ideological politics always trumps the inexact science of research." (Driscoll, 2007)

Evidenzbasierte Forschungspraxis bzw. evidenzbasierte Bildungspolitik darf nicht falsche und überzogene Erwartungen wecken. Wissenschaftliches Wissen lässt sich nicht unmittelbar in bildungspolitische Maßnahmen umsetzen. Eine solche Erwartung ist naiv und verkennt die unterschiedlichen Handlungsorientierungen politischen Handelns und wissenschaftlicher Praxis: Wissenschaft stellt komplexe Fragen mit dem Ziel, zu einer Wissenserweiterung beizutragen; dabei kann oft nicht sofort entschieden werden, welche Forschungsfragen sich als nützlich erweisen werden. Politik will mög-

---

133 Siehe zu dieser Problematik den Kommentar von David C. Berliner in: „Educational Researcher", Vol. 38, Nr. 8 (2002), S. 18-20.

lichst schnell zu umsetzbaren Lösungen für Probleme kommen, damit sie ihre politischen Zielvorstellungen durchsetzen kann. Weingart formuliert dies so: „Politiker wollen sich nicht auf eine „Relevanz in ferner Zukunft" einlassen, sie müssen in spätestens vier Jahren wiedergewählt werden." (2008, S. 17). Die Anerkennung der Relevanz der Bildungsforschung für die Verbesserung der Leistungsfähigkeit vin Bildungsorganisationen darf den Blick für die Einsicht nicht versperren, dass Kernelemente des Bildungssystems einer eigenen ‚Grammatik' folgen (Tyack/Tobin, 1994), d.h. einer Eigenlogik folgen, die direkten wissenschaftlich-technischen und politischen Interventionen durchbrechen.

Die oben diskutierte Problematik enthält ein nicht aufzulösendes Dilemma, deshalb kommt es vielmehr auf dessen Balance an. Denn eine gut funktionierende Demokratie braucht beides, verantwortungsvolle Politik und autonome Wissenschaft. Wichtig und hilfreich ist dabei, zwischen ‚negativen' und ‚positiven Formen der Politisierung der Wissenschaft bzw. der Verwissenschaftlichung der Politik zu unterscheiden (zum Folgenden: Henig, 2008, 2009). Es kommt beim ersten darauf an, ob es sich um eine korrumpierende Politisierung handelt, die der Wissenschaft von vornherein bestimmte Fragen und zugleich Methoden für deren Bearbeitung aufzwingt und diese dadurch ‚finalisiert'; oder ob es um eine positive Form der Politisierung geht, die als notwendige Komponente demokratischer Willens- und Entscheidungsbildung in modernen Gesellschaften angesehen werden muss.

7.6   Fazit: Neue Form der sozialen Organisation im Bildungsbereich?

An verschiedenen Stellen in den vorangegangenen Kapiteln haben die Ausführungen zur internationalen Bildungspolitik zeigen können, dass während der vergangenen Jahrzehnte in diesem Bereich Vieles in Bewegung geraten ist. Jeder Versuch, die gegenwärtigen Diskussionen zu analysieren, gleicht dem Schießen auf ein bewegliches Ziel. Noch lassen sich keine endgültigen Aussagen zum Ausgang dieser Entwicklung treffen.

Deutlich wurde jedoch, dass moderne Bildungssysteme im Zuge der Organisation von Gesellschaften als Nationalstaaten entstanden sind und durch ihre Integration in diese Organisationsform wesentlich und nachhaltig verändert wurden. Bildung und Erziehung haben, wie im Kapitel 2 und 3 diskutiert, eine intrinsische Beziehung zum modernen Nationalstaat und spielen im Wohlfahrtsstaat eine ‚redistributive' Rolle im Versuch, soziale Ungleichheit, wenn nicht zu beseitigen, so doch zu minimieren. Vor dem Hintergrund der aktuellen Entwicklungen sind zwei Aspekte dieser Beziehung relevant: *Erstens*, versteht sich die Bevölkerung des Nationalstaats als Nation, die durch territoriale und kulturelle Integration sowie staatsbürgerliche Solidarität – trotz aller Unterschiede in ihrer Ausformulierung – zu einer ‚Solidargemeinschaft' wird. In diesem Rahmen wurden Bildung und Erziehung folgerichtig zu zentralen Elementen der ‚kulturellen Nationalisierung'; Schule hatte als Funktion die Mobilisierung der Bevölkerung. Sie hatte als Ziel, die politische und kulturelle Integration der Individuen in den Staat sowie ihre Identifikation mit diesem zu vollziehen; sie sollte aus ihnen Mitglieder der nationalen Gesellschaft machen. *Zweitens,* ist der Gedanke der ‚Selbsteinwirkung' kennzeichnend für den modernen Nationalstaat. Dieser verstand sich als „reformistische[s] Projekt der *Verwirklichung* einer ‚gerechteren' oder ‚wohlgeordneten' Gesellschaft" (Habermas, 1998, S. 93, Herv. i. Orig.). Vor diesem Hintergrund wird deutlich, dass soziale und ökonomische Ungleichheit nicht als naturgegeben, sondern als politisch zu lösende Aufgabe gesehen wird (vgl. hierzu: Habermas, 1998). In diesem Kontext spielten Bildung und Erziehung bzw. Bildungspolitik eine wesentliche Rolle (vgl. Carnoy/Levin, 1985, Dale, 1997), insbesondere seit ca. Mitte des zwanzigsten Jahrhunderts mit dem Aufstieg des Wohlfahrtsstaats westlichen Zuschnitts. Bildung und Erziehung erhielten in der Nachkriegszeit einen neuen Auftrag, in dem diese die staatsbürgerliche Integration und den Pluralismus fördern sollten. Daher standen Themen wie Verteilungsgerechtigkeit und Chancengleichheit – höhere Bildungsbeteiligung und Bildungsexpansion – oben auf der Agenda. Bildungspolitik erschien als sinnvolles Instrument der Selbsteinwirkung der Gesellschaft auf sich selbst mit dem Zweck, ein besseres, gerechteres Leben für möglichst alle zu ermöglichen. Bildung und Erziehung sind seitdem ein Kernbestandteil des demokratischen Kompromisses der „territorialen, kapitalistischen Wohlfahrtsstaaten, der sowohl wirtschaftlicher Fortschritt als auch Gleichberechtigung versprach." (Mundy, 2005, S. 8)

Die Überlegungen zur ‚postnationalen Konstellation' der Bildungspolitik – d.h. die neuen Akteure und neue politische und soziale Kontexte der politischen Gestaltung von Bildungspolitik – zeigen, dass sich zusammen mit dem Nationalstaat auch die Rolle und Funktion von Bildungspolitik ändert. Bildungspolitik als Mittel sozialer Veränderung verlagert sich mehr und mehr zum Mittel der Wirtschaftsförderung. An dem oben genannten Grundkonsens wird zwar noch scheinbar festgehalten – dies zeigen zum Beispiel die großen Bemühungen um ‚Bildung für Alle' – doch an dieser Stelle wird die Schärfe der gegenwärtigen Situation deutlich: Solidarität und Gerechtigkeit sind stark national gebunden, während die sie ermöglichenden Finanzierungsquellen global organisiert sind (vgl. Kap. 3, Abschnitt 4.1).

Die gegenwärtigen bildungspolitischen Reformmaßnahmen[134] zielen fast ausschließlich auf eine Kompensation der Prozesse der Denationalisierung und Deterritorialisierung (Zürn, 1998); Bildung soll in diesem Rahmen, die verlorene Wettbewerbsfähigkeit der nationalen Wirtschaften zurückgewinnen helfen. Das Problem dabei ist, dass dies innerhalb der Bildungsdomäne (beispielsweise durch Veränderung der Struktur und der Operation von Bildungsorganisationen) stattfindet und ignoriert die wichtigen Bezüge und Interdependenzen zu anderen Politikbereichen (zum Beispiel Arbeitsmarkt- und Sozialpolitik, aber auch Wirtschaftspolitik). Ihre Fokussierung auf den ökonomischen Aspekt verdrängt zudem Reformmaßnahmen, die auf Gleichheit, Gleichberechtigung und Emanzipation hinzielen. Simon Marginson hat dies bereits 1999 angemerkt: „globalization and market liberal fiscal imperative have rendered the earlier project of socio-economic equalization through education increasingly problematic" (Marginson, 1999, 27f.; siehe auch: Ball, 1998; Torres, 2008).

Vor dem Hintergrund der oben diskutierten Kennzeichen des Internationalen Bildungsregimes wird die Konzentration der gegenwärtigen Bildungspolitik auf die Lösung der

---

134 Karen Mundy nennt sie „competitiveness and finance driven reform movements" (2005, S. 12).

durch globale Entwicklungen eingetretenen Probleme nachvollziehbar, ist jedoch als problematisch anzusehen, denn Bildungspolitik kann nicht Wirtschaftspolitik oder umgekehrt ersetzen. Die an den internationalen bildungspolitischen Diskussionen beteiligten Akteure bzw. Akteurskonstellationen unterstreichen die hegemonische Position des Ökonomischen gegenüber dem Sozialen und Politischen. Die Spannung zwischen diesen beiden Sphären kann gewiss nur unzureichend beseitigt werden; jedoch schienen seit der Nachkriegszeit Kompromisse konsensuell als möglich und wünschenswert. Zu Beginn des einundzwanzigsten Jahrhunderts bröckelt dieser Konsens zugunsten des Marktes als Organisationsprinzip moderner Gesellschaften, mit wichtigen Implikationen für demokratisch verfasste Wohlfahrtsstaaten, weshalb auch in demokratietheoretischen Analysen von ‚Postdemokratie' gesprochen wird (Crouch, 2008). Vor diesem Hintergrund wird – wendet man das Argument von Chantal Mouffe (2007) auf die Bildungspolitik an – die Fokussierung auf bildungspolitische Programme und Maßnahmen (education policy, also auf die inhaltliche Dimension von Bildungspolitik) problematisch. Denn Bildungspolitik kann nicht als rein technisches – als reines Managementproblem (Gonon, 2003) – angegangen werden. Bildungspolitik muss wieder die antagonistische Dimension des Politischen anerkennen; sie ist und bleibt auf "Entscheidungen, d.h. die Wahl zwischen konfligierenden Alternativen" angewiesen (Mouffe, 2007, S. 17). Hier wird auch die empirische Bildungsforschung nicht zur grundsätzlichen Lösung des Problems führen können, auch wenn ihr eine wichtige Aufgabe in der Politikberatung zukommt.

Was bedeutet es, wenn ein Internationales Bildungsregime sich als Form der sozialen Organisation im Bildungsbereich etabliert, wenn bildungs*politische* Optionen nicht mehr oder kaum vorhanden sind? Wenn bildungspolitische Programme und Reformen hegemonisch werden, ist der Raum für Deliberation und Wahlentscheidungen stark eingeschränkt. Ein Internationales Bildungsregime, das Bildungspolitik einschneidend auf bestimmte Optionen orientiert, wirkt daher einschränkend auf die demokratische Deliberation und auf Wahlentscheidungen darüber, welche Form und Organisation wir für unsere Bildungssysteme wollen, zudem wird der Frage ausgewichen, welcher Zweck Bildung in unserem Leben haben soll. Der in dieser Arbeit unternommene Versuch, ein solches Internationales Bildungsregime zu erfassen und zu verstehen, wendet sich entschieden gegen diese Gefahr, sowohl in Hinblick auf die Demokratie als auch auf ihre pädagogischen/erziehungswissenschaftlichen Konsequenzen.

VERZEICHNISSE

1. Abkürzungsverzeichnis

AERA	American Educational Research Association
APEC	Asia-Pacific Economic Cooperation
ASEAN	Association of Southeast Asian Nations
BA/MA	Bachelor of Arts, Master of Arts
BLK	Bund-Länder-Kommission für Bildungsplanung und Forschungsförderung
BMBF	Bundesministerium für Bildung und Forschung
CEPES	Centre Européen pour l'Enseignement Supérieur
DAAD	Deutscher Akademischer Austauschdienst
DFG	Deutsche Forschungsgemeinschaft
DGfE	Deutsche Gesellschaft für Erziehungswissenschaft
DIPF	Deutsches Institut für Internationale Pädagogische Forschung
DRIS	Demokratische Rechts- und Interventionsstaat
ECTS	European Credit Transfer System
EERA	European Educational Research Association
EFA	Education for All
EU	Europäische Union
EWG	Europäische Wirtschaftsgemeinschaft
GATS	General Agreement on Trade in Services
GATT	General Agreement on Tariffs and Trade
IB	Internationale Beziehungen
IBR	Internationales Bildungsregime
IEA	International Association for the Evaluation of Education Achievement
INRO/INGO	Internationale Nichtregierungsorganisation (Engl.: International Non-Governmental Organization)
IO	Internationale Organisation
IR	Internationales Regime
IuK	Informations- und Kommunikationstechnologien
IVE	International Vergleichende Erziehungswissenschaft
IWF	Internationaler Währungsfonds
KMK	Kultusministerkonferenz
LLL	Lebenslanges Lernen
MERCOSUR	Mercado Común del Sur
NAFTA	North American Free Trade Agreement
NPM	New Public Management
NRO/NGO	Nichtregierungsorganisation (Engl.: Non-Governmental Organization)
OAS	Organisation Amerikanischer Staaten
OECD	Organisation for Economic Co-operation and Development
OMK	Offene Methode der Koordination

PISA	Programme for International Student Assessment
TIMSS	Third International Mathematics and Science Study
TNC	Transnational Cooperation
TRIPS	Agreement on Trade-Related Aspects of Intellectual Property Rights
UIA	Union of International Associations
UNESCO	United Nations Educational, Scientific and Cultural Organization
UNO	United Nations Organization
WANGO	World Association of Non-Governmental Organizations
WTO	World Trade Organization

2. Tabellenverzeichnis

3. Bibliografie

Abbott, K. W./Snidal, D. (2001): Why States Act Through Formal International Organizations. In: Diehl, P. F. (Hrsg.): The Politics of Global Governance: International Organizations in an Interdependent World. 2. Aufl. Boulder/London: Lynne Rienner, S. 9-43.

Achieve, Inc./National Governors Association (2005): Action Agenda for Improving America's High Schools. Online unter: http://www.nga.org/Files/pdf/0502ACTIONAGENDA.pdf [Zuletzt 19. 06. 09].

Adick, C. (1992): Die Universalisierung der modernen Schule: eine theoretische Problemskizze zur Erklärung der weltweiten Verbreitung der modernen Schule in den letzten 200 Jahren mit Fallstudien aus Westafrika. Paderborn u.a.: Schöningh.

Adick, C. (1995): Formation of a World Educational System. In: Roeder, P./Richter, I./Füssel, H.-P. (Hrsg.): Pluralism and Education. Current World Trends in Policy, Law, and Administration. Berkeley, CA: University of California Press, S. 41-60.

Adick, C. (2005): Transnationalisierung als Herausforderung für die International und Interkulturell Vergleichende Erziehungswissenschaft. In: *Tertium Comparationis,* Vol. 11, Nr. 2, S. 243-269.

Adick, C. (2009): World Polity – ein Forschungsprogramm und Theorierahmen zur Erklärung weltweiter Bildungsentwicklungen. In: Koch, S./Schemmann, M. (Hrsg.): Neo-Institutionalismus in der Erziehungswissenschaft. Grundlegende Texte und Empirische Studien. Wiesbaden: VS Verlag, S- 258-291.

Albert, M./Brock, L./Menzel, U. (1999): Die Neue Weltwirtschaft. Entstofflichung und Entgrenzung der Ökonomie. Frankfurt/M.: Suhrkamp.

Albrow, M. (1998): Abschied vom Nationalstaat. Frankfurt/M.: Suhrkamp.

Alter, K. (2001): Establishing the Supremacy of European Law. The Making of an International Rule of Law in Europe. New York: Oxford UP.

Altrichter, H./Brüsemeister, T./Wissinger, J. (Hrsg.) (2007): Educational Governance. Handlungskoordination und Steuerung im Bildungssystem. Wiesbaden: VS Verlag.

Altrichter, H./Heinrich, M. (2007): Kategorien der Governance-Analyse und Transformationen der Systemsteuerung in Österreich. In: Altrichter, H./Brüsemeister, T./Wissinger, J. (Hrsg. (2007): Educational Governance. Handlungskoordination und Steuerung im Bildungssystem. Wiesbaden: VS Verlag, S. 55-103.

Amos, S. K. (2010): The Morphodynamics of Modern Education Systems: On the Relation between Governance and Governmentality as Analytical Tools in Explaining Current Transformations. In: Dies. (Hrsg.): International Education Governance. Volume 12 von International Perspectives on Education and Society. Bingley, UK: Emerald, S. 79-104.

Amos, K./Keiner, E./Proske, M./Radtke, F.-O. (2002). Globalisation: Autonomy of Education under Siege? Shifting Boundaries between Politics, Economy and Education. In: *European Educational Research Journal*, Vol. 1, Nr. 2, S. 193-213.

Amos, K./Bruno, L./Parreira do Amaral, M. (2008): The Research University in Context: The Examples of Brazil and Germany. In: Baker, D./Wiseman, A. (Hrsg.): The Worldwide Transformation of Higher Education. International Perspectives on Education and Society, Vol. 9. Bingley: JAI Press, S. 111-153.

Amos, S. K./Radtke, F.-O. (Hrsg.) (2007): Die Formation neuer Bildungsregime: Zur Durchsetzung von Regierungstechniken in der post-nationalen Konstellation. In: *Tertium Comparationis*, Vol. 13, Nr. 2.

Andere, E. (2008): The Lending Power of PISA. League tables and Best Practice in International Education. Hong Kong: CERC.

Andreas, P./Nadelmann, E. (2006): Policing the Globe. Criminalization and Crime Control in International Relations. Oxford: Oxford UP.

Anweiler, O./Fuchs, H.-J./Dorner, M./Petermann, E. (Hrsg.) (1992): Bildungspolitik in Deutschland 1945-1990. Ein historisch-vergleichender Quellenband. Opladen: Leske+Budrich.

Archer, D. (1994): The Changing Roles of Non-Governmental Organizations in the Field of Education in the Context of Changing Relationships with the State. In: *International Journal of Educational Development*, Vol. 14, Nr. 3, S. 223-232.

Archer, C. (2001): International Organisations. 3. Aufl. London: Routledge.

Archer, Margaret S. (1979): Social Origins of Educational Systems. London/Beverly Hills: SAGE.

Arnold, R./Marz, F. (1979): Einführung in die Bildungspolitik. Grundlagen, Entwicklungen, Probleme. Stuttgart u.a.: Kohlhammer.

Arnott, M. A./Raab, C. D. (Hrsg.) (2000): The Governance of Schooling. Comparative Studies of Devolved Management. London/New York: Routledge.

Arnove, R. (1980): Comparative Education and World-Systems Analysis. In: *Comparative Education Review*, Vol. 24, Nr. 1, S. 48-62.

Aronowitz, S./De Fazio, W. (1997): The New Knowledge Work. In: Halsey, A. H./Lauder, H./Brown, P./Wells, A. S. (Hrsg.): Education: Culture, Economy and Society. Oxford: Oxford UP, S. 193-206.

Astiz, M. F./Wiseman, A. W./Baker, D. (2002): Slouching Towards Decentralization: The Consequences of Globalization for Curricular Control in Nationals Education Systems. In: *Comparative Education Review*, Vol. 46, Nr. 1, S. 66-88.

Astiz, M. F./Wiseman, A. W. (2005) : Slouching Toward a Global Ideology. The Devolution Revolution in Education Governance. In: Baker, D./Le Tendre, G. K. (Hrsg.): National Differences, Global Similarities. World Culture and the Future of Schooling. Stanford: Stanford UP, S. 134-149.

Augier, M./March, J. G./Sullivan, B. N. (2005): Notes on the Evolution of a Research Community: Organization Studies in Anglophone North America, 1945-2000. In: *Organization Studies*, Vol. 16, 1, S. 85-95.

169

Avenarius, H. (2005): Einführung in das Schulrecht. 2. Aufl. Darmstadt: WBG.

Axelrod, R. (1988): Die Evolution der Kooperation. München: Oldenbourg.

Bäcker, G./Naegele, G./Bispinck, R./Hofemann, K. (2008): Sozialpolitik und soziale Lage in Deutschland 1: Grundlagen, Arbeit, Einkommen und Finanzierung: Bd. 1. 4. Aufl. Wiesbaden: VS Verlag.

BAE (2007): British Aerospace Virtual University. Training and Development. Online unter: http://www.baesystems.com/CorporateResponsibility/Workplace/Traininganddevelopment /index.htm [zuletzt 28. 12. 09].

Baker, D./Le Tendre, G. K. (Hrsg.) (2005): National Differences, Global Similarities. World Culture and the Future of Schooling. Stanford: Stanford UP.

Baker, D. P./Wiseman, A. W. (Hrsg.) (2005): Global Trends in Educational Policy. International Perspectives on Education and Society, Vol. 6. London: Elsevier Science, Ltd.

Ball, S. J. (1998): Big Policies/Small World: An Introduction to International Perspectives in Education Policy. In: *Comparative Education*, Vol. 34, Nr. 2, S. 119-130.

Ball, S. J. (2009): Globalización, Mercantilización y Privatización: Tendencias Internacionales en Educación y Política Educativa. In: *Revista de Politica Educativa*, Vol. 1, Nr. 1, S. 6-22.

Ballauf, T./Schaller, K. (1969): Pädagogik. Eine Geschichte der Bildung und Erziehung. Bd. 1. Von der Antike bis zum Humanismus. Freiburg i. Br.: Orbis Academicus.

Ballauf, T./Schaller, K. (1970): Pädagogik. Eine Geschichte der Bildung und Erziehung. Bd. 2. Vom 16. bis zum 19. Jahrhundert. Freiburg i. Br.: Orbis Academicus.

Ballauf, T./Schaller, K. (1973): Pädagogik. Eine Geschichte der Bildung und Erziehung. Bd. 3. Vom 19. bis zum 20. Jahrhundert. Freiburg i. Br.: Orbis Academicus.

Bank, V. (2005): „'Ihr aber habt daraus eine Räuberhöhle gemacht.' Ökonomität und Ökonomismus in der Bildung." In: Ders. (Hrsg.): Vom Wert der Bildung. Bildungsökonomie in wirtschaftspädagogischer Perspektive neu Gedacht. Bern u.a.: Haupt, S. 19-37.

Barker, M. (2000): E-Education is the New New Thing. In: Strategy+Business, Vol. 18, S. 107-114. Online unter: http://www.strategy-business.com [zuletzt 30. 06. 09].

Barksdale Clowdse, B. (1981): Brainpower for the Cold War. The Sputnik Crisis and National Defense Education Act of 1958. Westport, CN/London: Greenwood Press.

Barnett, M. N./Finnemore, M. (1999): The Politics of Power, and Pathologies of International Organizations. In: *International Organizations* 53, 4, S. 699-732.

Barnett, M./Finnemore, M. (2004): Rules for the World. International Organizations in Global Politics. Ithaca u.a.: Cornell UP.

Barreto, R. G./Leher, R. (2008): Do Discurso e das Condicionalidades do banco Mundial, a Educação Superior "emerge" terciária. In: *Revista Brasileira de Educação*, Vol. 13, Nr. 39, S. 423-436.

Bartsch, T.-C. (2009): Europäische Hochschulpolitik. Über die Entwicklung und Gestalt(ung) eines Politikfeldes. Baden-Baden: Nomos.

Bashir, S. (2007): Trends in International Trade in Higher Education: Implications and Options for Developing Countries. World Bank Working Paper Series, Nr. 6. Washington, D. C.: World Bank.

Bauer, P. (1999): Europäische Integration und Deutscher Föderalismus. Eine Untersuchung des Europäischen Mehrebenenregierens im Bildungsbereich. Münster: Agenda-Verlag.

Bauman, Z. (1995): Ansichten der Postmoderne. Hamburg/Berlin: Argument.

Bauman, Z. (2003): Flüchtige Moderne. Frankfurt/M.: Suhrkamp.

BDA (Bundesvereinigung der Deutschen Arbeitgeberverbände) (2006): Durchlässigkeit schafft Zukunft. Online unter: http://www.arbeitgeber.de/www/arbeitgeber.nsf/res/F3555FF7E21 69C77C12574EF0053FDC3/$file/Durchlaessigkeit_schafft_Zukunft.pdf [zuletzt 11.02.09].

Beck, U. (1986): Risikogesellschaft. Auf dem Weg in eine andere Moderne. Frankfurt/M.: Suhrkamp.

Beck, U. (1998a): Was ist Globalisierung? Irrtümer des Globalismus – Antworten auf Globalisierung. 4. Aufl. Frankfurt/M.: Suhrkamp.

Beck, U./Giddens, A./Lash, S. (1996): Reflexive Modernity. Eine Kontroverse. Frankfurt/M.: Suhrkamp.

Becker, H. (1962): Qualität und Quantität. Grundfragen der Bildungspolitik. 2. erw. Aufl. Freiburg: Rombach.

Becker, G. S. (1964): Human Capital: A Theoretical and Empirical Analysis, with Special Reference to Education. New York u.a.: Columbia UP.

Becker, R. (2000): Bildungsexpansion und Bildungsbeteiligung. Oder: Warum immer mehr Schulpflichtige das Gymnasium besuchen. In: *Zeitschrift für Erziehungswissenschaft*, Vol. 3, S. 447-479.

Beech, J. (2006): The Theme of Educational Transfer in Comparative Education: A view over time. In: *Research in Comparative and International Education*, Vol. 1, Nr. 1, S. 2-13.

Beech, J. (2009): Policy Spaces, Mobile Discourses, and the Definition of Educated Identities. In: *Comparative Education*, Vol. 45, Nr. 3, S. 347-364.

Bellmann, J. (2006a): Ökonomische Dimensionen der Bildungsreform. Unbeabsichtigte Folgen, perverse Effekte, Externalitäten. In: Frost, U. (Hrsg.): Unternehmen Bildung. Die Frankfurter Ansprüche und kontroverse Positionen zur aktuellen Bildungsreform. Sonderheft *Vierteljahresschrift für Wissenschaftliche Pädagogik*. Paderborn u.a.: F. Schöning, S. 183-200.

Bellmann, J. (2006b): Bildungsforschung und Bildungspolitik im Zeitalter ‚Neuer Steuerung‘. In: *Zeitschrift für Pädagogik*, 52. Jg., H. 4, S. 487-504.

Benavot, A./Resnik, J. (2006): Lessons form the Past: A Comparative Socio-Historical Analysis of Primary and Secondary Education. In: Benavot, A./Resnik, J./Corrales, J.: Global Educational Expansion: Historical Legacies and Political Obstacles. Cambridge, MA: American Academy of Arts and Sciences.

Benner, D./Brüggen, F./Göstemeyer, K.-F. (1982): Heydorns Bildungstheorie. In: *Zeitschrift für Pädagogik*, 28. Jg., Nr. 1, S. 73-92.

Benner, D./Tenorth. H.-E. (1996): Bildung zwischen Staat und Gesellschaft. In: *Zeitschrift für Pädagogik*, 42. Jg., H. 1, S. 3-14.

Benner, F./Hellekamps, S. (2004): Staatspädagogik/Erziehungsstaat. In: Benner, d./Oelkers, J. (Hrsg.): Historisches Wörterbuch der Pädagogik. Darmstadt: WBG, S. 946-970.

Bennett, C. (1991): What is Policy Convergence and What Causes it? In: *British Journal of Political Science*, Vol. 21, S. 215-233.

Bennett, A. L (1995): International Organizations – Principles and Issues. 6. Aufl. Englewood Cliffs: Prentice Hall.

Benz, A. (1998): Kooperativer Staat? Gesellschaftliche Einflußnahmen auf die staatliche Steuerung. In: Klein, A./Schmalz-Bruns, R. (Hrsg.): Politische Beteiligung und Bürgerengagement in Deutschland. Möglichkeiten und Grenzen. Baden-Baden: Nomos, S. 88-113.

Benz, A. (2004b): Einleitung: Governance – Modebegriff oder Nützliches Sozialwissenschaftliches Konzept? In: Ders. (Hrsg.): Governance – Regieren in komplexen Regelsystemen. Eine Einführung. Wiesbaden: VS Verlag, S. 11-28.

Benz, A. (2004c): Multilevel Governance – Governance in Mehrebenensystemen. In: Ders. (Hrsg.): Governance – Regieren in komplexen Regelsystemen. Eine Einführung. Wiesbaden: VS Verlag, S. 125-146.

Benz, A. (2006a): Governance in Mehrebenensystemen. In: Schuppert, G. F. (Hrsg.): Governance-Forschung. Vergewisserung über Stand und Entwicklungslinien. 2. Aufl. Baden Baden: Nomos, S. 95-120.

Benz, A. (2006b): Eigendynamik von Governance in der Verwaltung. In: Bogumil, J./Werner, J./Nullmeier, F. (Hrsg.): Politik und Verwaltung. *Politische Vierteljahresschrift,* Sonderheft 37/2006, S. 29-49.

Benz, A. (2006c): Systemstruktur und Wandel von Governance in der EU. Paper presented in the Conference on Governance and Policy-making in the EU, 2-4 November 2006 Osnabrück, Online unter: http://web.uvic.ca/~jmtrg/Papers_files/PVS-Soheft%202007-2.Fassung.pdf [zuletzt 20. 10. 09].

Benz, A./Lütz, S./Schimank, U./Simonis, G. (Hrsg.) (2007a): Handbuch Governance. Theoretische Grundlagen und Empirische Anwendungsfelder. Wiesbaden: VS Verlag.

Benz, A./Lütz, S./Schimank, U./Simonis, G. (2007b): Einleitung. In: Dies. (Hrsg.): Handbuch Governance. Theoretische Grundlagen und Empirische Anwendungsfelder. Wiesbaden: VS Verlag, S. 9-25.

Berg, C. (1973): Die Okkupation der Schule. Eine Studie zur Aufhellung gegenwärtiger Schulprobleme an der Volksschule Preußens (1872-1900). Heidelberg: Quelle & Meyer.

Berg, C. (1980): Staat und Schule oder Staatsschule? Stellungnahmen von Pädagogen und Schulpolitikern zu einem unerledigten Problem, 1787-1889. Königstein/Ts.: Athenäum.

Berger, P. L./Luckmann, G. M. (2001 [1966]): Die Gesellschaftliche Konstruktion der Wirklichkeit. Frankfurt/M.: Fischer.

Berliner, D. C. (2002): Education Research: The Hardest Science of All. In: *Educational Researcher*, Vol. 38, Nr. 1, S. 18-20.

Berliner, D. C./Biddle, B. J. (1995): The Manufactured Crisis. Myths, Fraud, and the Attack on America's Public Schools. Reading, MA. u.a.: Addison-Wesley Publishing Company, S. 1-12, 341-342.

Bernauer, T./Ruloff, D. (1999): Handel und Umwelt: Zur Frage der Kompatibilität internationaler Regime. Opladen u.a.: Westdt. Verl.

Bertelsmann Stiftung (2008): Volkswirtschaftlicher Nutzen von frühkindlicher Bildung in Deutschland Eine ökonomische Bewertung langfristiger Bildungseffekte bei Krippenkindern. Online unter: http://www.bertelsmann-stiftung.de/bst/de/media/xcms_bst_dms_23966_23968_2.pdf [zuletzt 29. 04. 09].

Bertrams, K. (2007): From Managerial to Entrepreneurial: Universities and the Appropriation of Corporate-based Paradigms. An historical Perspective from Europe and the United States. In: Krücken, G./Kosmützky, A./Torka, M. (Hrsg.): Towards a Multiversity? Universities between Global Trends and National Traditions. Bielefeld: transcript, S. 179-200.

Beyer, J. (2006): Pfadabhängigkeit: Über institutionelle Kontinuität, anfällige Stabilität und fundamentalen Wandel. Frankfurt/M. u.a.: Campus.

Bizeul, Y. (2005): Politische Mythen im Zeitalter der Globalisierung. In: Knabel, K./Rieger, D./Wodianka, S. (Hrsg.): Nationale Mythen – Kollektive Symbole. Funktionen, Konstruktionen und Medien der Erinnerung. Göttingen: Vandenhoeck & Ruprecht, S. 17-36.

Blankertz, H. (1971): Pädagogik unter Wissenschaftstheoretischer Kritik. In: Oppolzer, S. (Hrsg.): Erziehungswissenschaft 1971. Zwischen Herkunft und Zukunft der Gesellschaft. Festschrift für Ernst Lichtenstein. Wuppertal: Henn, S. 20-33.

Blankertz, H. (1982): Die Geschichte der Pädagogik. Von der Aufklärung bis zur Gegenwart. Wetzlar: Büchse der Pandora.

BLK (Bund-Länder-Kommission für Bildungsplanung) (1974): Bildungsgesamtplan. Bd. 1. Stuttgart: Klett.

Blossfeld, H.-P./Raab, M./Ruland, M./Schönberger, B./Hofäcker, D./Buchholz, S./Schmelzer, P. (2008): GlobalIndex. A Sociological Approach to Globalization Measurement. In: *International Sociology*, Vol. 23, S. 596-629.

Blossfeld, H.-P./Shavit, Y. (Hrsg.) (1993a): Persistent Inequality - Changing Educational Attainment in Thirteen Countries. Boulder: Westview Press.

Blossfeld, H.-P./Shavit, Y. (1993b): Dauerhafte Ungleichheiten. In: *Zeitschrift für Pädagogik*, 30. Jg., H. 1, S. 25-52.

BMBF (Bundesministerium für Bildung und Forschung) (Hrsg.) (2003): Expertise Zur Entwicklung nationaler Bildungsstandards. Berlin: BMBF.

Bodenhöfer, H.-J./Riedel, m. (1998): Bildung und Wirtschaftswachstum. In: Von Weizsäcker, R. K. (Hrsg.): Bildung und Wirtschaftswachstum. Berlin: Duncker & Humblot, S. 11-47.

Bogner, A/Torgensen, H. (Hrsg.) (2005): Wozu Experten? Ambivalenzen der Beziehung von Wissenschaft und Politik. Wiesbaden: VS Verlag.

Boli, J./Ramirez, F. O. (1992): Compulsory Schooling in the Western Cultural Context: Essence and Variation. In: Arnove, R./Altbach, p. (Hrsg.): Emergent Issues in Education: Comparative Perspectives. Westport CT: Greenwood, S. 65-92.

Boli, J./Thomas, G. M. (Hrsg.) (1999): Constructing World Culture: International Nongovernmental Organizations Since 1875. Stanford: Stanford UP.

Boli, J./Lechner, F. J. (2001): Globalization and World Culture. In: Smelser, N. J./ Baltes, P. B. (Hrsg.): International Encyclopedia of the Social and Behavioral Sciences. Bd. 9. Amsterdam u.a.: Elsevier, S. 6261-6266.

Boli, J./Ramirez, F. O./Meyer, J. W. (1985): Explaining the Origins and Expansion of Mass Education. In: *Comparative Education Review*, Vol. 29., S. 145-170.

Boli-Bennett, J. (1979): The Ideology of Expanding State Authority in National Constitutions, 1870-1970. In: Meyer, J. W./Hannan, M. T. (Hrsg.): National Development and the World System. Chicago: University of Chicago Press, S. 222-237.

Boli-Bennett, J./ Meyer, J. W. (1978): Ideology of the State and Childhood. In: *American Sociological Review*, Vol. 43, S. 797-812.

Börzel, T. A./Risse, T. (2002): Die Wirkung Internationaler Institutionen. Von der Normerkennung zur Normeinhaltung. In: Jachtenfuchs, M./Knodt, M. (Hrsg.): Regieren in Internationalen Institutionen. Opladen: Leske+Budrich, S. 141-181.

Böttcher, W. (2002): Kann eine ökonomische Schule auch eine pädagogische sein? Schulentwicklung zwischen Neuer Steuerung, Organisation, Leistungsevaluation und Bildung. Weinheim/München: Juventa.

Böttcher, W. (2005): Pädagogik in Organisationen – Potenziale eines ökonomischen Programms der Bildungsreform. In: Göhlich, M./Hopf, C./Sausele, I. (Hrsg.): Pädagogische Organisationsforschung. Wiesbaden: VS Verlag, S. 217-231.

Böttcher, W. (2006): Bildungsstandards und Evaluation im Paradigma der Outputsteuerung. In: Böttcher, W./Holtappels, H. G./Brohm, M. (Hrsg.): Evaluation im Bildungswesen. Eine Einführung in Grundlagen und Praxisbeispiele. Weinheim/München: Juventa, S. 39-49.

Böttcher, W./Bos, W./Döbert, H./Holtappels, H.-G. (Hrsg.) (2008): Bildungsmonitoring und Bildungscontrolling in Nationaler und Internationaler Perspektive. Münster u.a.: Waxmann.

Böttcher, W./Dicke, J. N./Ziegler, H. (Hrsg.) (2009): Evidenzbasierte Bildung. Wirkungsevaluation in Bildungspolitik und pädagogischer Praxis. Münster u.a.: Waxmann.

Bourdieu, P./Wacquant, L. (1992): An Invitation to Reflexive Sociology. Chicago: Univ. of Chicago Press.

Bowles, S./Gintis, H. (1976): Schooling in Capitalist America: Educational Reform and the Contradictions of Economic Life. New York : Basic Books.

Brinton, M./Nee, V. (Hrsg.) (1998): The New Institutionalism in Sociology. New York: Sage.

Bröckling, U. (2007): Das Unternehmerische Selbst. Soziologie einer Subjektivierungsform. Frankfurt/M.: Suhrkamp.

Bröckling, U./Krasmann, S./Lemke, T. (Hrsg.) (2000): Gouvernementalität der Gegenwart. Studien zur Ökonomisierung der Gegenwart. Frankfurt/M.: Suhrkamp.

Brown, P. (2000): The Globalisation of Positional Competition? In: *Sociology*, Vol. 34, Nr. 4, S. 633-653.

Brown, P./Lauder, H. (1997): Education, Globalization, and Economics. In: Halsey, A. H./Lauder, H./Brown, P./Wells, A. S. (Hrsg.): Education: Culture, Economy and Society. Oxford: Oxford UP, S. 172-192.

Brown, P./Lauder, H. (Hrsg.) (1992): Education for Economic Survival. From Fordism to Post-Fordism? London/New York: Routledge.

Brühl, T./Rittberger, V. (2001): From international to Global Governance: Actors, Collective Decision-making, and the United Nations in the World of the Twenty-first Century. In: Rittberger, V. (Hrsg.): Global Governance and the United Nations System. Tokyo u.a.: UNUP, S. 1-47.

Brüsemeister, T. (2007a): Disziplinäre Sichtweisen auf Governance. In: Kussau, J./Brüsemeister, T. (Hrsg.): Governance, Schule und Politik. Zwischen Antagonismus und Kooperation. Wiesbaden: VS Verlag, S. 23-61.

Büeler, X. (2007): School Governance – Die Fallstudie Luzern. In: Altrichter, H./Brüsemeister, T./Wissinger, J. (Hrsg. (2007): Educational Governance. Handlungskoordination und Steuerung im Bildungssystem. Wiesbaden: VS Verlag, S. 131-155.

Burbules, N. C./Torres, C. A. (2000): Globalization and Education: An Introduction In: Dies. (Hrsg.): Globalization and Education: Critical Perspectives. New York u.a.: Routledge, S. 1-26.

Burde, D. (2004): International NGOs and Best Practices: the Art of Educational Lending. In: Steiner-Khamsi, G. (Hrsg.): The Global Politics of Educational Borrowing and Lending. New York: Teachers' College Press, S. 173-187.

Büschges, G. (1985): Soziale Bedingungen – Individuelles Handeln – Soziale Konsequenzen. Frankfurt/M. u.a.: Lang.

Campbell, J. E./Pedersen, O. K. (Hrsg.) (2001): The Rise of Neoliberalism in Institutional Analysis. Princeton/Oxford: Princeton UP.

Carnoy, M. (1974): Education as Cultural Imperialism. New York/London: Longman.

Carnoy, M. (2000): Volkswirtschaftliche Strukturanpassungen. Das Veränderte Erscheinungsbild des Bildungswesens im internationalen Vergleich. In: Radtke, F.-O./Weiß, M. (Hrsg.) (2000): Schulautonomie, Wohlfahrtstaat, und Chancengleichheit. Ein Studienbuch. Opladen: Leske+Budrich, S. 66-94.

Carnoy, M./Levin, H. (1985): Schooling and Work in the Democratic State. Stanford: Stanford UP.

Carrier, M. (2007): Wissenschaft im Dienst am Kunden: Zum Verhältnis von Verwertungsdruck und Erkenntniserfolg. In: Falkenburg, B. (Hrsg.): Natur – Technik – Kultur. Philosophie im interdisziplinären Dialog. Paderborn: Mentis, S. 15-55.

Carrier, M. (2008): Wissenschaft im Griff von Wirtschaft und Politik? Kommerzialisierung, Politisierung und Erkenntnisanspruch. In: Schavan, A. (Hrsg.): Keine Wissenschaft für Sich. Essays zur gesellschaftlichen Relevanz von Forschung. Hanburg: Körber-Stiftung, S. 92-104.

Caruso, M. (2003): Biopolitik im Klassenzimmer. Zur Ordnung der Führungspraktiken in den Bayerischen Volksschulen (1869-1918). Weinheim u.a.: Deutscher Studienverlag.

Caruso, M. (2009): Experimentierfeld einer neuen Regierbarkeit. Die Einführung von Bildungsgutscheinen in Chile und der Aufstieg von Bildungsexperten. In: *Zeitschrift für Pädagogik*, 55. Jg, H. 1, S. 97-112.

Chabbott, C. (2003): Constructing Education for Development. New York/London: Routledge-Falmer.

Chabbott, C./Ramirez, F. O. (2000): Development and Education. In: Hallinan, M. (Hrsg.): Handbook of the Sociology of Education. New York: Kluwer Academic/Plenum Publications, S. 163–187.

Charlot, B. (2007). Education and Globalisation: An Attempt to Bring Order to the Debate. In: *Sisifo/Educational Science Journal*, Vol. 4, S. 127-134.

Checkel, J. T. (1998): The Constructivist Turn in International Relations Theory. In: *World Politics*, Vol. 50, 2, S. 324-348.

Chen, D.H. C./Dahlman, C. J. (2006): The Knowledge Economy, The KAM Methodology And World Bank Operations. Washington, D. C.: World Bank Group.

Chhotray, V./ Stoker, G. (2009): Introduction: Governance Theory and Practice. A Cross-Disciplinary Approach. Basingstoke u.a.: Palgrave Macmillan, S. 1-15.

Chossudovsky, M. (1999): A Globalização da Pobreza. Impactos das Reformas fo FMI e do Banco Mundial. São Paulo: Moderna. [Originaltitel: The globalisation of Poverty: Impacts of IMF and World Bank Reforms, 1997].

Chubb, J. E./Moe, T. M. (1990): Politics, Markets and America's Schools. Washington, D. C.: Brookings Institution.

CICE (Current Issues in Comparative Education) (1998): Are NGOs Overrated? In: CICE, Vol. 1, Nr. 1.

CICE (Current Issues in Comparative Education) (2008): Are NGOs Overrated? Ten Year Anniversary Double Issue. In: CICE, 2008, Vol. 10, Nr. 1-2

Clark, B. R. (1962): Educating the Expert Society. San Francisco: Chandler.

Cole, M. (Hrsg.) (1988): Bowles and Gintis Revisited: Correspondence and Contradiction in Educational Theory. London/New York: Falmer Press.

Collins, R. (1979): The Credential Society: A Historical Sociology of Education and Stratification. New York: Academic Press.

Conzelmann, T. (2004): Hauen und Stechen oder Vertrauen und Sprechen? Interessen und Ideen in internationalen Verhandlungssystemen. In: Pappi, F. U./Riedel, E./Thurner, P.W./Vaubel, R. (Hrsg.): Die Institutionalisierung internationaler Verhandlungen. Frankfurt/M. u.a.: Campus, S. 69-89.

Conzelmann, T. (2006): Neofunktionalismus. In: Schieder, S./Spindler, M. (Hrsg.): Theorien der Internationalen Beziehungen. 2. Aufl. Opladen/Farmington Hills: Verlag Barbara Budrich, S. 145-174.

Coombs, P. H. (1969): Die Weltbildungskrise. Stuttgart: Klett.

Cortell, A./Peterson, S. (2002): Principal Control or Principal Agent Autonomy? States and the Delegation of Authority to International Organizations. Paper presented at the annual meeting of the American Political Science Association, Boston Marriott Copley Place, Sheraton Boston & Hynes Convention Center, Boston, Massachusetts, Aug. 28, 2002. Online unter: http://www.allacademic.com/meta/p65549_index.html [zuletzt 17.09.09].

Cossa, J. A. (2008): Power, Politics, and Higher Education in Southern Africa. International Regimes, Local Governments and Educational Authonomy. Amerst/New York: Cambria Press.

Cousin, V. (1932 [1832, 1833, 1837]): Bericht des Herrn M. V. Cousin ... über den Zustand des öffentlichen Unterrichts in einigen Ländern Deutschlands, und besonders in Preußen als Beytrag zur Kenntniß d. dt. u. franz. Unterrichtswesens aus d. Franz. übers., u. mit Anm. begleitet von J. C. Kröger). 3 Bde. Altona: Hammerich.

Cowen, R. (2002) Sketches of a Future: Renegotiating the Unit Ideas of Comparative Education. In: Caruso, M./Tenorth, H.-E. (Hrsg.): Internationalisation: Comparing Educational Systems and Semantics. Berlin: Peter Lang, S. 271-283.

Cox, R. (1997): Democracy in Hard Times: Economic Globalization and the Limits to Liberal Democracy. In: McGrew, A. (Hrsg.): The Transformation of Democracy? Cambridge u.a.: Polity Press/Open University, S. 49-72.

Crouch, C. (2008): Postdemokratie. Frankfurt/M.: Suhrkamp.

Cubberley, E. P. (1947): Public Education in the United States. A Study and Interpretation of American Educational History. Rev. and enlarged Ed. Boston u.a.: Houghton Mifflin.

Dahrendorf, R. (1968): Bildung ist Bürgerrecht. Plädoyer für eine aktive Bildungspolitik. Hamburg: Wegner.

Dahrendorf, R. (1972): Von der Industriegesellschaft zur Bildungsgesellschaft. Soll Deutschland wieder Hinterherhinken? In: Schorb, A,. O. (Hrsg.): Bildungsplanung und Bildungspolitik. Frankfurt/M.: Akad. Verlagsgesellschaft, S. 69-81.

Dale, R. (1989): The State and Education Policy. Milton Keynes u.a.: Open University Press.

Dale, R. (1997): The State and the Governance of Education: An Analysis of the Restructuring of the State-Education Relationship. In: Halsey, A. H./Lauder, H./Brown, P./Wells, A. S. (Hrsg.): Education: Culture, Economy and Society. Oxford: Oxford UP, S. 273-282.

Dale, R. (1999): Specifying Globalization Effects on National Policy: A Focus on Mechanisms. In: *Journal of Education Policy*, Vol. 14 (1), S. 1-17.

Dale, R. (2003): Globalization: A New World for Comparative Education? In: Schriewer, J. (Hrsg.): Discourse Formation in Comparative Education. Frankfurt/M. u.a.: Lang, S. 87-109.

Dale, R./Robertson, S. (2002): The Varying Effects of Regional Organisations as Subjects of Globalisation of Education. In: *Comparative Education Review*, Vol. 46, Nr. 1, S. 10-36.

Dale, R./Robertson, S. (2003): Editorial. Introduction. In: *Globalisation, Societies and Education*, Vol. 1, Nr. 1, S. 3-11.

Daun, H. (2005): Globalisation and the Governance of National Education Systems. In: Zajda, J. (Hrsg.): International Handbook on Globalisation, Education and Policy Research. Dordrecht: Springer, S. 93-107.

de Boer, H. F./Enders, J./Schimank, U. (2008): Comparing Higher Education Governance Systems in Four European Countries. In: Soguel, N. C./Jaccard, P. (Hrsg.) (2008): Governance and Performance of Education Systems. Dordrecht: Springer, S. 35-54.

de Sernaclens, P. (1993): Regime Theory and the Study of International Organizations. In: *International Social Science Journal*, vol. 45, 4, S. 453-462.

de Swaan, A. (1993): Der Sorgende Staat. Wohlfahrt, Gesundheit und Bildung in Europa und den USA der Neuzeit. Frankfurt/M./New York: Campus.

Deacon, B. (2007): Global Social Policy & Governance. London u.a.: Sage.

Deggerich, M. (2002): Statistik-Guru hält die Studie für Pfusch. In: Spiegel Online, Online unter: http://www.spiegel.de/schulspiegel/0,1518,203102,00.html [zuletzt 19.10.09]

Delors, J. (1996): Lernfähigkeit: Unser verborgener Reichtum. Deutsche UNESCO-Kommission (Hrsg.). UNESCO-Bericht zur Bildung für das 21. Jahrhundert. Neuwied: Luchterhand.

Demmer, M. (2000): Risiken und Nebenwirkungen von Schulleistungsvergleichen. Argumente gegen die Testeuphorie. In: *Pädagogik*, Jg. 52, Nr. 12, S. 32-35.

Deutscher Bundestag (1949): Grundgesetz der Bundesrepublik Deutschland, Online unter: http://www.bundestag.de/dokumente/rechtsgrundlagen/grundgesetz/index.html [12.10.09].

DFG (Deutsche Forschungsgemeinschaft) (2001): Stellungnahme zur strukturellen Stärkung der empirischen Bildungsforschung. Online unter: http://www.dfg.de/aktuelles_presse/reden_stellungnahmen/download/empirische_bildungsforschung_st.pdf [zuletzt 20.10.09].

Die Gruppe von Lissabon (1997): Grenzen des Wettbewerbs: die Globalisierung der Wirtschaft und die Zukunft der Menschheit. München: Luchterhand.

Diehl, P. F. (Hrsg.) (2001): The Politics of Governance: International Organizations in an interdependent World. 2. Aufl. Boulder, CO/London: Lynne Rienner.

DiMaggio, P. J./Powell, W. W. (1983): The Iron Cage Revisited: Institutional Isomorphism and Collective Rationality in Organizational Fields. In: *American Sociological Review*, Vol. 48, S. 147-160.

DIPF (Deutsches Institut für Internationale Pädagogische Forschung) (Hrsg.) (2007): Conference Volume. Knowledge for action – Research Strategies for an Evidence-Based Education Policy. Symposium during Germany's EU Presidency 28 – 30 March 2007 in Frankfurt/Main. Online unter: http://ice.dipf.de/de/pdf/tagungsdokumentation [zuletzt 20.10.09].

Ditton, H. (2008): Schule und sozial-regionale Ungleichheit In: Helsper, W./Böhme, J. (Hsrg.): Handbuch der Schulforschung. 2. durchges. Aufl. Wiesbaden: VS Verlag, S. 631-649.

Djelic, M.-L. (2006): Marketization: From Intellectual Agenda to Global Policy-Making. In: Djelic, M.L./Sahlin-Andersson, K. (Hrsg..): Transnational Governance: Institutional Dynamics of Regulation. Cambridge: Cambridge UP, S. 53-73.

Djelic, M.L./Sahlin-Andersson, K. (Hrsg.) (2006): Transnational Governance: Institutional Dynamics of Regulation. Cambridge: Cambridge UP.

Dobbins, M. (2008): Comparing Higher Education Policies in Central and Eastern Europe: To Converge or not to Converge? Unveröffentlichte Dissertation am Fachbereich für Politik- und Verwaltungswissenschafte, Universität Konstanz 2008.

Döbert, H. (Hrsg.) (2003): Bildung vor neuen Herausforderungen. Historische Bezüge – Rechtliche Aspekte – Steuerungsfragen – Internationale Perspektiven. Hermann Avenarius zum 65. Geburtstag gewidmet. Neuwied: Luchterhand.

Döbert, H./Klieme, E. (2009): Indikatorengestützte Bildungsberichterstattung. In: Tippelt, R./Schmidt, B. (Hrsg.): Handbuch Bildungsforschung. . überarb. u. erw. Auf. Wiesbaden: VS Verlag., S. 317-336.

Dolowitz, D. P./Marsh, D. (1996): Who Learns What from Whom? A Review of the Policy Transfer Literature. In: *Political Studies*, Vol. 44, S. 43-357.

Dolowitz, D. P./Marsh, D. (2000): Learning from Abroad: The Role of Policy Transfer in Comtemporary Policy-Making. In: *Governance*, Vol. 13, Nr. 1, S. 5-24.

Drewek, P./Tenorth, H.-E. (2001): Das Deutsche Bildungswesen im 19. und 20. Jahrhundert. Systemdynamik und Systemreflexion. In: Apel, H. J./Kemnitz, H./Sandfuchs, U. (Hrsg.): Das

Öffentliche Bildungswesen. Historische Entwicklung, gesellschaftliche Funktionen, pädagogischer Streit. Bad Heilbrunn/OBB: Klinkhardt, S. 49-83.

Drezner, D. W. (2001): Globalization and Policy Convergence. In: *The International Studies Review*, Vol. 3, S. 53-78.

Drezner, D. W. (2005): Globalization, Harmonization, and Competition: The Different Pathways of Policy Convergence. In: *European Journal of Public Policy*, Vol. 12, Nr. 5, S. 841-859.

Driscoll, D. (2007): Discussion: How Research Is Used—NCLB and School Choice. In: The Politics of Knowledge. Why Research Does (or Does Not) Influence Education Policy. American Enterprise Institute, Washington, D. C. Conference May 21, 2007. Online unter: http://www.aei.org/EMStaticPage/1455?page=Summary [zuletzt 29.12.09].

Drori, G. S. (2006): Governed by Governance: The New Prism for Organizational Change. In: Drori, G. S./Meyer, J. W./Hwang, H. (Hrsg.): Globalization and Organization: World Society and Organizational Change. Oxford: Oxford UP, S. 91-118.

Drori, G. S./Meyer, J. W.(2006): Scientization: Making a World Safe for Organizing. In: Djelic, M.-L./Sahlin-Andersson, K. (Hrsg.): Transnational Governance. Institutional Dynamics of Regulation. Cambridge u.a.: Cambridge UP, S. 31-52.

Drori, G. S./Meyer, J. W./Ramirez, F. O./Schofer, E. (2003): Science in the Modern World-Polity. Institutionalization and Globalization. Stanford: Stanford UP.

Drori, G. S./Meyer, J. W./Hwang, H. (Hrsg.) (2006): Globalization and Organization: World Society and Organizational Change. Oxford: Oxford UP.

Drori, G. S./Meyer, J. W./Hwang, H. (2006a): Introduction. Globalization and Organization: World Society and Organizational Change. Oxford: Oxford UP, S. 1-22.

Drori, G. S./ Jang, Y. S./Meyer, J. W. (2006): Sources of Rationalized Governance: Cross-national Longitudinal Analyses, 1985-2002. In: *Administrative Science Quarterly*, Vol. 51, S. 205-229.

Duru-Bellat, M. (2006): L'Inflation Scolaire. Les Désillusions de la Méritocratie. Paris : Éditions du Seuil/La République des Idées.

Durkheim, É. (1977): Die Entwicklung der Pädagogik: zur Geschichte u. Soziologie d. gelehrten Unterrichts in Frankreich. Weinheim/Basel: Beltz

Dye, T. R. (1972): Understanding Public Policy. Englewood Cliffs: Prentice-Hall.

Edding, F. (1963): Ökonomie des Bildungswesens. Lehren und Lernen als Haushalt und als Investition. Freiburg: Rombach.

Edwards. M. (2004): Civil Society. London: Polity Press.

Edwards, M./Hulme, D. (1996): Too Close for Comfort? The Impact of Official Aid on Nongovernmental Organizations. In: World Development, Vol. 24, Nr. 6, S. 961-973.

Efinger, M./Rittberger, V./Zürn, M. (1988) Internationale Regime in den Ost-West-Beziehungen. Frankfurt/M.: Haag & Herchen.

Elacqua, G. (2009): For-Profit Schooling and the Politics of Education Reform in Chile: When Ideology Trumps Evidence. Working paper CPCE Nr.5, Online unter: http://www.cpce.cl/en/publicaciones/documentos-de-trabajo/72-5-for-profit-schooling-and-the-politics-of-education-reform-in-chile-when-ideology-trumps-evidence [zuletzt 02.02.10].

Ertl, H. (2006b): Educational Standards and the Changing Discourse on Education: The Reception and Consequences of the PISA Study in Germany. In: *Oxford Review of Education*, Vol. 32, Nr. 5, S. 619-634.

Ertl, H. (Hrsg.) (2006a): Cross-National Attraction in Education: Accounts from England and Germany. Oxford: Symposium Books.

Esping-Andersen, G. (1997): The Three Worlds of Welfare Capitalism. Cambridge: Polity Press.

Etzkowitz, H./Webster, A./Healey, P. (Hrsg.) (1998): Capitalizing Knowledge. New Intersections of Industry and Academia. New York: SUNY Press.

Europäische Kommission (1995): Weißbuch zur allgemeinen und beruflichen Bildung. "Lehren und Lernen. Auf dem Weg zur kognitiven Gesellschaft. Luxemburg: EK.

European Roundtable of Industrialists (1997): Investing in Knowledge. The Integration of Technology in Europe. Online unter: http://www.ert.be/doc/0114.pdf [zuletzt 19.06.09].

Evans, P. (1997): The Eclipse of the State? Reflections on Stateness in an Era of Globalization. In: *World Politics*, Vol. 50, Nr. 1, S. 62-87.

Faust, J./Lauth, H.-J. (2003): Politikfeldanalyse. In: Mols, M./Lauth, H.-J./Wagner, C. (Hrsg.): Politikwissenschaft: Eine Einführung. 4. aktual. und erw. Auflage. Paderborn u.a.: F. Schöningh, S. 289-314.

Featherstone, M. (Hrsg.) (1990): Global Culture. Nationalism, Globalization and Modernity. London: Sage.

Featherstone, M./Lash, S./Robertson, R. (Htsg.) (1995): Global Modernities. London u.a.: Sage.

Federkeil, G. (2002): Some Aspects of Ranking Methodology – The CHE-Ranking of German Universities. In: *Higher Education in Europe*, Vol. 27, Nr. 2, S. 389-397.

Feldmann, K. (2005): PISA. Wichtige Ergebnisse und Kritik. In: Ders.: Erziehungswissenschaft im Aufbruch. Eine Einführung. Wiesbaden: VS Verlag.

Feldweber, M./Saforcada, F./Jaimovich, A. (2005): La Educacíon en las Cumbres de las Américas. Su impacto en la Democratizacíon de los Sistemas Educativos. Buenos Aires: Fundacíon Laboratorios de Políticas Públicas.

Fend, H. (1980): Theorie der Schule. München: Urban und Schwarzenberg.

Fend, H. (2008): Die Bedeutung von Bildungsstandards im Kontext von Educational Governance. In: *Zeitschrift zu Theorie und Praxis der Aus- und Weiterbildung von Lehrerinnen und Lehrern*, 26. Jg., H. 3, S. 292-303.

FES (Friedrich-Ebert-Stiftung) 1999: Politik-Dossier Standortdebatte. Red. Alfred Pfaller, Online unter: http://library.fes.de/fulltext/stabsabteilung/00519toc.htm [zuletzt 11. 02. 09].

Feuer, M. J. (2005): Moderating the Debate. Rationality and the Promise of American Education. Cambridge, MA: Harvard EP.

Feuer, M. J./Towne, L./Shavelson, R. J. (2005): Scientific Culture and Educational Research. In: *Zeitschrift für Erziehungswissenschaft*, Beiheft 4-05, S. 25-44.

Fiala, R./Lanford, A. G. (1987): Educational Ideology and the World Educational Revolution, 1950-1970. In: *Comparative Education Review*, Vol. 31, Nr. 3, S. 315-332.

Fichte, J. G. (1978 [1808]): Reden an die Deutsche Nation. 5., durchges. Aufl. nach d. Erstdr. von 1808, mit neuer Einleitung von Reinhard Lauth. Hamburg: F. Meiner.

Field, J. (2008): Global Trends in University Governance. World Bank Education Working Paper Series, Nr. 9. Washington, D.C.: World Bank.

Finnemore, M. (1993): International Organizations as Teachers of Norms: The United Nations Educational, Scientific, and Cultural Organization and Science Policy. In: *International Organization*, Vol. 47, Nr. 4, S. 565-597.

Finnemore, M. (1996): National Interests in International Society. Ithaca/London: Cornell UP.

Finnemore, M./Sikkink, K. (1998): International Norm Dynamicy and Political Change. In: *International Organization*, Vol. 52, Nr. 4, S. 887-917.

Flitner, E. (2006): Pädagogische Wertschöpfung. Zur Rationalisierung von Schulsystemen durch Public-Private-Partnerships am Beispiel von PISA. In: Oelkers, J./Casale, R./Horlacher, R./Klee, S. L. (Hrsg.): Rationalisierung und Bildung bei Max Weber. Beiträge zur Historischen Bildungsforschung. Bad Heilbrun: Klinkhardt, S. 245-266.

Foucault, M. (1994): Überwachen und Strafen. Die Geburt des Gefängnisses. Frankfurt/M.: Suhrkamp.

Frank, D. J./Gabler, J. (2006): Reconstructing the University. Worldwide Shifts in Academia in the 20th Century. Stanford, CA: Stanford UP.

Frantz, C./Martens, K. (2006): Nichtregierungsorganisationen (NGOs). Wiesbaden: VS Verlag.

Fraser, S. (1964): Jullien's Plan for Comparative Education, 1816-1817. New York: Teachers College.

Friedman, M. (1984): Kapitalismus und Freiheit. Frankfurt/M./Berlin: Ullstein.

Fritz, T./Scherrer, C. (2002): GATS 2000. Handelspolitische Weichenstellung für die Bildung. In: *Widersprüche*, Heft 83, Jg. 22, S. 23-35.

Froese, L. (Hrsg.) (1969): Bildungspolitik und Bildungsreform. München: W. Goldmann Verlag.

Fuchs, E. (2007a): Internationale Organisationen und Internationale Kommunikation. In: Tenorth, H.-E./Tippelt, R. (Hrsg.): Beltz-Lexikon Pädagogik. Weinheim u.a.: Beltz, S. 352-355.

Fuchs, E. (2007b): Internationale Nichtregierungsorganisationen als Global Players. In: *Zeitschrift für Pädagogik*, 53. Jg., H. 2, S. 149-165.

Fuchs, H.-W./Reuter, L. R. (2000): Bildungspolitik in Deutschland. Entwicklungen, Probleme, Reformbedarf. Opladen: Leske+Budrich.

Führ, C./Furck, C. L. (Hrsg.) (1998): Handbuch der Deutschen Bildungsgeschichte: Bd. VI, 1945 bis zur Gegenwart. Zweiter Teilband: Deutsche Demokratische Republik und neue Bundesländer. München: Beck.

Fuhrmann, M. (2002): Bildung. Europas Kulturelle Identität. Stuttgart: Reclam.

Fuhrmann, M. (2004): Der Europäische Bildungskanon. Erw. Neuausgabe. Frankfurt/M.: Insel Verlag.

Fukuyama, F. (1992): Das Ende der Geschichte: Wo stehen wir? München: Kindler.

Fusarelli, L. D./Johnson, B. (2004): Educational Governance and the New Public Management. In: *Public Administration and Management: An Interactive Journal*, Vol. 9, Nr. 2, S. 118-127.

Geißler, R. (2002): Die Sozialstruktur Deutschlands. Bonn: BPB.

Genschell, P./Uhl, S. (2006): Der Steuerstaat und die Globalisierung. In: In: Leibfried, S./Zürn, M. (Hrsg.): Transformationen des Staates? Frankfurt.M.: Suhrkamp, S. 92-119.

George, A./Bennett, A. (2005): Case Studies and Theory Development in the Social Sciences. Cambridge, Mass./London: MIT Press.

Gibbons, M./Nowotny, H./Limoges, C. (1994): The New Production of Knowledge: The Dynamics of Science and Research in Contemporary Societies. London et al.: Sage.

Giddens, A. (1995): Konsequenzen der Moderne. Frankfurt/M.: Suhrkamp.

Giddens, A. (1997): Die Konstitution der Gesellschaft. Grundzüge einer Theorie der Strukturierung. 3. Aufl. Frankfurt/M. u.a.: Campus.

Giesselmann, W. (2001): Die Deutsche Universität als Modell für Frankreich – Der Bericht Victor Cousins 1831. In: Kohnle, A./Engenhausen, F. (Hrsg.): Zwischen Wissenschaft und Politik. Studien zur deutschen Universitätsgeschichte. Stuttgart: F. Steiner Verlag, S. 258-272.

Gill, S. (1998): New Constitutionalism, Democratisation and Global Political Economy. In: *Pacifica Review*, Vol. 10, Nr. 1, S. 23-38.

Gill, S. (2003): Power and Resistance in the New World Order. New York: Palgrave.

Gilpin, R. (1981): War and Change in World Politics. Cambridge: Cambridge UP.

Glowka, D. (1971): Konvergenztheorie und Vergleichende Bildungsforschung. In: *Bildung und Erziehung*, Vol. 24, Nr. 6, S. 531-540.

Gogolin, I. (1994): Der Monolinguale Habitus der Multilingualen Schule. Münster u.a.: Waxmann.

Gogolin, I./Pries, L. (2004): Stichwort: Transmigration und Bildung. In: *Zeitschrift für Erziehungswissenschaft*, Heft 1, S. 5-19.

Goldthorpe, J. H. (1996): Class Analysis and the Reorientation of Class Theory: The Case of Persisting Differentials in Educational Attainment: In: *British Journal of Sociology*, Vol. 47, S. 481-505.

Gonon, P. (2003): Erziehung als Management Problem: Bildungsinstitutionen Zwischen Charisma und Taylorismus. In: Mangold, M./Oelkers, J. (Hrsg.): Demokratie, Bildung und Markt. Bern u.a.: Lang, S. 281-301.

Gordon, N. E. (2008): The Changing Federal Role in Education Finance and Governance. In: Ladd, H./Fiske, E. B. (Hrsg.): Handbook of Research in Education Finance and Policy. New York/London: Routledge, S. 295-313.

Görg, C. (2003): Neoliberale Globalisierung und Transformation des Nationalstaats. Rahmenbedingungen für den „Umbau des Sozialstaats". In: Linkznetz, Online: http://www.links-netz.de/K_texte/K_goerg_global.html [Zuletzt 19. 06. 09].

Gornitzka, Å. (2005): Coordinating Policies for a „Europe of Knowledge". Emerging Practices of the "Open method of Coordination in Education and Research. Centre for European Studies, Working Paper Nr. 16, Online unter: http://www.arena.uio.no/publications/working-papers2005/papers/wp05_16.pdf [zuletzt 19.10.09].

Graßl, H. (2008): Ökonomisierung der Bildungsproduktion. Zu einer Theorie des konservativen Bildungsstaats. Baden-Baden: Nomos.

Greve, J./Heintz, B. (2005): Die „Entdeckung" der Weltgesellschaft. Entstehung und Grenzen der Weltgesellschaftstheorie. In: Heintz, B. et al. (Hrsg.): Weltgesellschaft. Theoretische Zugänge und Empirische Problemlagen. Zeitschrift für Soziologie, Sonderheft „Weltgesellschaft". Stuttgart: Lucius & Lucius, S. 89-119.

Groeben, A. von der/Tillmann, K.-J. (2000): Pro und contra Leistungsvergleichsstudien. Eine Kontroverse. In: *Pädagogik*, Jg. 52, Nr. 12, S. 6-9.

Grootings, P. (1994): Von Qualifikation zu Kompetenz: Wovon redden wir eigentlich? In: Europäische Zeitschrift für Berufsbildung (CEDEFOP), Nr. 1, S. 5-8.

Gruschka, A./Heinrich, M./Köck, N./Martin, E./Pollmanns, M./Tiedtke, M. (2003): Innere Sculreform durch Kriseninduktion? Projektdesign und Zwischenbericht. Frankfurt/M.: Goethe Universität.

Guthrie J. W./Pierce, L. C. (1990): The International Economy and National Education Reform: A comparison of education reforms in the United States and Great Britain. In: *Oxford Review of Education*, Vol. 16, Nr. 2, S. 179-205.

Gvirtz, S./Beech, J. (2007): The Internationalization of Education Policy in Latin America. In: Hayden, M./Levy, J./Thompson, J. (Hrsg.): The SAGE Handbook of Research in International Education. Los Angeles u.a.: SAGE, S. 462-475.

Haas, E. B. (1968): Technocracy, Pluralism and the New Europe. In: Nye, J. S. (Hrsg.): International Regionalism: Readings. Boston, MA: Little, Brown & Co, S. 149-176.

Haas, E. B. (1980): Why Collaborate? Issue-Linkage and International Regimes. In: *World Politics,* Vol. 32, S. 357-405.

Haas, P. M. (1989): 'Do Regimes Matter?' Epistemic Communities and Mediterranean Pollution Control. In: *International Organization*, Vol. 43, S. 377-403.

Habermas, J. (1998): Die Postnationale Konstellation. Politische Essays. Frankfurt/M.: Suhrkamp.

Hadjar, A./Becker, R. (2006): Bildungsexpansion – Erwartete und Unerwartete Folgen. In: Dies. (Hrsg.): Bildungsexpansion – Erwartete und Unerwartete Folgen. Wiesbaden: VS Verlag, S. 11-24.

Haft, H./Hopmann, S. (1988): Differenzierung Staatlicher Lehrplanarbeit. In: Hopmann, S. (Hrsg.): Zugänge zur Geschichte staatlicher Lehrplanarbeit. Kiel: IPN, S. 21-51.

Haggard, S./Simmons, B. A. (1987): Theories of International Regimes. In: *International Organization*, Vol. 41, No. 3, S. 491-517.

Hall, P. A./Taylor, R. C. R. (1996): Political Science and the three New Institutionalisms. In: *Political Studies*, Vol. XLIV, S. 936-957.

Halpin, D./Troyna, B. (1995): The Politics of Education Policy Borrowing. In: *Comparative Education*, Vol. 31, Nr. 3, S. 303-310.

Halsey, A. H./Lauder, H./Brown, P./Wells, A. S. (Hrsg.) (1997): Education: Culture, Economy and Society. Oxford: Oxford UP.

Hans, N. (1958): Comparative Education. A Study of Educational Factors and Traditions. Rev. Ed. London u.a.: Routledge & Kegan Paul Ltd.

Hansen, J. S. (2008): The Role of Nongovernmental Organizations in Financing Public Schools. In: Ladd, H./Fiske, E. B. (Hrsg.): Handbook of Research in Education Finance and Policy. New York/London: Routledge, S. 314-331.

Harris, S. (2007): The Governance of Education. How Neo-liberalism is Transforming Policy and Practice. London: Continuum.

Hartz, S./Schrader, J. (Hrsg.) (2008): Steuerung und Organisation in der Weiterbildung. Bad Heilbrunn: Klinkhardt.

Harvey, D. (1989): The Conditions of Postmodernity. Oxford: Blackwell.

Hasenclever, A./Mayer, P. (2007): Einleitung: Macht und Ohnmacht internationaler Institutionen. In: Hasenclever, A./Wolf, K.-D./Zürn, M. (Hg.): Macht und Ohnmacht internationaler Institutionen. Frankfurt/M./New York: Campus, S. 9-37.

Hasenclever, A./Mayer, P./Rittberger, V. (1997): Theories of International Regimes. Cambridge: Cambridge UP.

Hasenclever, A./Mayer, P./Rittberger, V. (1997a): Regimes as Links between States: Three Theoretical Models. Tübinger Arbeitspapiere zur Internationalen Politik und Friedensforschung Nr. 29. Tübingen: CIR/PCS.

Hasenclever, A./Mayer, P./Rittberger, V. (1997b): Regimes as Links between States: 3 Theoretical Perspectives. Tübingen: Universität Tübingen, Abteilung Internationale Beziehungen/ Friedens- u. Konfliktforschung. (Tübinger Arbeitspapiere zur internationalen Politik und Friedensforschung; 29).

Hasse, R./Krücken, G. (1999): Neo-Institutionalismus. Bielefeld: transcript.

Hasse, R./Krücken, G. (2005): Neo-Institutionalismus. 2. vollständ. überarb. Aufl. Bielefeld: transcript.

Hatcher, R. (2002): Privatisierung und Widerstand im Schulsystem in England. In: *Widersprüche*, Heft 83, Jg. 22, S. 87-100.

Hauff, M. (1993): Falle Nationalstaat: die Fiktion des homogenen Nationalstaates und ihre Auswirkungen auf den Umgang mit Minderheiten in Schule und Erziehungswissenschaft. Münster u.a.: Waxmann.

Heichel, S./Pape, J./Sommerer, T. (2005): Is There Convergence in Convergence Research? An Overview of Empirical Studies on Policy Convergence. In: *European Journal of Public Policy*, Vol. 12, Nr. 5, S. 817-840.

Hein, W. (2004): Auf dem Weg zur globalen Politik: WTO, GATS und nachhaltige Entwicklung. In: Voegeli, W./Hein, W. (Hrsg.): GATS und globale Politik. (Schriftenreihe des Deutschen Übersee-Instituts Hamburg, Bd. 62). Hamburg: Deutsches Übersee-Institut, S. 13-76.

Heinrich, M. (2007): Governance in der Schulentwicklung. Von der Autonomie zur Evaluationsbasierten Steuerung. Wiesbaden: VS Verlag.

Held, D./McGrew, A./Goldblatt, D./Perraton, J. (Hrsg.) (1999): Global Transformations: Politics, Economics and Culture. Cambridge: Polity Press.

Helm, L./Tenorth, H.-E./Horn, K.-P./Keiner, E. (1990): Autonomie und Heteronomie. Erziehungswissenschaft im historischen Prozeß. In: *Zeitschrift für Pädagogik*, Jg. 36, Nr. 1, S. 29-49.

Henig, J. R. (2008): Spin Cycle: How Research is used in Policy Debates: The Case of Charter Schools. New York: Russel SAGE/Century.

Henig, J.R. (2009): Politicization of Evidence. Lessons for an Informed Democracy. In: *Educational Policy*, Vol. 23, Nr. 1, S. 137-160.

Henry, M./Lingard, B./Rizvi, F./Taylor, S. (2001): The OECD, Globalisation and Education Policy. Amsterdam: Pergamon.

Hepp, G. F. (2006): Bildungspolitik als Länderpolitik. In: Schneider, H./Wehling, H.-G. (Hrsg.): Landespolitik in Deutschland: Grundlagen, Strukturen, Arbeitsfelder. Wiesbaden: VS Verlag, S. 240-269.

Hepp, G. F./Weinacht, P.-L. (1996): Schulpolitik als Gegenstand der Sozialwissenschaften oder: Hat die Politikwissenschaft ein Thema verloren? In: Zeitschrift für Politik, Vol. 4, S. 404-433.

Herberg, M. (2008): Globalisierung des Rechts, Öffnung des Staates: Der Staat als Koordinator pluraler Teilrechtsordnungen. In: Hurrelmann, A./Leibfried, S./Martens, K./Mayer, P. (Hrsg.) (2008): Zerfasert der Nationalstaat? Die Internationalisierung politischer Verantwortung. Frankfurt/M.: Campus, S. 113-140.

Héritier, A. (1993): Policy-Analyse. Kritik und Neuorientierung. Opladen: Westdt. Verlag.

Herrlitz, H.-G./Hopf, W./Titze, H. (1984): Institutionalisierung des Öffentlichen Schulsystems. In: Baethge, M./Nevermann, K. (Hrsg.): Organisation, Recht und Ökonomie des Bildungswesens. Enzyklopädie Erziehungswissenschaft, Bd. 5. Stuttgart : Klett-Cotta, S. 55-71.

Herrlitz, H.-G./Hopf, W./Titze, H./Cloer, E. (2009): Deutsche Schulgeschichte von 1800 bis zur Gegenwart. Eine Einführung. 5. aktual. Aufl. Weinhein/München: Juventa.

Herrmann, U. (1993): Erziehungsstaat – Staatserziehung – Nationalbildung. In: *Zeitschrift für Pädagogik*, Jg. 39, H. 4, S. 567-582.

Herzog, R. (1997): Aufbruch in die Bildungspolitik. Rede des Bundespräsidenten am 5. November 1997 in Berlin. In: Rutz, M. (Hrsg.): Aufbruch in die Bildungspolitik. Roman Herzogs Rede und 25 Antworten. München: Golmann, S. 13-33.

Heyneman, S. P. (2005): The History and Problems in the Making of Education Policy at the World Bank, 1960-2000. In: Baker, D. P./Wiseman, A. W. (Hrsg.): Global Trends in Education Policy. Vol. 6 International Perspectives on Education and Society. Amsterdam u.a.: Elsevier, S- 23-58.

Heyneman, S. P./Lykins, C. R. (2008): The Evolution of Comparative and International Education Statistics. In: Ladd, H. F./Fiske, E. B. (Hrsg.): Handbook of Research in Education Finance and Policy. New York/London: Routledge, S. 105-127.

Hirsch, J. (1995): Der nationale Wettbewerbstaat. Berlin/Amsterdam: ID-Archiv.

Höhne, T. (2007): Der Leitbegriff ‚Kompetenz' als Mantra neoliberaler Bildungsreformer. Zur Kritik seiner semantischen Weitläufigkeit und inhaltlichen Kurzatmigkeit. In: Pongratz, L. A./Reichenbach, R./Wimmer, M. (Hrsg.): Bildung - Wissen – Kompetenz. Bielefeld: Janus, S. 30-43.

Holzinger, K./Knill, C. (2005): Causes and Conditions of Cross-national Policy Convergence. In: *Journal of European Public Policy*, Vol. 12, Nr. 5, S. 775-796.

Holzinger, K./Jörgens, H./Knill, C. (Hrsg.) (2007): Transfer, Diffusion und Konvergenz von Politiken. *PVS Politische Vierteljahresschrift*, Sonderheft 38.

Hopkins, T. K./Wallerstein, I. (1979): Gründzüge der Entwicklung des modernen Weltsystems. Entwurf eines Forschungsvorhabens. In: Senghaas, D. (Hrsg.): Kapitalistische Weltökonomie: Kontroversen über ihren Ursprung und ihre Entwicklungsdynamik. Frankfurt/M.: Suhrkamp, S. 151-200.

House, E. R. (2005): Qualitative Evaluation and Changing Social Policy. In: Denzin, N. K./Lincoln, Y. S. (Hrsg.): The SAGE Handbook of Qualitative Research. 3. Aufl. London u.a.: SAGE, S. 1069-1081.

Hüfner, K. (1998): Die Hochschulpolitik der Weltbank in Theorie und Praxis. In: von Weizsäcker, R. (Hrsg.): Deregulierung und Finanzierung des Bildungswesens. Berlin: Duncker & Humbolt, S. 287-306.

Hüfner, K./Meyer, J. W./Naumann, J. (1987): Comparative Education Policy Research: A World Society Perspective. In: Dierkes, M./Weiler, H. N./Antal, A. B. (Hrsg.): Comparative Policy Research. Learning from Experience. Berlin: WZB, S. 188-243.

Humboldt, W. v. ([1792] 1980): Ideen zu einem Versuch, die Gränzen der Wirksamkeit des Staates zu bestimmen. In: Ders.: Werke in fünf Bänden, hrsg. von A. Flitner u. K. Giel, Bd. 1. 3. Aufl. Darmstadt: WBG, S. 56-233.

Huntington, S. P. (1973): Transnational Organizations in World Politics. In: *World Politics*, Vol. 25, 3, S. 333-368.

Hurrelmann, A./Leibfried, S./Martens, K./Mayer, P. (Hrsg.) (2008): Zerfasert der Nationalstaat? Die Internationalisierung politischer Verantwortung. Frankfurt/M.: Campus.

Hurrelmann, A./Leibfried, S./Martens, K./Mayer, P. (2008a): Die Transformationen des Nationalstaates: Ergebnisse und Perspektiven. In: Dies. (Hrsg.): Zerfasert der Nationalstaat? Die Internationalisierung politischer Verantwortung. Frankfurt/M.: Campus, S. 303-322.

Hüttig, C. (1989): Regime in den Internationalen Beziehungen. Zur Fruchtbarkeit des Regime-Ansatzes in der Analyse internationaler Politik. In: Hartwich, H.-H. (Hrsg.): Macht und Ohnmacht politischer Institutionen. Opladen: Westdeutscher Verlag, S. 405-409.

Inkeles, A./Sirowy, L. (1983): Convergent and Divergent Trends in National Educational Systems. In: *Social Forces*, Vol. 62, 2, S. 303-333.

Ioannidou, A. (2007): Comparative Analysis of New Governance Instruments in Transnational Education Space – A Shift to Knowledge-based Instruments? In: *European Educational Research Journal*, Vol. 6, S. 336-347.

Ioannidou, A. (2009): Bildungsmonitoring und Bildungsberichterstattung über Lebenslanges Lernen – International-Vergleichende Untersuchung über die Rezeption des Konzeptes des Lebenslangen Lernens in der Bildungspolitik und seine Implementierung in Modelle des Bildungsmonitoring und der Bildungsberichterstattung. Unveröff. Dissertation Universität Tübingen, Fakultät für Sozial- und Verhaltenswissenschaft.

Jachtenfuchs, M. (2006): Das Gewaltmonopol: Denationalisierung oder Fortbestand? In: Leibfried, S./Zürn, M. (Hrsg.): Transformationen des Staates? Frankfurt/M.: Suhrkamp, S. 69-91.

Jachtenfuchs, M./Kohler-Koch, B. (Hrsg.) (1996): Europäische Integration. Opladen: Leske+Budrich.

Jachtenfuchs, M./Knodt, M. (2002) (Hrsg.): Regieren in internationalen Institutionen. Opladen: Leske+Budrich.

Jacobs, A. (2006): Realismus. In: Schieder, S./Spindler, M. (Hrsg.): Theorien der Internationalen Beziehungen. 2. Aufl. Opladen/Farmington Hills: Verlag Barbara Budrich, S. 39-63.

Jacobson, H. K. (1984): Networks of Interdependence. International Organizations and The Global Political System 2. Aufl. New York: Knopf.

Jahnke, T./Meyerhöfer, W. (Hrsg.) (2006): PISA & Co. Kritik eines Programms. Hildesheim/ Berlin: Franzbecker.

Jakobi, A. (2006): The Worldwide Norm of Lifelong Learning. A Study of Global Policy Development. Unveröff. Dissertation Universität Bielefeld. Fakultät für Soziologie.

Jakobi, A. (2007): Die Bildungspolitik der OECD. Vom Erfolg eines scheinbar machtlosen Akteurs. In: *Zeitschrift für Pädagogik*, Jg. 53, 2, S. 166-181.

Jakobi, A. P./Martens, K. (2007): Diffusion durch Internationale Organisationen. Die Bildungspolitik der OECD. In: Holzinger, K./Jörgens, H./Knill, C. (Hrsg.): Transfer, Diffusion und Konvergenz von Politiken. *PVS Politische Vierteljahresschrift*, Sonderheft 38, S. 247-270.

Jakobi, A./Martens, K./Wolf, K. D. (Hrsg.) (2009): Education in Political Science. Discovering a Neglected Field. London: Routledge.

Jeismann, K.-E. (1987a): Einleitung. Zur Bedeutung der „Bildung" im 19. Jahrhundert. In: Ders./Lundgreen, P. (Hrsg.): Handbuch der deutschen Bildungsgeschichte. Band III 1800-1870. Von der Neuordnung Deutschlands bis zur Gründung des Deutschen Reiches. München: C. H. Beck, S. 1-21.

Jeismann, K.-E. (1987b): Schule, Hochschule. In: Ders./Lundgreen, P. (Hrsg.): Handbuch der deutschen Bildungsgeschichte. Band III 1800-1870. Von der Neuordnung Deutschlands bis zur Gründung des Deutschen Reiches. München: C. H. Beck, S. 105-122.

Jencks, C. et al. (1973): Chancengleichheit. Reinbek bei Hamburg: Rowohlt.

Jepperson, R. L. (2002): The Development and Application of Sociological Neoinstitutionalism. In: Berger, J./Zelditch Jr., M. (Hrsg.): New Directions in Contemporary Sociological Theory. Lanham u.a.: Rowman & Littlefield Publishers Inc, S. 229-266.

Joachim, J./Reinalda, B./Verbeek, B. (Hrsg.) (2008): International Organizations and Implementation. Enforcers, Managers, Authorities? London u.a.: Routledge/ECPR.

Jones, P. W. (1988): International Policies for the Third World Education: UNESCO, Literacy and Development. London: Routledge.

Jones, P. W. (1992): World Bank Financing of Education: Lending, Learning and Development. London/New York: Routledge.

Jones, P. W. (1997): On World Bank Financing of Education. In: *Comparative Education*, Vol. 33, Nr. 1, S. 117-129.

Jones, P. W. (1999): Globalisation and the UNESCO Mandate: Multilateral Prospects for Educational Development. In: International Journal of Educational Development, Vol. 19, S. 17-25.

Jones, P. W. (2004): Taking the Credit: Financing and Policy Linkages in the Education Portfolio of the World Bank. In: Steiner-Khamsi, G. (Hrsg.): The Global Politics of Educational Borrowing and Lending. New York: Teachers' College Press, S. 188-200.

Jones, P./Coleman, D. (2005): The United Nations and Education. Multilateralism, Development and Globalisation. London/New York: RoutledgeFalmer.

Kaestle, C. F./Vinovskis, M. A. (1980): Education and Social Change in nineteenth-century Massachussetts. Cambridge u.a.: CUP.

Ka-Ho, M. (Hrsg.) (2004): Centralization and Decentralization: Educational Reforms and Changing Governance in Chinese Societies. Norwell: Kluwer.

Kallo, J./Rinne, R. (Hrsg.) (2006): Supranational Regimes and National Education Policies – Encountering Challenge. Helsinki: FERA.

Kamens, D. D./McNeely, C. L. (2010): Globalization and the Growth of International Educational Testing and National Assessment. In: *Comparative Education Review*, Vol. 54, Nr. 1, S. 5-25.

Kandel, I. L. (1933): Comparative Education. Cambridge, MA: The Riverside Press.

Kant, I. ([1784] 1983): Beantwortung der Frage: Was ist Aufklärung. In: Ders.: Werke in 10 Bänden, hrsg. von Wilhelm Weischedel. Bd. 9. 5. Aufl. Darmstadt: WBG. S. 53-61.

Karns, M. P./Mingst, K. A. (2004): International Organizations. The Politics and Processes of Global Governance. London u.a.: Lynne Rienner Publishers.

Katz, M. B. (1973): Class, Bureaucracy, and Schools: The Illusion of Educational Change in America. New York u.a.: Praeger Publ.

Katz, M. B. (1975): The People of Hamilton, Canada West: Family and Class in a mid-nineteenth-century City. Cambridge, Mass.: Harvard Univ. Pr.

Katz, M. B. (1976): The Origins of Public Education: A Reassessment. In: *History of Education Quarterly*, Vol. 16, Nr. 4, S. 381-407.

Kaufmann, F.-X. (2003): Varianten des Wohlfahrtsstaats. Der Deutsche Sozialstaat im internationalen Vergleich. Frankfurt/M.: Suhrkamp.

Kehm, B. M. (2006): The German „Initiative for Excellence" and the Issue of Ranking. In: International Higher Education, Nr. 44, Online unter: http://www.bc.edu/bc_org/avp/soe/cihe/newsletter/Number44/p20_Kehm.htm [zuletzt 10.01.10].

Kehm, B. M./Lanzendorf, U. (2005). Ein neues Governance-Regime für die Hochschulen – mehr Markt und weniger Selbststeuerung? In: *Zeitschrift für Pädagogik*, 51. Jg., 50. Beiheft, 41-55.

Keiner, D. (2005): Internationalisierung der Bildungspolitik. Hagen: FernUniversität Hagen.

Keiner, E. (2005): Zur Konstruktion erziehungswissenshcfatlicher Forschung aus der Perspektive der OECD. In: *Zeitschrift für Erziehungswissenschaft*, Beiheft 4-05, S. 13-23.

Keohane, R. O. (1980): The Theory of Hegemonic Stability and Changes in International Economic Regimes, 1967-1977. In: Holsti, R. S./George, A. (Hrsg.): Changes in the International System. Boulder, CO: Westview, S. 131-162.

Keohane, R. O. (1984): After Hegemony: Cooperation and Discord in the World Political Economy. Princeton, NJ: Princeton UP.

Keohane, R. O. (1988): International Institutions: Two Approaches. In: *International Studies Quarterly*, Vol. 32, S. 379-396.

Keohane, R. O./Nye, J. S. ([1977] 2001): Power and Interdependence. 3. Aufl. New York: Longman.

Keohane, R. O./Nye, J. S. (1987): Power and Interdependence Revisited. In: *International Organization*, Vol. 41, Nr. 4, S. 725-753.

Keohane, R. O./Nye, J. S. (Hrsg.) (1972): Transnational Relations in World Politics. Cambridge, MA: Harvard UP.

Kessl, F. (2006): Soziale Arbeit als Regierung – eine machtanalytische Perspektive. In: Weber, S./Maurer, S. (Hsrg.): Gouvernementalität und Erziehungswissenschaft. Wissen – Macht – Transformation. Wiesbaden: VS Verlag, S. 63-76.

King, K. (2007): Multilateral Agencies in the Construction of the Global Agenda on Education. In: *Comparative Education*, Vol. 43, Nr. 3, S. 377-391.

Klafki, W. (1976): Aspekte Kritisch-konstruktiver Erziehungswissenschaft. Weinheim/Basel: Beltz.

Klafki, W. (2006): Neue Studien zur Bildungstheorie und Dadaktik. Zeitgemäße Allgemeinbildung und Kritisch-konstruktive Didaktik. 6. Aufl. Weinheim/Basel: Beltz.

Klatetzki, T. (2006): Der Stellenwert des Begriffs „Kognition" im Neo-Institutionalismus. In: Senge, K./Hellmann, K.-U. (Hrsg.): Einführung in den Neo-Institutionalismus. Wiesbaden: VS Verlag, S. 48-61.

Klausenitzer, J. (2003): Die Rolle der Weltbank in der Bildungspolitik. Bildung und Globaler Paradigmenwechsel. Online unter: http://www.links-netz.de/K_texte/K_klausenitzer_weltbank.html [zuletzt 12.10.09].

Klees, S. (2002): World Bank Education Policy: New Rhetoric, Old Ideology. In: *International Journal of Educational Development*, Vol. 22, Nr. 5, S. 451-474.

Klees, S. (2008): A Quarter of Century of Neoliberal Thinking in Education: Misleading Analyses and Failed Policies. In: *Globalisation, Societies and Education*, Vol. 6, Nr. 4, S. 311-348.

Klemm, K. (1996): Bildungsexpansion und kein Ende? In: Helsper, W. (Hrsg.): Schule und Gesellschaft im Umbruch. Bd. 1. Weinheim: Dt. Studien-Verl., S. 427-442.

Klemm, K. (2006): Der Bund als ‚Player' im Feld der Schulentwicklung. Entwicklung, Wege und Instrumente. In: Weingart, P./Taubert, N. C. (Hrsg.): Das Wissensministerium. Ein halbes Jahrhundert Forschungs- und Bildungspolitik in Deutschland. Weilerswist: Vellbrück Wissenschaft, S. 378-402.

Klieme, E./Avenarius, H./Blum, W./Döbrich, P./Gruber, H./Prenzel, M./Reiss, K./Riquarts, K./Rost, J./Tenorth, H.-E./Vollmer, H. J. (2003): Zur Entwicklung nationaler Bildungsstandards. Eine Expertise. – Berlin: BMBF.

Klieme, E./Hartig, J. (2007): Kompetenzkonzepte in den Sozialwissenschaften und im erziehungswissenschaftlichen Diskurs. In: Prenzel, M./Gogolin, I./Krüger, H.-H. (Hrsg.): Kompetenzdiagnostik. Wiesbaden: VS Verlag, S. 11-29.

Koch, L. (2004): Normative Empirie. In: Heitger, M. u.a. (Hrsg.): Kritik der Evaluation von Schulen und Universitäten. Würzburg: Ergon, S. 39-55.

Koch, M. (2008): Verselbständigungsprozesse Internationaler Organisationen. Wiesbaden: VS Verlag.

Koch, S. (2009): Die Bausteine neo-institutionalistischer Organisationstheorie – Begriffe und Konzepte im Lauf der Zeit. In: Koch, S./Schemann, M. (Hsrg.): Neo-Institutionalismus in der Erziehungswissenschaft. Grundlegende Texte und Empirische Studien. Wiesbaden: VS Verlag, S. 110-131.

Kohler-Koch, B. (Hrsg.) (1989a): Regime in den Internationalen Beziehungen. Baden-Baden: Nomos.

Kohler-Koch, B. (1989b): Zur Empirie und Theorie internationaler Regime. In: Dies. (Hrsg.): Regime in den Internationalen Beziehungen. Baden-Baden: Nomos, S. 17-85.

Kohler-Koch, B. (1990): Interdependenz. In: Rittberger, V. (Hrsg.): Theorien der Internationalen Beziehungen. Bestandsaufnahme und Forschungsperspektiven (*Politische Vierteljahresschrift*, Sonderheft 21). Opladen: Westdeutscher Verlag, S. 110-129.

Kößler, R. (2003): Imperialismus und Globalisierung. Anmerkungen zu zwei Theoriekomplexen. In: *Prokla*, H. 133, Jg. 33, Nr. 4, S. 521-544.

Krasner, S. D. (Hrsg.) (1983): International Regimes. Ithaca/London: Cornell UP.

Krasner, S. D. (1983a): Structural Causes and Regime Consequences: Regimes as Intervening Variables. In: Ders.: (Hrsg.): International Regimes. Ithaca/London: Cornell UP, S. 1-22.

Kratochwil, F. (1984): The Force of Prescriptions. In: *International Organizations*, Vol. 38, 4, S. 685-708.

Kratochwil, F. (1989): Anarchy and the State of Nature: The issue of Regimes in International Relations. In: Ders.: Rules, Norms, and Decisions. On the Conditions of Practical and Legal Reasoning in the International Relations and Domestic Affairs. Cambridge, MA: Cambridge UP, S. 45-68.

Kratochwil, F./Ruggie, J. G. (1986): International Organization: A State of the Art on an Art of the State. In: *International Organizations*, Vol. 40, 4, S. 753-775.

Kreile, M. (1989): Regime und Regimewandel in den internationalen Wirtschaftsbeziehungen. In: Kohler-Koch, B. (Hrsg.): Regime in den Internationalen Beziehungen. Baden-Baden: Nomos, S. 89-104.

Krell, G. (2004): Weltbilder und Weltordnung. Einführung in die Theorie der Internationalen Beziehungen. 3. erw. Aufl. Baden-Baden: Nomos.

Krücken, G./Kosmützky, A./Torka, M. (Hrsg.) (2007): Towards a Multiversity? Universities between Global Trends and National Traditions. Bielefeld: transcript.

Kussau, J./Brüsemeister, T. (2007a): Governance, Schule und Politik. Zwischen Antagonismus und Kooperation. Wiesbaden: VS Verlag.

Kussau, J./Brüsemeister, T. (2007b): Educational Governance: Zur Analyse der Handlungskoordination im Mehrebenensystem der Schule. In: Altrichter, H./Brüsemeister, T./Wissinger, J. (Hrsg.): Educational Governance. Handlungskoordination und Steuerung im Bildungssystem. Wiesbaden: VS Verlag, S. 15-54.

Ladenthin, V. (2003): PISA – Recht und Grenzen einer globalen empirischen Studie. Eine bidungstheoretische Betrachtung. In: *Vierteljahreschrift für wissenschaftliche Pädagogik*, Jg. 79, S. 354-375.

Lange, S./Schimank, U. (2004): Governance und Gesellschaftliche Integration. In: Dies. (Hrsg.): Governance und Gesellschaftliche Integration. Wiesbaden: VS Verlag, S. 9-44.

Langer, R. (Hrsg.) (2008): "Warum tun die das?": Governanceanalysen zum Steuerungshandeln in der Schulentwicklung. Wiesbaden: VS Verlag.

Lauder, H./Brown, P./Dillabough, J.-A./Halsey, A. H. (Hrsg.) (2006): Education, Globalization and Social Change. Oxford u.a.: Oxford UP.

Lauglo, J. (1996): Banking on Education and the Uses of Research. A Critique of World Bank Priorities and Strategies for Education. In: *International Journal of Educational Development*, Vol. 16, Nr. 3, S. 221-233.

Lawn, M./Keiner, E. (Hrsg.) (2006): The European University: Between Governance, Discipline and Network. In: *European Journal of Education*, Vol. 41, Nr. 2.

Lawn, M./Lingard, B. (2002): Constructing a European Policy Space in Educational Governance: the Role of Transnational Policy Actors. In: *European Educational Research Journal*, Vol. 1,, Nr. 2, S. 290-307.

Leibfried, S./Martens, K. (2008): PISA – Internationalisierung von Bildungspolitik. Oder: Wie kommt die Landespolitik zur OECD? In: *Leviathan*, Vol. 36, Nr. 1, S. 3-14.

Leibfried, S./Zürn, M. (Hrsg.) (2006): Transformationen des Staates? Frankfurt/M.: Suhrkamp.

Leisering, L. (2007): Gibt es einen Weltwohlfahrtstaat? In: Albert, M./Stichweh, R. (Hrsg.): Weltstaat und Weltstaatlichkeit. Wiesbaden: VS Verlag, S. 185-205.

Leppek, S. (2002): Die Zulassung und Einführung von Schulbüchern und anderen Lernmitteln an staatlichen deutschen Schulen. Verfassungs- und verwaltungsrechtliche Grundfragen. Marburg: Tectum.

Leschinsky, A./Mayer, K. U. (1999): Comprehensive Schools and Inequality of Opportunity in the Federal Republic of Germany. In: Dies. (Hrsg.): The Comprehensive School Experiment Revisited: Evidence from Western Europe. 2. erw. u. durchges. Aufl. Frankfurt/M.: Lang, S. 13-39.

Leschinsky, A./Schnabel, K. (1996): Ein Modellversuch am Kreuzweg. Möglichkeiten und Risiken eines moralisch-evaluativen Unterrichts. In: *Zeitschrift für Pädagogik*, 42. Jg., H. 1, S. 31-55.

Levin, B. (1998): An Epidemic of Education Policy: (What) Can We Learn from Each Other? In: *Comparative Education*, Vol. 34, Nr. 2, S. 131-141.

Levitt, P./DeWind, J./Vertovec, S. (2003): International Perspectives on Transnational Migration: An Introduction. In: *International Migration Review*, Vol. 37, Nr. 3, S. 565-575.

Levy, M. A./Young, O. R./Zürn, M. (1995): The Study of International *Regimes. In: European Journal of International Relations*, 1, S. 267-330.

Lichtenstein, E. (1966): Zur Entwicklung des Bildungsbegriffs von Meister Eckart bis Hegel. Heidelberg: Quelle & Meyer.

Lieberman, M. (1993): Public Education: An Autopsy. Cambridge, MA.: Harvard UP.

Lima, L./Azevedo, M. L. N./Catani, A. M. (2008): O Processo de Bolonha, a Avaliação da Educação Superior e Algumas Considerações sobre a Universidade Nova. In: *Avaliação*, Vol. 13, Nr. 1, S. 7-36.

Liu, N. C./Cheng, Y. (2005): The Academic Ranking of World Universities. In: *Higher Education in Europe*, Vol. 30, Nr. 2, S. 127-136.

Lohmann, I. (2002): After Neoliberalism. Können Nationalstaatliche Bildungssysteme auf dem ‚freien Markt' Überleben? In: Lohmann, I./Rilling, R. (Hrsg.): Die verkaufte Bildung. Kritik und Kontroversen zur Kommerzialisierung von Schule, Weiterbildung, Erziehung und Wissenschaft. Opladen: Budrich, S. 89-107.

Lohmann, I./Rilling, R. (Hrsg.) (2002): Die verkaufte Bildung. Kritik und Kontroversen zur Kommerzialisierung von Schule, Weiterbildung, Erziehung und Wissenschaft. Opladen: Budrich.

Löwisch, D.-J. (2000): Kompetentes Handeln: Bausteine für eine lebensweltbezogene Bildung. Darmstadt: WBG.

Löwisch, D.-J. (2002): Wilhelm Dilthey: Grundlinien eines Systems der Pädagogik und Über die Möglichkeit einer allgemeingültigen pädagogischen Wissenschaft. Darmstadt: WBG.

Luhmann, N. (1990): The World Society as a Social System. In: Luhmann, N.: Essays on Self-Reference. New York: Columbia UP, S. 175-190.

Luhmann, N. (1997): Die Gesellschaft der Gesellschaft. 2. Bde. Frankfurt/M.: Suhrkamp.

Luhmann, N. (2002): Das Erziehungssystem der Gesellschaft. Frankfurt/M.: Suhrkamp.

Luhmann, N. (2008): Inklusion und Exklusion. In: Ders.: Soziologische Aufklärung 6. Die Soziologie und der Mensch. 3. Aufl. Wiesbaden: VS Verlag, S. 226-251.

Luhmann, N./Schorr, K.-E. (1979): Reflexionsprobleme im Erziehungssystem. Frankfurt/M.: Suhrkamp.

Luhmann, N./Schorr, K.-E. (1982): Das Technologiedefizit der Erziehung und die Pädagogik. In: Dies.: Zwischen Technologie und Selbstreferenz. Fragen an die Pädagogik. Frankfurt/M.: Suhrkamp, S. 11-40.

Lührig, H. H. (Hg.) (1973): „Wirtschaftsriese – Bildungszwerg". Der Diskussionshintergrund zum Bildungsgesamtplan 1973: Analysen des OECD-Reports. Reinbek bei Hamburg: Rowohlt.

Lutz, D. S. (Hrsg.) (2000): Globalisierung und Nationale Souveränität. Festschrift für Wilfried Röhrich. Baden-Baden: Nomos.

Marginson, S. (1999): After Globalization: Emerging Politics of Education. In: *Journal of Education Policy*, Vol. 14, Nr. 1, S. 19-31.

Maroy, C. (2004): Regulation and Inequalities in European Education Systems. Forschungsbericht. Online unter: http://www.girsef.ucl.ac.be/reguleducnetwork_VF_10dec041.pdf [zuletzt 18.05.09].

Maroy, C. (2008): The New Regulation Forms of Educational Systems in Europe: Towards a Post-bureaucratic Regime. In: Soguel, N. C./Jaccard, P. (Hrsg.): Governance and Performance of Education Systems. Dordrecht: Springer, S. 13-33.

Maroy, C. (2009): Convergences and Hybridization of Educational Policies Around "Post-Bureaucratic" Models of Regulation. In: *Compare: A Journal of Comparative and International Education*, Vol. 39, Nr. 1, S. 71-84.

Martens, K./Rusconi, A./Leuze, K. (Hrsg.) (2007): New Arenas of Education Governance – The Impact of International Organisations and Markets on Educational Policymaking. Houndmills, Basingstoke: Palgrave.

Martens, K./Weymann, A. (2008): Die Internationalisierung der Bildungspolitik: Auf dem Wege zur Konvergenz nationaler Pfade? In: Hurrelmann, A. et al. (Hrsg.): Zerfasert der Nationalstaat? Die Internationalisierung politischer Verantwortung. Frankfurt/M.: Campus, S. 243-274.

Martens, K./Wolf, K. D. (2006): Paradoxien der Neuen Staatsräson. Die Internationalisierung der Bildungspolitik in der EU und der OECD. In: *Zeitschrift für Internationale Beziehungen*, Vol. 13, Nr. 2, S. 145-176.

Masschelein, J./Simons, M. (2005). Globale Immunität oder eine kleine Kartographie des europäischen Bildungsraumes. Zürich/Berlin: Diaphanes.

Massing, P. (2002a): Bildungspolitik in der Bundesrepublik Deutschland: Entwicklung, Kontroversen, Perspektiven. In: *Politische Bildung*, Jg. 35, H. 3, S. 5-7.

Massing, P. (2002b): Konjunkturen und Institutionen der Bildungspolitik in der Bundesrepublik Deutschland. Grundlagen, Etappen, Wendepunkte. In: *Politische Bildung*, Jg. 35, H. 3, S. 8-34.

Mau, S. (2007): Transnationale Vergesellschaftung. Die Entgrenzung sozialer Lebenswelten Frankfurt/New York: Campus.

Mayer, S./Weinlich, S. (2008): Die Internationalisierung von Sicherheitspolitik: UN, EU und der moderne Staat. In: Hurrelmann, A./Leibfried, S./Martens, K./Mayer, P. (Hrsg.) (2008): Zerfasert der Nationalstaat? Die Internationalisierung politischer Verantwortung. Frankfurt/M.: Campus, S. 83-110.

Mayntz, R. (2004): Governance im Modernen Staat. In: Benz, A. (Hrsg.): Governance – Regieren in komplexen Regelsystemen. Eine Einführung. Wiesbaden: VS Verlag, S. 65-76.

Mayntz, R. (2009): Über Governance. Institutionen und Prozesse politischer Regelung. Frankfurt/M.: Campus.

McGinn, N. F. (1994): The Impact of Supranational Organizations on Public Education. In: *International Journal of Educational Development*, Vol. 14, Nr. 3, S. 289-298.

McGinn, N. F. (Hrsg.) (1996): Crossing Lines: Research and Policy Networks for Developing Country Education. Westport, CT: Praeger.

McGinn, N. F. (1996a): Networking between Researchers and Policy makers. In: McGinn, N. F. (Hrsg.): Crossing Lines: Research and Policy Networks for Developing Country Education. Westport, CT: Praeger, S. 23-28.

McGinn, N. F. (1997): Towards an Alternative Strategy for International Assistance for Education. In: *Prospects*, Vol. 28, Nr. 2, S. 231-245.

McNeely, C. L. (1995): Prescribing National Education Policies: The Role of International Organizations. In: *Comparative Education Review*, Vol. 39, Nr. 4, S. 483-507.

McNeely, C. L./Cha, Y.-K. (1994): Worldwide Educational Convergence through International Organizations: Avenues for Research. In: Education Policy Analysis Archives, Vol. 2, Nr. 14, Online unter: http://epaa.asu.edu/epaa/v2n14.html [zuletzt 21.01.10].

Mearsheimer, J. J. (1995): The False Promise of International Institutions. In: *International Security*, Vol. 19, Nr. 3, S. 5-49

Menzel, U. (2004): Paradoxien der neuen Weltordnung. Politische Essays. Frankfurt/M.: Suhrkamp.

Merisotis, J. P. (2002): On the Ranking of Higher Education Institutions. In: *Higher Education in Europe*, Vol. 27, Nr. 4, S. 361-363.

Merisotis, J. P./Sadlak, J. (2005): Higher Education Rankings: Evolution, Acceptance, and Dialogue. In: *Higher Education in Europe*, Vol. 30, Nr. 2, S. 97-101.

Merrils, J. G. (2005): International Dispute Settlement. Cambridge, MA: Cambridge UP.

Mertens, D. (1974): Schlüsselqualifikationen. Thesen zur Schulung für eine moderne Gesellschaft. In: *Mitteilungen aus der Arbeitsmarkt- und Berufsforschung*, 7. Jg., Nr. 1, S. 36-43.

Merton, R. K. (1968): Social Theory and Social Structure. 1968 erw. Aufl. New York/London: The Free Press.

Messner, R. (2003): PISA und Allgemeinbildung. In: *Zeitschrift für Pädagogik*, 49. Jg., H., S. 400-412.

Meulemann, H. (1992): Expansion ohne Folgen? Bildungschancen und Sozialer Wandel in der Bundesrepublik. In: Glatzer, W. (Hrsg.): Entwicklungstendenzen der Sozialstruktur. Frankfurt/M.: Campus, S. 123-156.

Meyer, J. W. (1977): The Effects of Education as an Institution. In: *American Journal of Sociology*, Vol. 83, 1, S. 55-77.

Meyer, J. W. (1994): Rationalized Environments. In: Scott, W. R./Meyer, J. W. and Associates: Institutional Environments and Organizations. Structural Complexity and Individualism. Thousand Oaks u.a.: Sage, S. 28-54.

Meyer, J. W. (2005): Vorwort. In: Hasse, R./Krücken, G.: Neo-Institutionalismus. 2. vollständ. überarb. Aufl. Bielefeld: transcript, S. 5-12.

Meyer, J. W. (2005a): Weltkultur. Wie die Westlichen Prinzipien die Welt durchdringen. Frankfurt/M.: Suhrkamp.

Meyer, J. W. (2005b): De sich Wandelnde Kulturelle Gehalt des Nationalsstaats. In: Ders.: Weltkultur. Wie die Westlichen Prinzipien die Welt durchdringen. Frankfurt/M.: Suhrkamp, S. 133-162.

Meyer, J. W./Rowan, B. (1977): Institutionalized Organizations: Formal structure as Myth and Ceremony. In: *American Journal of Sociology*, Vol. 83, 2, S. 340-363.

Meyer, J. W./Rowan, B. (1978): The Structure of Educational Organizations. In: Meyer, M. W. et al.: Environments and Organizations. San Francisco u.a.: Jossey-Bass Publishers, S. 78-109.

Meyer, M. W./Brown, M. C. (1978): The Process of Bureaucratization. In: Meyer, M. W. et al.: Environment and Organizations. San Francisco u.a.: Jossey-Bass Publishers, S. 51-77.

Meyer, J. W./Rowan, B. (1983): The Structure of Educational Organizations. In: Meyer, J. W./ Scott, W. R.: Organizational Environments. Beverly Hills u.a.: SAGE, S. 71-97.

Meyer, J. W./Ramirez, F. O. (2003): The World Institutionalization of Education. In: Schriewer, J. (2003) (Hrsg.): Discourse Formation in Comparative Education. 2. rev. Aufl. Frankfurt/M. u.a.: Lang, S. 111-132.

Meyer, J. W./Boli, J./Thomas, G. M. (1987): Ontology and Rationalization in the Western Cultural Account. In: Thomas, G. M./Meyer, J. W./Ramirez, F. O./Boli, J.: Institutional Structure. Constituting State, Society, and the Individual. Newbury Park u.a.: Sage, S. 12-37.

Meyer, J. W./Boli, J./Thomas, G. M./Ramirez, F. O. (1997): World Society and the Nation-State. In: *American Journal of Sociology*, Vol. 103, 1, S. 144-181.

Meyer, J. W./Kamens, D./Benavot, A. (Hrsg.) (1992): School Knowledge for the Masses. Washington DC: Falmer Press.

Meyer, J. W./Drori, G. S./Hwang, H. (2006): World Society and the Proliferation of Formal Organization. In: Drori, G. S./Meyer, J. W./Hwang, H. (Hrsg.): Globalization and Organization: World Society and Organizational Change. Oxford: Oxford UP, S. 25-49.

Meyer, J. W./Ramirez, F. O./Frank, D. J./Schofer, E. (2006): Higher Education as an Institution. In: CDDRL Working Papers, Nr. 57, Online unter: http://iis-db.stanford.edu/ pubs/21108/Meyer_No_57.pdf [zuletzt 26.09.09].

Meyer, J. W./Ramirez, F. O./Soysal, Y. (1992): World Expansion of Mass Education, 1870-1970. In: *Sociology of Education*, Vol. 65, S. 128-149.

Meyer, J. W./Scott, W. R./Deal, T. D. (1983): Institutional and Technical Sources of Organizational Structures: Explaining the Structure of Educational Organizations. In: Meyer, J. W./Scott, W. R.: Organizational Environments. Ritual and Rationality. Beverly Hills u.a.: Sage, S. 45-67.

Milner, H. (1993): International Regimes and World Politics: Comments on the Articles by Smouts, de Sernaclens and Jönsson. In: *International Social Science Journal*, Vol. 45, 4, S. 491-497.

Miron, Gary J. (2008): The Shifting Notion of "Publicness" in Public Education. In: Cooper, Bruce S./Cibulka, James G./Fusarelli, Lance D. (Hrsg.): Handbook of Education Politics and Policy. New York/London: Routledge, S. 338-349.

Mitrany, D. (1975): A Functional Theory of Politics. London: Western PS.

Mitter, W. (2006): Bildungssouveränität und Schulträgerschaft in Europa in historisch-vergleichender Sicht. In: *Bildung und Erziehung*, Vol. 59, Nr. 1, S. 5-20.

Mizruchi, M. S./Fein, L. C. (1999): The Social Construction of Organizational Knowledge: A Study of the Uses of Coercive, Mimetic, and Normative Isomorphism. In: *Administrative Science Quarterly*, Vol. 44, S. 653-683.

Moderow, H.-M. (2007): Volksschule zwischen Staat und Kirche. Das Beispiel Sachsen im 18. und 19. Jahrhundert. Köln u.a.: Böhlau.

Mollenhauer, K. (1969): Erziehung und Emanzipation. Polemische Skizzen 2. Aufl. München: Juventa.

Mollenhauer, K. (1972): Theorien zum Erziehungsprozess. Zur Einführung in Erziehungswissenschaftliche Fragestellungen. München: Juventa.

Morales-Gómez, D. (Hrsg.) (1999): Transnational Social Policies: The New Development Challenges of Globalization. London: Earthscan Publications.

Mouffe, C. (2007): Über das Politische. Wider die kosmopolitische Illusion. Frankfurt/M.: Suhrkamp.

Muldoon, J. P. (2004): The Architecture of Global Governance: An Introduction to the Study of International Organizations / Boulder, Colo. u.a.: Westview Press.

Müller, D. K. (1987): Institutionalisierung, Systemfindung, Systemkonstitution und Systemkomplementierung der Höheren Schulen im Staat Preußen im 19. Jahrhundert. In: Ders./Zymek, B. (Hrsg.): Sozialgeschichte und Statistik des Schulsystems in den Staaten des Deutschen Reiches, 1800-1945. Bd. II Höhere und Mittlere Schulen Teil 1. (Datenhandbuch zur Deutschen Bildungsgeschichte. Göttingen: Vandenhoeck & Ruprecht, S. 35-78.

Müller, H. (1989): Regimeanalyse und Sicherheitspolitik: Das Beispiel Non-proliferation. In: Kohler-Koch, B. (Hrsg.): Regime in den Internationalen Beziehungen. Baden-Baden: Nomos, S. 277-313.

Müller, H. (1993): Die Chance der Kooperation. Regime in den Internationalen Beziehungen. Darmstadt: WBG.

Müller, H. (1995): The Internalization of Principles, Norms, and Rules by Governments: The Case of Security Regimes. In: Rittberger, V. (Hrsg.): Regime Theory and International Relations. Oxford: Clarendon Press, S. 361-388.

Müller, H. (2009): Die Zukunft der nuklearen Ordnung. In: Staack, M. (Hrsg.): Die Zukunft der nuklearen Ordnung. Bremen: Temmen, S. 12-25

Müller, W. (1977): Schulbuchzulassung. Zur Geschichte und Problematik staatlicher Bevormundung von Unterricht und Erziehung. Kastellaun: Henn.

Müller-Benedict, V. (2008): Intendierte und nicht intendierte Folgen von Bildungspolitik – eine Simulationsstudie über die sozialstrukturellen Grenzen politischer Einflussnahme. In: Becker, R./Lauterbach, W. (Hrsg.): Bildung als Privileg. Erklärungen und Befunde zu den Ursachen der Bildungsungleichheit. 3. Aufl. Wiesbaden: VS Verlag, S. 385-419.

Müller-Bölling, D./Zürn, M. (Hrsg.) (2007): Private Hochschulen in Deutschland - Reformmotor oder Randerscheinung? Berlin: HSoG.

Müller-Rolli, S. (1989): Grenzen der Beruflichen Organisation. Zur Verbandsentwicklung des Oberlehrerstandes im 19. Jahrhundert. In: Jeismann, K. E. (Hrsg.): Bildung, Staat, Gesellschaft im 19. Jahrhundert. Mobilisierung und Disziplinierung. Stuttgart: Franz Steiner Verlag Wiesbaden GmbH, S. 219-307.

Münch, R. (2007): Die Akademische Elite. Zur Konstruktion wissenschaftlicher Exzellenz. Frankfurt/M.: Suhrkamp.

Münch, R. (2009a): Globale Eliten, Lokale Autoritäten. Bildung und Wissenschaft unter dem Regime von Pisa, McKinsey & Co. Frankfurt/M.: Suhrkamp.

Münch, R. (2009b): Das Regime des Liberalen Kapitalismus. Inklusion und Exklusion im neuen Wohlfahrtstaat. Frankfurt/M.: Campus.

Mundy, K. (1999): Educational Multilateralism in a Changing World Order: UNESCO and the Limits of the Possible. In: *International Journal of Educational Development*, Vol. 19, S. 27-52.

Mundy, K. (1998): Educational multilateralism and World (Dis)Order. In: *Comparative Education Review*, Vol. 42, Nr. 4, S. 448-478.

Mundy, K. E. (2002): Retrospect and Prospect: Education in a Reforming World Bank. In: *International Journal of Educational Development*, Vol. 22, S. 483-508.

Mundy, K. (2005): Globalization and Educational Change: New Policy Worlds. In: Bascia, N./Cumming, A./Datnow, A./Leithwood, K./Livingstone, D. (Hrsg.): International Handbook of Educational Policy. Dordrecht: Springer, S. 3-17.

Mundy, K. (2006): The Evolution of Educational Multilateralism from 1945 to 2005. In: Fuchs, E. (Hrsg.) (2006): Bildung International: Historische Perspektiven und aktuelle Entwicklungen. Würzburg: Ergon, S. 181-200.

Mundy, K. (2007): Educational Multilateralism – Origins and Indications for Global Governance. In: Martens, K./Rusconi, A./Leuze, K. (Hrsg.): New Arenas of Education Governance –

The Impact of International Organisations and Markets on Educational Policymaking. Houndmills, Basingstoke: Palgrave, S. 19-39

Mundy, K. (2008): From NGOs to CSOs: Social Citizenship, Civil Society and "Education for All" – An Agenda for Further Research. In: *Current Issues in Comparative Education*, Vol. 10, Nr. 1-2, S. 32-40.

Mundy, K./Murphy, L. (2001): Transnational Advocacy, Global Civil Society? Emerging Evidence from the Field of Education. In: *Comparative Education Review*, Vol. 45, Nr. 1, S. 85-126.

MVU (2008): Michigan Virtual University. About us, Online unter: http://www.mivu.org/content.cfm?ID=1 [zuletzt 28.12.09].

Nagel, A.-K. (2006): Der Bologna-Prozess als Politiknetzwerk. Akteure, Beziehungen, Perspektiven. Wiesbaden: DUV.

Nagel, A.-K. u.a. (2010): Introduction – Education Policy in Transformation In: Martens, K. u.a. (Hrsg.): Transformation of Education Policy. Houndmills, Basingstoke: Palgrave, S. 3-27.

Narr, W.-D. (2003): Introvertierte Imperialismen und ein angstgeplagter Hegemon. Für eine utopische Transzendenz der Globalisierungskritik. In: *Prokla*, H. 133, Jg. 33, Nr. 4, S. 575-598.

National Commission on Excellence in Education (1983): A Nation at Risk: The Imperative for Educational Reform. Washington, D. C.: U. S. Government Printing Office.

National Research Council (2002): Scientific Research in Education. Washington, DC: National Academy Press.

Neves de Azevedo, M. L. (2009): Integração Regional e Educação Superior: Relulações no Mercosul. In: Ferreira, E. B./Andrade Oliveira, D. (Hrsg.): Crisa da Escola e Políticas Educativas. Belo Horizonte: Autêntica, S. 183-204.

Neyer, J. (1995): Globaler Markt und territorialer Staat. Konturen eines wachsenden Antagonismus. In: *Zeitschrift für Internationale Beziehungen*, Vol.2, Nr. 2, S. 287-315.

Nipkow, K. E. (1996): Der pädagogische Umgang mit dem weltanschaulich-religiösen Pluralismus auf dem Prüfstein. In: *Zeitschrift für Pädagogik*, 42. Jg., H. 1, S. 57-70.

Nohl, H. (1961): Die Pädagogische Bewegung in Deutschland und ihre Theorie. 5. unveränderte Aufl. Frankfurt/M.: Schulte-Bulmke.

Nordtveit, B. H. (2009): Constructing Development. Civil Society and Literacy in a Time of Globalization. Dordrecht: Springer.

Nuscheler, F. (2000): Globalisierung und Global Governance. Zwischen der Skylla der Nationalstaatlichkeit und der Charybdis der Weltstaatlichkeit. In: Lutz, D. S. (Hrsg.): Globalisierung und Nationale Souveränität. Festschrift für Wilfried Röhrich. Baden-Baden: Nomos, S. 301-317.

Obinger, H./Leibfried, S./Bogedan, C./Gindulis, E./Moser, J./Starke, P. (2006): Wandel des Wohlfahrtstaats in kleinen offenen Volkswirtschaften. In: Leibfried, S./Zürn, M. (Hrsg.): Transformationen des Staates? Frankfurt/M.: Suhrkamp, S. 265-308.

Ochs, P/Phillips, D. (2002): Towards a Structural Typology of Cross-national Attraction in Education. Lisbon: Educa.

OECD (1962): Policy Conference on Economic Growth and Investment in Education. Washington 16-20 Oktober. 5 Bände. Paris: OECD.

OECD (1973): Bildungswesen: Mangelhaft. BRD-Bildungspolitik im OECD-Länderexamen. Hrsg. von K. Hüfner. Frankfurt/M.: V. M. Diesterweg.

OECD (1983): Compulsory Education in a Changing World. Paris: OECD.

OECD (1995): Governance in Transition: Public Management Reforms in OECD Countries. Paris: OECD.

OECD (1998): Human Capital Investment: An International Comparison. Paris: OECD.

OECD (2001): The Well-Being of Nations. The Role of Human and Social Capital. Paris: OECD.

OECD (2003): New Challenges for Educational Research. Paris: OECD.

OECD (2004): Die Politik der frühkindlichen Betreuung, Bildung und Erziehung in der Bundesrepublik Deutschland. Online unter: http://www.bmfsfj.de/bmfsfj/generator/RedaktionBM FSFJ/Pressestelle/Pdf-Anlagen/oecd-studie-kinderbetreuung,property=pdf.pdf [zuletzt 29.04.09].

OECD (2007): Evidence in Education: Linking Research and Policy. Paris: OECD.

OECD/Weltbank (2007): Cross-Border Tertiary Education. A Way Towards Capacity Development. Paris/Washington, D. C.: OECD/The World Bank.

Oelkers, J. (2006): Öffentliche Bildung und die Chance, sie wahrzunehmen. In: Otto, Hans-Uwe/Oelkers, Jürgen (Hg.) (2006): Zeitgemäße Bildung: Herausforderung für Erziehungswissenschaft und Bildungspolitik. München u.a.: Reinhardt, S. 238-246.

Óhidy, A. (2009): Lebenslanges Lernen und die europäische Bildungspolitik: Adaptation des Lifelong Learning-Konzepts der Europäischen Union in Deutschland und Ungarn. Wiesbaden: VS Verlag.

Opielka, M. (Hrsg.) (2005): Bildungsreform als Sozialreform. Zum Zusammenhang von Bildungs- und Sozialpolitik. Wiesbaden: VS Verlag.

Papadopoulos, G. S. (1994): Education 1960 - 1990: the OECD perspective. Paris: OECD.

Parreira do Amaral, M. (2006): The Influence of Transnational Organizations on National Education Systems. Frankfurt/M. u.a.: Lang.

Parreira do Amaral, M. (2007a): Regimeansatz – Annäherung an ein Weltweites Bildungsregime. In: *Tertium Comparationis*, Vol. 13, Nr. 2, S. 157-198.

Parreira do Amaral, M. (2007b): Nationale Bildungssouveränität und Transnationale Bildungspolitik. Ein Gespräch mit Prof. Dr. Wolfgang Mitter. In: *Tertium Comparationis*, Vol. 13, Nr. 2, S. 296-304.

Parsons, T. (1937): The Structure of Social Action. 2. Bde. New York: Free Press.

Parsons, T. (1956/57a): Suggestions for a Sociological Approach to the Theory of Organizations. Part 1. In: *Administrative Science Quarterly*, Vol. 1, S. 65-85.

Parsons, T. (1956/57b): Suggestions for a Sociological Approach to the Theory of Organizations. Part 2. In: *Administrative Science Quarterly*, Vol. 1, S. 225-239.

Parsons, T. (1997): Die Schulklasse als soziales System: Einige ihrer Funktionen in der amerikanischen Gesellschaft. In: Ders.: Sozialstruktur und Persönlichkeit. 5. unv. Aufl. Eschborn: Klotz, S. 161-193.

Parsons, T. (2000 [1972]): Das System moderner Gesellschaften. 5. Aufl. Weinheim/München: Juventa.

Patrinos, H. A./Barrera-Osorio, F./Guáqueta, J. (2009): The Role and Impact of Public-Private Partnerships in Education. Washington, D. C.: World Bank.

Pawson, R. (2006): Evidence-Based Policy. A Realist Perspective. London: SAGE.

Pechar, H. (2006): Bildungsökonomie und Bildungspolitik. Münster: Waxmann.

Perraton, J./Goldblatt, D./Held, D./McGrew, A. (1998): Die Globalisierung der Wirtschaft. In: Beck, U. (Hrsg.): Politik der Globalisierung. Frankfurt/M.: Suhrkamp, S. 134-168.

Petrat, G. (1979): Schulunterricht: Seine Sozialgeschichte in Deutschland 1750 – 1850. München: Ehrenwirth.

Phillips, D. (1997): Policy Borrowing in Education. In: Cummings, W. K./McGinn, N. F. (Hrsg.): International Handbook of Education and Development: Preparing Schools, Students and Nations for the Twenty-First Century. Exeter: Pergamon/Elsevier Science, S. 283-290.

Phillips, D./Ochs, K. (Hrsg.) (2004): Educational Policy Borrowing: Historical Perspectives. Oxford: Symposium Books.

Picht, G. (1965): Die deutsche Bildungskatastrophe. München: DTV.

Pierson, C. (1998): The New Governance of Education: The Conservatives and Education 1988-1997. In: *Oxford Review of Education*, Vol. 24, Nr. 1, S. 131-142.

Pleger, W. H. (1988): Schleiermachers Philosophie. New York: de Gruyter.

Plöger, W. (2006): Was ist Kompetenz? – Ein theoretischer Rahmen mit Blick auf die beruflichen Fähigkeiten von Lehrerinnen und Lehrern. In: *Pädagogische Rundschau*, 60. Jg., Nr. 3, S. 255-270.

Poerksen, U./Mason, J./Cayley, D. (1995): Plastic Words. The Tyranny of a Modular Language. University Park, PA: Pennsylvania State UP.

Pollack, M. (1997): Delegation, Agency, and Agenda-Setting in the European Community. In: *International Organization*, Vol. 51, 1, S. 99-134.

Powell, W. W./Colyvas, J. A. (2008): New Institutionalism. In: International Encyclopedia of Organizational Studies. Herausgeg. von Stewart R. Clegg and James R. Bailey. Bd. 3. Thousand Oaks, CA: Sage Publications Inc., S. 975-979. Online Zugang über Gale Virtual Reference Library. Gale. UB Frankfurt.: http://go.galegroup.com.proxy.ub.uni-frankfurt.de/ps/start.do?p=GVRL&u=suf [zuletzt 30.09.09].

Powell, W. W./DiMaggio, P. J. (Hrsg.) (1991): The New Institutionalism in Organizational Analysis. Chicago u.a.: Chicago UP.

Pries, L. (2008): Transnationalisierung der Sozialen Welt. Frankfurt/M.: Suhrkamp.

PROPHE (Program for Research on Private Higher Education) (2008): Country Data Summary (92 countries) January 2008. Online unter: http://www.albany.edu/dept/eaps/prophe/data/international.html [zuletzt 28.12.09].

Proske, M. (2001): Pädagogik und Dritte Welt. Eine Fallstudie zur Pädagogisierung sozialer Probleme. Frankfurt/M.: Goethe Universität.

Psacharopoulos, G. (1985): Returns to Education: A Further International Update and Implications. In: *Journal of Human Resources*, Vol. 20, Nr. 4, S. 583-604.

Psacharopoulos, G. (Hrsg.) (1987): Economics of Education: Research and Studies. Oxford u.a.: Pergamon.

Psacharopoulos, G. (1994): Returns to Investment in Education: A Global Update. In: *World Development*, Vol. 22, Nr. 9, S. 1325-1343.

Puchala, D. J./Hopkins, R. F. (1983): International Regimes: Lessons from inductive Analysis. In: Krasner, S. D. (Hrsg.): International Regimes. Ithaca/London: Cornell UP, S. 61-91.

Puryear, J. M. (1999): The Americas: Educational Reform, External Forces, and Internal Challenges. In: Morales-Gómez, D. (Hrsg.) (1999): Transnational Social Policies: The New Development Challenges of Globalization. London: Earthscan Publications, S. 149-164.

Raab, C. D. (1994): Theorising the Governance of Education. In: *British Journal of Educational Studies*, Vol. 42, Nr. 1, S. 6-22.

Radtke, F.-O. (1996): Wissen und Können. Grundlagen der wissenschaftlichen Lehrerbildung. Opladen: Leske+Budrich.

Radtke, F.-O. (2003): Die Erziehungswissenschaft der OECD. Aussichten auf die neue Performanz-Kultur. In: Nittel, D. (Hrsg.): Die Bildung des Erwachsenen. Erziehungs- und sozialwissenschaftliche Zugänge. Festschrift für Jochen Kade. Bielefeld: Bertelsmann, S. 277-304.

Radtke, F.-O. (2006). Das neue Erziehungsregime. Steuerungserwartungen, Kontrollphantasien und Rationalitätsmythen. In: Ursula Frost (Hg.): Unternehmen Bildung. Die Frankfurter Einsprüche und kontroverse Positionen zur aktuellen Bildungsreform. Sonderheft der Vierteljahrsschrift für Wissenschaftliche Pädagogik 2006, S. 45-49.

Radtke, F.-O. (2008): Die Außengeleitete Universität. In: *WestEnd. Neue Zeitschrift für Sozialforschung*, 5. Jg., Nr. 1, S. 117-133.

Radtke, F.-O. (2009a): Evidenzbasierte Steuerung. Der Aufmarsch der Manager im Erziehungssystem. In: Tippelt, R. (Hrsg): Steuerung durch Indikatoren. Methodologische und Theoretische Reflektionen zur deutschen und internationalen Bildungsberichterstattung. Opladen/Farmington Hills, MI: Budrich, S. 157-180.

Radtke, F.-O. (2009b): Außer Kontrolle: Bildung und Erziehung in der „postnationalen Konstellation". In: *Hessische Blätter für Volksbildung in Deutschland*, 59. Jg., Nr. 2, S. 106-115.

Radtke, F.-O./Weiß, M. (Hrsg.) (2000): Schulautonomie, Wohlfahrtsstaat und Chancengleichheit. Ein Studienbuch. Opladen: Leske+Budrich.

Ragin, Charles C. (1989): The Comparative Method: Moving beyond Qualitative and Quantitative Strategies. Berkeley et al.: Univ. of California Press

Rakic, V. (2001): To converge or not to Converge: The European Union and Higher Education Policies in the Netherlands, Belgium/Flanders and Germany. In: *Higher Education Policy*, Vol. 14, S. 225-240.

Ramirez, F. O. (2006): The Rationalization of Universities. In: Djelic, M.-L./Sahlin-Andersson, K. (Hrsg.): Transnational Governance. Institutional Dynamics of Regulation. Cambridge u.a.: Cambridge UP, S. 225-244.

Ramirez, F. O./Boli, J. (1987) : The Political Construction of Mass Schooling: European Origins and Worldwide Institutionalization. In: *Sociology of Education*, Vol. 60, 1, S. 2-17.

Ramirez, F. O./Boli-Bennett, J. (1982): Global Patterns of Educational Institutionalization. In: Altbach, P./Arnove, R./Kelly, G. (Hrsg.): Comparative Education. New York: MacMillan, S. 15-38.

Ramirez, F. O./Rubinson, R. (1979): Creating Members: The Political Incorporation and Expansion of Public Education. In: Meyer, J. W./Hannan, M. (Hrsg.): National Development and the World System. Chicago: Univ. of Chicago Press, S. 72-82.

Ravitch, D. (1983): The Troubled Crusade. American Education 1945-1980. New York: Basic Books.

Reinalda, B./Verbeek, B. (Hrsg.) (1998): Autonomous Policy Making by International Organizations. London/New York: Routledge.

Reinalda, B./Verbeek, B. (Hrsg.) (2004a): Decision Making Within International Organizations. Abingdon/New York: Routledge.

Reinalda, B./Verbeek, B. (2004b): The Issue of Decision Making Within International Organizations. In: Dies. (Hrsg.): Decision Making Within International Organizations. Abingdon/New York: Routledge, S. 9-41.

Resnik, J. (2006): International Organizations, the „Education-Economic Growth" Black Box, and the Development of World Education Culture. In: *Comparative Education Review*, Vol 50, Nr. 2, S. 173-195.

Reus-Smit, C. (Hrsg.) (2004): The Politics of International Law. Cambridge, MA: Cambridge UP.

Reuter, L. R. (2002): Politik- und Rechtswissenschaftliche Bildungsforschung. In: Tippelt, R. (Hrsg.): Handbuch Erwachsenenbildung/Weiterbildung. 2. überarb. und aktual. Aufl. Wiesbaden: VS Verlag, S. 169-181.

Rhoads, R. A./Torres, C. A. (Hrsg.) (2006): The University, State, and Market. The Political Economy of Globalization in the Americas. Stanford: Stanford UP.

Risse, T. (2003): Konstruktivismus, Rationalismus und Theorien Internationaler Beziehungen – Warum empirisch nichts so heiß gegessen wird, wie es theoretisch gekocht wurde. In: Hellmann, Gunther/Wolf, Klaus Dieter/Zürn, Michael (Hrsg.): Die neuen Internationalen Beziehungen. Forschungsstand und Perspektiven in Deutschland. Baden Baden: Nomos, S. 251-273.

Rittberger, V. (Hrsg.) (1990): International Regimes in East-West Politics. London: Pinter.

Rittberger, V. (Hrsg.) (1995): Regime Theory and International Relations. Oxford: Clarendon Press.

Rittberger, V. (1995a): Research on International Regimes in Germany. The Adaptive Internalization of an American social Science Concept. In: Ders. (Hrsg.): Regime Theory and International Relations. Oxford: Clarendon Press, S. 3-22.

Rittberger, V./Mogler, M./Zangl, B. (1997): Vereinte Nationen und Weltordnung. Zivilisierung der internationalen Politik? Opladen: Leske+Budrich.

Rittberger, V./Zangl, B. (2003): Internationale Organisationen – Politik und Geschichte. 3. überarb. Aufl. Wiesbaden: VS Verlag.

Robertson, R. (1992): Globalization. Social Theory and Global Culture. London u.a.: Sage.

Robertson, S. (2009): ,Producing' the Global Knowledge Economy: the World Bank, the KAM, Education and Development. In: Simons, M./Olssen, M./Peters, M. (Hrsg.): Re-reading Education Policies: Studying the Policy Agenda of the 21st Century, Rotterdam: Sense Publishers, S. 235-256.

Rose, R. (1991): What is Lesson Drawing? In: *Journal of Public Policy*, Vol. 11, Nr. 1, S. 3-30.

Rosenau, J./Czempiel, E.-O. (Hrsg.) (1992): Governance without Government: Order and Change in World Politics. Cambridge: Cambridge UP.

Roth, H. (1971): Pädagogische Anthropologie, Band II: Entwicklung und Erziehung. Grundlagen einer Entwicklungspädagogik. Hannover: H. Schroedel Verlag.

Ruggie, J. G. (1975): International Responses to Technology. Concepts and Trends. In: *International Organization*, Vol. 29, Nr. 3, S. 557-584.

Ruggie, J. G. (1983): International Regimes, Transactions, and Change: Embedded Liberalism in the Postwar Economic Order. In. Krasner, S. D. (Hrsg.): International Regimes. Ithaca/London: Cornell UP, S. 195-231.

Ruloff, D. (1988): Weltstaat oder Staatenwelt. Über die Chancen globaler Kooperation. München: Beck.

Rumpf, H. (1966): Die Administrative Verstörung der Schule. Drei Kapitel über den beamteten Erzieher und die verwaltete Schule. Essen: Neue Dt. Schule Verlagsgesellschaft.

Rust, V. D./Jacob, J. (2005): Globalisation and Education Policy Shifts. In: Zajda, J. (Hrsg.): International Handbook on Globalisation, Education and Policy Research. Dordrecht: Springer, S. 235-252.

Rutz, M. (Hrsg.) (1997): Aufbruch in die Bildungspolitik. Roman Herzogs Rede und 25 Antworten. München: Golmann.

Sackmann, R./Weymann, A. (2003): Projektantrag 2003-2006: Internationalisierung der Bildungspolitik. Sonderforschungsbereich 597, Bremen, Online unter: http://www.sfb597.uni-bremen.de/download/de/forschung/C4_2003_projektantrag.pdf [zuletzt 10.05.09].

Sadler, M. (1979): How Far Can We Learn Something of Practical Value from the Study of Foreign Systems of Education? Adress given at the Guildford Educational Conference on Saturday 20 October 1900. In: Higginson, J. H. (Hrsg.): Selections from Michael Sadler: Studies in World Citizenship. Liverpool: Dejall & Meyorre, S. 48-51.

Samoff, J. (1993): The Reconstruction of Schooling in Africa. In: *Comparative Education Review*, Vol. 32, Nr. 2, S. 181-222.

Samoff, J. (1996a): Which Priorities and Strategies for Education. In: *International Journal of Educational Development*, Vol. 16, Nr. 3, S. 249-271.

Samoff, J. (1996b): Chaos and Certainty in Development. In: *World Development*, Vol. 24, Nr. 4, S. 611-633.

Samoff, J. (1999): Institutionalizing International Influence. In: Arnove, R. F./Torres, C. A. (Hrsg.): Comparative Education: The Dialectic of the Global and the Local. Lanham u.a.: Rowman & Littlefield, S. 51-89.

Sandholtz, W./Sweet, A. S. (2004): Law, Politics, and International Governance. In: Reus-Smit, C. (Hrsg.): The Politics of International Law. Cambridge, MA: Cambridge UP, S. 238-271.

Scharpf, F. W. (2000): Notes toward a Theory of Multilevel Governing in Europe. MPIfG Discussion Paper 00/5, Online unter: http://www.mpifg.de/pu/mpifg_dp/dp00-5.pdf [zuletzt 20.10.09].

Schelsky, H. (1957): Schule und Erziehung in der industriellen Gesellschaft. Würzburg: Werkbund.

Schemmann, M. (2007): Internationale Weiterbildungspolitik und Globalisierung. Bielefeld: Bertelsmann.

Schenker-Wicki, A./Hürlimann, M. (2006): Wirkungssteuerung von Universitäten – Erfolg oder Misserfolg? Eine ex post Analyse. In: Weiß, M. (Hrsg.): Evidenzbasierte Bildungspolitik: Beiträge der Bildungsökonomie. Berlin: Duncker & Hublot, S. 73-91.

Scherrer, C. (2005): GATS: Long-term strategy for the commodification of education. In: *Review of International Political Economy*, Vol. 12, Nr. 3, S. 484-510.

Scheunpflug, A. (2004): Das Technologiedefizit. Nachdenken über Unterricht aus systemtheoretischer Perspektive. In: Lenzen, D. (Hrsg.): Irritationen des Erziehungssystems. Pädagogische Resonanzen auf Niklas Luhmann. Frankfurt/M.: Suhrkamp, S. 65-87.

Schieder, S. (2006): Neuer Liberalismus. In: Schieder, S./Spindler, M. (Hrsg.): Theorien der Internationalen Beziehungen. 2. Aufl. Opladen/Farmington Hills: Verlag Barbara Budrich, S. 175-211.

Schieder, S./Spindler, M. (2006) (Hrsg.): Theorien der Internationalen Beziehungen. 2. Aufl. Opladen/Farmington Hills: Verlag Barbara Budrich.

Schimank, U. (2007): Elementare Mechanismen. In: Benz, A./Lütz, S./Schimank, U./Simonis, G. (Hrsg.): Handbuch Governance. Theoretische Grundlagen und Empirische Anwendungsfelder. Wiesbaden: VS Verlag, S. 29-45.

Schmitt, H. (2003): Pädagogen im Zeitalter der Aufklärung – die Philanthropen. In: Tenorth, H.-E. (Hrsg.): Klassiker der Pädagogik. Bd. 1 Von Erasmus bis Helene Lange. München: Beck, S. 119-143.

Schneider, B./Carnoy, M./Kilpatrick, J./Schmidt, W. H./Shavelson, R. J. (2007): Estimating Causal Effects Using Experimental and Observational Designs. A Think Thank White Paper. Washington, D. C.: American Educational Research Association.

Schneider, F. (1931/32): Internationale Pädagogik, Auslandspädagogik, Vergleichende Erziehungswissenschaft. Geschichte, Wesen, Methoden, Aufgaben und Ergebnisse. In: *Internationale Zeitschrift für Erziehungswissenschaft*, Vol. 1/2, S. 15-39, 243-257, 392-407.

Schneider, F. (1947): Triebkräfte der Pädagogik der Völker. Eine Einführung in die Vergleichende Erziehungswissenschaft. Salzburg: Otto Müller Verlag.

Schneider, S./Nullmeier, F./Lhotta, R./Krell-Laluhová, Z./Hurrelmann, A. (2006): Legitimationskrise nationalstaatlicher Demokratien? In: Leibfried, S./Zürn, M. (Hrsg.): Transformationen des Staates? Frankfurt/M.: Suhrkamp, S. 197-229.

Schofer, E./Meyer, J. W. (2005): The World-wide Expansion of Higher Education in the twentieth Century. In: *American Sociological Review*, Vol. 70, S. 898-920.

Schöneberg, H. (1981): Schulen. Geschichte des Unterrichts von der Antike bis zur Neuesten Zeit. Frankfurt/M.: Haag+Herchen Verlag.

Schörnig, N. (2006): Neorealismus. In: Schieder, S./Spindler, M. (Hrsg.): Theorien der Internationalen Beziehungen. 2. Aufl. Opladen/Farmington Hills: Verlag Barbara Budrich, S. 65-92.

Schrader, J. (2008): Steuerung im Mehrebenensystem der Weiterbildung – ein Rahmenmodell. In: Hartz, S./Schrader, J. (Hrsg.): Steuerung und Organisation in der Weiterbildung. Bad Heilbrunn: Klinkhardt, S. 31-64.

Schratz, M./Steiner-Löffler, U. (1999): Die lernende Schule: Arbeitsbuch pädagogische Schulentwicklung. 2. korr. Aufl. Weinheim u.a.: Beltz.

Schriewer, J. (1987): Vergleich als Methode und Externalisierung auf Welt: Vom Umgang mit Alterität in Reflexionsdisziplinen. In: Baecker, D./Markowitz, J./Stichweh, R./Tyrell, H./Willke, H. (Hrsg.): Theorie als Passion. Niklas Luhmann zum 60. Geburtstag. Frankfurt/M.: Suhrkamp, S. 629-668.

Schriewer, J. (1988): The Method of Comparison and the Need for Externalization: Methodological Criteria and Sociological Concepts. In: Schriewer, J./Holmes, B. (Hrsg.): Theories and Methods in Comparative Education. 2. Aufl. Frankfurt/M. u.a.: Lang, S. 25-83.

Schriewer, J. (1992): Welt-System und Interrelations-Gefüge. Die Internationalisierung der Pädagogik als Problem Vergleichender Erziehungswissenschaft. Antrittsvorlesung Humboldt-Universität zu Berlin, am 7. Dezember 1992.

Schriewer, J. (1994): Internationalisierung der Pädagogik und Vergleichende Erziehungswissenschaft. In: Müller, D. K. (Hrsg.): Pädagogik – Erziehungswissenschaft – Bildung. Eine Einführung in das Studium. Köln u.a.: Böhlau, S. 427-462.

Schuller, T. (2007): OECD and Evidence-Informed Policy Research. In: DIPF (Hrsg.): Conference Volume. Knowledge for action – Research Strategies for an Evidence-Based Education Policy. Symposium during Germany's EU Presidency 28–30 March 2007 in Frankfurt /Main, S. 22-28. Online unter: http://ice.dipf.de/de/pdf/tagungsdokumentation [zuletzt 20.10.09].

Schuller, T. (2005): Constructing International Policy Research: The Role of CERI/OECD. In: *European Educational Research Journal*, Vol. 4, Nr. 3, S. 170-180.

Schuller, T./Jochems, W./Moos, L./van Zanten, Á. (2006): EERJ Roundtable: Evidence and Policy Research. In: *European Educational Research Journal*, Vol. 5, Nr. 1, S. 57-70.

Schultz, T. W. (1963): The Economic Value of Education. New York u.a.: Columbia UP.

Schuppert, G. F. (2006): Governance im Spiegel der Wissenschaftsdisziplinen. In: Ders. (Hrsg.): Governance-Forschung. Vergewisserung über Stand und Entwicklungslinien. 2. Aufl. Baden Baden: Nomos, S. 371-469.

Schwarz, S. (2008): Strukturation, Organisation und Wissen. Wiesbaden: VS Verlag, S. 61-106.

Scott, W. R. (1981): Organizations: Rational, Natural, and Open Systems. Englewood Cliffs, NJ: Prentice Hall.

Scott, W. R. (1994a): Conceptualizing Organizational Fields. Linking Organizations and Societal Systems. In: Derlien, H.-U./Gerhardt, U./Scharpf, W. (Hrsg.): Systemrationalität und Partialinteresse. Festschrift für Renate Mayntz. Baden-Baden: Nomos, S. 203-221.

Scott, W. R. (1994b): Institutions and Organizations: Toward a theoretical Synthesis. In: Scott, W. R./Meyer, J. W. and Associates: Institutional Environments and Organizations. Structural Complexity and Individualism. Thousand Oaks u.a.: Sage, S. 55-80.

Scott, W. R. (2001): Institutions and Organizations. 2. Aufl. Thousand Oaks, CA: Sage.

Scott, W. R. (2006): Reflexionen über ein halbes Jahrhundert Organisationssoziologie. In: Senge, K./Hellmann, K.-U. (Hrsg.): Einführung in den Neo-Institutionalismus. Wiesbaden: VS Verlag, S. 201-222.

Scott, W. R./Meyer, J. W. and Associates (1994): Institutional Environments and Organizations. Structural Complexity and Individualism. Thousand Oaks u.a.: Sage.

Scott, W. R./Ruef, M./Mendel, P./Caronna, C. A. (2000): Institutional Change and Healthcare Organizations: From Professional Dominance to a Managed Care. Chicago u.a.: Univ. Chicago Press.

Sellin, V. (1984). Regierung, Regime, Obrigkeit. In: Geschichtliche Grundbegriffe: Historisches Lexikon zur polit.-sozialen Sprache in Deutschland. Hrsg. von Otto Brunner, Bd. 5. Stuttgart, S. 361-421.

Senge, K. (2006): Zum Begriff der Institution im Neo-Institutionalismus. In: Senge, K./Hellmann, K.-U. (Hrsg.): Einführung in den Neo-Institutionalismus. Wiesbaden: VS Verlag, S. 35-47.

Senge, K./Hellmann, K.-U. (Hrsg.) (2006): Einführung in den Neo-Institutionalismus. Wiesbaden: VS Verlag

SFB 597 (Sonderforschungsbereich 597) (2003): Forschungsprogramm "Staatlichkeit im Wandel". Online unter: http://www.sfb597.uni-bremen.de/download/de/forschung/01_2003 Forschungsprogramm.pdf [zuletzt 19. 02. 09].

Shipps, Dorothy (2006): School Reform, Corporate Style. Chicago, 1880-2000. Lawrence: Univ. Press of Kansas.

Shipps, Dorothy (2008): Urban Regime Theory and the Reform of Public Schools: Governance, Power, and Leadership. In: Cooper, Bruce S./Cibulka, James G./Fusarelli, Lance D. (Hrsg.): Handbook of Education Politics and Policy. New York/London: Routledge, S. 89-108.

Sidhu, R. (2004): Governing International Education in Australia. In: *Globalisation, Societies, and Education*, Vol. 2, Nr. 1, S. 47-66.

Sidhu, R. (2007): GATS and the New Developmentalism: Governing Transnational Education. In: *Comparative Education Review*, Vol. 51, Nr. 2, S. 203-227.

Sidhu, R./Torres, C. (2005): Brazil: "Priority Market". In: Sidhu, R. (Hrsg.): Universities and Globalization. To Markets, To Markets. Mahmah, NJ: L. Erlbaum, S. 270-295.

Simonis, G. (2005): Weltumweltpolitik: Erweiterung von Staatlicher Handlungsfähigkeit durch Global Governance? In: Behrens, M. (Hrsg.): Globalisierung als Politische Herausforderung. Global Governance zwischen Utopie und Realität. Wiesbaden: VS Verlag, S. 313-344.

Simons, M. (2007): Education Policy in a European context: Exploring Processes of Governmentalisation in Flanders. In: *Tertium Comparationis*, Vol. 13, Nr. 2, S. 217-233.

Sklair, L. (1999): Competing Conceptions of Globalization. In: *Journal of World-Systems Research*, Vol. 2, S. 143-163.

Slaughter, A.-M. (2004a): A New World Order. Princeton/Oxford: Princeton UP.

Slaughter, A.-M. (2004b): Disaggregated Sovereignty: Towards the Public Accountability of Global Government Networks. In: *Government and Opposition*, Vol. 39, Nr. 2, S. 159-190.

Smith, J. A. (1991): The Idea Brokers: Think Tanks and the Rise of the New Policy Elite: New York u.a.: The Free Press.

Smith, A. (2003 [1789]): Der Wohlstand der Nationen. München: DTV.

Sobe, N. W. (2002): Travel, social Science and the Making of Nations in Early 19th Century Comparative Education. In: Caruso, M./Tenorth, H.-E. (Hrsg.): Internationalisierung. Semantik und Bildungssystem in vergleichender Perspektive. Frankfurt/M.: Lang, S. 141-166.

SOFI (Soziologisches Forschungsinstitut Göttingen) (Hrsg.) (1995): Im Zeichen des Umbruchs. Beiträge zu einer anderen Standortdebatte. Opladen: Leske+Budrich.

Soguel, N. C./Jaccard, P. (Hrsg.) (2008): Governance and Performance of Education Systems. Dordrecht: Springer.

Spindler, M. (2006): Interdependenz. In: Schieder, S./Spindler, M. (Hrsg.): Theorien der Internationalen Beziehungen. 2. Aufl. Opladen: Leske+Budrich, S. 89-116.

Spring, J. (1998): Education and the Rise of Global Economy. Mahwah, NJ: Lawrence Erlbaum.

Spring, J. (2004): How Educational Ideologies are Shaping the Global Society. Mahwah, NJ: Lawrence Erlbaum.

Spring, J. (2008): Research on Globalization and Education. In: *Review of Education Research*, Vol. 78, Nr. 2, S. 330-363.

Sprinz, D. F. (2003): Internationale Regime und Institutionen. In: Hellmann, G./Wolf, K.-D./Zürn, M. (Hrsg.): Die neuen Internationalen Beziehungen. Forschungsstand und Perspektiven in Deutschland. Baden Baden: Nomos, S. 251-273.

Stehr, N. (1994): Knowledge Societies. London u.a.: SAGE.

Stehr, N. (2001): Wissen und Wirtschaften. Die gesellschaftlichen Grundlagen der modernen Ökonomie Frankfurt/M.: Suhrkamp.

Stein, A. (1983): Coordination and Collaboration: Regimes in an Anarchic World. In: Krasner, S. D. (Hrsg.): International Regimes. Ithaca/London: Cornell UP, S. 115-140.

Steiner-Khamsi, G. (2002): Re-Framing Educational Borrowing as a policy Strategy. In: Caruso, M./Tenorth, H.-E. (Hrsg.) (2002): Internationalisierung. Semantik und Bildungssystem in vergleichender Perspektive. Frankfurt/M.: Lang, S. 57-89.

Steiner-Khamsi, G. (2003a): Transferring Education, Displacing Reforms. In: Schriewer, J./Holmes, B. (Hrsg.): Theories and Methods in Comparative Education: Frankfurt/M.: Lang, S. 155-187.

Steiner-Khamsi, G. (2003b): Innovation Durch Bildung nach International Standards? In: Gogolin, I./Tippelt, R. (Hrsg.): Innovation durch Bildung. Opladen: Leske+Budrich, S. 141-162.

Steiner-Khamsi, G. (Hrsg.) (2004): The Global Politics of Educational Borrowing and Lending. New York: Teachers' College Press.

Steiner-Khamsi, G./Stolpe, I. (2004): De- and Recentralization Reform in Mongolia: Tracing the Swing of the Pendulum. In: *Comparative Education*, Vol. 40, Nr. 1, S. 29-53.

Steiner-Khamsi, G./Stolpe, I. (2005): Non-Traveling ‚Best-Practices' for a Traveling Population: The Case of Nomadic Education in Mongolia. In: *European Educational Research Journal*, Vol. 4, Nr. 1, S. 22-35.

Stephens, M. D. (Hrsg.) (1989): International Organizations in Education. London/New York: Routledge.

Stewart, F. (1996): Globalisation and Education. In: *International Journal of Educational Development*, Vol. 16, Nr. 4, S. 327-333.

Stichweh, R. (2000): Die Weltgesellschaft. Soziologische Analysen. Frankfurt/M.: Suhrkamp.

Stichweh, R. (2005): Inklusion und Exklusion. Studien zur Gesellschaftstheorie. Bielefeld: transcript.

Stichweh, R. (2007): Inklusion und Exklusion in der Weltgesellschaft – Am Beispiel der Schule und des Erziehungssystems. In: Aderhold, J./Kranz, O. (Hrsg.): Intention und Funktion : Probleme der Vermittlung psychischer und sozialer Systeme. Wiesbaden: VS Verlag, S. 113-120.

Stone, C. N. (1989): Regime Politics. Governing Atlanta, 1946-1988. Lawrence u.a.: Univ. Press of Kansas.

Stone, C. N. (1998): Regime Analysis and the Study of Urban Politics, A Rejoinder. In: *Journal of Urban Affairs*, Vol. 20, Nr. 3, S. 249-260.

Stone, C. N. (2005): Looking Back to Look forward. Reflections on Urban Regime Analysis. In: *Urban Affairs Review*, Vol. 40, Nr. 3, S. 309-341.

Strang, D./Meyer, J. W. (1993): Institutional Conditions for Diffusion. In: *Theory and Society*, Vol 22, S. 487-811.

Strange, S. (1983): Cave! Hic dragones: A Critique of Regime Analysis. In: Krasner, S. D. (Hrsg.): International Regimes. Ithaca/London: Cornell UP, S. 337-354.

Stromquist, N. (2002): Education in a Globalized World: The Connectivity of Economic Power, Technology, and Knowledge. Lanham, MD: Rowman/Littlefield.

Stübig, H. (2006): Nationalerziehung. Pädagogische Antworten auf die „deutsche Frage" im 19. Jahrhundert. Schwalbach/Ts.: Wochenschau.

Sweetland, S. R. (1996): Human Capital Theory: Foundations of a Field of Inquiry. In: *Review of Education Research*, Vol. 66, Nr. 3, S. 341-359.

Sylvester, I./Sieh, I./Menz, M./Fuchs, H.-W./Behrendt, J. (Hrsg.) (2009): Bildung – Recht – Chancen. Rahmenbedingungen, empirische Analysen und internationale Perspektiven zum Recht auf chancengleiche Bildung. Münster u.a.: Waxmann.

Tacke, V. (2004): Organisation im Kontext der Erziehung. In: Böttcher, W./Terhart, E. (Hrsg.): Organisationstheorie in pädagogischen Feldern. Wiesbaden: VS Velrag, S. 19-42.

Tacke, V. (2005): Schulreform als Deprofessionalisierung? Zur Semantik der ‚lernenden Organisation' im Kontext der Erziehung. In: Klatetzki, T./Tacke, V. (Hrsg.): Organisation und Profession. Wiesbaden: VS Velrag, S. 165-198.

Tenorth. H.-E. (1986): Bildung, Allgemeine Bildung, Allgemeinbildung. In: Ders. (Hrsg.): Allgemeine Bildung. Analysen zu ihrer Wirklichkeit, Versuche über ihre Zukunft. Weinhein/München: Juventa, S. 7-30.

Tenorth. H.-E. (1986): Bildung, Allgemeine Bildung, Allgemeinbildung. In: Ders. (Hrsg.): Allgemeine Bildung. Analysen zu ihrer Wirklichkeit, Versuche über ihre Zukunft. Weinhein/München: Juventa, S. 7-30.

Tenorth. H.-E. (1987): Lehrerberuf und Lehrerbildung. In: Jeismann, K.-E./Lundgreen, P. (Hrsg.): Handbuch der deutschen Bildungsgeschichte. Band III 1800-1870. Von der Neuordnung Deutschlands bis zur Gründung des Deutschen Reiches. München: C. H. Beck, S. 250-270.

Tenorth. H.-E. (1988): Lehrplanarbeit und Lehrerarbeit – Sequenzen ihrer Professionalisierung und Relationen in ihrer Entwicklung. In: Hopmann, S. (Hrsg.): Zugänge zur Geschichte staatlicher Lehrplanarbeit. Kiel: IPN, S. 101-141.

Tenorth, H.-E. (1989): Die Last der Autonomie. Über Widersprüche zwischen Selbstbeschreibungen und Analysen des Bildungssystems seit dem 19. Jahrhundert. In: Jeismann, K. E. (Hrsg.): Bildung, Staat, Gesellschaft im 19. Jahrhundert. Mobilisierung und Disziplinierung. Stuttgart: Franz Steiner Verlag Wiesbaden GmbH, S. 413-431.

Tenorth. H.-E. (1994): „Alle Alles zu Lehren". Möglichkeiten und Perspektiven Allgemeiner Bildung. Darmstadt: WBG.

Tenorth. H.-E. (1997): „Bildung" – Thematisierungsformen und Bedeutung in der Erziehungswissenschaft. In: *Zeitschrift für Pädagogik*, 43. Jg., H. 6, S. 969-984.

Tenorth, H.-E. (1998): Bildungsbegriff und Erziehungswissenschaft. In: Böhm, W. (Hrsg.): Erziehungswissenschaft oder Pädagogik? Festschrift für Marian Heitger. Würzburg: Ergon, S. 33-46.

Tenorth. H.-E. (2008): Geschichte der Erziehung. Einführung in die Grundzüge ihrer neuzeitlichen Entwicklung. 4. erw. Aufl. Weinheim/München: Juventa.

Tenorth. H.-E. (2008): Geschichte der Erziehung. Einführung in die Gründzüge ihrer neuzeitlichen Entwicklung. 4. erw. Aufl. Weinheim/München: Juventa.

Thiele, B. (2000): Die Bildungspolitik der Europäischen Gemeinschaft. Münster: LIT.

Thomas, G. M./Meyer, J. W./Ramirez, F. O./Boli, J. (1987): Institutional Structure. Constituting State, Society, and the Individual. Newbury Park u.a.: Sage.

Thomson, J. E./Krasner, S. D. (1992): Global Transactions and the Consolidation of Sovereignty. In: Art, R. J./Jervis, R. (Hrsg.): International Politics. Enduring Concepts and Contemporary Issues. New York: Harper, S. 310-330.

Tierney, M./Weaver, C. (2005): Principles and Principals? The Possibilities for Theoretical Synthesis and Scientific Progress in the Study of International Organizations. Conference Paper in der International Studies Association Meeting in Honolulu, Online unter: http://www.allacademic.com//meta/p_mla_apa_research_citation/0/7/0/3/7/pages70379/p70379-1.php [zuletzt 19.09.09].

Tietje, C. (2005): Welthandelsorganisation. WTO-Übereinkommen, GATT 1957/1994, SPS, TBT, GATS, TRIPS, Streibeilegung. 3. Aufl. München: DTV.

Tillmann, K.-J./Dedering, K./Kneuper, D./Kuhlmann, C./Nessel, I. (2008): PISA als bildungspolitisches Ereignis. Oder: Wie weit trägt das Konzept der „evaluationsbasierten Steuerung"? In: Brüsemeister, T./Eubel, K.-D. (Hrsg.): Evaluation, Wissen und Nichtwissen. Wiesbaden: VS Verlag, S. 117-140.

Tippelt, R./Van Cleve, B. (1995): Entwicklung des Bildungssystems in der Bundesrepublik Deutschland seit 1960. In: Dies.: Verfehlte Bildung: Bildungsexpansion und Qualifikationsbedarf. Darmstadt : WBG, S. 8-39.

Titze, H. (1977): Die Soziale und Geistige Umbildung des Preußischen Oberlehrerstandes von 1870-1914. In: *Zeitschrift für Pädagogik*, 14. Beiheft, S. 107-128.

Torres, C. A. (2008): Después de la Tormenta Neoliberal: La Política Educativa Latinoamericana entre la Crítica y la Utopía. In: *Revista Iberoamericana de Educacíon*, Nr. 48, S. 207-229.

Traeger, M. (2005): Bildungspolitik in Deutschland. Eine ländervergleichende Netzwerkanalyse. Marburg: Tectum.

Türk, K. (2004): Neoinstitutionalistische Ansätze. In: Schreyögg, G. (Hrsg.): Handwörterbuch Unternehmensführung und Organisation. 4., völlig neu bearb. Aufl. Stuttgart: Schäffer-Poeschel, S. 923-932.

Tyack, D./Tobin, W. (1994): The "grammar" of schooling: Why has it been so hard to change? In: *American Educational Research Journal*, Vol. 31, Nr. 3, S. 453-479.

Tyack, D./Cuban, L. (1995): Tinkering Toward Utopia. A Century of Public School Reform. Cambridge, Mass.: Harvard Press.

Uhl, S. (2008): Europa, der Nationalstaat und die Steuerpolitik. In: Hurrelmann, A./Leibfried, S./Martens, K./Mayer, P. (Hrsg.) (2008): Zerfasert der Nationalstaat? Die Internationalisierung politischer Verantwortung. Frankfurt/M.: Campus, S. 55-79.

Underdal, A. (1992): The Concept of Regime „Effectiveness". In: *Cooperation and Conflict*, Vol, 27, S. 227-240.

UNESCO (1946): Verfassung der Organisation der Vereinten Nationen für Bildung, Wissenschaft und Kultur (UNESCO). Online unter: http://www.unesco.de/verfassung.html?&L=0 [zuletzt 20.06.09].

Union of International Associations (UIA) (2005): Yearbook of International Organizations 2005/6. 2. Bde. 42. Aufl. München: K. G. Saur.

van Ackeren, I./Klemm, K. (2000): TIMSS, PISA, LAU, MARKUS und so Weiter. Ein aktueller Überblick über Typen und Varianten von Schulleistungsstudien. In: *Pädagogik*, Jg. 52, Nr. 12, S. 10-15.

Vavrus, F. (2004): The Referential Web: Externalization Beyond Education in Tanzania. In: Steiner-Khamsi, G. (Hrsg.): The Global Politics of Educational Borrowing and Lending. New York: Teachers' College Press, S. 141-153.

Verger, A. (2009): The Merchants of Education: Global Politics and the Uneven Education Liberalization Process within the WTO. In: *Comparative Education Review*, Vol. 53, Nr. 3, S. 379-401.

Vogel, P. (1982): Kritik der Staatspädagogik. Bemerkungen zur Tradition eines Problems. In: *Zeitschrift für Pädagogik*, Jg. 20, H. 1, S. 123-138.

von Blumenthal, J. (2005): Governance – Eine Kritische Zwischenbilanz. In: *Zeitschrift für Politikwissenschaft*, 15. Jg., H. 4, S. 1149-1180.

von Friedeburg, L. (1989): Bildungsreform in Deutschland. Geschichte und gesellschaftlicher Widerspruch. Frankfurt/M.: Suhrkamp.

von Friedeburg, L. (1993): Arbeit und Bildung im politisch-gesellschaftlichen Wandel. In: Forschungsinstitut für Arbeiterbildung (Hrsg.): Jahrbuch Arbeit, Bildung, Kultur. Bd. 11. Recklinghausen: FIAB (1993) S. 241-250.

von Hentig, H. (1996): Bildung. Ein Essay. München/Wien: Carl Hanser Verlag.

von Recum, B./Weiß, M. (2000): Bildungsökonomie als Steuerungswissenschaft: Entwicklungslinien und Konjunkturen. In Zeitschrift für Erziehungswissenschaft, 46. Jg., H. 1, S. 5-17.

von Recum, H. (1969): Aspekte der Bildungsökonomie. Neuwied am Rhein u.a.: Luchterhand.

von Recum, H. (2006a): Steuerung des Bildungssystems. Entwicklung, Analysen, Perspektiven. Berlin: BWV.

von Recum, H. (2006b): Bildungsökonomie als Steuerungswissenschaft. In: Ders.: Steuerung des Bildungssystems. Entwicklung, Analysen, Perspektiven. Berlin: BWV, S. 49-69.

Wallerstein, I. (1986): Das moderne Weltsystem: Kapitalistische Landwirtschaft und die Entstehung der europäischen Weltwirtschaft im 16. Jahrhundert. Frankfurt/M.: Syndikat.

Wallerstein, I. (1998): Das moderne Weltsystem II: Der Merkantilismus. Wien: Promedia.

Wallerstein, I. (2004): Die große Expansion. Das moderne Weltsystem III. Wien: Promedia.

Walter, T. (2006): Der Bologna-Prozess. Ein Wendepunkt Europäischer Hochschulpolitik? Wiesbaden: VS Verlag.

Waltz, K, N. (1979): Theory of International Politics. Reading, MA: Addison-Wesley.

Weber, M. (2005): Die protestantische Ethik und der Geist des Kapitalismus. Erftstadt: area Verlag.

Weber, S./Maurer, S. (Hsrg.) (2006): Gouvernementalität und Erziehungswissenschaft. Wissen – Macht – Transformation. Wiesbaden: VS Verlag.

Weede, E. (1992): Mensch und Gesellschaft: Soziologie aus der Perspektive des methodologischen Individualismus. Tübingen: Mohr.

Weick, K. E. ([1976] 2009): Bildungsorganisationen als lose Gekoppelte Systeme. In: Koch, S./Schemmann, M. (Hrsg.): Neo-Institutionalismus in der Erziehungswissenschaft. Grundlegende Texte und Empirische Studien. Wiesbaden: VS Verlag, S. 85-109.

Weick, K. E. (1976): Educational Organizations as Loosely Coupled Systems. In: *Administrative Science Quarterly*, Vol. 21, S. 1-19.

Weimarer Reichsverfassung (1919): Verfassung der Weimarer Republik, Online unter: http://www.dhm.de/lemo/html/dokumente/verfassung/index.html [10.12.09].

Weinert, F. E (Hrsg.) (2002): Leistungsmessung in Schulen. 2. Aufl. Weinheim/Basel: Beltz.

Weingart, P. (2008): Was ist gesellschaftlich relevante Wissenschaft? In: Schavan, A. (Hrsg.): Keine Wissenschaft für sich. Essays zur gesellschaftlichen Relevanz von Forschung. Hamburg: Körber-Stiftung, S. 15-24.

Weingart, P./Taubert, N. C. (Hrsg.) (2006a): Das Wissensministerium. Ein halbes Jahrhundert Forschungs- und Bildungspolitik in Deutschland. Weilerswist: Vellbrück Wissenschaft.

Weingart, P./Taubert, N. C. (2006b): Das Bundesministerium für Bildung und Forschung. In: Dies. (Hrsg.) Das Wissensministerium. Ein halbes Jahrhundert Forschungs- und Bildungspolitik in Deutschland. Weilerswist: Vellbrück Wissenschaft, S. 11-29.

Weingart, P./Carrier, M./Krohn, W. (2007): Nachrichten aus der Wissensgesellschaft. Analysen zur Veränderung der Wissenschaft. Weilerswist: Velbrück.

Weiss, C. H. (1977): Using Social Research in Public Policy Making. Lexington, MA: D. C. Heath.

Weiss, L. (1998): The Myth of the Powerless State: Governing the Economy in a Global Era. Cambridge u.a.: Polity Press.

Weiß, M. (1991): Schulreform in den USA. Entwicklungstrends in den 80er Jahren. In: *Die Deutsche Schule*, Jg. 3, S. 360-372.

Weiß, M. (2002): Stichwort: Bildungsökonomie. In: *Zeitschrift für Erziehungswissenschaft*, 5. Jg., H. 2, S. 183-200.

Weiß, M. (2003): Bildungsökonomie in den 90er-Jahren. In: Mangold, M./Oelkers, J. (Hrsg.): Demokratie, Bildung und Markt. Bern u.a.: Lang, S. 209-230.

Weiß, M./Preuschoff, C. (2006): Gibt es einen Privatschuleffekt? Ergebnisse eines Schulleistungsvergleichs auf der Basis von Daten der PISA-E. In: Weiß, Manfred (Hrsg.): Evidenzbasierte Bildungspolitik: Beiträge der Bildungsökonomie. Berlin: Duncker & Hublot, S. 55-72.

Weiß, M./Timmermann, D. (2008): Bildungsökonomie und Schulstatistik. In: Helsper, W./Böhme, J. (Hrsg.): Handbuch der Schulforschung. 2. durchges. Aufl. Wiesbaden: VS Verlag, S. 239-281.

Wells, A. S./Carnochan, S./Slayton, J./ Allen, R. A./Vasuveda, A. (1998): Globalization and Educational Change. In: Hargreaves et al. (Hrsg.): International Handbook of Educational Change. Dordrecht: Kluwer, S. 322-348.

Weltbank (1980): Education Sector Policy Paper. Washington, D. C.: World Bank.

Weltbank (1990): Making Adjustment Work for the Poor: A Framework for Policy Reform in Africa. Washington, D. C.: World Bank.

Weltbank (1994): Higher Education: The Lessons from Experience. Washington, D.C.: World Bank.

Weltbank (1995): Priorities and Strategies for Education. A World Bank Review Washington, D.C.: World Bank.

Weltbank (1999): Knowledge for Development. World Development Report 1989/99. Washington, D. C.: World Bank Group.

Weltbank (2002): Constructing Knowledge Societies: New Challenges for Tertiary Education. Washington, D. C.: World Bank.

Weltbank (2003): Lifelong Learning for a Global Knowledge Economy. Washington, D.C.: World Bank.

Wendt, A. (2003): Why a World State is Inevitable. In: *European Journal of International Relations*, Vol. 9, 4, S. 491-542.

Wenning, N. (1996): Die Nationale Schule. Öffentliche Erziehung im Nationalstaat. Münster u.a.: Waxmann.

Weymann, A./Martens, K. (2007): Projektantrag 2007-2010: Internationalisierung der Bildungspolitik. Sonderforschungsbereich 597, Bremen, Online unter: http://www.sfb597.uni-bremen.de/download/de/forschung/C4_2007_projektantrag.pdf [zuletzt 10.05.09].

Whyte, Jr.,/W. H. (1956): The Organisation Man. New York: Touchstone Book.

Williamson, J. (Hrsg.) (1985): IMF Conditionality. Washington, DC: Institutite for International Economics.

Willke, H. (1998): Organisierte Wissensarbeit. In: *Zeitschrift für Soziologie*, Vol. 27, Nr. 3, S. 161-177.

Windolf, P. (1997): Expansion and Structural Change. Higher Education in Germany, the United States, and Japan, 1870-1990. Boulder, CO: Westview Press.

Wiseman, A. W./Baker, D. P. (2005): The Worldwide Explosion of Internationalized Education Policy. In: Baker, D. P./Wiseman, A. W. (Hrsg.): Global Trends in Educational Policy. International Perspectives on Education and Society, Vol. 6, pp. London: Elsevier Science, Ltd., S. 1-21.

Witte, J. (2006): Change of Degrees and Degrees of Change. Comparing Adaptations of European Higher Education Systems in the Context of the Bologna Proces. Unv. Dissertationsschrift, University of Twente.

Wolf, F. (2006): Bildungspolitik: Föderale Vielfalt und gesamtstaatliche Vermittlung In: Schmidt, M./Zollhöfer, R. (Hrsg.): Regieren in der Bundesrepublik Deutschland: Innen- und Außenpolitik seit 1949. Wiesbaden: VS Verlag, S. 221-241.

Wolf, K. D. (1994). Regimeanalyse. In: Boeckh, A. (Hrsg.). *Internationale Beziehungen*, Bd. 6 [Lexikon der Politik, hrsg. von Dieter Noehlen]. München: Beck, S. 422-429.

Wolf, K. D. (2000): Die neue Staatsräson – Zwischenstaatliche Kooperation als Demokratieproblem in der Weltgesellschaft. Baden-Baden: Nomos.

Wolf, K. D./Zürn, M. (1986): "International Regimes" und Theorien der Internationalen Politik. In: *Politische Vierteljahresschrift*, Vol. 27, S. 201-221.

Wolf, K.-D./Take, I./Brozus, L. (2004). Global Governance – eine Antwort auf das Demokratiedefizit des Internationalen Regierens? In: Albert, M./Moltmann, B./Schoch, B. (Hrsg.). Die Entgrenzung der Politik: Internationale Beziehungen und Friedensforschung. Festschrift für Lothar Brock. Frankfurt/M. u.a.: Campus Verlag, 140-161.

Yong, S. J. (2003): The Global Diffusion of Ministries of Science and Technology. In: Drori, J./Meyer, J. W./Ramirez, F. O./Schofer, E. (Hrsg.): Science in the Modern World-Polity. Institutionalization and Globalization. Standford: Stanford UP, S. 121-135.

Young, O. R. (1983): Regime Dynamics. The Rise and Fall of International Regimes. In: Krasner, S. D. (Hrsg.): International Regimes. Ithaca/London: Cornell UP, S. 93-113.

Young, O. R. (1986): International Regimes: Towards a New Theory of Institutions. In: *World Politics*, Vol. 39, 1, S. 104-122.

Young, O. R. (1989): The Politics of International Regime Formation: Managing Natural Resources and the Environment. In: *International Organization*, Vol. 43, S. 349-375.

Young, O. R. (1994): International Governance: Protecting the Environment in a Stateless Society. Ithaca, NY: Cornell UP.

Zabeck, J. (2003): Das Ökonomische als Element einer Theorie der Universität. In: Hoffmann, D./Neumann, K. (Hrsg.): Ökonomisierung der Wissenschaft. Forschen, Lehren und Lernen nach den Regeln des „Marktes". Weinheim: Beltz , S. 43-60.

Zangl, B. (2006): Das Entstehen internationaler Rechtsstaatlichkeit? In: Leibfried, S./Zürn, M. (Hrsg.): Transformationen des Staates? Frankfurt/M.: Surhkamp, S. 123-150.

Zangl, B./Zürn, M. (2004): Verrechtlichung jenseits des Staates – Zwischen Hegemonie und Globalisierung. In: Dies. (Hg.): Verrechtlichung – Baustein für Global Governance? Bonn: Dietz, S. 239-262.

Zimmerling, R. (1996). Die Analyse Internationaler Bildungsregime in ihrem dritten Jahrzehnt. Einige wohlwollend-kritische Bemerkungen. Online unter: http://www.politik.uni-mainz. de/ cms/Dateien/rzintreg.pdf [zuletzt 23.09.09].

Zucker, L. G. (1977): The Role of Institutionalization in Cultural Persistence. In: *American Sociological Review*, Vol. 42, S. 726-743.

Zucker, L. G. (1983): Organizations as Institutions. In: Bacharach, S. B. (Hrsg.): Research in the Sociology of Organizations. Bd. 2. London: JAI Press, S. 1-47.

Zürn, M. (1987). Gerechte Internationale Regime: Bedingungen und Restriktionen der Entstehung nicht-hegemonialer internationaler Regime, untersucht am Beispiel der Weltkommunikationsordnung. Frankfurt/M.: Haag & Herchen.

Zürn, M. (1992): Interessen und Institutionen in der Internationalen Politik. Grundlegung und Anwendungen des Situationsstrukturellen Ansatzes. Opladen: Leske+Budrich.

Zürn, M. (1994): Spieltheorie. In: Boeckh, A. (Hrsg.): Internationale Beziehungen. Lexikon der Politik Bd. 6. Hrsg. von Dieter Noehlen. Frankfurt/M.: Büchergilde Gutenberg, S. 502-510.

Zürn, M. (1998): Regieren jenseits des Nationalstaates. Globalisierung und Denationalisierung als Chance. 2. Aufl. Frankfurt/M.: Surhkamp.

Zürn, M./Binder, M./Ecker-Ehrhardt, M./Radtke, K. (2007): Politische Ordnungsbildung wider Willen. In: *Zeitschrift für Internationale Beziehungen*, 14. Jg., H. 1, S. 129-164.

Zymek, B. (1975): Das Ausland als Argument in der pädagogischen Reformdiskussion. Schulpolitische Selbstrechtfertigung, Auslandspropaganda, internationale Verständigung und Ansätze zu einer Vergleichenden Erziehungswissenschaft in der internationalen Berichterstattung deutscher pädagogischer Zeitschriften. 1871-1952. Ratingen/Kastellaun: Henn.

Zymek, B. (2001): Re-Partikularisierung universalistischer Bildungssysteme? Historische Anmerkungen zur „Deregulierung" als bildungspolitischer Reformstrategie. In: Apel, H. J./Kemnitz, H./Sandfuchs, U. (Hrsg.): Das Öffentliche Bildungswesen. Historische Entwicklung, gesellschaftliche Funktionen, pädagogischer Streit. Bad Heilbrunn/OBB: Klinkhardt, S. 84-102.